JN044044

未来エコ
実践テクノロジー
一般財団法人　エネルギー総合工学研究所［編著］
図解でわかる
再生可能エネルギー×
電力システム
脱炭素
を実現するクリーンな電力需給技術
技術評論社

はじめに

我が国でカーボンニュートラルが叫ばれ始めてから2年余りが経ちます。現在では、太陽光発電や風力発電が日常の景色の中に当然のように入ってきています。本書は、カーボンニュートラルを目指す上で欠かせない再生可能エネルギー（再エネ）に焦点を当てて、太陽光、風力、水力、地熱やバイオマスからエネルギーをどのようにして得るのか、そして使うのか、さらに、日本の電力システムに再エネ由来の電力を大量に導入した場合に重要となる課題は何なのか等について分かり易く解説したものです。

2021年に閣議決定された「第6次エネルギー基本計画」は、気候変動問題への対応と日本のエネルギー需給構造の抱える課題の克服という視点を踏まえて策定されました。その主眼は、再エネを大量に導入して、CO_2排出量を減らすことです。2030年度には温室効果ガス排出量を2013年度比で46%削減、2050年度にはこれを実質ゼロとするカーボンニュートラルを実現すべく、エネルギー政策の道筋を示しています。政策対応のポイントとして、「S＋3Eを大前提として、再生可能エネルギー（再エネ）の主力電源化を徹底し、再エネに最優先の原則で取り組み、国民負担の抑制と地域との共生を図りながら最大限の導入を促す。」としています。

再エネは、エネルギー源として永続的に利用することができると認められるもので、CO_2排出量が極めて少ないエネルギー源です。日本で使うエネルギーの中で、再エネの割合をさらに増やすことが求められています。とは言え、再エネ由来の電力が増えると、電力の安定供給を実現するための電力システムにおける工夫が欠かせません。近年では、九州地方等で春秋などの中間期の日中に太陽光発電による電力が余剰となることがニュースに取り上げられるようになってきていることからもわかるように、再エネの導入とそれを有効に活用するための電力システムとは切り離せない関係にあります。

一方、世界のエネルギー事情は混迷を極めています。ロシアのウクライナへの侵攻で明らかになったように、化石燃料、特に天然ガスの需給の収支を保つのは決して容易なことではありません。そのような状況では、この数年は天然ガスへの投資が進むとは言え、同時に安全保障の面からも再エネへの投資が促進されるでしょう。再エネの一層の導入拡大が求められますし、導入に必要なインフラの整備が必要です。

当研究所では、これまでに「図解でわかるカーボンリサイクル」と「図解でわかるカーボンニュートラル」を上梓いたしましたが、幸い好評を博しております。これらは、脱炭素への道程を身近なものとして考える上で、多くの方々に役立てて頂けるものと確信しています。これを受けて、本書では、前書では語りつくせなかった再エネとその導入に欠かせない電力システムについて、技術の現状と将来展望およびその背景を解説することにいたしました。幅広い層の読者を対象としてたくさんの図表を用いて説明したもので、当研究所の研究員の力を結集して執筆したものです。

本書では、まず、再エネ大量導入の意義から始まり、再エネの特徴と日本での再エネの歴史を振り返ります。次に、再エネを拡大するための施策や取り組みを解説します。また、太陽光、風力、水力、バイオマス、地熱等について、それらのポテンシャルと導入における課題や解決の方法を説明します。次に、再エネの大量導入を受け入れるための日本の電力システムについて、欧州のそれとの対比を交えて、その概要と特徴をまとめます。さらに、現状の電力システムのままでは、なぜ再エネを大量導入できないのか、太陽光や風力といった変動性再エネ（VRE）導入に対する系統の課題を示します。2030年に向けての対応策をまとめるとともに、2050年のカーボンニュートラル・脱炭素社会実現のためにどのようなブレークスルーが必要か、現在考えられているマスタープランを検証します。最後に、再エネと蓄エネルギーを組合せたシステム事例、エネルギーの地産地消、地域マイクログリッド事例を紹介します。

是非、多くの方々にご一読いただき、カーボンニュートラルを考える上での参考にしていただければ幸いです。

なお、本書を執筆するにあたっては、各専門分野からの情報や知恵を反映するとともに、経済産業省、国立研究開発法人新エネルギー・産業技術総合研究開発機構をはじめ、多くの機関からの貴重な情報を活用させていただきました。本書を上梓するにあたり、深甚なる謝意を表します。

最後になりましたが、当所研究員の皆さんには、専門分野から適切なアドバイスをいただき、特に、松浦隆祥氏、向井康博氏、谷地浩明氏には編集において手助けいただきました。また、技術評論社の最上谷栄美子氏には、本書の出版に際して大変お世話になりました。ここに、深く感謝いたします。

2023年8月

一般財団法人　エネルギー総合工学研究所

理事長　寺井　隆幸

CONTENTS

第4章　変革が進む電力システム　173

第5章　再生可能エネルギーはなぜ簡単に増やせないのか　217

[再生可能エネルギー×電力システムを理解するための基本用語]

用語	説明
CCUS	Carbon dioxide Capture, Utilization and Storageの略。産業等から排出されるCO_2を回収し、固定化あるいは有効利用する技術。CO_2回収・貯留（CCS）だけではなく、水素との反応で合成ガスやメタン、メタノールの製造や藻類培養、炭素材料製造、コンクリートの硬化など、燃料、化学品、材料など有価物の製造に使われる。
CO_2フリー燃料	燃焼時にCO_2を排出しない、もしくは、回収したCO_2から製造した燃料で実質排出量がゼロと見なせる燃料。燃焼時にCO_2を排出しないものとしては、再生可能エネルギーや化石燃料からCCS付で製造した水素やアンモニアが挙げられる。回収したCO_2から製造した燃料としては、水素との反応で製造したメタンやメタノール、FT合成油などが挙げられ、燃焼時にCO_2を排出しても、その量は、製造時に使われた量と等しいことから実質、排出量はゼロとなる。バイオマスが成長する際に大気からCO_2を吸収するため、バイオマスから製造した燃料もこれらに含まれる。
E-Fuels	再生可能エネルギーから発電した電力によって製造されるカーボンニュートラルな気体や液体燃料で、Electrofuelとも呼ばれる。メタン、ブタン、メタノール、ブタノール、合成軽油、合成ガソリンなどが挙げられる。CO_2回収が困難な輸送部門で、CO_2排出量削減のために、ガソリン、ディーゼル、船舶用燃料、航空燃料の代替として使われる。
ESG投資	投資するために企業の価値や選別基準を図る材料として、非財務情報である、環境（Environment）、社会（Social）および企業統治（Governance）の頭文字をとったESG要因を重要視した投資方法。「E」は気候変動対策・水資源・生物多様性、「S」は多様性・サプライチェーン・女性の活躍、「G」は取締役の構成などの要素がある。ESG要因が長期的な投資のリスクとリターンに影響すると考え、投資利益を毀損しない範囲で投資の負の外部性を削減し、環境と社会の持続可能性を守ることが合理的と判断されている。
EUタクソノミー	EUにおいて、企業などの経済活動が地球にとって持続可能であるかの基準を設定し、EU加盟国内で持続可能な案件に投資を促進するための規則。タクソノミーとは、分類の意味。タクソノミー規則は、EU加盟国に全てに適応されるもので、国内法に優先される。天然ガス火力については、CO_2排出量が100g/kWh未満とされているが、移行期の措置として2030年までは270g/kWhが適応される。原子力も条件付きで該当する。
LCOE	Levelized Cost of Electricityの略で、各種発電設備における、資本費、運転維持費、燃料費等発電に要した費用を、使われる期間の発電量で割ったkWhあたりの電力単価である。
SDGs	SDGsはSustainable Development Goalsの略で、「持続可能な開発目標」と訳されている。2030年までに解決すべく、「国際社会が直面している人類共通の普遍的な課題」を17の目標として、2015年に開かれた国際連合総会で採択された。目標7では、全ての人々に、安価かつ信頼できる持続可能な現代的エネルギーへのアクセスを確保することが、また、目標13では、気候変動及びその影響を軽減するための緊急対策を講じることが述べられている。
エネルギーキャリア	エネルギーの輸送や貯蔵に適した化学物質を指す。一般に、気体のままでは輸送や貯蔵が困難であるもの、例えば水素を有機ハイドライドやアンモニア、メタノールに変換し、液体もしくは液化し易くしたものを指す。再生可能エネルギーを利用する上で、電気や水素を大量に製造した場合に、輸送・貯蔵コストだけではなく、安全性、輸送距離、利用システムなどを考慮して、将来のサプライチェーンが決められる。
エネルギー基本計画	エネルギー基本計画は、エネルギー政策の基本的な方向性を示すために、エネルギーを巡る国内外の情勢変化を踏まえ、エネルギー政策基本法に基づき政府が策定する計画。2021年に、第6次エネルギー基本計画が策定された。安全性、安定供給、経済効率性、環境への適合を図る、S+3Eの視点のもと、2050年、カーボンニュートラルの実現に向けたエネルギー政策の道筋を示している。
温室効果ガス	英語では、GHG（greenhouse gas）。大気圏で地表から放射された赤外線などを吸収して地球を温める効果のある気体のこと。1997年に開かれた第3回気候変動枠組条約締約国会議（COP3）で採択された京都議定書では、CO_2（二酸化炭素）、CH_4（メタン）、N_2O（一酸化二窒素）、ハイドロフルオロカーボン類（HFCs）、パーフルオロカーボン類（PFCs）、SF_6（六フッ化硫黄）が削減対象の温室効果ガスと定められた。その後NF_3（三フッ化窒素）が追加されている。
カーボンニュートラル	排出されるCO_2と吸収されるCO_2の量が等しい状態。日本政府が目指す「カーボンニュートラル」は、CO_2だけに限らず、メタン、一酸化二窒素、フッ化ガスを含む温室効果ガス（GHGs）全体を対象とする。排出を完全にゼロに抑えることは現実的に難しいため、排出せざるを得なかった分については同じ量を「吸収」または「除去」することで、正味ゼロ（ネットゼロ）を目指し、「ニュートラル（中立）」を実現するというのが主旨である。
カーボンプライシング	炭素に価格付けをして、CO_2削減を促進する経済的手法の総称、燃料や電気の利用に付随する排出量に比例した課税である「炭素税」。企業間で排出量を売買する「排出量取引」が代表的なもの。再エネ、原子力といった非化石エネルギーがもつ価値を売買する「非化石価値取引」、途上国と協力して排出削減量を二国間で分け合う「二国間クレジット(JCM)」は、まとめて「クレジット取引」と呼ばれる。さらに、CO_2価格が低い国で作られた製品輸入時に、CO_2価格差分の経済負担を求める「国境調整措置」も提案されている。

用語	説明
カーボンリサイクル	CO_2の大気への排出量を減らすために、排出されたCO_2を炭素資源と位置づけ、回収して多様な炭素化合物として再利用する考え方。CO_2の利用先は、化学品、燃料、鉱物などが想定される。CO_2を有用な物質に変換するには、様々な技術があるものの、水素との反応を利用するものが多く、再生可能エネルギー由来の水素を安価に製造する技術がカギとなる。
グリーン水素（ブルー、グレー、ターコイズ）	グリーン水素は、再生可能エネルギーから製造した水素の呼称。一般的にはCCSなどによって水素製造時のCO_2排出量を低減した水素をブルー水素、熱分解によりメタンを水素と固体の炭素に分解して製造した水素をターコイズ水素と呼ぶ。水素製造時にCO_2を多く排出するCO_2を回収しないメタン水蒸気改質や石炭ガス化によって製造された水素をグレー水素と呼ぶ。CO_2排出を計上する範囲やその閾値に留意する必要がある。認証や標準化等の制度設計が欧州、中国等で進んでいる。
グリーン成長戦略	2020年10月に菅総理が「2050年までにカーボンニュートラル実現」を宣言し、それに基づき、経済産業省が関係省庁と連携して「2050年カーボンニュートラルに伴うグリーン成長戦略」を同年12月に策定した。従来の発想を転換し、積極的に対策を行うことで、産業構造や社会経済の変革をもたらし、大きな成長につながることを意図した「経済と環境の好循環」を作っていく産業政策。
系統連系	発電設備を電力系統（一般送配電事業者の送配電線）に接続して送電可能とすること。系統連系のルールとして、電力品質確保に係る系統連系技術要件ガイドライン（資源エネルギー庁）などがある。
国連気候変動枠組条約	1992年に採択され、地球温暖化対策に世界全体で取り組み、大気中の温室効果ガスの濃度を安定化させることを究極の目標とする条約。同条約に基づき、1995年から毎年、気候変動枠組条約締約国会議（COP）が開催されている。1997年に京都で開催された第3回締約国会議（COP3）では、先進国の削減を明確に規定した「京都議定書」に合意し、温室効果ガス排出削減の一歩を踏み出した。
国境炭素税	気候変動対策をとる国が、同対策の不十分な国からの輸入品に対し、水際で炭素課金を行うこと。さらに、自国からの輸出に対して水際で炭素コスト分の還付を行う場合もある。国際競争上の悪影響緩和と，国内製品が減少して海外製品が増える結果として以前よりCO_2排出が増えてしまう（炭素リーケージ）の防止が目的である。
再生可能エネルギー	利用する以上の速度で自然界からエネルギーが補充される資源のことを指す。日本では、法律と政令で太陽光、風力、水力、地熱、太陽熱、大気中の熱、その他の自然界に存在する熱、バイオマス（動植物に由来する有機物）の7種類が挙げられている。カーボンニュートラルを実現する上で、CO_2の排出を全体としてゼロにするために、再エネの導入は欠かせない取り組みである。
サステナブルファイナンス	持続可能な社会を実現するために、サステナビリティ要素を経済活動への資金提供に統合すること。投資、債権、融資等の幅広い資金提供の方法を含む概念であり、経営上の意思決定や戦略に、責任ファイナンス原則を組み込むことを意味する。SDGsやパリ協定に代表される指針や、各国・機関の発信するガイダンス、評価項目、情報開示手法などにより、世界規模での具体的な潮流が加速している。
水素キャリア	水素の重量・体積あたりの密度を上昇させるため、状態変化・化学変化によって水素を輸送・貯蔵しやすいよう変換した状態・物質の総称。変換時のエネルギー消費や反応の種類（吸熱・発熱）、変換後の水素純度、需要機器、規模等により適切な水素キャリアは異なる。代表的な水素キャリアは、圧縮水素、液化水素、有機ハイドライド（MCHなど）、アンモニア、合成メタン、水素貯蔵材料などがある。
脱炭素化	経済全体または、産業、民生、運輸などの特定部門、または企業などが、その活動においてCO_2を排出しないシステムに移行すること、CO_2を発生しない方法によって生産された、電気や水素の利用割合を増やすことが代表的なアプローチ。
需給調整市場	一般送配電事業者が供給区域の周波数制御・需給バランス調整を行うために必要な調整力は、2016年10月より公募により調達しているが、エリアを超えて低廉かつ安定的な調整力の確保を行うために、2021年4月に需給調整市場が新たに創設された。調整力の種別（応動時間、継続時間など）により5つの商品区分があり、応動時間の最も遅い三次調整力②から取引が開始され、より応動時間の速い調整力の商品区分へ順次拡大されている
蓄エネルギー	広義には、エネルギーを何らかの物理化学的方法で一時的に蓄えること。カーボンニュートラルの観点からは、電気エネルギーを他のエネルギーに変換して蓄えることを指す場合が多い。代表的な方法としては、蓄電池、揚水、水素、熱、圧縮/液化空気などが挙げられる。蓄えたエネルギーは、必要に応じて電気や熱として利用される。
蓄熱	蓄熱は、完全に商用化した物から研究段階まで、様々な形態がある。商用化例は、製鋼炉の脇にたつ、熱風炉と呼ばれるものや（千℃レベル）、硝酸塩2タンク型(600℃程度）がある。近年は砕石と空気を利用した安全性の極めて高い蓄熱方式が着目されている。

用語	説明
直流送電	直流送電は、線路のリアクタンスがないため、交流送電で課題となる同期安定性の問題がない。そのため、長距離架空送電線に適用されるが日本ではまだ事例はない。また、海底送電線は、交流ではケーブルの充電電流や誘電体損失により送電距離に制約が生じるため、短距離以外では直流送電を用い、北海道本州間の連系線などに適用されている。 直流送電線は、交直変換装置が必要となりコスト増になるが、交流より絶縁レベルを下げられるため、鉄塔などの設備がコンパクトになるメリットがある。
電力市場	日本で「電気」を取引する市場には、電力（kWh価値）を取引する卸電力市場（スポット市場）の他に、電気を提供する能力（kW価値）を取引する容量市場、需給調整力（ΔkW価値）を取引する需給調整市場や、再エネ等のCO_2を排出しない電源の環境価値を取引する非化石価値取引市場などがあり、本書では電力関連市場の呼称を用いている。
電力システム改革	2011年の東日本大震災を契機として、大規模集中電源の停止に伴う供給力不足や、計画停電等の画一的な需要抑制といった、電力システムの課題が顕在化した。そこで政府は、安定供給の確保、電気料金の最大限の抑制、需要家の選択肢や事業者の事業機会の拡大を目的として、①広域系統運用の拡大、②小売全面自由化、③法的分離の方式による送配電部門の中立性の一層の確保、という3本柱からなる電力システム改革を、2020年4月までに3段階で進めた。取引市場の制度設計、電力ネットワークの次世代化など、広義の電力システム改革は継続して進められている。
ネガティブエミッション	排出の逆を意味する。つまり大気中から人為的に温室効果ガスを除去すること。Greenhouse Gas Removal (GGR: 温室効果ガス除去)ともいう。また、CO_2に注目した場合は、Carbon Dioxide Removal (CDR: 二酸化炭素除去)やCarbon Removal (炭素除去)とも言う。
燃料アンモニア	アンモニアは、化学式でNH_3、常温で気体であり、刺激臭のある毒性の高い化合物である。現在、ハーバー・ボッシュ法により25～35MPa、約500℃の条件で水素と窒素から合成される。硫安などの窒素肥料や硝酸などの原料として極めて重要な化合物である。また、発電所などでは、脱硝装置に使われている。昨今、海外から水素を運ぶキャリアーとしてだけではなく、燃焼してもCO_2を発生しないことから、CO_2フリーの燃料としても注目されている。
バイオ燃料	バイオマスの持つエネルギーを利用した燃料のことで、広義には固体燃料であるチップなども含まれるが、通常はバイオマスの発酵、熱分解・合成および植物油の改質によって得られる液体燃料や気体燃料のことをいう。主に自動車や航空機を動かす石油燃料の代替として利用される。
発送電分離	電力自由化を進める上で、全ての事業者にとって公平かつ透明性のある競争環境が欠かせず、その鍵となるのが送配電系統である。2015年6月、電力システム改革の第3弾として電気事業法が改正され、2020年4月より送配電部門の中立性を一層確保する観点から、法的分離による発送電分離が行われて送配電部門が別会社となった。これにより、一般送配電事業者が小売事業や発電事業を行うことが禁止された。
パリ協定	2015年にフランス・パリで開催された気候変動枠組条約第21回締約国会議（COP21）において採択された、気候変動に関する2020年以降の新たな国際枠組。世界共通の長期目標としての2℃目標、すべての国の削減目標の5年ごとの提出・更新、適応計画プロセスと行動の実施、先進国の資金提供と途上国の自主的資金提供、共通かつ柔軟な方法での各国の実施状況の報告・レビュー、市場メカニズムの活用等が位置づけられている。

[英単語略語表]

略称	正称	和訳
A-CAES	Adiabatic Compressed Air Energy Storage	断熱圧縮空気エネルギー貯蔵
ACER	Agency for the Corporation of Energy Regulators	欧州エネルギー規制機関調整庁
BAT	Best Available Technology	経済的に利用可能な最良の技術
BETTA	British Electricity Trading and Transmission Arrangements	英国電力取引制度
BIN	Biomass Industrial Society Network	バイオマス産業社会ネットワーク
CAES	Compressed Air Energy Storage	圧縮空気エネルギー貯蔵
CCS	Carbon dioxide Capture and Storage	CO_2回収・貯留
CCUS	Carbon dioxide Capture, Utilization and Storage	CO_2回収・利用・貯留

略称	正称	和訳
CME	Chicago Mercantile Exchange	米国シカゴ・マーカンタイル取引所
CN	Carbon Neutral	カーボンニュートラル
COP	Conference of Parties to the United Nations Framework Convention on Climate Change	国連気候変動枠組条約締約国会議
DER	Distributed Energy Resources	分散型エネルギー資源
DR	Demand Response	デマンドレスポンス
DSR	Demand Side Resources	需要家側エネルギーリソース
EDC	Economic Load Dispatching Control	経済負荷配分制御
EDF	Électricité de France	フランス電力
EEX	European Energy Exchange	欧州エネルギー取引所
EGS	Engineered/Enhanced Geothermal Systems	地熱増産システム
EIA	Energy Information Administration	米国エネルギー情報局
ELD	Economic Load Dispatching	経済負荷配分制御
EnBW	Energie Baden-Württemberg	エネルギー・バーデン・ヴュルテンベルク
ENTSO-E	European Network of Transmission System Operators for Electricity	欧州送電系統運用者ネットワーク
EU	European Union	欧州連合
EV	Electric Vehicle	電気自動車
FCV	Fuel Cell Vehicle	燃料電池自動車
FERC	Federal Energy Regulatory Commission	米国連邦エネルギー規制委員会
FFR	Firm Frequency Response	一次調整力
FIP	Feed-In Premium	フィードインプレミアム
FIT	Feed-in Tariff	固定価格買取制度
GE	General Electric Company	ゼネラル・エレクトリック
GF	Governor-Free	ガバナフリー
GHG	Greenhouse Gas	温室効果ガス
HV	Hybrid Electric Vehicle	ハイブリッド自動車
IAE	The Institute of Applied Energy	一般財団法人エネルギー総合工学研究所
IEA	International Energy Agency	国際エネルギー機関
IOU	Investor-Owned Utility	民営の電力会社
IPCC	Intergovernmental Panel on Climate Change	国連気候変動に関する政府間パネル
IRENA	International Renewable Energy Agency	国際再生可能エネルギー機関
ISO	Independent System Operator	独立系統運用者
ITO	Independent Transmission Operator	独立送電運用者
JEAC	Japan Electric Association Code	電気技術規程
JEPX	Japan Electric Power Exchange	日本卸電力取引所
JST	Japan Science and Technology Agency	国立研究開発法人 科学技術振興機構
LAES	Liquid Air Energy Storage	液化空気エネルギー貯蔵
LCA	Life Cycle Assessment	ライフサイクルアセスメント
LCOE	Levelized Cost of Electricity	均等化発電原価

略称	正称	和訳
LCS	Low Carbon Society Strategy	国立研究開発法人科学技術振興機構・低炭素社会戦略センター(現：未来創造研究開発推進部)
LFC	Load Frequency Control	負荷周波数制御
LIB	Lithium-Ion Battery	リチウムイオン二次電池
LNG	Liquefied Natural Gas	液化天然ガス
METI	Ministry of Economy, Trade and Industry	経済産業省
NECP	National energy and climate plan	国家エネルギー・気候計画
NEDO	New Energy and Industrial Technology Development Orgaization	国立研究開発法人新エネルギー・産業技術総合開発機構
NETA	New Electricity Trading Arrangements	新電力取引制度
NREL	National Renewable Energy Laboratory	国立再生可能エネルギー研究所
O&M	Operation & Maintenance	運用および保守点検
OCCTO	The Organization for Cross-Regional Coordination of Transmission Operators	電力広域的運営推進機関
PCS	Power Conditioning System	パワーコンディショナ
PHV	Plug-in Hybrid Electric Vehicle	プラグインハイブリッド自動車
PKS	Palm Kernel Shell	アブラヤシ核殻
PMU	Phasor Measuring Unit	位相計測装置
PURPA	Public Utility Regulatory Policy Act	公益事業規制政策法
PV	Photovoltaic	太陽電池
QF	Qualifying Facilities	認定施設
RE100	Renewable Energy 100%	アールイー100
RfG	Requirements for Generators	欧州のネットワークコード
RITE	Research Institute of InnovativeTechnologyfor the Earth	公益財団法人地球環境産業技術研究機構
RPS	Renewable Portfolio Standard	再生可能ポートフォリオ標準
RTO	Regional Trandmission Operator	地域送電機関
RWE	Rheinisch-Westfälisches Elektrizitätswerk	ライン・ヴェストファーレン電力会社
SDG&E	San Diego Gas & Electric	サンディエゴ・ガス・アンド・エレクトリック
TCG	The Climate Group	クライメイト・グループ
TDGC	Transmission & Distribution Grid Council	送配電網協議会
TOCOM	Tokyo Commodity Exchange	東京商品取引所
TSO	Transmission System Operator	送電系統運用者
UNEP	United Nations Environment Programme	国連環境計画
UNFCCC	United Nations Framework Convention on Climate Change	国連気候変動枠組条約
V2H	Vehicle to Home	ビークルトゥホーム
VPP	Virtual Power Plant	バーチャルパワープラント
VRE	Variable Renewable Energy	変動性再生可能エネルギー
WMO	World Meteorological Organization	世界気象機関

注)地名、商品名、人名は除く。

[単位換算表]

	SI単位	工学単位	British 単位	慣用単位等
長さ	1m	1m	39.37インチ	
	25.40mm	25.40mm	1インチ	
面積	10,000m^2			I ha
質量	I kg	I kg	2.205ポンド(lb)	
	I,000kg	I t	2,205ポンド(lb)	
	0.4536kg	0.4536kg	1ポンド(lb)	
圧力	1kPa	0.01020kg/cm^2	0.1450psi	0.009869atm
	1MPa	10.20kg/cm^2	145.0psi	9.869atm
エネルギー・熱量	1J	0.0002389kcal	0.0009488Btu	0.0002778Wh
	1kJ	0.2389kcal	0.9488Btu	0.2778Wh
	1MJ	238.9kcal	948.8Btu	0.2778kWh
	1GJ	2.389×10^{5}kcal	0.9488MMBtu	277.8kWh
	1PJ	2.389×10^{8}kcal	948.8MMBtu	2.778×10^{5}kWh
	I EJ	2.389×10^{11}kcal	948,800MMBtu	2.778×10^{8}kWh
	1.054kJ	0.252kcal	I Btu	0.2928Wh
	1.054GJ	2.520×105kcal	1MMBtu	292.8kWh
熱流		860kcal/h		I kW
		8.60×10^{5}kcal/h		I MW
		8.60×10^{8}kcal/h		I GW
温度	273.15K	0℃		

[単位系接頭辞]

10^n	接頭辞	記号	漢数字表記
10^{18}	エクサ(exa)	E	百京
10^{15}	ペタ(peta)	P	千兆
10^{12}	テラ(tera)	T	一兆
10^9	ギガ(giga)	G	十億
10^6	メガ(mega)	M	百万
10^3	キロ(kilo)	k	千
10^2	ヘクト(hecto)	h	百
10^1	デカ(deca)	da	十
10^0	なし	なし	一
10^{-1}	デシ(deci)	d	一分
10^{-2}	センチ(centi)	c	一厘
10^{-3}	ミリ(milli)	m	一毛
10^{-6}	マイクロ(micro)	μ	一微
10^{-9}	ナノ(nano)	n	一塵

ご注意：必ずお読みください

●本書記載の内容は、2023年8月20日現在の情報です。そのため、ご購入時には変更されている場合もあります。また、本書は著者が独自に調査した結果を出版したものです。

●本書の内容について万全を期して作成いたしましたが、万一、ご不明な点や誤り、記載漏れなど、お気づきの点がありましたら、奥付に記載の小社連絡先にてご連絡をお願いします。

●本書に記載された内容は、情報の提供のみを目的としています。本書の運用については、必ずお客様自身の責任と判断によって行ってください。これらの情報の運用の結果について、技術評論社および著者はいかなる責任も負いかねます。

●本書の全部または一部について、小社の許諾を得ずに複製することを禁止しております。

以上の注意事項をご承諾いただいた上で、本書をご利用願います。これらの注意事項をお読みいただかずに、お問い合わせいただいても、技術評論社および著者は対処しかねます。あらかじめ、ご承知おきください。

本文中に記載されている会社名、製品の名称は、一般にすべて関係各社の商標または登録商標です。

＊本文中に記載されている[1]は参考文献番号、[1]は同ページ下部の脚注番号です。

第1章

再生可能エネルギーの導入・拡大の意義

第1章　概要

2020年10月に当時の菅義偉内閣総理大臣が臨時国会で行った所信表明演説以来、さまざまなところで、カーボンニュートラルという言葉を目にするようになった。

日本で温室効果ガス(GHG：Greenhouse Gas)の排出量を実質ゼロにするカーボンニュートラルを達成するためには、再生可能エネルギー(再エネ)を相当な量導入する必要があるが、その達成は容易ではない。持続可能な社会への貢献を見据えた上で、限られた国土、環境的制約、コスト上昇、企業の競争力確保など、解決すべき課題は多い。また、出力が安定せず、非同期機器の再エネ電源を大量に電力系統に連系するためには、技術的にも多くの課題を解決する必要がある。

1.1 〉地球温暖化対策の必要性

1 カーボンニュートラルに向けた国際的な目標

地球温暖化が深刻な問題として、科学者の間でも注目されるようになったのは1970年代からであるが、1988年には、国連環境計画(UNEP：United Nations Environment Programme)と世界気象機関(WMO：World Meteorological Organization)によって、地球温暖化に関する科学的側面をテーマとした政府間の検討の場として「気候変動に関する政府間パネル(IPCC：Intergovernmental Panel on Climate Change)」が設立された。

1997年には京都で行われた気候変動枠組条約第3回締約国会議(COP3)で「京都議定書」が採択され、先進国などに対してGHG排出削減義務が課され、地球温暖化対策が喫緊の課題となった。

さらに、2015年の気候変動枠組条約第21回締約国会議(COP21)において、気候変動抑制に関する多国間の国際的な協定である「パリ協定」が採択された。

パリ協定では、世界的な平均気温上昇を産業革命以前に比べて2℃未満に抑えること、加えて、1.5℃に抑制する努力目標も規定された。これらの目標を達成するためには、21世紀後半までに人間の活動によるGHGの排出量を実質的にゼロにする、すなわちカーボンニュートラルの方向性が打ち出された(**図1.1**)。

図1.1 地球温暖化対策に関する国際動向および日本の動向

2 カーボンニュートラル実現に向けて動き出す世界状況

カーボンニュートラルについての詳細や達成に向けた技術オプションについては既刊の「図解でわかるカーボンニュートラル」を参考にしてほしいのだが、気候変動に関する国際連合枠組条約(UNFCCC：United Nations Framework Convention on Climate Change)のGCAP(Global Climate Action portal)サイト[1]によると、2023年7月の時点で196カ国、11,354の都市が気候変動対策に取り組んでおり、29億人の人口をカバーしていることになる。

イギリスのエネルギーと気候変動の問題に関する情報に基づいた議論を支援する非営利団体であるEnergy and Climate Intelligence Unit[2]では、カーボンニュートラル実現を表明している国とその状況をWebサイトで整理している。同サイトによると、2023年7月の時点でカーボンニュートラル実現を表明している国は83カ国あり、その内、26カ国が法律を制定、48カ国が政策文書に記載、9カ国が宣言をした状況にある。

これら83カ国のカーボンニュートラルを実現する期限はそれぞれ異なっており、2050年までに実現することを掲げている国と2050年以降に実現することを掲げている国は、**図1.2**のようになる。

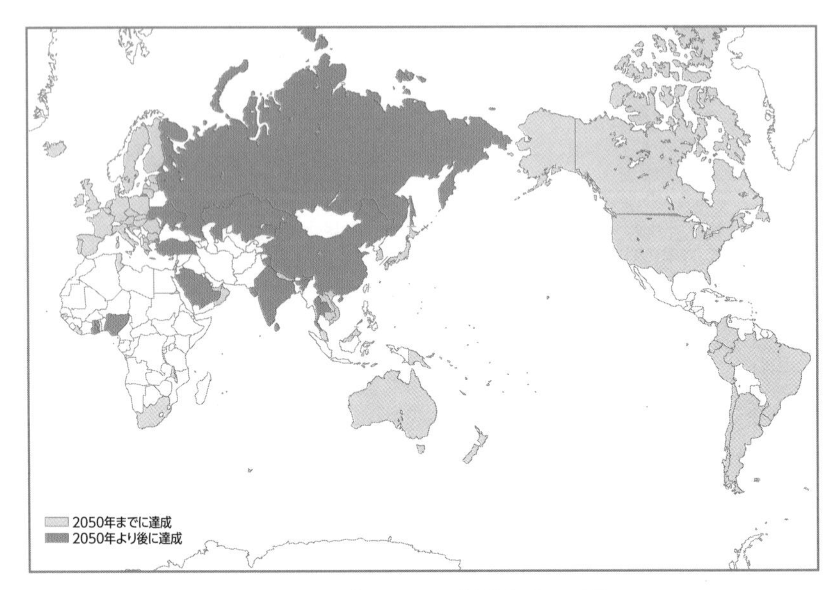

図1.2 カーボンニュートラル実現を表明している国
出典：気候変動に関する国際連合枠組条約(UNFCCC)「Global Climate Action Portal」(2023)[1]／Energy and Climate Intelligence Unit「Net Zero Emissions Race」(2023)[2]をもとに作成

1.2 〉エネルギー政策の基本方針

1 日本の地政学的なエネルギー政策の現状

日本は一次エネルギーのほとんどを海外からの輸入に依存しており、国際的なガスパイプラインや国際連系線もない。世界の需給構造が変化する中でも、日本は国際資源・燃料市場で存在感や購買力を維持しながら、エネルギー安全保障を実現してきた。

また、エネルギーインフラ(送電線、ガス導管、ガソリンスタンドなど)が全国に張りめぐらされ、高いレベルで信頼できるエネルギーサプライチェーンが構築されてきた。将来的な人口減少によって、長期のエネルギー需要には増大が見込まれない中においても、国民の生活のためには、これらエネルギーインフラを維持していくことは重要である。

また、日本のエネルギー政策の基本となる概念である、安全性(Safety)を大前提とし、自給率(Energy Security)、経済効率性(Economic Efficiency)、環境適合(Environment)を同時達成するS+3E[1]を進め、多層的なエネルギー供給構造を実現することが不可欠である。(**図1.3**)。

図1.3 エネルギー政策の基本方針

出典：経済産業省・資源エネルギー庁「日本のエネルギー 2021年度版「エネルギーの今を知る10の質問」」[3]をもとに作成

1 **S+3E** 2002年に成立した「エネルギー政策基本法」に基づいて、2003年よりエネルギー基本計画が策定されてきた。2010年の第三次エネルギー基本計画までは3Eが基本の概念であったが、2011年東日本大震災およびそれに伴う福島第一原子力発電所事故を受けて、エネルギーの安全性が議論され、第四次エネルギー基本計画では安全性(Safety)が盛り込まれた。

2 S+3E

ここでは、日本のエネルギー政策の基本方針であるS+3Eについて、再エネを導入することによって得られる効果や課題を解説する。

❶安全性：Safety

あらゆるエネルギー関連設備の安全性(Safety)は、エネルギー政策の大前提である。また、保安人材の高齢化などによる将来の人材不足への懸念、自然災害の頻発・激甚化やサイバー攻撃の複雑化・巧妙化なども踏まえ、エネルギーインフラについては安全性確保への日頃からの継続した取り組みが求められている。

❷エネルギー安全保障：Energy Security

エネルギー安全保障(Energy Security)の観点では、日本は、四方を海に囲まれ、国際連系線がなく、化石資源に恵まれず、地熱は世界第3位のポテンシャルを有する一方で、遠浅の海の面積はイギリスの8分の1、森林を除く平地面積はドイツの半分であり、再エネを活用する条件も諸外国と異なるなど、エネルギー供給の脆弱性を抱えている。以前は天然ガスなど化石燃料の安定供給に向けて、調達国多角化などを進めていたが、昨今のウクライナ情勢を踏まえると、外的要因によって調達先を変更しなければならない事態も起こりうるため、国内で調達できる再エネの導入も重要となる。

❸環境：Environment

環境(Environment)への適合については、カーボンニュートラルに向けた対応が世界的な潮流となりつつあり、その重要性が急激に増している。

気候変動問題への対策では、日本のGHG排出量の8割以上を占めるエネルギー分野における取り組みが特に重要となる。エネルギーの脱炭素化については、太陽光発電や風力発電などの再エネ設備の導入に際して、鉱物の採掘・加工や製品の製造・運輸過程におけるCO_2排出を考慮する必要もあり、エネルギー供給面のみならず、サプライチェーン全体での環境への影響も評価しながら進めていく観点が重要である。

❹経済効率性：Economic Efficiency

経済効率性(Economic Efficiency)の向上は、産業界の事業拠点を国内に留め、新たな投資を日本に呼び込み、日本が更なる経済成長を実現していく上での前提条件となる。

一方で、カーボンニュートラルに対応するには一定の経済的負担増加が想定される。たとえば、現時点の技術水準を前提とすれば、電力供給を脱炭素化された火力、蓄電池などと組み合わせた再エネや水素から作られる燃料などに切り替えることは、コスト上昇の要因となり得る。

こうしたエネルギー政策の基本方針における課題を克服するために、エネルギートランジション[2]の観点も踏まえながら、サプライチェーン[3]全体での安定供給体制を構築していくことは簡単なことではなく、あらゆるリソースを最大限投入し、経済と環境の好循環を生み出していくことが重要である。

2 **エネルギートランジション** 脱炭素化に向けたエネルギーの転換期のこと。

3 **サプライチェーン** エネルギー分野におけるサプライチェーンでは、「❷エネルギー安全保障」において述べたように、エネルギー資源の輸入に関する課題のほか、化石燃料の利用を低減することによる他産業への影響も大きい。たとえば、石油からLPガス、ガソリン、軽油、灯油、アスファルト、プラスチックなど多種多様な製品が作られていることから、ガソリンの使用量や価格がプラスチック産業への原料供給量や価格に影響を及ぼすことが考えられる。

1.3 再生可能エネルギーのメリットとデメリット

1 再生可能エネルギーの定義

ここで、再エネという言葉の定義について確認する。日本では、2009年8月施行の「エネルギー供給事業者による非化石エネルギー源の利用及び化石エネルギー原料の有効な利用の促進に関する法律(エネルギー供給構造高度化法)」[4]の中で、再エネを「太陽光、風力その他非化石エネルギー源のうち、エネルギー源として永続的に利用することができると認められるものとして政令で定めるもの」と定義づけている。政令では、太陽光、風力、水力、地熱、太陽熱、大気中の熱、その他の自然界に存在する熱、バイオマス(動植物に由来する有機物)の7種類が挙げられている。

これら再エネは、利用するときにCO_2を排出せず[4]、国内で得ることができるため、エネルギー安全保障にも貢献が期待できる国産エネルギー源として注目されている。また、日本が目指す「カーボンニュートラル」を実現するためにはCO_2

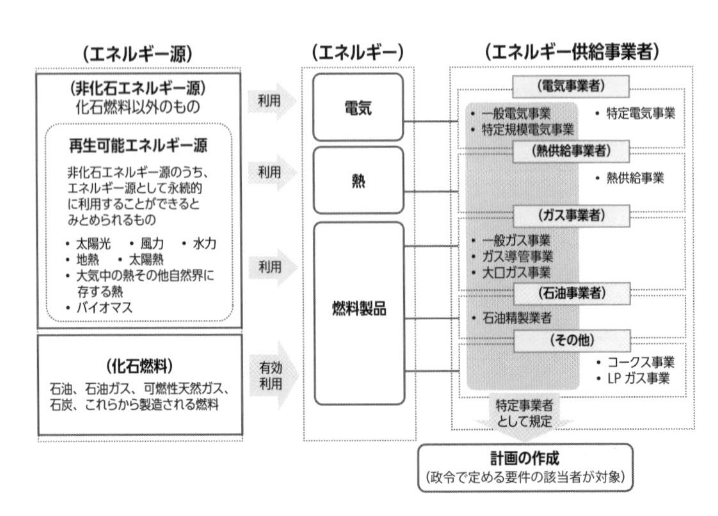

図1.4 エネルギー供給構造高度化法の対象範囲
出典：経済産業省・資源エネルギー庁「エネルギー供給事業者による非化石エネルギー源の利用及び化石エネルギー原料の有効な利用の促進に関する法律の制定の背景及び概要」(2010)[4]をもとに作成

4 **CO_2を排出しないバイオマス** バイオマスの場合は利用するときに排出したCO_2はもともと大気中から吸収したもの。

を中心とした温室効果ガス (GHG)の排出を全体としてゼロにすることが必要であり、再エネの導入は欠かせない取り組みである。

2 再生可能エネルギーの環境に与える影響

①ライフサイクル全体での考慮が必要

前述の通り、再エネは利用するときにCO_2を排出しないため、再エネによって作られた電力を利用することは、GHGの排出が8割以上を占める化石燃料由来のエネルギーから排出されるCO_2の削減に期待できる。

しかしながら、現状のライフサイクルを考えると、再エネを利用した場合においても、設備の製造時に鉱物資源や化石エネルギーを必要とし、設備に寿命が来て廃棄となった場合には、環境に負荷のかかる廃棄物が発生する。したがって、発電源を再エネに変えるだけではカーボンニュートラルの達成は困難である。

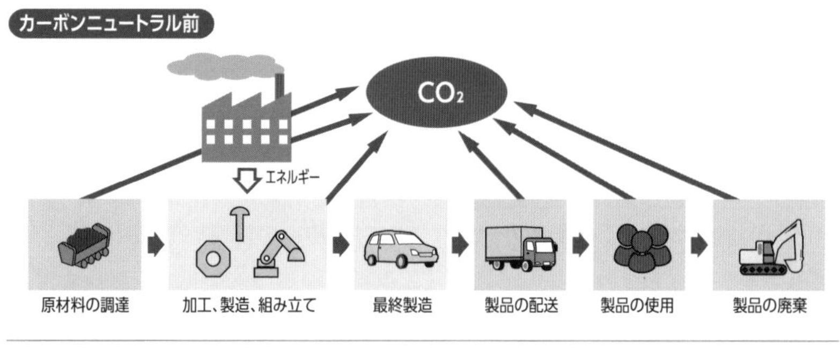

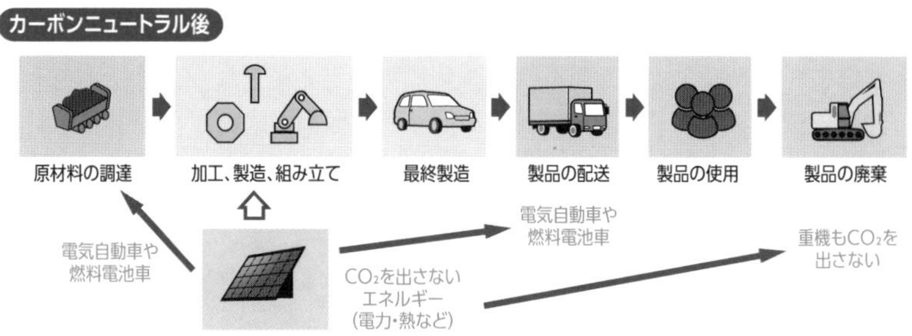

図1.5 カーボンニュートラルの達成による製品ライフサイクルの変化

一方で、カーボンニュートラルが達成された場合、エネルギー産業をはじめとする各産業においてCO_2排出は限りなく少なくなっているため、ライフサイクルからのCO_2排出を考慮する必要性はなくなっていく。

また、森林資源などのバイオマスを利用する場合、原料の収穫や運搬にもエネルギーが必要となり、収穫後の土地には再度バイオマスを植え、伐採前の森林の状態に戻るまで一定期間を待たなければ、カーボンニュートラルとはいえない。

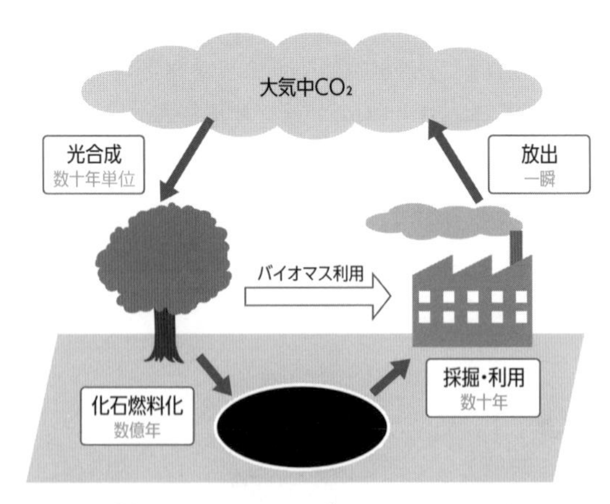

図1.6 バイオマスのカーボンニュートラルイメージ

❷再生可能エネルギー設備導入時の環境的配慮

GHGの排出以外にも再エネの導入に際して環境への配慮が必要である。たとえば風力発電の立地条件によっては絶滅危惧種の野鳥の衝突死や生息地放棄、障壁影響(渡りや移動経路の変化)といった環境影響が生じることが報告されている。

その他にも大規模な太陽光発電は広い敷地が必要となるため、スペース確保のために森林伐採を行うことは本末転倒であり、周囲の生活環境にも十分な配慮が必要である。安全性の低い場所に太陽光パネルを設置すれば、地滑りや土砂崩れなどの要因になる可能性も考えられる。

今後導入拡大が見込まれる洋上風力発電についても海洋生態系への影響や漁業との協調など留意しなければならない事項も多い。

再エネの大量導入を進めるにあたり、カーボンニュートラルなエネルギー源であるというメリットのみならず、資源循環、周辺環境や生物多様性といった環境の保全と調和をとることが必要である。

3 再生可能エネルギーの安定調達に必要なこと

❶ 再生可能エネルギーによる地域のエネルギー自立

エネルギーの安全保障という点で見ると、化石資源が少ない日本において再エネは国産のエネルギー資源として有望と考えられる。

千葉大学倉阪研究室と環境エネルギー政策研究所が作成した永続地帯2022年度版報告書[5]によると、住み続けるために必要なエネルギーを地域で生み出すことができる市町村(エネルギー永続地帯)は195市町村にも上り、電力に限定すると、326市町村になることが示されている(**図1.7**)。

これは地域で必要なエネルギーを地域の再エネで賄うことができる、いわゆるエネルギーの自給自足ができる自治体が増加しつつあることを示唆している。

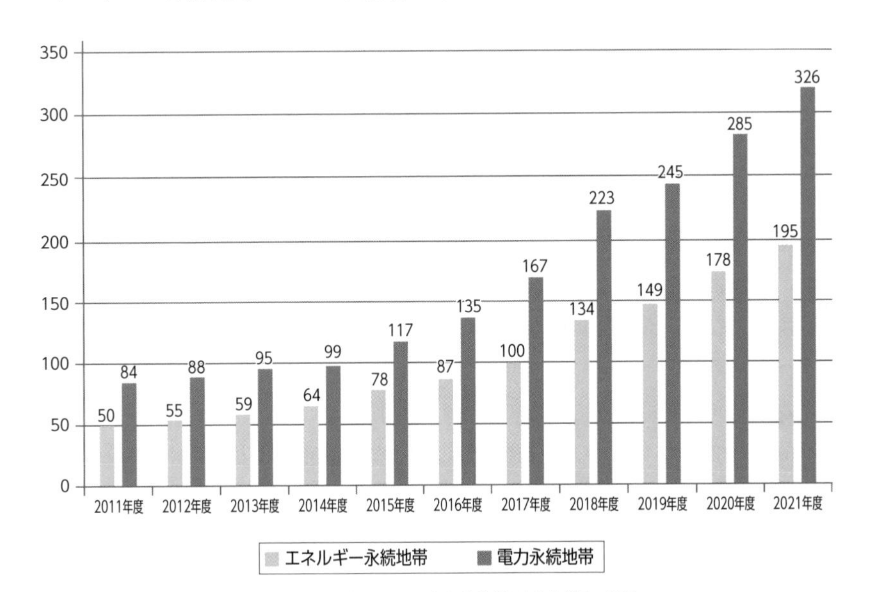

図1.7 エネルギーおよび電力永続地帯(自治体数)の推移
出典：千葉大学倉阪研究室・NPO法人環境エネルギー政策研究所「永続地帯2022年度版版報告書」(2023)[5]をもとに作成

北海道北部に位置する稚内市では、年間平均風速7m/s、風速10m/s以上の日が90日を超すことから、風力発電の導入が進み、2018年時点で83基、106,130kWの風車が建設されていた。この風車による発電量は、稚内市の電力需要の120%に相当する[6]。

❷変動性再生可能エネルギー

一方で、太陽光発電や風力発電は天候、季節、および昼夜の時間帯によって出力が変動する変動性再生可能エネルギー(変動性再エネ／VRE：Variable Renewable Energy)と呼ばれている。変動性再エネは、私たちが電力を必要とする時間帯や量に応じて発電することができないデメリットがあり、エネルギーの安定調達という点では課題が残る。地域で必要な電力を地域の再エネで賄うためには、需要と供給のギャップを調整する技術が必要になる。

再エネの中でも、バイオマスについては林業由来や農業由来の原料を利用できることから地域のエネルギー需給に貢献できることが期待されている。しかし、日本で事業が行われている大規模なバイオマス発電は原料の大半を海外からの輸入に頼っているため、安定調達もさることながら、輸入元国の持続可能な原料供給にも配慮が必要である。

4 再生可能エネルギーの安全性

再エネの安全性については、化石燃料や原子力発電のように、発電所事故によって人命が脅かされる可能性は少ないと考えられるが、バイオマス発電については、原料が可燃物であることから火災や爆発事故が起こった事例があり、地熱についても水蒸気など高温の媒体を取り扱うため、発電所の安全管理には細心の注意を払うべきである。

また、太陽光発電や風力発電の設備の安全性については、風力発電の落雷による事故、地滑りによる太陽光発電設備の事故などが報道などで多く見られる。太陽光発電や風力発電は自然から得られる日射や風力などを直接受けて発電するため、設備が屋外の自然環境にさらされる場所に設置されている影響も大きいと考えられる(**図1.8**)。

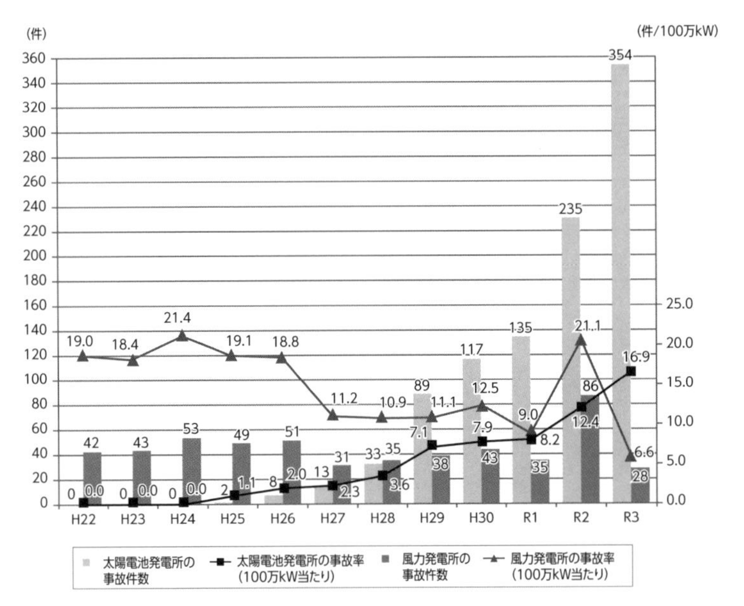

図1.8 太陽光発電および風力発電の事故件数と事故率推移
出典：経済産業省「令和３年度電気保安統計」(2023)[7]をもとに作成

もちろんこれらの発電所事故によって電力供給が不安定になったときには、ライフラインが断絶されることで国民の安全が脅かされたり、工場などの運転にも支障が出ることは問題である。

5 再生可能エネルギーの経済性

❶再生可能エネルギー事業への参入が容易になる

従来、再エネによる発電はコストが高いため、導入が難しいとされてきた(図1.9)。しかし、2012年7月に施行された「電気事業者による再生可能エネルギー電気の調達に関する特別措置法(FIT法)」に基づいて開始された「再生可能エネルギーの固定価格買取制度(FIT制度[5])」によって、再エネによって発電された電力に対して高価な売電価格が設定されていることや、近年の設備コストの急激な低下によって、事業が成立するようになった。また、FIT制度では10～20年間と長期に渡って収益が保証されていることから、一般家庭や事業者が再エネによる発電事業に参画しやすくなった。

5 **FIT制度** FIT(Feed in Tariff)制度は、再生可能エネルギーで発電した電気を、送配電事業者が一定価格で一定期間買い取ることを国が約束する制度。

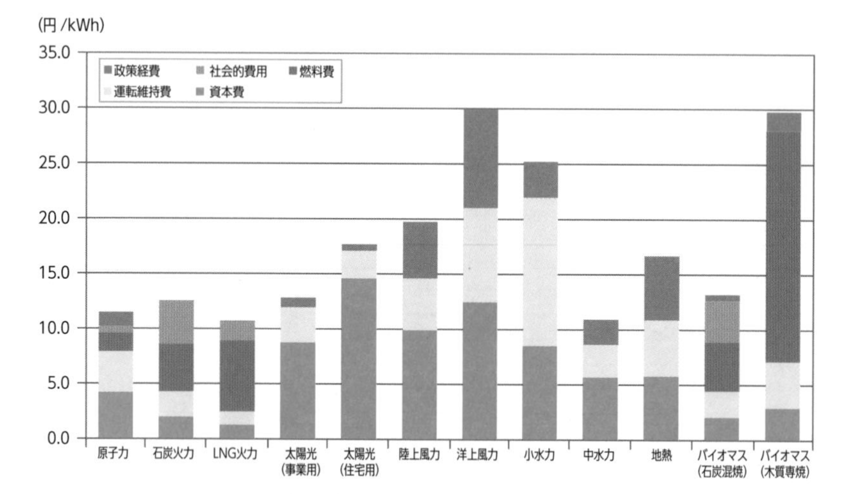

図1.9 2020年の電源別発電コスト試算の結果
出典：経済産業省・資源エネルギー庁　発電コスト検証ワーキンググループ
「発電コスト検証に関する取りまとめ(案)」(2021)[8]をもとに作成

❷再生可能エネルギーの国民への負担

一方で、こうした再エネの高い発電コストは国民負担[6]によって賄われており、再エネ発電設備の導入普及とともにその負担は増大している。

FIT制度による電力の買取量は、制度がスタートした2012年度(2012年7月から開始)に5.5TWh、2013年度に18.1TWhだったものが、2020年度には104TWhまで増加しており、これにともない、国民負担である再エネ賦課金は2013年度の0.35円／kWhから2020年度の2.98円／kWhまで増加、毎月400kWhの電力を使用する4人家族の場合、1200円／月程度の負担増となっている(**図1.10**)。

今後、再エネのさらなる導入拡大が見込まれる中、国民負担を軽減することが求められている。

6　**発電コストの国民負担**　送配電事業者による再エネ電力の買い取りに必要な費用は再エネ賦課金として国民に請求されている。

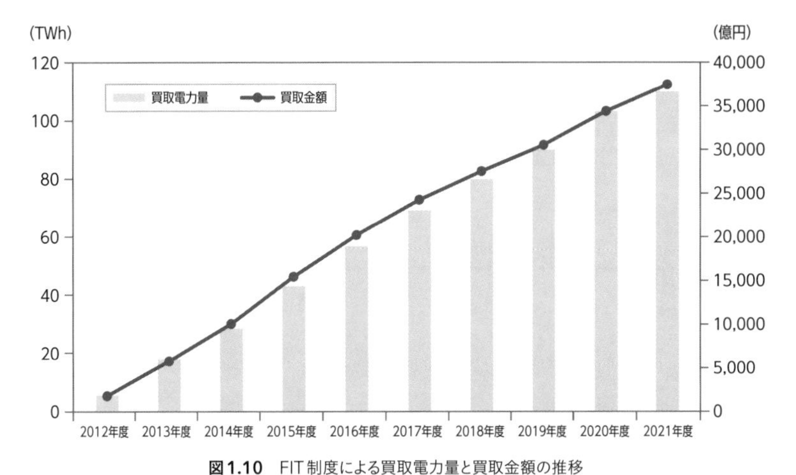

図1.10 FIT制度による買取電力量と買取金額の推移
出典：経済産業省・資源エネルギー庁「なっとく！再生可能エネルギー」[9]のデータをもとに作成

6 再生可能エネルギーのシステム的なメリット

❶分散型エネルギーシステムの必用性

ここまで、エネルギー政策の基本方針であるS+3Eに関連した再エネによる発電の特徴や課題を解説した。これ以外にも再エネによる発電は、分散型エネルギーとしての特徴や災害時の防災拠点としての役割など、システムとしてのメリットが多くある。

従来は、需要家から離れた場所に原子力発電や火力発電といった大型の発電所を建設することで、経済性の優れる大規模電源・大規模送電による一方向の電力供給を行う大規模集中型のエネルギーシステムが主流だった。これに対して需要家の近くや地域に分散し、需要を満たす程度の発電設備をつくって電力を供給するシステムは、分散型エネルギーシステムと呼ばれる。

太陽光、風力、水力、地熱、バイオマスといった再エネは、一部偏在しているものの、広く薄く分散して賦存しているため、このような分散型エネルギーシステムのエネルギー源として利用することに適している。東日本大震災を契機にエネルギー供給の制約や集中型エネルギーシステムの脆弱性が顕在化したことにより、こうした分散型エネルギーシステムへの需要が高まっている。

地球温暖化対策としての再エネへの注目、電力自由化による電気事業への参入の障壁低下や地域活性化への期待などによって、分散型エネルギーシステムの導入機運が高まっている。

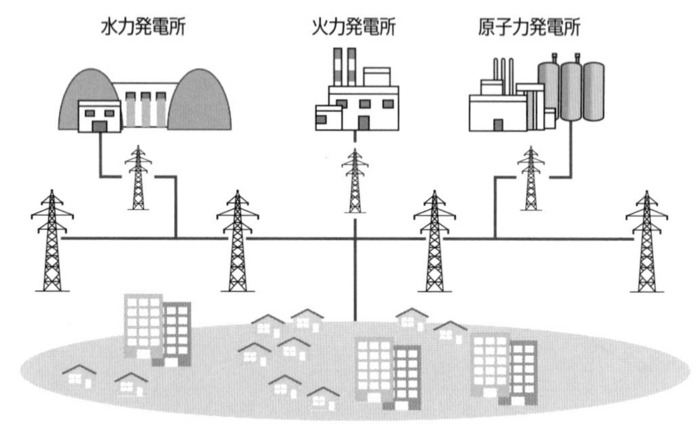

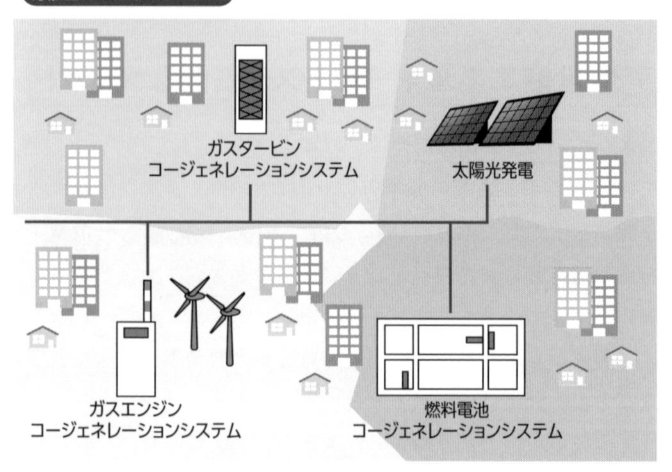

図1.11 集中型・分散型エネルギーシステム
出典：ギャクー株式会社「みんなの自然エネルギー」[10]をもとに作成

❷災害時のバックアップシステムとしての利用

また、分散型エネルギーシステムのメリットとして、災害時の対応が可能なことも重要である。前述の通り、再エネの発電設備が直接的な自然災害などの被害にあった場合は緊急時のインフラとして使えないが、大規模集中型のエネルギーシステムが被害を受けた場合のバックアップとして有効な場合がある。

2019年9月に関東を直撃した台風15号は千葉県を中心に甚大な被害をもたらし、長時間の停電により社会および経済活動に大きな影響を与えた。この台風による停電は、広範囲な被害、および復旧に2週間以上の期間を要した。

千葉県長生郡睦沢町と地元企業が設立した新電力の株式会社CHIBAむつざわエナジーは2019年9月1日に、同町で生産された天然ガスの供給を受けて、ガス発電による「むつざわスマートウェルネスタウン」への地産地消のエネルギー供給事業を開始していた。台風15号の影響で9月9日から町内や周辺市町村が停電した際、同タウンも一時的に停電したものの、自営線(電線)の地中化を行っていたため、ほとんど被害がないことを確認し、9月9日にガスエンジン発電機を立ち上げ、町営住宅と道の駅の重要設備への送電を開始した(**図1.12**)。また、翌9月10日にはガスエンジン発電機の排熱などにより水道水を加温して、周辺住民への温水シャワーの提供を可能にした[11]。

図1.12　周辺店舗や住戸が停電する中、明るく輝く道の駅(左)と住宅(右)
資料提供：株式会社CHIBAむつざわエナジー(2019)[11]

その他にも太陽光発電設備に蓄電池を取り付けて、災害時の電力供給を行う方法や、家庭用の太陽光発電と電気自動車の蓄電池を組み合わせて家庭の電力を賄う取り組みなど、さまざまな事例が増えてきている。

7　再生可能エネルギーの将来への展望

一般財団法人エネルギー総合工学研究所(IAE：The Institute of Applied Energy)は、2019年1月に「IAE中長期ビジョン～2050年に向けたエネルギー展望～」を公開し、2050年にエネルギー起源CO_2を80%減とする共通条件のもとで、再エネ、原子力、CO_2分離回収・貯留(CCS：Carbon dioxide Capture and Storage)に関する複数の想定を組み合わせたケーススタディを行い、公開した[12]。さらに、2050年以降を見据えた超長期エネルギーシステムのトランジションの可能性として、「電化・エネルギー貯蔵」、「水素活用」、「炭素循環」に関するメガトレンドを提示した。

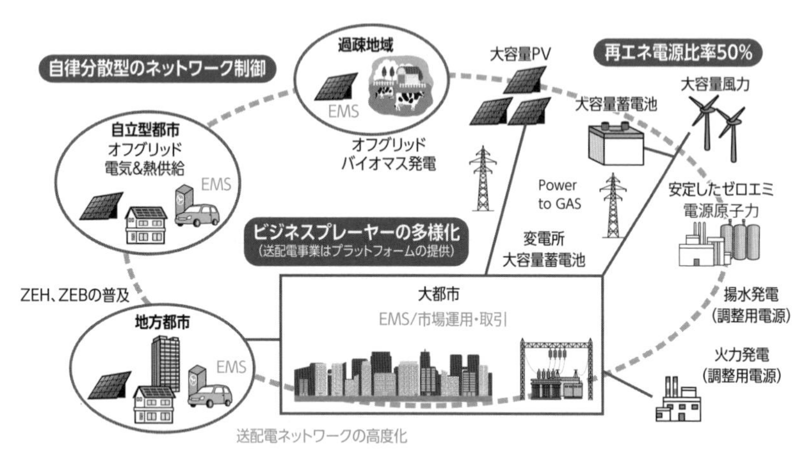

図1.13　2050年の電力供給システムイメージ
出典：一般財団法人エネルギー総合工学研究所「中長期ビジョン」(2019)[12]をもとに作成

「電化・エネルギー貯蔵システム」では、変動性の再エネを大量に普及させた場合、日中、夜間、好天、悪天などの自然条件により発電電力が電力需要に対して大きく変化することとなるため、必要な電力を安定的に供給していくためには、需要サイドも含めて以下の方策が重要であることを示した。

・送配電系統の整備
・電力化社会の発展
・エネルギーの地産地消化

さらに、再エネの導入については、大胆な投資をする動きが相次ぐなど、気候変動問題への対応を“成長の機会”ととらえる国際的な潮流が加速している。世界中のビジネスや金融市場も、その潮流の中で大きく変化しており、カーボンニュートラルへの挑戦は、社会経済を大きく変革し、投資をうながし、産業構造の大転換と力強い成長を生み出すチャンスと考えることもできる。

1.4 〉日本のエネルギー政策

1 エネルギーと産業革命

図1.14に日本の一次エネルギー供給量の推移と構造の変化を示す。18世紀半ばから19世紀にかけて起こった産業革命では蒸気機関の開発による動力源の刷新が行われ、これまでの家内制手工業から工場制手工業を経て工場制機械工業へと産業が変革していった。エネルギー密度が高い化石燃料の利用と工業の機械化によって社会の基本的な生産基盤が農業社会から工業社会へと大きく転換した。

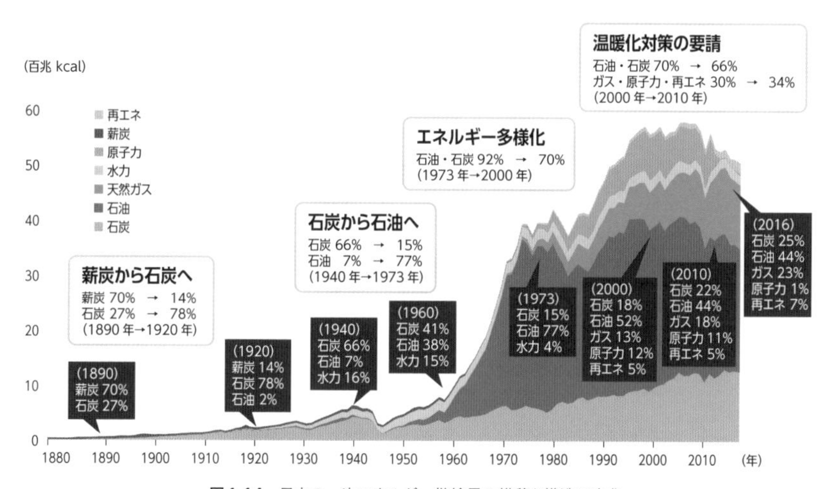

図1.14 日本の一次エネルギー供給量の推移と構造の変化
出典：経済産業省「エネルギー白書」[13][14]をもとに作成

2 石油の利用とオイルショック

1950～1960年代は、エネルギーの主役が石炭から石油に交代した「エネルギー革命」の時代でもあった。1950年代に中東やアフリカで相次いで大油田が発見されたことから、石油は世界的に潤沢に供給され、日本では1962年になって原油の輸入が自由化されたことから石油の使用量が増えていった。1973年には日本の一次エネルギーの8割近くを石油が占めるまでになった。

戦後は電力へのニーズも急増したため、新たな電源の開発が求められた。火力発電所は水力発電所よりも短期間に建設できることから、急ピッチで増え、電源の構成は約半世紀ぶりに、火力が水力を上回るようになった。火力発電の燃料は1960年代以降、石炭から重油や原油へ移っていった。

その後、日本は1973～1974年および1978～1982年と2回のオイルショックを経験し、エネルギーの安定的な供給を確保することが国の将来を左右する最重要課題であると改めて位置づけられ、1970年代から1980年代に以下の３つの施策が打ち出された。

施策	制定年
石油需給適正化法	1973年
エネルギーの使用の合理化に関する法律(省エネ法)	1979年
石油代替エネルギーの開発及び導入の促進に関する法律(代エネ法)	1980年

省エネの技術開発では、1978年に策定された「ムーンライト計画」[7]に基づき、エネルギー転換効率の向上、未利用エネルギーの回収・利用技術の開発などが進められた。

石油以外のエネルギーへの転換については、1973年にスタートした「サンシャイン計画」[8]において、太陽、地熱、石炭、水素エネルギーという石油代替エネルギー技術の研究開発が進められた。

3 地球温暖化対策

1997年には前述の通り、地球温暖化防止京都会議(COP3)で「京都議定書」が採択され、先進国などに対してGHG排出削減義務が課されたため、地球温暖化対策が喫緊の課題となった。

2003年には電力会社に対して、「電気事業者による新エネルギー等の利用に関する特別措置法(RPS法)[9]」が全面的に施行された。これは、供給する電力量に応

7 **ムーンライト計画** オイルショックの経験を踏まえ、エネルギー転換・利用効率の向上、エネルギー供給システムの安定化、エネルギーの有効利用の各要素に関わる技術研究開発を目指して1978年から1992年まで実施された長期計画。成果としては廃熱利用技術システム、電磁流体発電、ガスタービンの改良、汎用スターリングエンジン、燃料電池技術の開発、ヒートポンプの効率化などがあげられる。

8 **サンシャイン計画** オイルショックを契機に、エネルギー問題とそれに付随する環境問題の抜本的な解決を目指して、1974年から1992年まで実施された新エネルギー技術研究開発。太陽エネルギーの利用技術開発をはじめ、地熱エネルギーの利用、石炭ガス化・液化技術、水素の製造から利用までの技術のほか、風力や海洋エネルギー、オイルシェールなどの技術の開発を行い、実用化をはかった。

9 **RPS法** RPSはRenewables Portfolio Standardの略。新エネルギーなどの利用を推進していくことを目的に、電気事業者に対して、一定量以上の新エネルギーの導入を義務付けた。

じて一定の割合で新エネルギー導入を義務付けるもので、対象となった新エネルギーは、風力、太陽光、地熱、中小水力、バイオマスの5種類。電力会社が自社で発電するほか、他業者からの購入なども可能にした。

2012年には前述の通り「FIT法」が施行された。FIT法に基づいて開始したFIT制度は再エネ(太陽光、風力、水力、地熱、バイオマス)によって発電された電気を、国が定める一定の期間にわたって、国が定める一定の価格で購入することを送配電事業者に義務づける制度であり、電気事業者が再エネ由来の電気の買取りに要した費用は賦課金として電気料金に上乗せする形で国民から徴収することとなっている。FIT法の施行に伴いRPS法は廃止となった。

このように、国際的な情勢の変化、技術革新、コストとのバランス、環境への負荷、世論の高まりなどさまざまな影響を受けながら、時代に合わせてエネルギー政策・エネルギー利用が移り変わってきている。

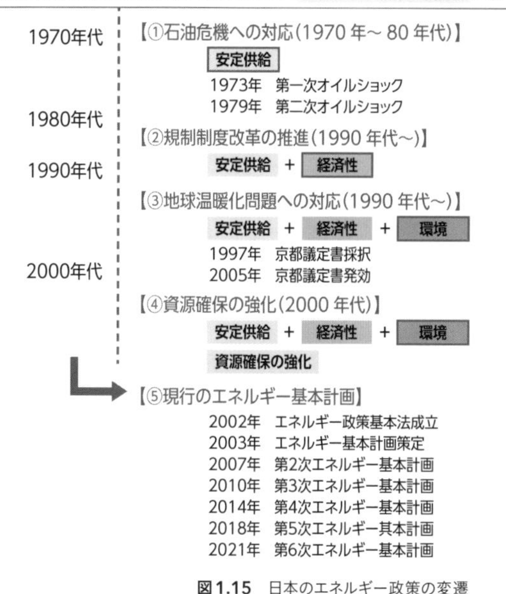

図1.15　日本のエネルギー政策の変遷

出典：経済産業省・資源エネルギー庁」「エネルギー白書2013」(2013)[15]をもとに作成

4 エネルギー基本計画

2021年10月22日に閣議決定された最新のエネルギー基本計画(第6次エネルギー基本計画)[16]では本章冒頭で述べた、2050年カーボンニュートラル宣言や、2021年4月にアメリカ主催の気候サミットにおいて表明された2030年度の温室効果ガス削減目標(2013年度から46%削減)の実現に向けたエネルギー政策の道筋を示すことを重要テーマとしている。

エネルギー基本計画全体では、

①東京電力福島第一原子力発電所の事故後10年の歩み
②2050年カーボンニュートラル実現に向けた課題と対応
③2050年を見据えた2030年に向けた政策対応

のパートから構成されている。

「②2050年カーボンニュートラル実現に向けた課題と対応」の中でも、電力部門は、再エネや原子力などの実用段階にある脱炭素電源を活用して着実に脱炭素化を進めることと、水素・アンモニア発電やCCUS／カーボンリサイクルによる炭素貯蔵・再利用を前提とした火力発電などのイノベーションを追求することが述べられている。

「③2050年を見据えた2030年に向けた政策対応」では、徹底した省エネの追求を前提としつつ、再エネや電力グリッドに関する需要サイドの取り組みとしては以下の内容が挙げられている。

- 運輸部門では、電動車・インフラの導入拡大、電池などの電動車関連技術・サプライチェーンの強化
- 蓄電池などの分散型エネルギーリソースの有効活用など二次エネルギー構造の高度化

また、再エネの供給側としては、S+3Eを大前提に、再エネの主力電源化を徹底し、再エネに最優先の原則で取り組み、国民負担の抑制と地域との共生を図りながら最大限の導入を促すことが述べられ、以下のキーワードが挙げられている。

・地域と共生する形での適地確保
・事業規律の強化
・コスト低減・市場への統合
・系統制約の克服
・規制の合理化
・技術開発の推進

日本のエネルギー政策には、気候変動問題への対応と自然災害への対応や電気料金の抑制などの日本のエネルギー需給構造の抱える課題の克服という大きな命題をクリアすることが求められている。

5 再生可能エネルギー導入施策

これまで述べてきた2050年カーボンニュートラル宣言やそれを実現するための再エネ導入の重要性から、2021年6月には経済産業省が他省庁と連携して「2050年カーボンニュートラルに伴うグリーン成長戦略」を策定した[17]。

グリーン成長戦略とは、温暖化対策が経済成長の制約やコスト増につながるという従来の発想を転換し、積極的に対策を行うことが、産業構造や社会経済の変革をもたらし、次なる大きな成長に繋がっていくという考えに基づいた産業政策である。成長が期待される分野として、**図1.16**に示す14の産業分野が示された。

国内のカーボンニュートラル実現に向けた流れの中で、2020年12月に、内閣官房が中心になり、国・地方脱炭素実現会議を開催した[18]。この会議の成果として、2021年6月には「地域脱炭素ロードマップ」が策定された[18]。本ロードマップでは、2030年度目標および2050年カーボンニュートラルという野心的な目標に向けて、2025年度までを集中期間として、政策を総動員して、地域脱炭素の取組を加速する、脱炭素先行地域を作ることを明言している。

脱炭素先行地域の要件としては、2030年度までに民生部門(家庭部門および業務その他部門)の電力消費に伴うCO_2排出量を実質ゼロにし、他の部門のGHG排出削減も日本全体の2030年度目標と整合させることである。

2023年7月時点で、これまでに3回の脱炭素先行地域選定が実施され、62の地域が選定されている[19]。本ロードマップでは少なくとも100カ所の脱炭素先行地域を選定することを目標としている。

図1.16 成長が期待される14分野
出典：経済産業省「2050年カーボンニュートラルに伴うグリーン成長戦略」(2021)[17]をもとに作成

グリーン成長戦略を進めていくため、特に重要なプロジェクトについて、官民で野心的かつ具体的目標を共有した上で、目標達成に挑戦することをコミットした企業に対して、技術開発から実証・社会実装まで一気通貫で支援を実施することが明言された。このため、国立研究開発法人新エネルギー・産業技術総合開発機構(NEDO)に2兆円の「グリーンイノベーション基金」が造成された。2023年6月時点で30のプロジェクトが予定されている。

表1.1　グリーンイノベーション基金事業

事業・プロジェクト名	予告掲載日	公募開始日
「グリーンイノベーション基金事業」に資する調査	2021/3/24	2021/4/30
「グリーンイノベーション基金事業」に資する広報に関する調査	2021/3/31	2021/5/21
再エネ等由来の電力を活用した水電解による水素製造	2021/4/9	2021/5/18
大規模水素サプライチェーンの構築	2021/4/9	2021/5/18
次世代船舶の開発	2021/5/25	2021/7/19
次世代航空機の開発	2021/5/25	2021/7/19
燃料アンモニアサプライチェーンの構築	2021/6/22	2021/9/15
製鉄プロセスにおける水素活用	2021/6/22	2021/9/15
次世代型太陽電池の開発	2021/6/24	2021/10/1
洋上風力発電の低コスト化	2021/6/24	2021/10/1
CO_2を用いたコンクリート等製造技術開発	2021/7/16	2021/10/15
CO_2等を用いたプラスチック原料製造技術開発	2021/7/16	2021/10/15
次世代デジタルインフラの構築	2021/8/2	2021/10/19
次世代蓄電池・次世代モーターの開発	2021/8/3	2021/11/11
CO_2の分離回収等技術開発	2021/9/14	2022/1/20
CO_2等を用いた燃料製造技術開発	2021/10/22	2022/1/20
スマートモビリティ社会の構築	2021/10/27	2022/3/14
電動車等省エネ化のための車載コンピューティング・シミュレーション技術の開発	2021/10/27	2022/3/14
食料・農林水産業のCO_2等削減・吸収技術の開発	2022/2/18	2022/8/24
「グリーンイノベーション基金事業」に資する調査	2022/5/6	2022/7/15
バイオものづくり技術によるCO_2を直接原料としたカーボンリサイクルの推進	2022/6/6	2022/10/27
次世代デジタルインフラの構築／IoTセンシングプラットフォームの構築	2022/10/3	
次世代航空機の開発に関する調査	2022/11/24	2022/12/8
製造分野における熱プロセスの脱炭素化	2023/2/16	2023/3/28
次世代船舶の開発に関する社会実装支援に向けた調査	2023/3/16	2023/5/15
グリーンイノベーション基金事業のダッシュボード等に関する調査	2023/3/22	2023/4/10
廃棄物・資源循環分野におけるカーボンニュートラル実現	2023/3/31	
大規模水素サプライチェーンの構築（追加公募）	2023/4/17	
次世代航空機の開発に関する調査	2023/5/2	2023/5/29
次世代型太陽電池の開発に関する情報収集等調査(2023年度)	2023/6/20	

出典：国立研究開発法人新エネルギー・産業技術総合開発機構「グリーンイノベーション基金事業」(2023)[20]をもとに作成

また、2022年2月に経済産業省は「GXリーグ基本構想」を打ち出した[21]。GXとは「グリーントランスフォーメーション」の略で、2050年カーボンニュートラルや、2030年の国としての温室効果ガス排出削減目標の達成に向けた取り組みを経済の成長の機会と捉え、排出削減と産業競争力の向上の実現に向けた経済社会システム全体の変革を意味する。

GXに積極的に取り組む「企業群」が、官・学・金[10]でGXに向けた挑戦を行うプレイヤーと共に、一体として経済社会システム全体の変革のための議論と新た

10　**官・学・金**　「官」は行政(国、地方自治体など)、「学」は大学などの学界、「金」金融界を表す。

な市場の創造のための実践を行う場として「GXリーグ」が設立される。2022年度にはGXリーグの立ち上げに向けて実証試験が行われる準備期間と位置付けられている[22]。

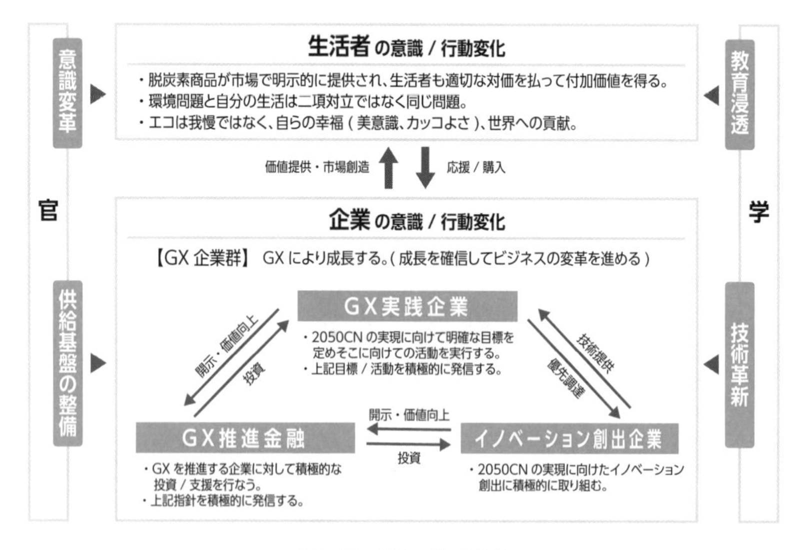

図1.17 GXリーグの世界観
出典：経済産業省「GXリーグ基本構想」(2022)[21]をもとに作成

1.5 〉日本の再生可能エネルギーの歴史

1 かつての再生可能エネルギーの主役は水力発電

日本の電気事業は小規模な火力発電により始まったが、1907年に運転開始した山梨県の駒橋水力発電所では、大容量水力発電の長距離高電圧送電技術が初めて導入された[23]。それ以後、各地で大規模な水力開発および高電圧送電計画が相次ぎ、火力から水力への転換が進み「水主火従」[24]の時代を迎えた。

1960年代の高度成長に伴う電力需要の急増に対応するため、建設期間が短く大容量の新鋭火力が導入されて、再び「火主水従」に転換するまで、水力発電が主役であった。これは、再エネである水力発電が、50年ほどの長期間にわたり、日本の主力電源であったことを示している。日本の電気事業の歴史については、4章1節を参照されたい。

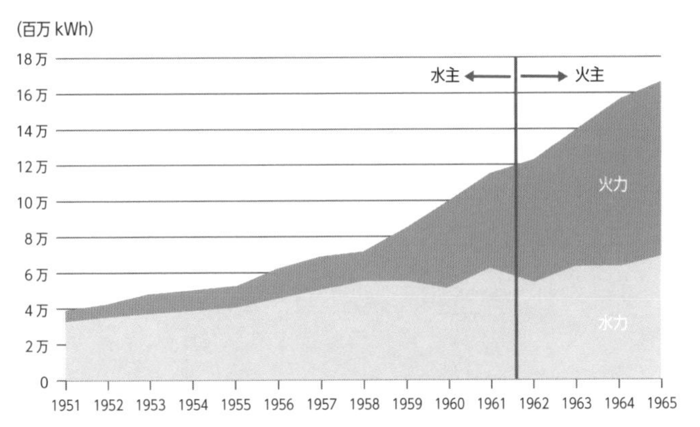

図1.18 火力発電と水力発電の推移
出典：松島潤／株式会社一色出版「エネルギー資源の世界史」(2019)[25]をもとに作成

2 オイルショックとサンシャイン計画

❶オイルショック

1973年の第四次中東戦争が勃発したことが起因となり、第一次オイルショック(石油危機)が発生した。オイルショックは、石油関連商品の値上げに直結して物価が上昇し、それまでの好景気を一変させて時代の転換点になった。それとともに、エネルギーの安定供給の重要性を再認識させた出来事で、以降のエネルギー政策にも大きな影響を与えた。

第二次オイルショックは、1978～1982年に発生した。2度のオイルショックを経験した日本では、エネルギーの安定供給の確保が国の将来を左右する最重要課題であるとあらためて位置づけられ、1970～1980年代にかけて以下の３つの施策が打ち出された。これらの基本的な考え方は、現在にも受け継がれている。

①石油の安定的確保	1974年に「石油需給適正化法」を制定。石油の大幅な供給不足が起こった場合、需給の適正化を図るため、国が石油精製業者などに石油生産計画などの作成の指示ができるなどを定めた。また、長期的な視点から石油備蓄目標などを定めた。
②石油の効率的使用	1979年に「エネルギーの使用の合理化に関する法律(省エネ法)」を制定。工場や輸送、建築物や機械などについて、効率的なエネルギーの利用に努めるよう求めた。
③エネルギー源の多様化による石油依存率の低下	1980年には「石油代替エネルギーの開発及び導入の促進に関する法律(代エネ法)」を制定。石油に代わるエネルギーの開発・導入を打ち出した。

❷サンシャイン計画

エネルギー源の多様化に向けて、石油以外のエネルギーへの転換の推進策として、「サンシャイン計画」が1974年にスタートした。

サンシャイン計画は、当時の通商産業省(現、経済産業省)主導のもと、産官学の力を結集して進められた。過度に石油に依存しないエネルギーの長期的な安定供給の確保を目指し、枯渇しないクリーンなエネルギーの活用技術を開発する目標を掲げた[26]。当初の研究開発は、次の４つが重要項目として設定され、風力発電などは事業化の可能性を探る総合研究の位置付けであった[27]。

①太陽エネルギー
②地熱エネルギー
③石炭の液化、ガス化
④水素エネルギー

いずれも、当時の日本では研究がほとんど進んでおらず、コスト面でも実用化が困難なものであった。

1980年には、サンシャイン計画を推進する機関として、新エネルギー総合開発機構(現、新エネルギー・産業技術総合開発機構：NEDO)が設立された[28]。

さらに同年10月には、「石油代替エネルギーの開発及び導入の促進に関する法律」が施行され、再エネの研究開発の基盤が整備された。

サンシャイン計画は、1993年に省エネルギー技術の研究開発を目指す「ムーンライト計画」と統合されて、「ニューサンシャイン計画」に改組され、基礎的研究段階から実用化プラント開発段階に移行し、事業規模の拡大や普及に向けた取り組みを強化して、2000年まで国家プロジェクトとして進められた[28]。

3 地球環境問題と再生可能エネルギーの関係

❶地球環境問題によって進む再生可能エネルギーの導入促進

1990年代に入ると、地球環境問題が政治的にクローズアップされた。1992年5月に国連気候変動枠組条約(UNFCCC)が採択されるなど、大気中の温室効果ガス濃度の安定化への取り組みが開始された。

国連気候変動枠組条約会議(COP3)で京都議定書が採択された1997年には、「新エネルギー利用等の促進に関する特別措置法」(新エネ法)が施行され、太陽光発電、風力発電、地熱発電、バイオマスエネルギーなどの導入促進が加速した[27]。再エネの中でも主力となっている太陽光発電と風力発電の日本の歴史は次の通りである。

❷太陽光発電のこれまでの歴史

再エネの中で、特に開発･普及が進んだのは太陽光発電である。1990年頃には、シリコン結晶系モジュールの変換効率が10%に達して、住宅の屋根への設置が可能となってきた。また､1992年に電力会社が自主的な取り組みとして開始した、「太陽光発電による余剰電力の販売価格での買電制度」が普及拡大に貢献した[27]。これは、需要家が設置した太陽光発電が需要を上回って発電した場合に、余った電力を電力会社が一般家庭用の販売価格と同じ値段で買い取る仕組みである。この制度は現在の「固定価格買取制度(FIT制度)」へと繋がっている(FIT制度については、2章3節1項参照)。

また、2002年に「電気事業者による新エネルギー等の利用に関する特別措置法(RPS法)」が制定され、電気事業者に対して、毎年、その販売電力量に応じた一定割合以上の新エネルギーなどを利用して得られる電気の利用が義務付けられた[27][29]。2012年に施行された「電気事業者による再生可能エネルギー電気の調達に関する特別措置法」によりFIT制度が創設されたことから、RPS法は廃止された。

電力会社による買取制度を実現するためには、電力系統に太陽光発電を接続する必要がある。このように、太陽光発電などにより発電された電力を電力系統(送電線または配電線)に送るために電力系統に接続することを「系統連系」と称する。買取制度を実現するための系統連系を可能にする制度やガイドラインは、1992〜1993年にかけて整備された[27]。

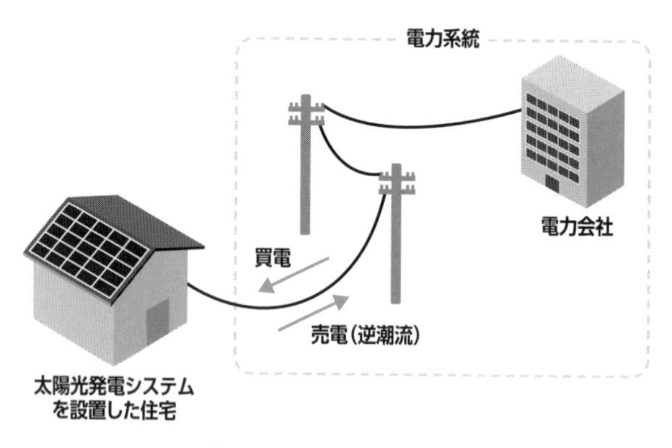

図1.19　太陽光発電の系統連系
出典：株式会社デジタルアドバンテージ「太陽生活用語集—系統連系」(2009)[30]をもとに作成

1993年には、最初の住宅用太陽光発電システムが販売を開始し、翌1994年には、太陽光電を設置する住宅への補助金制度が開始された[31]。

このような取り組みにより、**図1.20**に示すように、太陽光発電のシステム価格が低下し、住宅用太陽光発電の導入が次第に進んだ。1990〜2000年代初頭にかけて、日本は太陽光発電導入量および太陽電池生産量で世界一の地位を獲得するまでに至った。

③風力発電のこれまでの歴史

風力発電については、1981年に国内初の100kWの大型風車の開発が始まり、1982年から三宅島で実証実験が行われた。1992年には、国内で初めてのウインドファームの実証実験(275kW風車5基)が青森県竜飛岬で開始された[32]。

NEDOは、1990〜1998年度にかけて大型風力発電システムの開発事業を進め、500kW級の発電設備が開発された。これにより日本において実用可能な風力発電機が完成したものの、当時は国内市場の展望が描けず、その後の普及は進まなかった[32]。

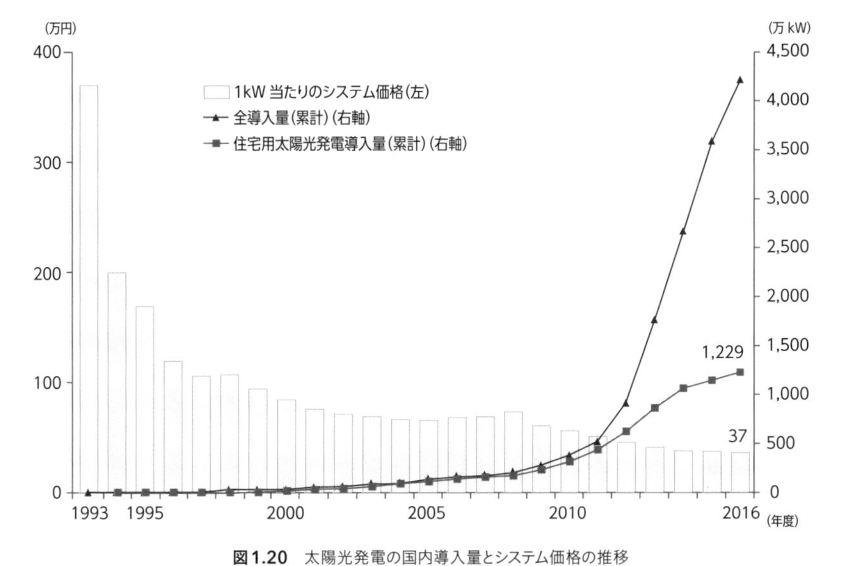

図1.20 太陽光発電の国内導入量とシステム価格の推移
出典：経済産業省・資源エネルギー庁「再生可能エネルギーの歴史と未来」(2018) [27] をもとに作成

一方、風力発電で先行していたヨーロッパなどと比較して、日本は地形などの問題から風力発電に適さないのではないかとの議論があり、MW級の次期大型機の開発を目指して、まずは日本の風況調査を実施して1994年に「風況マップ」が作成された[32]。

1995〜2005年にかけて実施されたNEDOの「風力発電フィールドテスト事業」は、風況などの自然条件や社会条件が異なる国内各地に、地域的特性に応じた風車発電機を試験的に導入し、運転データなどの評価・解析を行い、本格的普及に資することを目的に進められた。ヨーロッパの風力利用先進国と比べて、風況、地形や気象条件が異なることから多くの課題があったものの、日本に適した日本型風力発電の開発が、政府主導でNEDOを中心に行われ、日本の風力発電導入に大きな役割を果たした[32][33]。

また、風力発電の開始当初は、台風や落雷で風車が破損するケースが発生したため、2005年から2007年にかけて、NEDOにより「日本型風車発電ガイドライン」が策定され、日本特有の自然条件に適合する風車のあり方が定められた[32]。

図1.21　落雷リスクマップ
出典：国立研究開発法人 新エネルギー・産業技術総合開発機構(NEDO)
「日本型風力発電ガイドライン　落雷対策編」(2008)[34]をもとに作成

日本は、国土の約7割が森林であり、また年間を通して風況の良い地域が少なく、陸上風力発電のポテンシャルは限られている。一方では、日本の領海・排他的経済水域は世界第6位の447万km^{2}であり、洋上風力のポテンシャルは高い。至近では、2050年のカーボンニュートラル達成に向けて、再エネの主力電源として、急速に注目が高まっている。

陸上風力と同様に、先行するヨーロッパなどと気象条件、水深、海底地形などが異なることから、ヨーロッパでの成功事例をそのまま適用することは難しい。また、北海での海上油田開発実績に基づく、海洋開発の専用船や技術を応用できるヨーロッパと異なり、日本は外洋での風車設置およびメンテナンスの経験がなく、洋上風力発電設備の安全性、信頼性、経済性に関する課題がある。

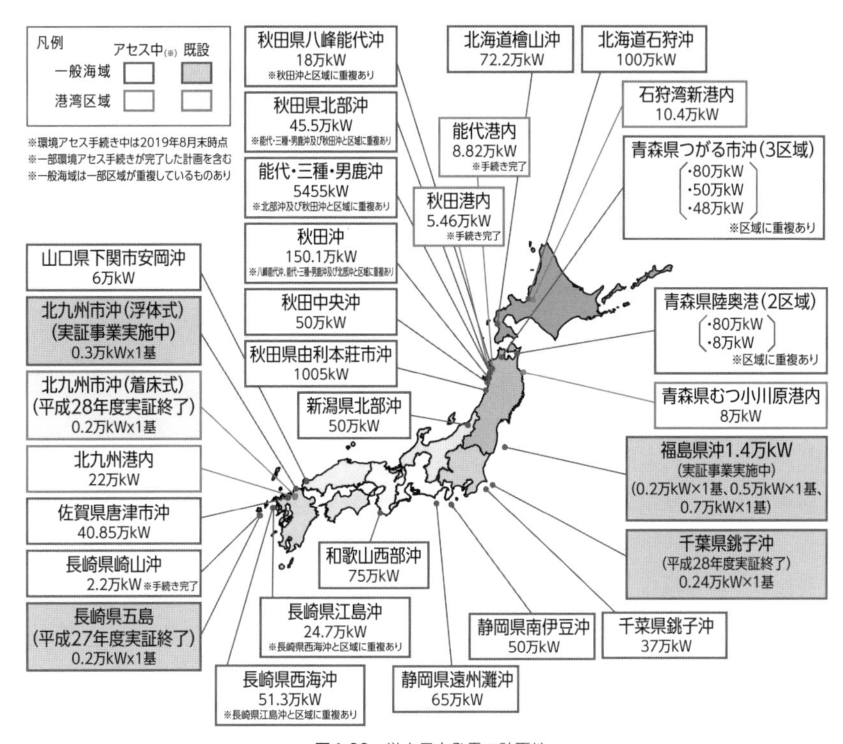

図1.22 洋上風力発電の計画地

出典：経済産業省・資源エネルギー庁「国内外の再生可能エネルギーの現状と今年度の調達価格等算定委員会の論点案」(2019)[35]をもとに作成

2008年度から、NEDOにより洋上風力発電実証研究のF/S評価[11]が行われ、2009年度には洋上風況観測システムの実証研究、2010年度には洋上風力発電システムの実証研究が開始された。その後も洋上ウィンドファーム、浮体式洋上風力発電のF/Sなどが続き、現在に至っている。

11　**F/S評価**　F/Sは、フィージビリティ・スタディ(feasibility study)の略で、新規事業やプロジェクトが、どれくらい事業化できる可能性があるかとうかを事前に調査すること。

1.6 再生可能エネルギーと地域共生との在り方について

1 コスト・制度設計の課題

日本が2050年にカーボンニュートラルを達成するためには、日本の産業と民生全体で約4割を占める電力部門のCO_2排出量の実質ゼロ化が不可欠である。2050年に向けては、ゼロエミッション電源[12]である再エネを大量導入し、主力電源化していく必要がある。

しかしながら、太陽光や風力を大量導入するためには、さまざまな克服すべき課題がある。制度設計の面では、再エネ電源の設置に要するFIT制度を含むコスト負担の在り方や、再エネ電力の環境価値の定義などを通じた企業などのCO_2排出低減への動機付けがある。電力システムの観点からは、出力変動に対する対策や調整力確保、送電容量の制約などが課題として挙げられる。

コスト	再エネ電源の設置のコスト負担(FIT制度含む)	
	再エネ電源の環境価値の定義(CO_2排出低減への動機付け)	2章参照
電力システム	出力変動の対策・調整力確保	3章、5章参照
	送電容量の制限	5章参照

2 地域との共生の課題

また、再エネ電源主力化に向けた課題はそれだけではない。日本という限られた土地で再エネ電源を大量導入していくためには、「地域との共生」が必要不可欠である。そのためには、地域の理解や、合意形成を踏まえた規律ある電源開発・運営を推進していく必要がある[36]。

2012年7月に再生可能エネルギー電気の利用の促進に関する特別措置法(再エネ特措法)に基づくFIT制度が開始されて以降、再エネの年間発電電力量は大幅に増大した。太陽光発電に関していえば、2011年度の0.4%から2020年度の7.9%まで増大した。太陽光発電の導入容量(GW)としては、世界第3位となり[37]、国土面積当たりの導入容量は主要国の中で最大となっている[36]。

12 **ゼロエミッション電源** 太陽光発電、風力発電、地熱発電、水力発電、バイオマス発電などの再生可能エネルギーと原子力発電を含む、発電時にCO_2を排出しない(ゼロエミッション)電源のこと。

そこで、地域との共生といった点が近年の課題となっており、太陽光発電では大小さまざまな規模の企業が新規参入する中で、安全面、防災面、景観や環境への影響、将来の廃棄などに対する地域の懸念が高まってきている。特に、2021年7月に起きた静岡県熱海市の土石流災害では、災害の発生の危険のある場所に発電設備が設置されたことによる懸念が大きな話題となった[38]。

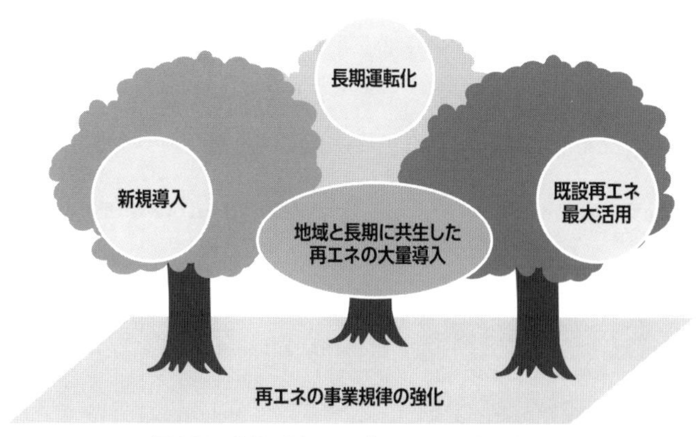

図1.23　地域と共存する再生可能エネルギーの導入
出典：経済産業省・資源エネルギー庁「第１回 再生可能エネルギー長期電源化・地域共生ワーキンググループ「資料3　再生可能エネルギーの長期電源化及び 地域共生に向けて」（2022）[36]をもとに作成

3 自治体の再エネ条例の増加

自然災害対策や景観の保護を目的として、再エネ発電設備の設置に抑制的な条例(再エネ条例)を制定する自治体が増加している。再エネ条例の条例数は、2016年度は26件だったが、2021年度は約7倍の184件にまで増加した[38]。

一方で、規制が増えれば再エネの導入拡大にブレーキがかかる恐れもある。再エネ導入量の拡大と共に、再エネ適地が次第に減少していっていることも指摘されており[38]、限られた土地で安全・防災・景観の観点も踏まえた再エネ導入および管理の在り方を整理するため、2022年4月に 経済産業省・農林水産省・国土交通省・環境省の関係省庁が共同で、「再生可能エネルギー発電設備の適正な導入及び管理のあり方に関する検討会」を立ち上げた[38]。

検討会で作成された提言[38]では、以下の論点について、現状での課題や課題の解消に向けた取り組みのあり方などについて取りまとめられた。

①土地開発前段階
②土地開発後～運転開始後・運転中段階
③廃止・廃棄段階の3段階の事業実施段階

①では、災害に対する地域の懸念が高いエリア(抑制すべきエリア)と地域における合意形成の図られたエリア(促進すべきエリア)についてメリハリをつける必要があることが示され、②では災害リスクが高い設備について優先的かつ機動的に電気事業法などに基づく立入検査を実施する必要性が、③では太陽光パネルなどの適正な廃棄処理やリサイクル強化に向けた制度検討が指摘された[39]。

<地域でトラブルを抱える例>

土砂崩れで生じた崩落

柵塀の設置されない設備

放置されたパネルの現況

景観を乱すパネルの設置

<情報提供フォーム(エネ庁 HP)への相談内容>

※1つの相談内容を複数の項目でカウントしているため、総相談件数と一致しない

図1.24 太陽光発電のトラブル事例と資源エネルギー庁のHPに寄せられた相談内容の分類
出典：経済産業省・第1回 再生可能エネルギー発電設備の適正な導入及び管理のあり方に関する検討会「経済産業省　説明資料」(2022)[40]をもとに作成

4 地域共生への取り組み

地域との合意形成に向けたコミュニケーションについては、地域の誰に対して、どういった項目を説明するかなどを整理する必要性が指摘されている。内容としては、説明すべき項目の整理を行うとともに、説明会などの地域への周知の義務化など、地域の理解や合意形成に向けた制度的対応の検討を進める必要性が示された。加えて、地域住民と事業者の間のトラブル解決のため、中立的な立場で手続的な適正を担保するという意味で、自治体などの第三者も交えた話し合いの場を設ける仕組みも指摘されている。

地域と共生した再エネ導入にあたっては、こういった取り組みだけではなく、再エネ発電事業者自身がより積極的に地域へ貢献する取り組みも必要である。地元貢献の好事例としては、住宅地に近い発電所の入口に地域交流スペースの設置、風車建設用に整備した道路を地域の森林資源活用のために有効利用、観光など他産業との連携など、電気の地産地消(マイクログリッドの構築などの地域で使える「自立分散型」再エネ電力など)などが紹介されている[38]。

再エネ適地が減少する中で、2050年カーボンニュートラル達成のためには、限られた土地に再エネ導入拡大をより推進していく必要があるが、再エネ導入拡大が地域との不和を生むのではなく、地域住民との合意形成を図りながら地域に貢献する形で開発・導入が進めていく方向性を早急に示す必要がある。

Column 1

GHG排出量実質ゼロとは？

森山 亮

カーボンニュートラルという言葉には、使われ始めた時期と意味合いによって大きく2つの使われ方がある。

最初に聞かれるようになったのは1990年代初頭で、バイオマスが持つ特性の1つを表す言葉だった。バイオマスを燃焼することにより放出されるCO_2は、生物の成長過程で光合成により大気中から吸収したCO_2だという炭素の中立性を表す言葉として、カーボンニュートラルが用いられた。

21世紀に入ると、政策目標としてのカーボンニュートラルという言葉が使われ、「気候中立」などとも訳されている。2006年にはオックスフォード大学出版局のワード・オブ・ザ・イヤーを受賞したカーボンニュートラルという言葉は、CO_2だけではなく、メタン、一酸化二窒素(N_2O)、ハイドロフルオロカーボン(HFCs：Hydrofluorocarbons)など、人為的に発生するGHG全体についての排出量と吸収量が均衡している状態を指した。

企業レベルでもカーボンニュートラルの取り組みが進められている。アメリカのアップル社では2020年のプレスリリースで、「事業全体、製造サプライチェーン、製品ライフサイクルのすべてを通じて、2030年までに気候への影響をネットゼロにする」ことを発表した[41]。アップル社の環境に関する2020年の進捗報告書[42]では、会社全体のGHGの排出量を2030年までに2020年の75%減とする計画と、残り25%のGHGを除去するための森林の再生など革新的なソリューションの開発について述べている。

マイクロソフト社も2020年のプレスリリース[43]で、2030年までに、「直接的な排出、および、サプライチェーンとバリューチェーンに関連する排出を含めて、CO_2排出量を半分以下に削減し、CO_2除去テクノロジの開発の促進と加速への投資も行うことによって、カーボンニュートラルよりも進んだカーボンネガティブ[13]を目指す」ことを表明した。

マイクロソフト社ではさらに野心的な目標として、1975年の創業以来、直接的と電力消費により間接的に排出してきたCO_2の環境への影響を2050年までに完全に排除することも述べている。

13 **カーボンネガティブ** CO_2の吸収・除去の量が排出量を上回り、実質マイナスの排出量となること。

第2章

再生可能エネルギー導入・拡大の現状

第2章　概要

再生可能エネルギー(再エネ)の大量導入による脱炭素化は、一朝一夕に成就するものではない。本章では現状の日本のエネルギー構成やエネルギー基本計画で示されている目標を数値化してとらえ、カーボンニュートラルの実現に向けた再エネ導入の施策や市場について解説する。また、再エネの導入が進んでいるいくつかの国での導入状況や施策についても解説する。

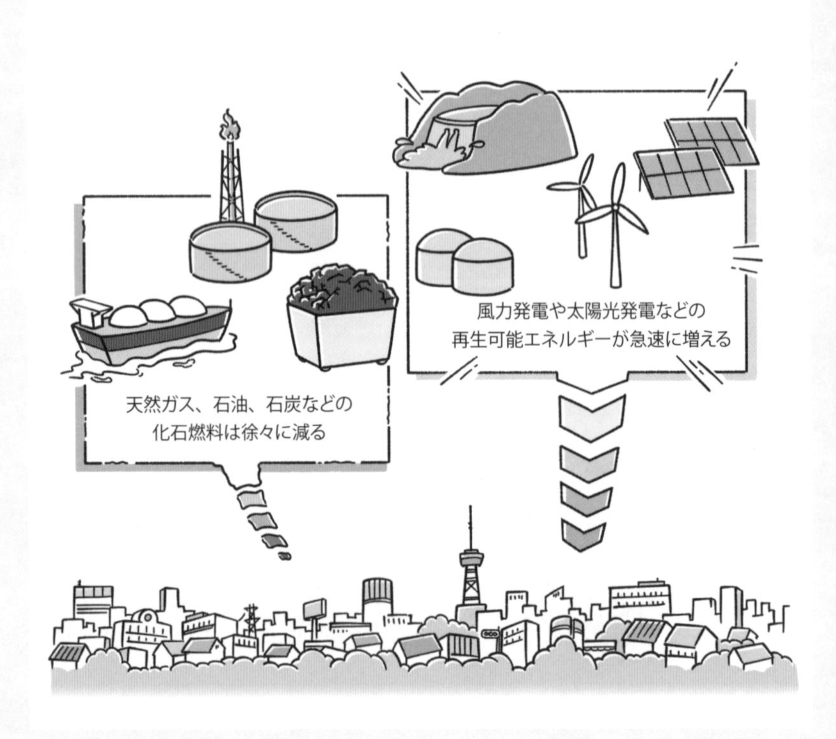

2.1 〉日本のエネルギー構成

1 日本の一次エネルギー構成

2019年の日本のエネルギー構成を**図2.1**に示す。本図の左側に示したエネルギー供給量のほとんどは、輸入された原油、石油製品、石炭、天然ガスからなっている。日本は、一次エネルギー供給量447百万石油換算トン[1]のほとんどを、海外からの輸入に依存していることがわかる。また、これら輸入エネルギーが占める割合は約9割である。

これら一次エネルギーの内、原油や石油製品は約4割を占め、自動車、船舶、航空機、産業用ボイラー、暖房用の燃料として用いられる。この他に非エネルギー部門では、プラスチックなどの化学品原料として利用されている。

発電用に利用されているエネルギーは、一次エネルギー全体の約4割を占め、その内訳は石炭と天然ガスがそれぞれ3～4割、残りを石油、原子力と再エネが占めている。

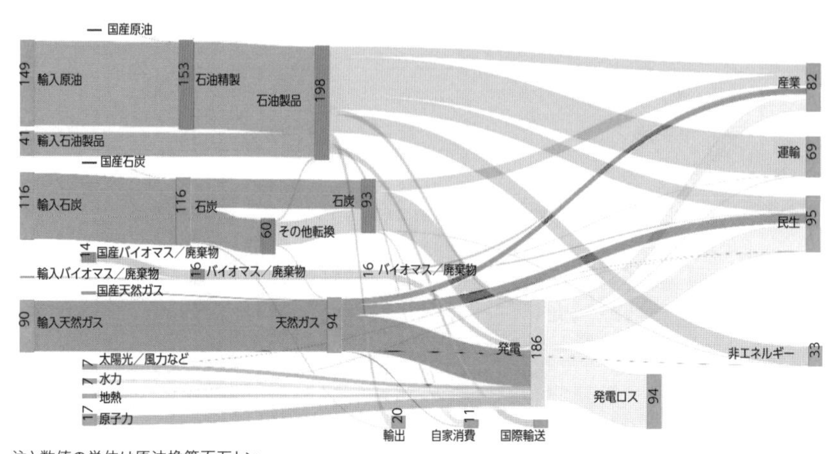

図2.1 日本のエネルギーフロー図(2019年)
出典：国際エネルギー機関(IEA)「Sankey Diagram」(2021)[1]をもとに作成

1 **石油換算トン** エネルギーの単位で1トンの原油を燃焼させたときに得られる量である。国際エネルギー機関などでは41.868GJ(ギガジュール)としている。tonne of oil equivalentの略でtoeと表すこともある。

日本でカーボンニュートラルを実現するためには、電力分野の脱炭素化が大前提となる。産業、運輸、民生部門などの化石燃料を直接利用している領域の電化に加えて、電化が難しい領域では温室効果ガス(GHG：Greenhouse Gas)を排出しない条件で得られた水素、アンモニア、バイオマスなどの利用といった総合的な取り組みが必要である。

2 発電電力構成と再生可能エネルギーの推移

図2.2に発電電力量とその内訳の推移を示す。日本では、1973年の第一次オイルショックを契機として、電源の多様化が図られてきた。1975年頃から原子力、石炭および天然ガスによる発電量が増加していることがわかる。2000年代になると石油による発電の量はわずかになっている。

東日本大震災の福島第一原子力発電所事故の影響により、2011年にすべての原子力発電所が停止し、これを補うようにして2011～2014年の期間、石油と天然ガスによる発電量が増えている。原子力発電所はその後、安全性の審査を経て一部の再稼働が進められている。

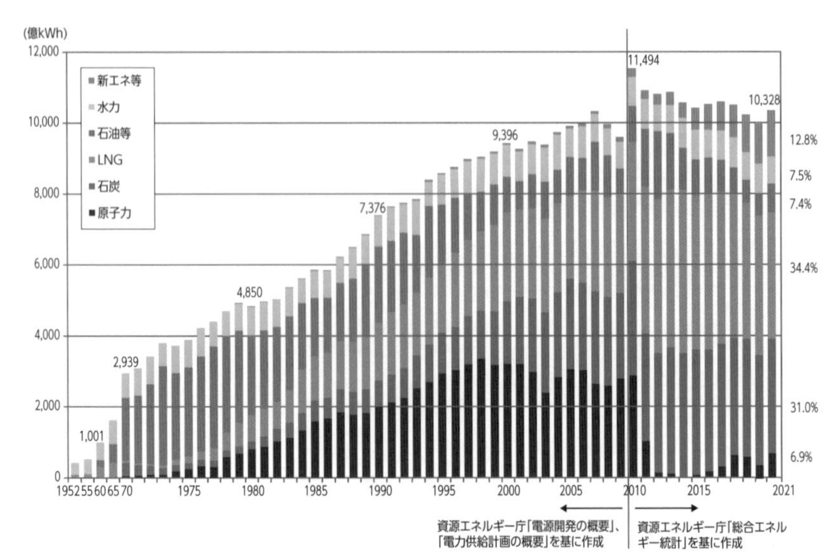

注）水力は実際には再エネに入るが、統計上別枠で計上されているため分けて表示している

図2.2 発電電力量とその内訳の推移

出典：経済産業省・資源エネルギー庁「エネルギー白書2023」(2023)[2]をもとに作成

再エネでの発電は2000年代後半から増え始め、近年ではその伸びが顕著になっている。これは第1章で述べた再エネの導入義務であるRPS法やFIT法によるところが大きい。

図2.2で示した2021年度の電源構成は、次の通りとなっている。

表2.1 2021年度の電源構成

種類	割合	発電電力量
天然ガス	34.4%	3,558億kWh
石炭	31.0%	3,202億kWh
石油等	7.4%	767億kWh
再エネ	12.8%	1,317億kWh
水力	7.5%	776億kWh
原子力	6.9%	708億kWh

再エネ、水力、原子力からの電力(非化石電力)の合計は27.2%となっていて、将来のカーボンニュートラルの実現に向けて、この割合を増やすことが求められている。

3 2030年度目標に向けた電源構成

日本では2050年のカーボンニュートラルの達成に向けて、2030年度のGHG削減目標が2013年度比26%の削減から46%の削減に上方修正された(2021年10月の温暖化対策推進本部の会議による)。

これに呼応して、第6次エネルギー基本計画では、2030年度の目標とする電源構成も修正された。**図2.3**に示すように、2015年に策定された旧電源構成目標では、2019年度では18%であった再エネの発電電力量の比率を22～24%まで増加させる目標だった。今回の改訂では、その再エネの割合を36～38%までと大幅に増加させる野心的な目標が設定された。

その結果、電力由来のエネルギー起源のCO_2は、2013年度比で62%の削減率となる(旧電源構成では37%の削減率だった)。

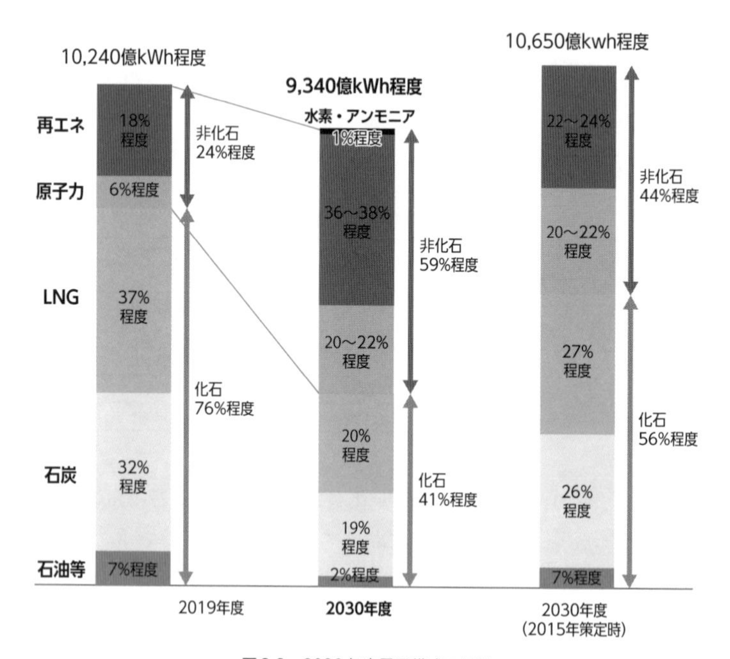

図2.3　2030年度電源構成の目標

出典：経済産業省・資源エネルギー庁「2030年度におけるエネルギー需給の見通し(関連資料)」(2021)[3]をもとに作成

再エネ(3,360～3,530億kWh)の内訳としては、**表2.2**に示すように太陽光発電がもっとも多く、ついで水力発電、風力発電、バイオマス発電、地熱発電となっている。

表2.2　2030年度目標の再生可能エネルギー発電電力構成

種類	割合	発電電力量
太陽光発電	14～16%	1,290~1,460億kWh
水力発電	11%程度	980億kWh
風力発電	5%程度	510億kWh
バイオマス発電	5%程度	470億kWh
地熱発電	1%程度	110億kWh

出典：経済産業省・資源エネルギー庁「今後の再生可能エネルギー政策について(資料1)」(2022)[4]をもとに作成

現在、このようなエネルギーミックスの達成に向けた具体的な施策が展開されている。

4 電力分野の脱炭素化に向けた動き

❶電力関連会社による目標の設定

次に、電力分野のCO_2排出削減の動向について解説する。

電気事業連合会加盟10社[2]、電源開発株式会社、日本原子力発電株式会社や特定規模電気事業者(新電力)有志23社(以下、「参加事業者」)は、地球温暖化問題を重要な経営課題と位置づけ、それぞれ産業界の自主的な取り組みである「低炭素社会実行計画」を策定した。

参加事業者は低炭素社会の実現に向けて、電気の需給両面から取り組んでいる。2015年7月には参加事業者の「低炭素社会実行計画」を統合して、以下の新たな目標「電気事業における低炭素社会実行計画」を設定した。

- 2030年度に排出係数0.37kg-CO_2／kWh[3]程度(使用端)を目指す。
- 火力発電所の新設等に当たり、経済的に利用可能な最良の技術(BAT：Best Available Technology)を活用すること等により、最大削減ポテンシャルとして年間約1,100万t-CO_2の排出削減を見込む。

❷脱炭素を推進する協議会の設立

この後、2016年2月には参加事業者を中心として「電気事業における低炭素社会実行計画」の目標達成に向けた取り組みを着実に推進するため、電気事業低炭素社会協議会が設立された。2021年6月時点における電気事業低炭素社会協議会の会員事業者数は65社に上り、会員事業者による2019年度の発電電力量は8,068億kWh(日本全体の発電電力量の8割程度)となっている。

図2.4に電気事業低炭素社会協議会の取り組み状況を示す。協議会の設立以降、順調に非化石エネルギーによる発電量の割合は伸びており、その結果、CO_2排出係数も低下し、2019年度の排出係数は0.44kg-CO_2／kWhとなっている。

2 **電気事業連合会加盟10社**　北海道電力株式会社、東北電力株式会社、東京電力ホールディングス株式会社、中部電力株式会社、北陸電力株式会社、関西電力株式会社、中国電力株式会社、四国電力株式会社、九州電力株式会社、沖縄電力株式会社。

3 **排出係数**　発電電力量当たりに排出されるCO_2の量で、石炭火力では0.943kg-CO_2／kWh、天然ガス火力(コンバインド)では0.474kg-CO_2/kWh程度[5]といわれている。

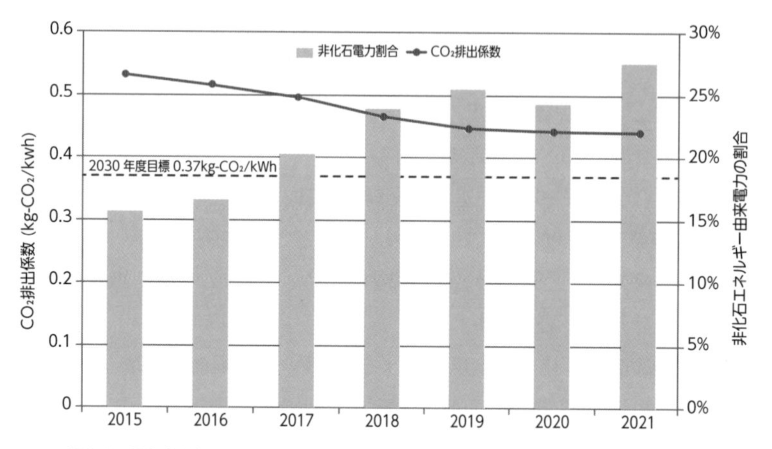

図 2.4 電気事業低炭素社会協議会会員事業者のCO_2排出係数と非化石電力の割合推移
出典：電気事業低炭素社会協議会「低・脱炭素社会への取組　フォローアップ実績」[6]をもとに作成

2030年度のCO_2排出係数目標である0.37kg-CO_2／kWhという数字は、2015年に策定された「長期エネルギー需給見通し」[7]で想定された、2030年度の電力由来エネルギー起源のCO_2排出量の3.6億t-CO_2と、電力需要9,808億kWhから計算されている。カーボンニュートラルの実現に向けて2030年度のCO_2排出削減目標が変更となった現時点では、CO_2排出係数目標の見直しが求められている[8]。

2.2 〉日本の再生可能エネルギーの導入実績とこれからの計画

1 再生可能エネルギーの導入実績と課題

①RPS法での再生可能エネルギー導入実績

第1章で述べた通り、再エネの導入拡大を図る目的で、2003年4月からRPS(Renewables Portfolio Standard)法が全面施行された。RPS法は、小売電気事業者に新エネルギー(太陽光、風力、地熱、1MW以下の小水力、バイオマス)などで発電される電気を、一定量以上利用することを義務付けるものである。小売電気事業者は目標を達成すべく、自ら発電またはほかの発電事業者から電力を購入するなどして義務量を達成した。しかし、義務量そのものがそれほど厳しいものではなかったこともあり、RPS法での再エネ普及効果は、全国電力供給量の1%程増加とそれほど大きいものではなかった。その後RPS法は、FIT(Feed-In Tariff：固定価格買取)制度が始まった2012年7月1日に廃止された。

②余剰電力買取制度とFIT制度での再生可能エネルギー導入実績

余剰電力買取制度は、2009年11月1日に始まった制度で、家庭や事業所などの太陽光発電からの余剰電力を一定の価格で、10年間買い取ることを電気事業者に義務付けていたものであり、これにより太陽光発電の導入量は大幅に伸びた。2012年7月1日からFIT制度に移行したが、FIT制度スタート以降、**表2.3**に示すように太陽光を中心に再エネ導入量が大幅に増加し、導入量の9割、認定量の8割弱を太陽光発電が占めている。

2022年3月末時点では、FIT制度開始後の再エネ設備導入量は約6,704万kWである。これはFIT制度開始前の導入量2,060万kWの約3倍の設備容量を10年で導入したことになり、世界トップクラスの増加スピードである。また、認定量については、同時点で約10,119万kWであり、導入済の割合は6割程で、残る4割は稼働には至っていない。

表2.3 2022年3月末時点のFIT認定量・導入量

		再生可能エネルギー発電設備の種類	太陽光（住宅）	太陽光（非住宅）	風力	地熱	中小水力	バイオマス	合計
設備導入量（運転を開始したもの）	制度導入	2012年6月までの累積導入量	約470万kW	約90万kW	約260万kW	約50万kW	約960万kW	約230万kW	約2,060万kW
	固定価格買取制度導入後	2012年度（7月～）・2013年度の導入量	207.4万kW（476,577件）	677.2万kW（123,730件）	11万kW（21件）	0万kW（2件）	0.6万kW（39件）	8.7万kW（46件）	904.8万kW（600,415件）
		2014年度の導入量	103.5万kW（228,697件）	837.2万kW（152,807件）	22.5万kW（24件）	0.4万kW（9件）	8.5万kW（56件）	18万kW（48件）	990.2万kW（381,641件）
		2015年度の導入量	85.7万kW（179,408件）	815.2万kW（115,962件）	14.8万kW（58件）	0.5万kW（10件）	9.3万kW（87件）	31.4万kW（57件）	957万kW（295,582件）
		2016年度の導入量	79.1万kW（161,356件）	544.5万kW（72,578件）	31万kW（152件）	0.5万kW（8件）	7.9万kW（101件）	35.1万kW（67件）	698.1万kW（234,262件）
		2017年度の導入量	65.9万kW（133,279件）	474.8万kW（53,363件）	17.8万kW（322件）	0.7万kW（23件）	7.5万kW（86件）	49.1万kW（75件）	615.8万kW（187,148件）
		2018年度の導入量	73.2万kW（146,685件）	490.7万kW（54,828件）	17万kW（517件）	0.9万kW（10件）	6.1万kW（86件）	30.7万kW（61件）	618.5万kW（202,187件）
		2019年度の導入量	76.8万kW（152,239件）	488万kW（49,174件）	46.8万kW（340件）	4.8万kW（6件）	13.3万kW（89件）	48.0万kW（62件）	677.6万kW（201,910件）
		2020年度の導入量	75.8万kW（141,551件）	500万kW（33,322件）	36.2万kW（268件）	1.3万kW（8件）	16.6万kW（79件）	44.2万kW（56件）	674.2万kW（175,284件）
		2021年度の導入量	85.9万kW（153,101件）	372.5万kW（20,543件）	29.8万kW（234件）	0.2万kW（4件）	12.8万kW（96件）	67.6万kW（67件）	568.7万kW（174,045件）
		制度開始後合計	853.4万kW（1,772,893件）	5,200.2万kW（676,307件）	226.8万kW（1,936件）	9.3万kW（80件）	82.5万kW（719件）	332.7万kW（539件）	6,704.8万kW（2,452,474件）
認定容量	固定価格買取制度導入後	2012年7月～2022年3月末	889.6万kW（1,829,172件）	6,816.0万kW（786,789件）	1,320.4万kW（7,996件）	21.6万kW（121件）	241.5万kW（1,123件）	829.8万kW（895件）	10,118.8万kW（2,626,096件）

66.3

出典：経済産業省・資源エネルギー庁「国内外の再生可能エネルギーの現状と 今年度の調達価格等算定委員会の論点案」（2022）[9]をもとに作成

水力を除く再エネの総発電量に占める割合について見てみると、**図2.5**に示すとおり、FIT制度の創設以降、2011年度の2.7%から2019年度には10.3%に増加している。水力を含めた割合は10.4%から18.1%で、これは2030年度の電源構成に占める再エネ比率の想定36～38%の約半分に相当する（3節参照）。

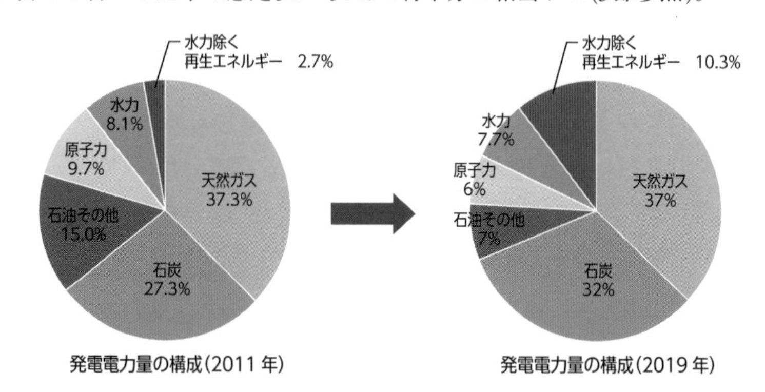

図2.5 再生可能エネルギー導入の拡大

出典：経済産業省・資源エネルギー庁「FIT制度の抜本見直しと再生可能エネルギー政策の再構築」（2019）[10]／経済産業省・資源エネルギー庁「再生可能エネルギー固定価格買取制度ガイドブック2021年度版」（2021）[11]をもとに作成

2 個別の再生可能エネルギーの導入状況

❶太陽光発電

個々の電源についてみると、太陽光発電についてはFIT制度開始以降、10kW以上の事業用を中心に導入量や認定量が急増し、**図2.6**に示すように2020年末時点で中国、アメリカに次いで世界3位の導入量を誇っている[10]。一方で平地などの適地の減少、高い買取価格かつ大量導入による国民負担の増加、地域におけるトラブル(景観破壊、パネルの崩落、法令違反 など)の増加といった課題も浮上している。

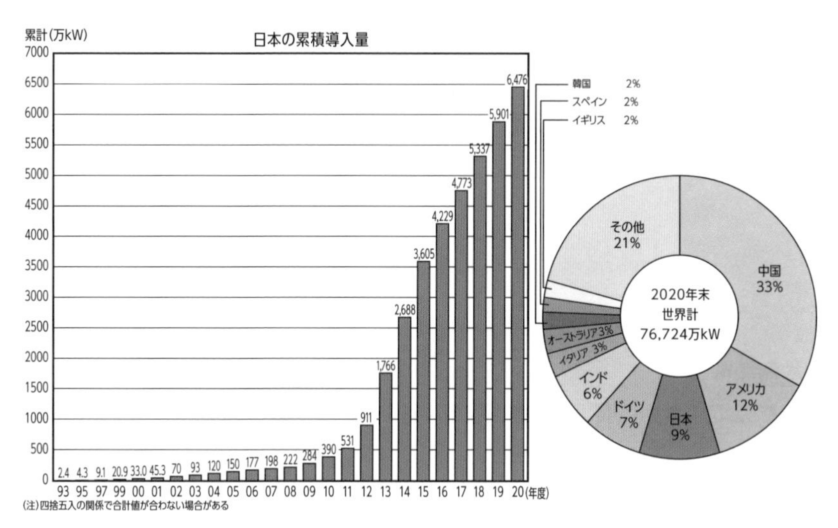

図2.6 日本の太陽光発電導入量の推移

出典：一般財団法人日本原子力文化財団・原子力・エネルギー図面集「3-1-4 日本の太陽光発電導入量の推移」(2022)[12]をもとに作成

❷風力発電

風力発電について、2021年3月時点のFIT前導入量+FIT認定量は、1,560万kWで、そのほとんどが陸上風力である。導入量については、同時点で450万kWで、認定量に対して導入が進んでいない(**図2.7**)。その要因としては、地元との調整や環境アセスメントのほか、立地のための各種規制などへの対応が必要で、導入に時間がかかるためとされる[13]。着床式・浮体式の洋上風力発電については、現時点では導入案件は少ないものの、2019年に施行された再エネ海域利用法に基づいた促進区域を中心に日本各地で計画が進行するなど、今後の導入拡大が見込まれる。

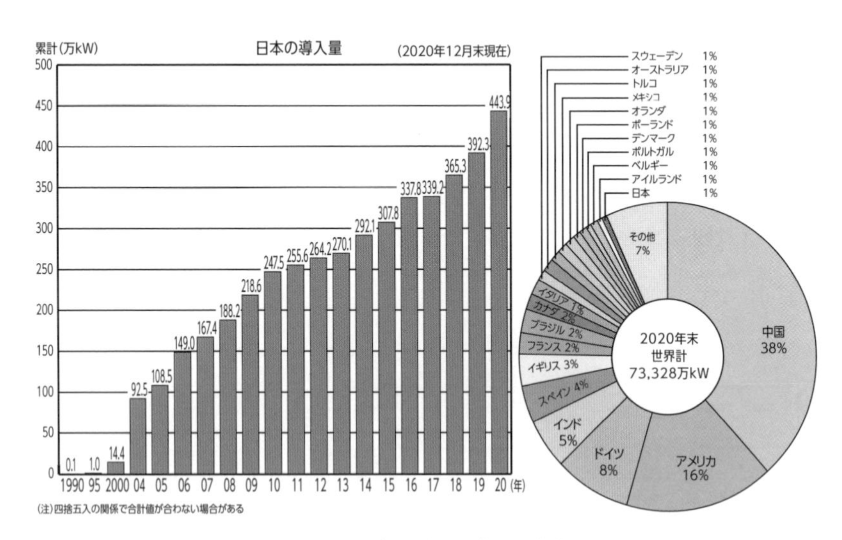

図2.7 日本の風力発電導入量の推移
出典：一般財団法人日本原子力文化財団・原子力・エネルギー図面集
「3-1-5 日本の風力発電導入量の推移」(2022) [14]をもとに作成

③地熱発電

地熱発電についてはFIT制度開始以降、本格的な資源調査が不要でリードタイムの短い0.1万kW未満の小規模の導入件数は増えているものの、その導入量は2021年3月時点で0.8万kWと、地熱発電全体の導入量8万kWと比較すると限定的である。調査・開発中の案件は1万kW以上の大規模、0.1～1万kWの中規模を中心に2021年3月時点では50万kW程で、さらなる導入拡大に向けては、国の支援や規制・制度の見直しによるリードタイムの短縮が必要とされている[15]。

④水力発電

中小水力発電についてはFIT制度開始以降、約70万kW導入されているが、新規開発地点の奥地化・規模小型化による高コスト化が開発課題として挙げられる[16]。

⑤バイオマス発電

バイオマス発電についてはFIT制度により認定量や導入量は着実に増加し、輸入材を中心とした大規模な一般木質などのバイオマス発電が新規認定量の8割強、導入量の6割強と大半を占めている。**図2.8**にバイオマス発電のFIT制度における稼働・認定状況を示す。2017年10月には一般木材の買取価格が24円/kWhから21円/kWhに減額されたため、その前の2017年3月に駆け込み申請による認定量の大幅増加が見られた。今後の更なる導入、拡大に向けては、発電コストの7割を占める燃料費を低減するなど、競争力のある水準まで発電コストを低下させ、自立化を図っていくことが重要である。

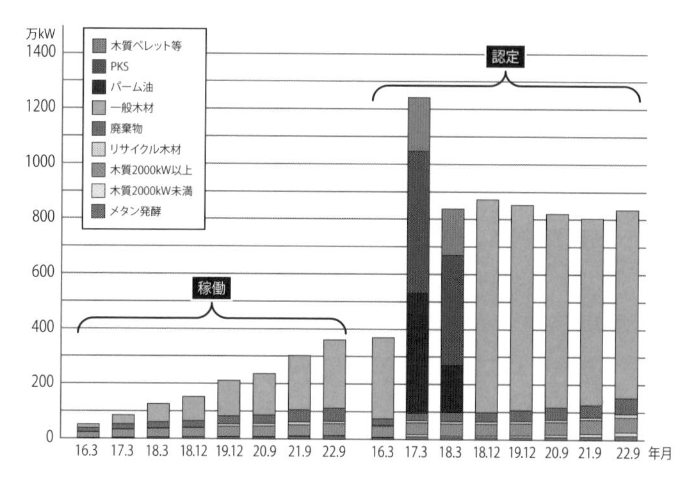

図2.8　FIT制度におけるバイオマス発電の稼働・認定状況
出典：NPO法人 バイオマス産業社会ネットワーク　バイオマス白書2023
トピックス「2022年のバイオマス発電の動向」(2023)[17]をもとに作成

3　再生可能エネルギーの導入の見込み

①第6次エネルギー基本計画での再生可能エネルギー導入目標

2021年10月22日に「第6次エネルギー基本計画」が閣議決定され、2030年度の電源構成に占める再エネ比率の目標は36～38%(3,360億～3,530億kWh)とされた。第5次エネルギー基本計画では、再エネ比率の目標は22～24%とされていたことから、引き上げ幅は14%で、1.5倍以上目標値を高くしている。今後、再エネの研究開発成果の活用や実装が進み、早期に目標に到達した場合には、38%以上の更なる高みを目指すとするなど、国は再エネの主力電源化に向けて野心的な姿勢を示している。

表2.4のとおり、2030年度再エネ導入量は3,360億～3,530億kWh程度と見込まれているが、これは次の内容で構成される。

①3,130億kWh＋②240～410億kWh(野心的水準)

表2.4　各再エネ電源の2019年度の導入量と2030年度の導入見込み量

GW(億kWh)	2019年度導入量	現行ミックス水準	改訂ミックス水準
太陽光	55.8GW(690)	64GW(749)	103.5~117.6GW (1,290~1,460)
陸上風力	4.2GW(77)	9.2GW(161)	17.9GW(340)
洋上風力	−	0.8GW(22)	5.7GW(170)
地熱	0.6GW(38)	1.4-1.6GW(102-113)	1.5GW(110)
水力	50.0GW(796)	48.5-49.3GW(939-981)	50.7GW(980)
バイオマス	4.5GW(262)	6-7GW(394-490)	8.0GW(470)
発電電力量	**1,853億kWh**	**2,366~2,515億kWh**	**3,360~3,530億kWh程度**

出典：経済産業省・資源エネルギー庁・新エネルギー課「2030年に向けた今後の再エネ政策」(2021)[18]をもとに作成

①は、足下の導入状況や認定状況を踏まえつつ、現時点で政策強化の動きがあり、定量的な政策効果が見通せているものの効果を織り込んだものである。②は、2030年度の温室効果ガス46%削減に向けてもう一段の施策強化などに取り組み、その効果が実現した場合の野心的なものである。②の詳細は**表2.5**のとおりである。

表2.5　野心的水準における具体施策

具体施策	導入見込容量(発電電力量)
<政府として目標設定しているものや具体施策により、具体的な導入量が見込まれるもの(240億kWh程度)>	
系統増強等を通じた風力の導入拡大【経済産業省】	陸上風力：2.0GW(40億kWh程度) 洋上風力：2.0GW(60億kWh程度)
新築住宅への施策強化【経済産業省、国土交通省、環境省】	太陽光：3.5GW(40億kWh程度)
地熱・水力における現行ミックスの達成に向けた施策強化	地熱(50億kWh程度) 水力(50億kWh程度)
<今後、官民が一体となって達成を目指していくもの(～170億kWh程度)>	
地域共生型再エネ導入の推進【環境省・農林水産省】	太陽光：4.1GW(50億kWh程度) ※風力、地熱、水力、バイオマスも含まれうる
民間企業による自家消費促進【環境省】	太陽光：10.0GW(120億kWh程度)

出典：経済産業省・資源エネルギー庁・新エネルギー課「2030年に向けた今後の再エネ政策」(2021)[18]をもとに作成

❷ 2050年のカーボンニュートラルに向けた再生可能エネルギー導入目標

では、2050年の再エネ導入の見込み量はどうかというと、カーボンニュートラル達成に向けては、技術面やコスト面、自然制約や社会制約などの不確定要素が大きいため、2050年の電源構成を見通すことは難しい。したがって、資源エネルギー庁は、さまざまなシナリオを想定したうえで現時点での目指すべき方向性・ビジョンと捉え、今後の技術進展などに応じてシナリオを柔軟に見直すべきと位置付けている[19]。

公益財団法人地球環境産業技術研究機構(RITE)は、2050年カーボンニュートラルのシナリオ分析(中間報告)を2021年5月13日に示した[20]。RITEのモデルは、国内外さまざまな分析・評価の場で活用されてきた実績のあるモデルである。本シナリオでは、再エネ極大ケース、再エネイノベーションケース、原子力活用ケース、水素イノベーションケース、CCUS活用ケース、需要変容ケースといった複数ケースにおいてシナリオ分析を行い、シナリオ毎の電源構成やコスト、発電電力量、課題などが示された。その概略は**表2.6**のとおりである。

シナリオ分析の結果、ケース①以外のケースでは、電源構成に占める再エネ比率は44～63%となっており、2030年の再エネ比率36～38%からは8～26%増加する。なお、いずれのケースにおいても技術的・経済的といった相当の課題を乗り越える必要がある。特にケース①の場合、電力コストの大幅増加、自然的・社会的制約などの課題を考慮すると再エネを100%とすることは現実的ではない。ほかのケースでも、電力コストは22～25円/kWhに上昇する。

表2.6 2050年におけるシナリオ想定と再エネ比率

技術イノベーションなどにより、参考値のケースの前提条件を変更するケース ↓	電源構成					結果からの示唆、結果を実現するための課題
	総発電電力量	再エネ	原子力	水素アンモニア	CCUS火力	
参考値のケース ※審議会で示された2050年CNに向けた参考値の絵姿を描くために、前提条件を設定したケース	1.35兆kWh	54%(7300)	10%(1400)	13%(1800)	23%(3100)	• いずれの電源も導入に向けて、技術的、自然的・社会的、経済的な課題を全て乗り越える必要。様々な課題を乗りこえられることを想定して設定するシナリオ。いずれの電源においても、この水準を達成することは容易ではない水準。 • インプットとしての発電コストは、太陽光は10～17円、風力は11～20円、原子力は13円、水素・アンモニアは16～27円、CCUS火力は13～16円/kWhの水準を想定し、この場合の電力コスト(電力限界費用)は、24.9円/kWh(自然的・社会的制約を精緻に織り込めていない。)。また、CO_2の国内貯留は0.9億トン、海外輸送は2.3億トンを想定。
再エネ100%ケース①	1.05兆kWh	約100%	0%	0%	0%	• 外生的に再エネを約100%で設定した場合のシナリオ。インプットとしての電力コストは参考値のケースと同様の想定。 • 電力コストは、システム統合費用が増加し、53.4円/kWh。他の安価な電力の選択肢が使えない結果、電力の使用量も減少する。 • 更に、再エネ導入量は相当程度の自然的・社会的制約などの課題を乗り越える必要があり、現実的ではないのではないか。
再エネの価格が飛躍的に低減するケース②	1.5兆kWh	63%(9500)	10%(1500)	2%(300)	25%(3800)	• 参考値のケースの想定から、新型太陽光や発電効率が大幅に向上した風力発電などの開発・商用化などのイノベーションが実現し、太陽光6～10円、風力8～15円と大幅に低減することを想定。 • 参考値のケースに加えて、自然的・社会的を超えて導入が必要。 • 再エネのコストが水素を下回るため、水素よりも優先して導入されるシナリオであり、この場合の電力コストは、22.4円/kWh。
原子力の活用が進むケース③	1.35兆kWh	53%(7200)	20%(2700)	4%(500)	23%(3100)	• 参考値のケースの想定から、原子力に対する国民理解などが進み、原子力発電所のリプレース・新増設が行われることを前提に、原子力が2割を上限に電源構成を賄うことを想定したシナリオ。 • この場合の電力コストは、24.1円/kWhとなる。 • 仮に原子力の上限を5割に設定した場合の電力コストは、19.5円/kWhとなる。
水素・アンモニアの価格が飛躍的に低減するケース④	1.35兆kWh	47%(6300)	10%(1400)	23%(3100)	20%(2700)	• 参考値のケースの想定から、更に水素製造(水電解、水素液化設備費)における技術イノベーションや民間投資の拡大などによる市場拡大により、水素コストの大幅な低減が実現し、水素の発電コスト13～21円/kWhとなることを想定。この場合の電力コストは、23.5円/kWhとなる。 • 水素供給インフラも参考値のケースで想定したものと同規模のインフラ整備が追加的に必要となる。
CCUSにおけるCO_2貯留量が飛躍的に増大するケース⑤	1.35兆kWh	44%(5900)	10%(1400)	10%(1400)	35%(4700)	• 参考値のケースの想定から、更に技術イノベーションなどにより、CO_2の貯留量が大幅に拡大することを想定(国内2.7億トン、海外2.8億トン)。この場合の電力コストは、22.7円/kWhとなる。 • 参考値のケースで想定したものの3倍程度の国内貯留量を確保することが必要となる。
カーシェアリングにより需要が低減するケース⑥	1.35兆kWh	51%(6900)	10%(1400)	15%(2000)	24%(3200)	• 完全自動運転が実現・普及し、カーシェア・ライドシェアが大幅に進展することを想定。 • その他についてはベースシナリオと同様の想定であり、この場合の電力コストは、24.6円/kWhとなる。

※%は電源構成に占める割合、かっこ内は発電電力量(億kWh)
※需要サイドの変化については、カーシェアリング以外の要素も踏まえた更なるシナリオ分析を継続する。

出典：公益財団法人地球環境産業技術研究機構(RITE)「2050年カーボンニュートラルのシナリオ分析(中間報告)」(2021)[20]をもとに作成

2.3 再生可能エネルギーの導入・拡大の施策や取り組み

1 FIT制度の仕組み

FIT(Feed-In Tariff：固定価格買取)制度は、再エネで発電した電気を、電力会社が一定価格で一定期間買い取ることを国が約束する制度のことで、電気事業者による再生可能エネルギー由来の電気の調達に関する特別措置法(再エネ特措法)として2012年7月に施行された。

再エネ普及を促す制度は2003年のRPS制度に始まり、いくつかのプロセスを経て、現行のFIT制度に至る。ポイントは、再エネを普及させるため、国民全員参加型になったことである。小売電気事業者は買取価格と回避可能費用[4]との差額を「賦課金」として電気の利用者から徴収することができるようになった[21]。

この制度により、建設コストが高い再エネ発電事業も、投資回収の見通しが立ちやすくなり、再エネ発電事業者にとって大きなインセンティブとなっていた。

対象となる再エネは「太陽光」「風力」「水力」「地熱」「バイオマス」の5種である(3章参照)。

2 FIT制度のメリットとデメリット

❶FIT制度による再生可能エネルギーの増加率

当然といえば当然だが、FIT制度導入後の発電電力量に占める再エネの割合は、**図2.9**(**図2.5**再掲)に示すように、2011年度の2.7%から2019年度が10.3%と約4倍増となった。

この値には水力は含まれておらず、水力も加味すると2019年度の再エネの割合は18%となる。国際エネルギー機関(IEA：International Energy Agency)の分析によると、日本の再エネ導入容量は世界第6位、このうち太陽光発電容量は世界第3位、発電電力量についての至近年における日本の増加スピードは、世界トップクラスとされる[22]。

4 **回避可能費用** 再生可能エネルギーを買い取ることで、本来予定していた発電を取りやめ、支出を免れることができた費用をいう

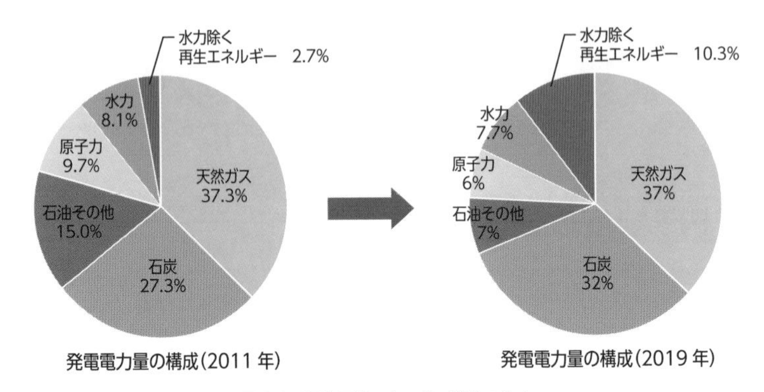

図2.9　再生可能エネルギー導入の拡大
出典：経済産業省・資源エネルギー庁「FIT制度の抜本見直しと再生可能エネルギー政策の再構築」(2019)[10]／経済産業省・資源エネルギー庁「再生可能エネルギー固定価格買取制度ガイドブック2021年度版」(2021)[11]をもとに作成

❷災害対応の再生可能エネルギー

また、再エネ発電設備の導入普及が地域におけるレジリエンス向上に役立った事例も多く挙げられている。

たとえば、住宅用太陽光発電設備の多くは、停電時に自立運転を行う機能を備えているため、停電時でも昼間に日照があれば家庭で太陽光発電の電気を利用することができる。2018年の北海道胆振東部地震後、経済産業省は、ホームページやツイッターを通じて、自立運転機能の活用方法を周知した。自立運転機能などの利用により、停電時でも電力の利用を継続できた家庭が約85%存在したことが、太陽光発電協会の調査により推計されている[23]。

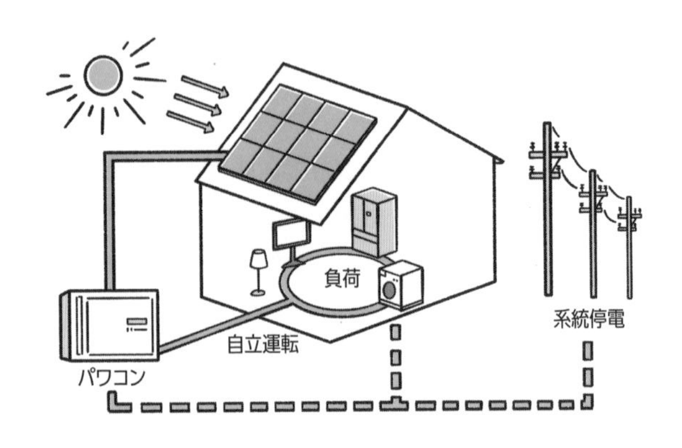

図2.10　系統停電時の太陽光発電自立運転機能の仕組み
出典：株式会社安川電機「売電から自家消費へ！パワーコンディショナ選びの外せないポイント」(2020)[24]をもとに作成

その一方で、太陽光発電では高い売電権利を確保したまま稼働しない未稼働案件問題、大規模設備を意図的に小規模設備に分割するような分割案件問題、台風や豪雨などの自然災害による二次災害、景観破壊といったさまざまな問題が浮上した。このような背景から、従来のFIT制度が見直され、改正FIT法が2017年4月に施行された。

3 FIT制度の改正内容

FIT制度改正の大きな特徴として、発電設備が法令で定める要件に適合した仕様であるかなどを国が確認する従来の「設備認定」に加えて、発電事業の計画全体を確認する「事業計画認定」へと変更された点が挙げられる。

事業計画認定では、買取価格の決定のタイミングを電力系統への接続契約後へと変更し、発電事業実施の確実性を高めた。また、事業実施中の太陽光発電設備のメンテナンスや事業終了後のパネルなどの設備撤去の遵守が義務化された。そして一番大きなものとして、運転開始期限[5]が設けられ、定められた期間内に運転を開始しないと買取期間の短縮や認定失効といったペナルティが課されることになった。これらは、高い売電価格の権利獲得後、太陽光発電の設備導入コストが下がるのを待つ未稼働案件といった問題の解決に寄与した。

4 FIT制度からFIP制度への移行

2022年度からはFIT制度に加えてFIP(Feed-In Premium)制度が導入された。FIT制度によって再エネの導入が加速したことは事実としてあるが、賦課金という形で国民負担が増えていることや、電力市場から切り離された制度で需給バランスを考慮していないことなどの課題がある。今後、再エネを主力電源としていくためには、国民の負担を軽減し、電源の種別に応じて需給バランスなど電力市場の状況を踏まえた発電を行う自立した電源にしていく必要がある。そこで、2020年 6月、再エネを電力市場へ統合するにあたっての段階的な措置として、FIP制度を導入することが決定された[25]。

FIP制度では、再生可能エネルギー電源は競争電源と地域活用電源に分けられ、大規模太陽光や陸上・洋上風力など競争力のある電源への成長が見込まれるもの

5 **運転開始期限** FIT制度では、事業計画認定がされてから、実際に設置工事・稼働までの期限が設けられている。認定を受けてから太陽光は3年、風力は4年以内に運転を始めるように求められている。

は競争電源としてFIP制度に移行された。FIP制度ではFIT制度のように発電した電力が固定価格で買い取りされず、市場価格にプレミアム(補助額)を交付される形で、投資インセンティブを確保する(**図2.11**)。これに対して、小規模太陽光、地熱、水力やバイオマスといった電源は地域活用電源として、エネルギーの地産地消やレジリエンスの強化に活用するといった条件付きでFIT制度が継続される。

FIP制度により一部の再エネ発電事業者が卸電力取引市場へ参入する。再エネ主力電源化に向けた一歩を踏み出したが、条件付きでFIT制度が継続される地域活用電源も同様に、いずれは経済的に自立しFIT制度から脱却できるよう、コスト低減が求められている。

FIT制度 価格が一定で、収入はいつ発電しても同じ
→ 需要ピーク時（市場価格が高い）に供給量を増やすインセンティブなし

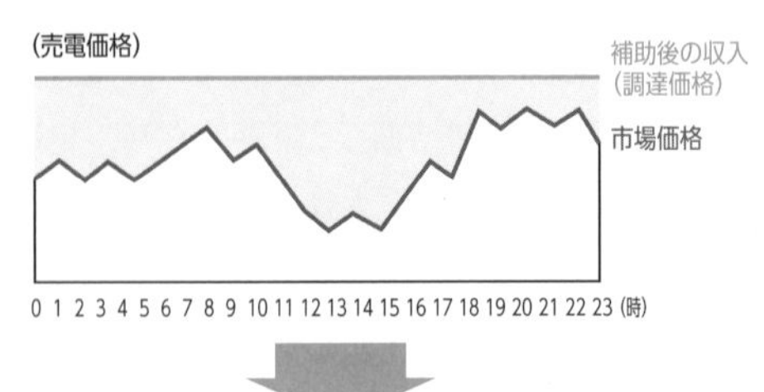

FIP制度 補助額（プレミアム）が一定で、収入は市場価格に連動
→ 需要ピーク時（市場価格が高い）に蓄電池の活用などで供給量を増やすインセンティブあり
※補助額は、市場価格の水準にあわせて一定の頻度で更新

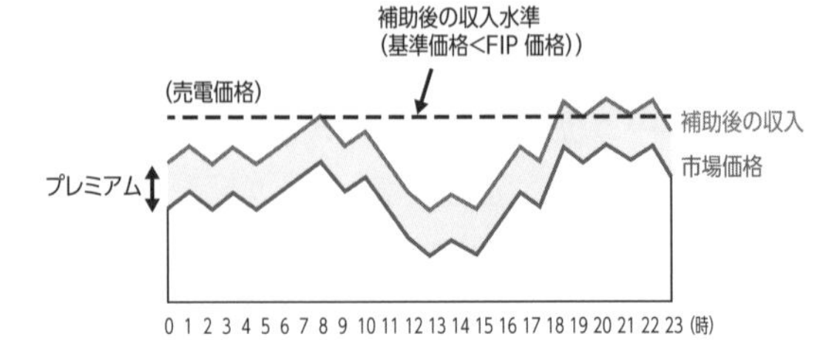

図2.11 FIT制度とFIP制度の違い
出典：経済産業省・資源エネルギー庁「再エネを日本の主力エネルギーに！「FIP制度」が2022年4月スタート」(2021)[25]をもとに作成

2.4 〉再生可能エネルギー電力の環境価値と市場

再エネによる電気には、それ自身の使用価値(kWh価値)[6]と、温室効果ガス排出抑制に貢献する環境価値[7]がある[26]。詳細は後述するが、この環境価値を証書化し、取引する「グリーン電力証書」という仕組みが2001年に開始された。そして、環境志向の高まりを背景に同様のコンセプトにより、2013年から「J-クレジット」、2018年から「非化石証書」と、環境価値をもたらす技術を幅広く活用できる制度が登場した。

1 日本自然エネルギー株式会社の設立

それは、自社事業に再エネ利用を検討していたメーカーが、東京電力株式会社(東京電力)に打診したところから始まる。再エネ電気の直接利用が良かったのだろうが、再エネの電気だけで特定プラントなどの需要を合わせることが難しく、結果として、電気の価値と環境の価値を分離して環境価値を証書化し提供する、という方法に至った。2000年10月、東京電力株式会社はプレスリリース[27]で、日本自然エネルギー株式会社を設立し、企業の環境対策を支援する「グリーン電力証書システム」を初めて展開することを発表した。

2 グリーン電力証書

再エネによって発電された電力の電気以外の価値、省エネルギー(化石燃料の削減)やCO_2排出削減などのグリーン電力環境価値を、「グリーン電力証書」として具体化し、企業などが自主的な環境対策などの1つとして利用できるようにするものである。

---

6 **使用価値(kWh価値)** 実際に発電された電気(電力量)に対する価値であり、例えば、10万kWの水力発電が1時間発電した場合の「電力量」は、10万kWh(10万kW×1hr)と表され、この電力量が「kWh価値」として卸電力市場で取引される。

7 **環境価値** 非化石電源で発電された電気に付随する環境価値(二酸化炭素を排出しないという価値)のことで、非化石価値取引市場で取引される。

「グリーン電力証書システム」は、自然エネルギーにより発電された電気の環境付加価値を、証書発行事業者が第三者認証機関（一般財団法人日本品質保証機構）の認証を得て、「グリーン電力証書」という形で取引する仕組みである。証書を購入した企業・自治体などは、発電設備を所有しなくても、証書に記載された電力量相当分の自然エネルギーの普及に貢献し、グリーン電力を利用したとみなされる。証書の購入に支払われた費用は、証書発行事業者を通じて発電設備の維持・拡大などに利用される。

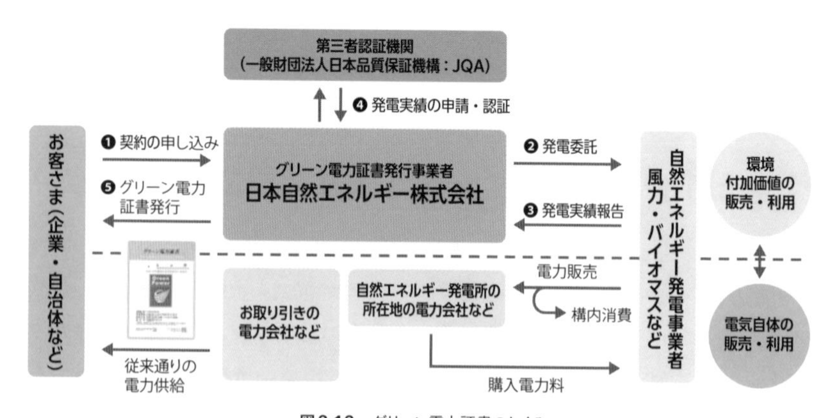

図2.12　グリーン電力証書のしくみ
出典：日本自然エネルギー株式会社「グリーン電力証書システムとは？」[28]をもとに作成

3　J－クレジット

J－クレジットは、省エネ・再エネ設備の導入や森林管理などによる温室効果ガスの排出削減・吸収量をクレジットとして認証されるもので、2013年度から、経済産業省、環境省、農林水産省が運営している。

削減・吸収活動はプロジェクト単位で制度に登録、クレジット認証される。「プロジェクト実施後排出量」と「ベースライン排出量」の差分である排出削減量を国が「J－クレジット」として認証する。

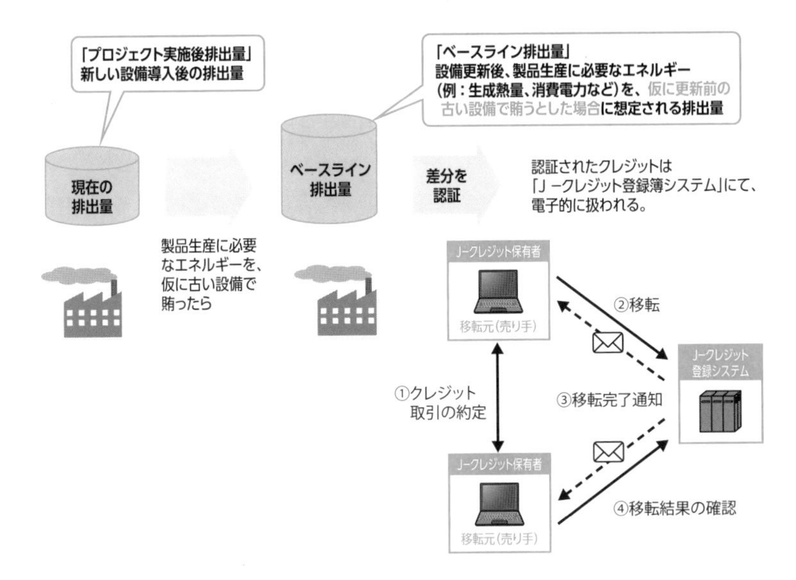

図 2.13　J-クレジット認証の仕組み
出典：J－クレジット制度事務局「J－クレジット制度について」(2021)[29]をもとに作成

J－クレジットは国内の法制度への報告、海外イニシアチブへの報告など、さまざまな活用が可能である。このところ需要規模が大きいのは「RE100」への報告である。RE100については次の4項で説明する。J-クレジットは、排出削減の創出要因により、次の種別がある。

①再エネ発電
②再エネ熱
③省エネ
④森林吸収
⑤工業プロセス、農業、廃棄物

RE100達成のために使えるのは①だけである。

4　RE100

RE100は、イギリスの国際環境NGO、The Climate Group(TCG)が2014年に開始した国際的な取り組みである。企業が事業で使用する全電力を再エネから調達し、CO_2排出削減を目指すもので、2023年7月現在、日本の参加企業は81社を数える[30]。

いずれも大手企業なのはRE100の加盟条件の中に、電力消費量が50GWh以上、という項目があるためだ。

加盟した企業はRE100が認める項目に基づき活動する必要がある。RE100が認める再エネ電力は、太陽光発電、太陽熱発電、風力発電、水力発電(大型水力を含む)、バイオマス発電(バイオガス発電含む)、および地熱発電である。

再エネの調達手法としては次の3種が認められている。

①自ら再エネで発電
②再エネによる電気の購入
③環境価値証書(グリーン電力証書、J-クレジット、非化石証書)の購入

①～③を組み合わせることが現実的であるが、環境価値証書購入は①②に比べると、使いやすいといえる。

RE100の達成に向けては、遅くとも2050年までに再エネ電力100%を達成することとし、以下の中間目標が推奨されている[31]。

表2.7 再生可能エネルギーの達成目標(中間目標)

達成目標年	再エネ目標
2020年	30%
2030年	60%
2040年	90%

5 非化石証書

その電気が化石燃料を使用していない「非化石電源」から作られたことを証明するもので、非化石価値取引市場で売買される。

この市場は、小売電気事業者が2030年までに調達する電気の非化石電源比率を44%以上にする義務(エネルギー供給構造高度化法)が課せられ、その目標を達成できるようにするため2018年度に創設された。非化石であるためには再エネ指定でFIT電源あるいは非FIT再エネ電源、または指定のない非FIT非化石電源(原子力や大型水力などCO_2を排出しない電源)であることが求められ、非化石証書もそれぞれの電源に応じた取引となる。

表2.8 非化石証書の種類

再エネ指定		指定なし
FIT非化石証書	非FIT非化石証書	非FIT非化石証書
太陽光、風力、小水力、 バイオマス、地熱によるFIT電源	大型水力、卒FIT電源などの 非FIT再エネ電源	大型水力、卒FIT電源、 原子力などの非FIT非化石電源

出典：経済産業省・資源エネルギー庁「エネルギー供給構造高度化法の中間目標の策定について」[32]をもとに作成

非化石価値取引市場の制度は市場創設の約3年後に見直しが行われた。大きな理由として、電力の再エネ価値(ゼロエミ価値(排出係数削減効果)及び環境表示価値)に対する需要家ニーズの高まりが挙げられる。その結果、法律上の義務達成のための市場と別に、需要家が市場取引に参加できる再エネ価値取引市場が2021年11月に創設された。

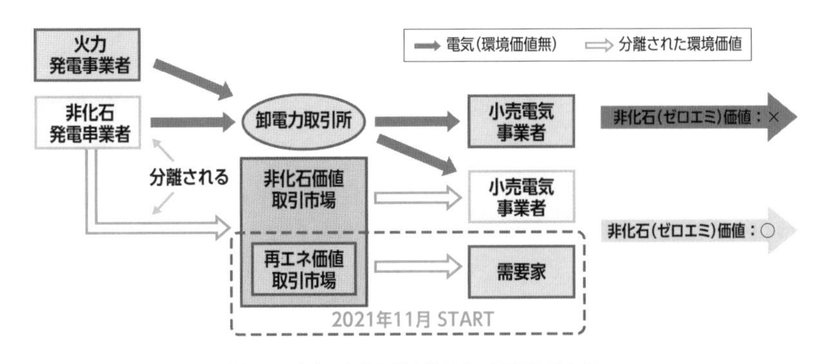

図2.14 非化石価値取引市場と再エネ価値取引市場
出典：経済産業省・資源エネルギー庁「再エネ価値取引市場とは」[33]をもとに作成

6 今後の環境証書に関連した動き

3種類の環境証書について、グリーン電力証書、J－クレジット、非化石証書と時系列に説明してきた。コンセプトがほぼ同じであるため、**表2.9**に整理したものを示す。

表2.9 非化石証書、グリーン電力証書、J-クレジットの比較

	非化石証書 (再エネ)	グリーン電力証書	Jクレジット (再エネ)
発行主体	発電事業者 ※国が認証	証書発行事業者 ※第三者認証	経済産業省・環境省・ 農林水産省
対象電源	非自家発(系統)	自家発	自家発
購入者	電力小売のみ	電力小売・最終需要家	電力小売・最終需要家
価格	1.2～1.3円／kWh	2～4円／kWh	約1円／kWh
取引量	100億kWh超	約3億kWh	約11億kWh

出典：経済産業省・資源エネルギー庁「非化石価値取引市場について」[34]をもとに作成

注目すべきは取引量(市場規模)の違いである。非化石証書は対象電源がほかの証書と違い、規模が大きい。

非化石証書の中で、トラッキング(追跡)されたもの、すなわち再エネ価値の由来となる発電所などの電源情報など[8]を確認できるものが注目されている。このトラッキングが付いた非化石証書はRE100加盟企業の目標達成手法に使えるという利点がある。

しかしながら、トラッキングが付いた非化石証書は普及が進んでいない。トラッキングのための電源情報などの情報開示にあたり、発電事業者の同意を必要としているためだ。今後トラッキング付き証書をさらに普及させるため、国は同意を不要とする方向で調整を進めており、非化石取引市場への期待は大きい。

こうした環境証書の購入に加えて電力販売契約(PPA：Power Purchase Agreement)による再エネ電力の調達も注目されている。

図2.15に4種類のPPAによる電力調達方法を示す。オンサイト型PPAでは、企業の敷地内に設置した、自社・他社が保有する再エネ発電設備から直接調達する方法で、商業施設の屋上などにPVを設置する方法がよく見られる。オフサイト型PPAでは需要家の敷地外からの再エネ電力を調達する方法で、2021年11月18日に他社からも再エネを調達することができるようになった。

①オンサイト型PPA

サイト内で発電した電気を需要家が自家消費

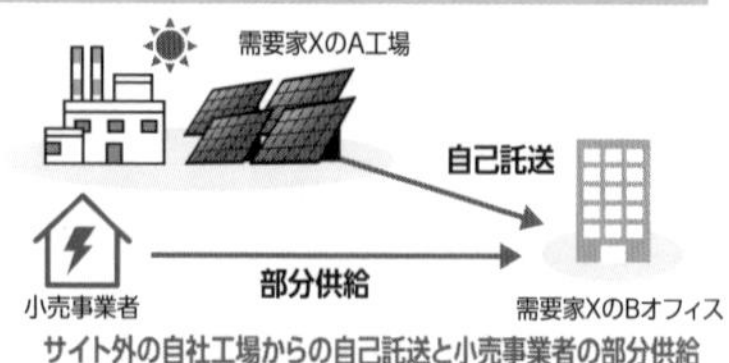

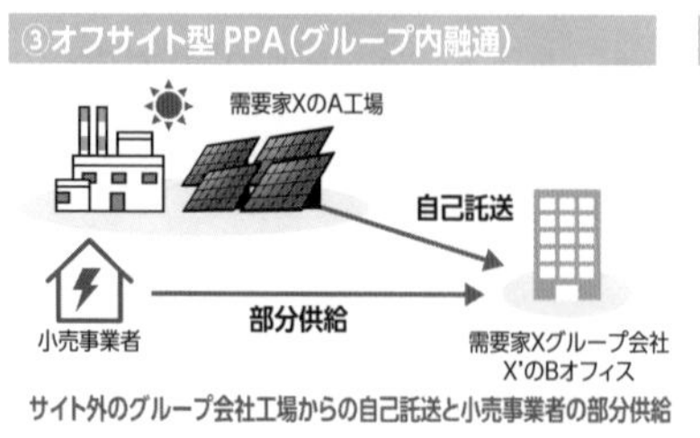

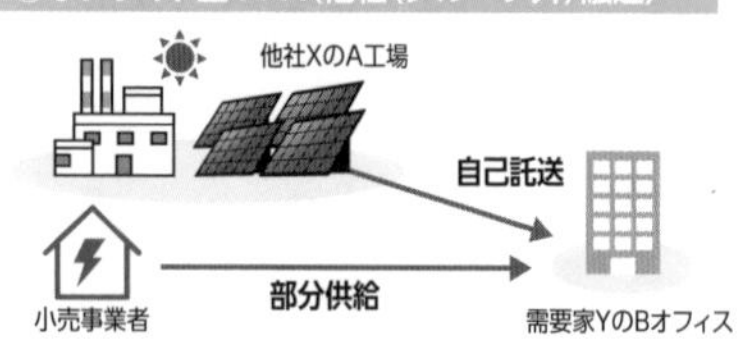

図2.15 需要家の遠隔地などからの再エネ電気の直接調達
出典：経済産業省・資源エネルギー庁「地域分散リソースの導入拡大に向けた事業環境整備について」(2021)[35]をもとに作成

8 **トラッキングの主な内容** 設備ID、発電設備区分、発電設備名、設置者名、発電出力(kW)、設備の所在地、購入量(kWh)など[34]。

2.5 海外の再生可能エネルギーの導入施策と現状

1 世界の再生可能エネルギー導入状況

世界の再エネ動向については、国際再生可能エネルギー機関(IRENA：International Renewable Energy Agency)がデータを公表している[36]。図2.16に世界の再エネ発電設備容量の推移を示す。再エネ発電設備は順調に導入が進み、2010年の1,125GWと比べて2022年には3,373GWの約3倍となっている。近年では風力発電と太陽光発電の設備容量の伸びが大きく、世界全体の設備容量増加に寄与している。

2022年の電源別容量をみると、水力が1,256GW、風力が899GW、太陽光が1,053GW、バイオマスが149GW、地熱が15GW、海洋が0.5GWとなっている。

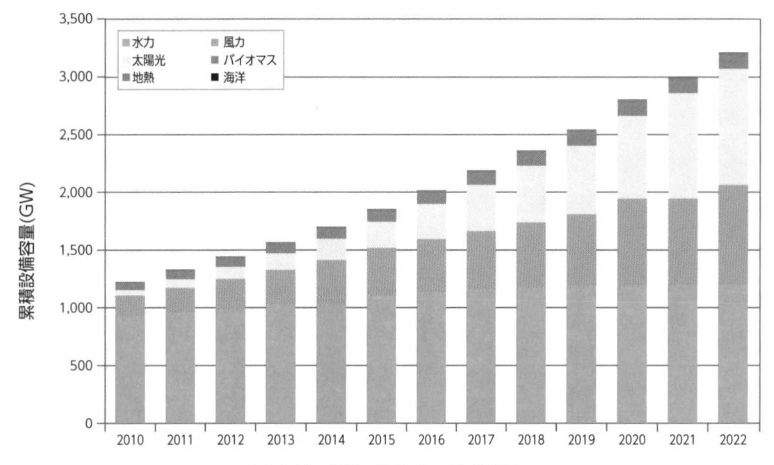

図2.16 世界の累積再エネ設備容量
出典：国際再生可能エネルギー機関(IRENA)「Data & Statistics」(2023)[36]をもとに作成

2 主要国のエネルギー状況

主要国の一次エネルギー構成を図2.17に示す。図中にカーボンニュートラルに寄与する非化石エネルギーの割合を示すが、原子力エネルギーの割合が高いフランスを除いて非化石エネルギーの割合はどこも2割前後である。

化石エネルギーについて見るとロシアが天然ガスが多く、中国が石炭が多いという特徴がみられる。

次に発電電力量の構成を**図2.18**に示す。本図では棒グラフの横に再エネの割合と非化石エネルギーの割合を示している。フランスは原子力発電の割合が大きく、再エネと水力を加えると9割が非化石電力となっている。また、ドイツとイギリスは再エネの割合が高く、非化石電力の割合は半分以上である。

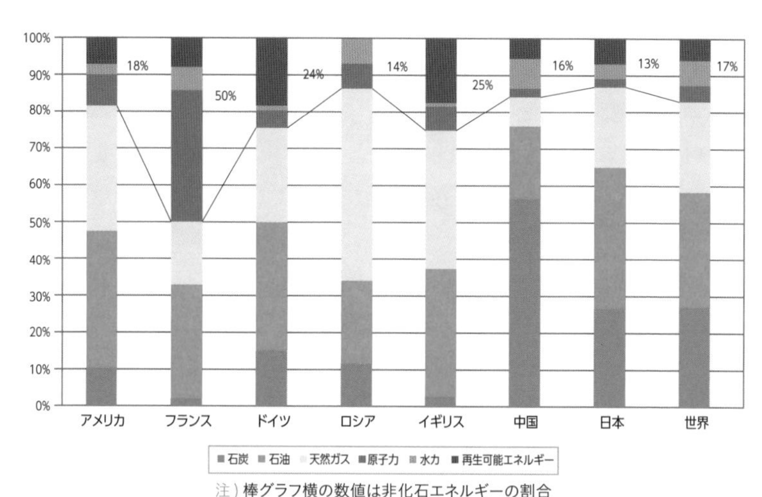

注）棒グラフ横の数値は非化石エネルギーの割合

図2.17　主要国の一次エネルギー構成割合(2020)

出典：BP「Statistical Review of World Energy」(2021)[37]をもとに作成

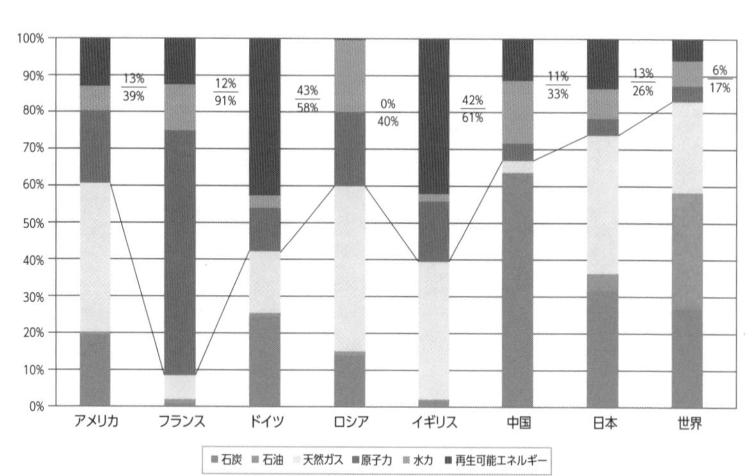

注）上段：棒グラフ横の数値は再生可能エネルギーの割合／下段：非化石エネルギーの割合

図2.18　主要国の発電電力量に占めるエネルギー種の構成割合(2020)

出典：BP「Statistical Review of World Energy」(2021)[37]／IEA「Data and statistics」(2021)[38]をもとに作成

2.6 〉ヨーロッパの再生可能エネルギー動向

1 EUの脱炭素の取り組み

ヨーロッパ各国のエネルギーミックスは**図2.17**に示したように、フランスが原子力の利用が多く、ドイツは石炭、イギリスは天然ガスが多いというように、国毎に差異がある。ヨーロッパ全体は、電力・ガス管網で相互につながっているため、一国で電力の安定供給ができなくなった場合でも、発電容量が大きい他国から電力を融通することが可能である。

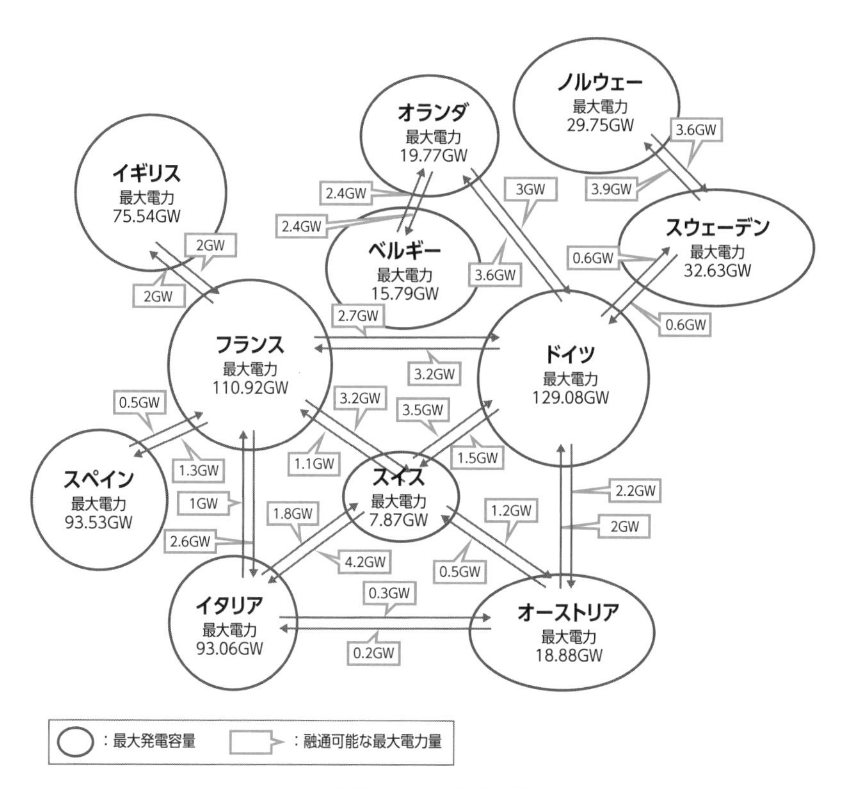

図2.19 ヨーロッパの電力網
出典：経済産業省・資源エネルギー庁「エネルギー白書2011」(2011)[39]をもとに作成

従来、ヨーロッパは産業の発展に寄与していた石炭産業への保護策が継続されていたが、2010年に採択された「EU決定(2010/787/EU)」において、欧州連合域内のエネルギーミックスに対する石炭の貢献度が低いこと、および域内における再エネ奨励と低炭素経済の政策と合致しないということから石炭産業への国家補助を禁止することとした[40]。

欧州連合(EU：European Union)は2018年11月に2050年のカーボンニュートラル経済の実現を目指す「A clean planet for all」[41]という「ビジョン」を公表した。2020年3月に国連に提出したパリ協定長期戦略において、このビジョンに基づく議論の結果として2050年カーボンニュートラル表明に至ったとの説明がされている。

また、EUは2021年7月、2030年の温室効果ガス削減目標として1990年比で少なくとも55％削減を達成するための政策パッケージ「Fit for 55」[42]を発表した。欧州気候法が欧州議会で採択されたことにより、2030年の削減目標の55％への引き上げが確実となり、「欧州グリーン・ディール」[9]を包括的に推進するパッケージがこのタイミングで提案された。提案内容には再生可能エネルギー指令の改正で2030年EUのエネルギーミックスにおける再生可能エネルギーの割合を、従来の32％から40％に引き上げる改正案が盛り込まれている。

①ドイツ

ドイツは脱炭素社会の実現に向け、水素技術の活用や再生可能エネルギーの拡充に中長期的に取り組む方針を掲げている。ドイツはもともと褐炭と石炭を豊富に産出する国で、これらの資源は歴史的にドイツ工業の発展に大きく寄与してきた。1996年までは電力会社に国内炭の引き取り義務が課され、制度廃止以降も補助金の形で石炭産業の保護策が継続されてきたが、この補助金は2018年末に廃止された。また、2020年7月には石炭・褐炭火力発電を2038年までに全廃する法案が連邦議会で可決された。

中期的な再生可能エネルギー導入の計画については2020年6月に閣議決定された国家エネルギー・気候計画(NECP)において2021年から2030年に達成すべき以下の目標やそのための政策などが盛り込まれている。

9　**欧州グリーンディール**　欧州委員会が2019年に発表した気候変動対策。欧州委員長が発表した政策指針の6つの柱のひとつで、産業競争力を強化しながら、2050年までに温室効果ガスの排出を実質ゼロにすることを目指す。

・エネルギー効率を向上し、2008年と比較して2030年までに一次エネルギー消費を30%削減する。
・再生可能エネルギーのシェアを2030年に最終エネルギー消費量の30%に拡大する。

2021年6月25日には改正気候保護法が成立し、カーボンニュートラルの達成期限を2050年から2045年に前倒した。さらに、2030年のGHG削減目標を1990年比55%減から65%減に引き上げるとともに、2040年に1990年比88%減とする中間目標を新たに導入し、各年の削減目標も明確化した[43]。

一次エネルギーと最終エネルギー消費 単位：Mtoe

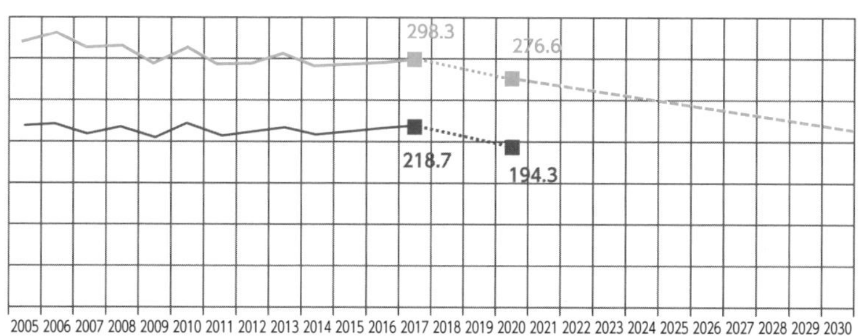

一次エネルギー消費　最終エネルギー消費

最終エネルギー消費に占める再エネ割合 単位：%

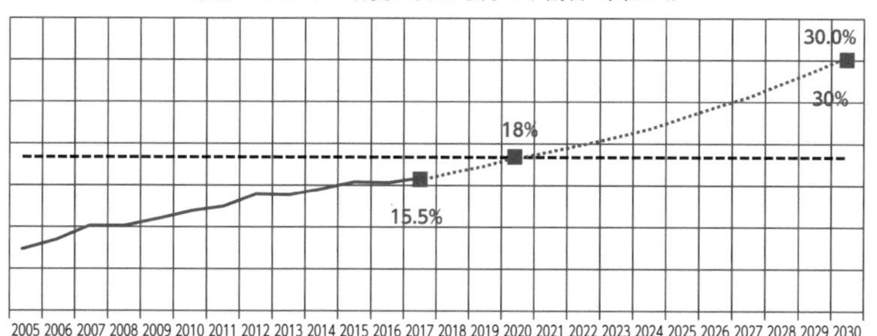

2020年ベースライン　2030年目標　実績

図2.20 ドイツのエネルギー消費量と再生可能エネルギーの割合
出典：ドイツ連邦共和国「エネルギー・気候計画」[44]をもとに作成

また、ドイツでは2011年3月の東京電力福島第1原子力発電所の事故を受け、当時のメルケル政権が原発の早期廃止の検討にいち早く着手した。脱原発の市民運動の広がりと地方選挙での緑の党の躍進も後押しとなり、2022年までの脱原発を決めた。2011年に17基あったドイツの原発は2021年3月時点で11基が停止していた。

さらに、2021年9月26日に行われたドイツ総選挙において、環境政党の「緑の党」が第3党に躍進した。緑の党は、積極的な地球温暖化対策を公約としており、政権参加の場合、環境規制は現状よりも強化される可能性がある。エネルギー政策として、緑の党は2030年までの石炭火力発電の廃止を公約に掲げていた。

2021年11月にドイツの新しい連立政権は、石炭火力発電のフェーズアウト完了時期を2030年に前倒しすること、また同年までに国内総電力需要の80%を再生可能エネルギー発電で供給することを含むエネルギー計画に合意した。

また、天然ガスと石炭の半分以上、原油の3分の1をロシアからの輸入に頼っているドイツは2022年2月に開始されたロシア軍のウクライナ侵攻を受けて、化石燃料のロシアからの輸入停止とその代替エネルギーの調達が重要な課題となっている。

②イギリス

イギリスもドイツと同様に化石燃料資源に恵まれた国である。石炭に加えて、北海での石油、天然ガスの開発によって1980年以降、20年間にわたってエネルギー自給を達成してきた。しかし、2000年に入ると北海の油田・ガス田の枯渇で生産量が年々減少し、2004年からはエネルギーの純輸入国に転じている。

イギリスは2000年代初頭から、積極的にエネルギー・環境対策に取り組んでおり、2008年に制定されたエネルギー法では、2050年のGHG削減目標を1990年比で80%と設定し、その達成に向け、再エネの開発や省エネの推進を精力的に進めている。

③フランス

フランスは近年、発電では原子力に加えて再エネ開発にも取り組んでいる。開発目標としては、2009年「EU再エネ利用促進指令」によって2020年までに最終エネルギー消費量の23%を再エネで賄うことが義務付けられ、2009年「環境グルネル実施計画法」では、次の事項が規定された。

①再エネ生産量を2,000万石油換算トンから2020年に3,700万石油換算トンに引き上げる
②発電では2020年までに再エネ比率を総発電電力量の27%まで引き上げる

さらに、2015年「エネルギー移行法」では、再エネの導入目標について2030年にエネルギーで32%、発電で40%に引き上げることが謳われ、マクロン政権もこの目標を維持している。この目標を達成するため、2019年1月には、「エネルギー多年度計画(PPE)」が制定され、省エネ・再エネ開発に関する中期目標(2019〜2023年、2024〜2028年)が規定された。省エネについては、最終エネルギー消費量を2023年に7%、2028年に14%削減する(2012年比)目標が示される一方、再エネについては、2017年の導入量4,860万kWを2023年には7,400万kWに、2028年には1億200万kW〜1億1,300万kWに向上させる目標が示されている。

表2.10 フランスの再エネ導入目標

	2023年	2028年
水力	2,570	2,640〜2,670
陸上風力	2,460	3,410〜3,560
洋上風力	240	470〜520
太陽光	2,060	3,560〜4,450
木質バイオマス	80	80
バイオガス	27	34〜41
地熱	2.4	2.4
合計	7,400	10,200〜11,300

単位：万kW
出典：フランスエコロジー・持続可能開発・エネルギー省「FRENCH STRATEGY FOR ENERGY AND CLIMATE – MULTI ANNUAL ENERGY PLAN – 2019-2023 2024-2028」[45] をもとに作成

④アメリカ

アメリカにおける風力および太陽光といった再エネ開発は近年目覚ましい伸びを示している。風力発電の設備容量は2010年の39GWから2020年には3倍の118GWまで増加、太陽光発電は2010年の3GWから2020年の76GWまで22倍の増加となっている。

アメリカのエネルギー政策については2021年1月の大統領選挙によって共和党から民主党への政権転換した影響が大きい。第46代アメリカ大統領に就任したバイデン大統領は候変動対策の国際的枠組みである「パリ協定」に復帰する署名を行い、過去4年間のトランプ前政権によって後退してしまったアメリカ環境政策の「復旧」と「脱炭素化」への方向転換を推し進めている。

バイデン政権は、電力部門の温室効果ガス排出量を2035年までにネットゼ

ロ、社会全体の排出量を2050年までにネットゼロとすることを公約として掲げ、2030年までに温室効果ガスを2005年比で50〜52%削減すると発表した。

アメリカ全土における再エネの導入目標はないものの、再生可能エネルギー・ポートフォリオ基準(RPS：Renewable Portfolio Standard)では、州が全ての電気事業者または電力小売事業者に対して、電力販売量の一定割合を再エネ電源から供給することを義務付けており、ニューヨーク州は2040年クリーンエネルギー100%、カリフォルニア州は2045年クリーンエネルギー100%、ハワイ州は2045年再エネ100%といった野心的な目標を掲げている州も多くある。

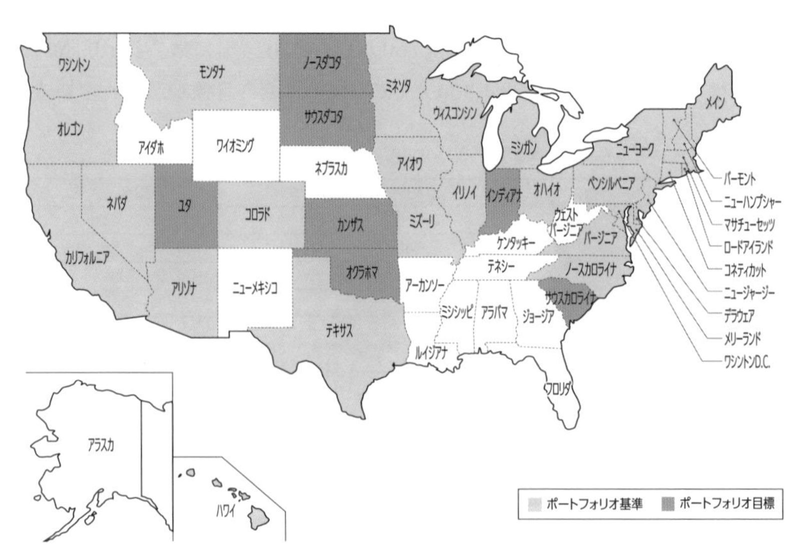

図2.21　再生可能エネルギー・ポートフォリオ基準や目標を掲げている州
出典：アメリカ合衆国エネルギー省・エネルギー情報局(EIA)
「Renewable energy explained」(2021)[46]をもとに作成

2　グリーン分野への投資

各国は脱炭素分野への政策的支援を表明している。各国とも、地球温暖化対策をコストや制約として捉えるのではなく、成長戦略として捉え、グリーン分野の研究開発支援や先端技術の導入支援などを積極的に行っている。

表2.11 各国のグリーン分野への投資内容

EU 2020年7月月欧州委で合意	●**10年間で官民で120兆円**（1兆€）の**「グリーンディール」**投資計画。 うち、**7年間のEU予算**で、**総事業費70兆円**（約5,500億€）を**「グリーンリカバリー」**に。 復興基金で、総事業費35兆円（2,775億€）をグリーン分野に投入。 ※復興基金全体では、半分が補助金、残り半分が融資。3年間で大半を執行見込み。EUの復興基金について、気候変動・グリーン分野に独は115億ユーロ、フランスは208億ユーロ提案中。主なものは独は充電インフラ、クリーン自動車分野に約55億ユーロ、仏は建築物の省エネに58億ユーロ。今後、加盟国の復興計画に基づく資金配分がされる予定。
ドイツ 2020年6月3日発表	●**6兆円**（529億€）の先端技術支援による景気刺激策のうち、 水素関連技術に0.8兆円（70億€）、充電インフラに0.3兆円（25億€） グリーン技術開発（エネルギーシステム、自動車、水素）に**約1兆円**（93億€） ※大半の予算は2年で執行見込み。
フランス 2020年9月3日発表	●**2年間**で、クリーンエネルギーやインフラ等のエコロジー対策に、 **総事業費：3.6兆円**（300億€）。（全体1000億ユーロの3割をグリーン分野） グリーン技術開発（水素、バイオ、航空等）に**約1兆円**（82億€）
韓国 2020年7月16日発表	●5年間で、再エネ拡大、EV普及、スマート都市等のグリーン分野に、**政府支出：3.8兆円**（42.7兆ウォン）（総事業費は7兆円（73.4兆ウォン））（雇用創出：65.9万人）
アメリカ 2021年3月31日発表	●インフラ・研究開発への投資＜歳出期間：8年間、総額約220兆円（約2兆ドル）＞ **インフラ・研究開発等への投資として、アメリカ雇用計画の第1弾。** デジタルやグリーンを含んだ研究開発には総額約20兆円（1,800億ドル）。うち、ARPA-C設立、気候変動研究に約4兆円（350億ドル）、優先実証課題（エネルギー貯蔵、CCS、水素、先端原子力、洋上風力、バイオ燃料、粒子コンピューティング、EV等）に約1.7兆円（150億ドル）
イギリス 2020年11月18日発表	●**2030年までに**、 **政府支出：1.7兆円**（120億£）**誘発される民間投資：5.8兆円**（420億£） （雇用創出：25万人、CO_2削減効果：累積1.8億トン（2023年～2032年）） ●**10分野に投資**（洋上風力、水素、原子力、EV、公共交通、航空・海上交通、建築物、CCUS、自然保護、ファイナンス・イノベーション）

出典：経済産業省・資源エネルギー庁「エネルギー白書2021」(2021)[47]をもとに作成

Column 2

FIT電気に環境価値はない

山中 俊幸・向井 康博

2章3節1項の「FIT制度・法規制」にFITの概要が記されている。再エネで発電した電気を電力会社が一定価格で一定期間買い取ることを国が約束する制度で、対象となる再エネはCO_2を排出しないはずの「太陽光」「風力」「水力」「地熱」「バイオマス」である。そのFIT制度で取引される電気(以下、FIT電気)に環境価値がないとは、これは一体どういうことだろうか。

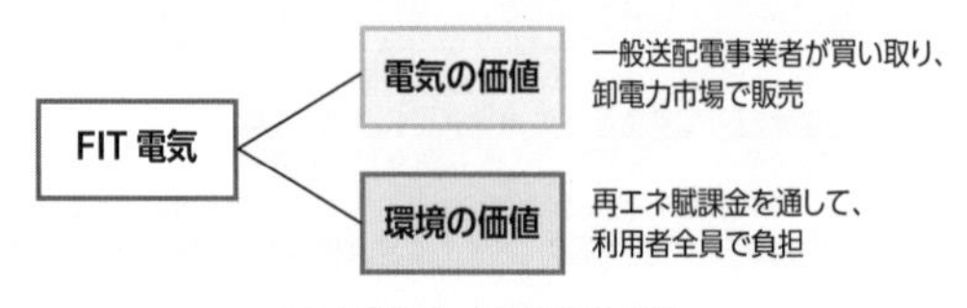

コラム図2.1 FIT電気の価値

再エネ電気には一般的に電気の価値と環境価値(ゼロエミ価値)がある。**コラム図2.1**では、再エネ電気のうち、FIT電気における電気の価値と環境の価値を示している。FIT電気の電気価値は、一般送配電事業者が買い取り、その後、卸電力市場を通して小売電気事業者が購入する。そして再エネで作られるFIT電気には当然、CO_2を排出しない環境の価値がある。しかし、需要家がFIT電気を利用しても、再エネ100%の電力使用とはみなされない。

すなわち、FIT電気は、電気の利用者全てが再エネ賦課金の形で費用負担しており、環境価値は既に国民とFIT事業者の間で取引されていると解釈されるので、市場で取引されているFIT電気には電気の価値しか認められていないのである。

資源エネルギー庁の「非化石価値取引市場について」[48]によれば、FIT電気を販売しようとする場合に留意すべき事項が記載されており、抜粋すると以下のようになる。

コラム表2.1 FIT電気販売の注意事項

①	再エネ発電事業者からFIT電気を調達している電気事業者が、再エネ賦課金の形で費用補填を受けている場合、発電された電気のCO_2を排出しないという特性は、当該電気の供給を受けた特定の需要家に帰属するのではなく、非化石証書[10]の購入分について購入者に帰属するほかは、費用を負担した全需要家に薄く広く帰属する
②	小売電気事業者がFIT電気を販売する際には、その電気に係るCO_2排出量に相当するCO_2削減相当量を基礎づける量の非化石証書を使用する場合を除き、当該電気についてCO_2を排出しない電気という付加価値を求めない方法で説明する

出典：経済産業省・資源エネルギー庁「非化石価値取引市場について」(2022)[49]をもとに作成

10 **非化石証書** その電気が化石燃料を使用していない「非化石電源」から作られたことを証明するもので、非化石価値取引市場で売買される。

②は、FIT電気は非化石証書と組み合わせることではじめて、再エネ100%を主張できることを述べている。そのためには非化石証書がコスト負担となることなく、入手できる市場整備が必要である。

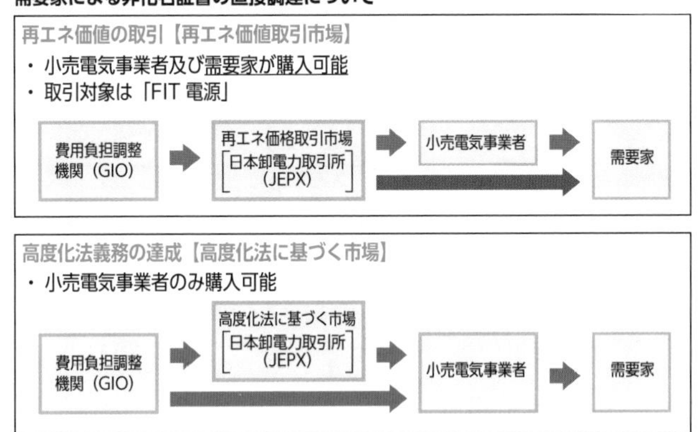

コラム図2.2　非化石価値取引市場の全体像

出典：経済産業省・資源エネルギー庁「非化石価値取引について－再エネ価値取引市場を中心に－」(2023)[49]より作成

電気の環境価値についてはこれまでは、非化石価値取引市場において「FIT」「非FIT(再エネ指定あり)」「非FIT(再エネ指定なし)」の3種の証書を扱ってきたが、2021年度からは再エネ価値取引市場と高度化法義務達成市場に分けて取引されることとなった[49]。

非化石価値取引市場はもともと小売電気事業者だけが参加する市場だったのだが、脱炭素目標を独自に掲げる企業による電気の環境価値への需要も高まったことから、需要家が直接購入できる仕組みとして、再エネ価値取引市場という名称で2021年11月に創出された。再エネ価値取引市場での取引対象はFIT電源の環境価値であり、取引最低価格を0.3円/kWhに引き下げられた[49]。また、ほぼ全量トラッキング[11]が付与され、国際的な再エネ導入拡大を進めるイニシアチブであるRE100に活用することが可能となった。

11　**トラッキング**　FIT証書の由来となる電源種や発電所所在地等の属性情報を明らかにすること。

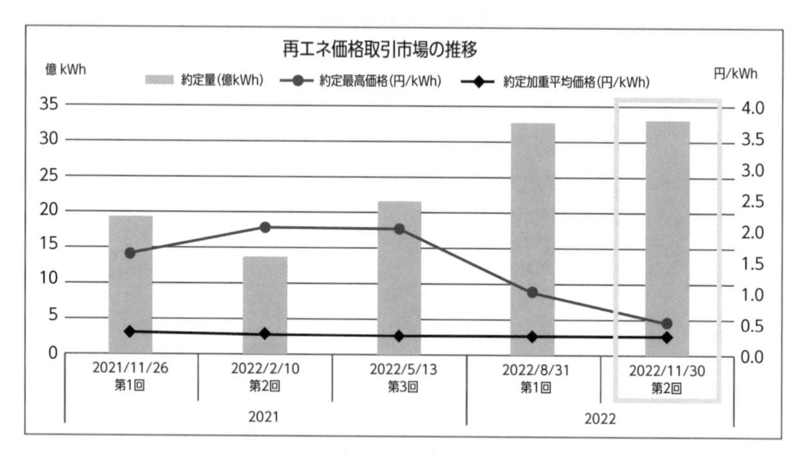

コラム図2.3　再エネ価値取引市場の取引推移
出典：経済産業省・資源エネルギー庁「非化石価値取引について－再エネ価値取引市場を中心に－」(2023) [49]をもとに作成

コラム図2.3に再エネ価値取引市場の取引推移を示す[49]。2021年度の合計取引量は約54億kWhであり、間近の2022年度の第2回オークション(2022年11月30日)では約33億kWhが約定し、小売電気事業ライセンスを有さない事業者36者、仲介ライセンスを有する事業者67者が参加した。

このオークション収益は再エネ賦課金の低減にあてられることとなるため、年間2～4兆円ともいわれるFITの国民負担の軽減に資することが期待されている。**コラム図2.3**のように取引量は拡大しているが、FIT証書の原資となるFIT電力は約1,100億kWh(2021年度)とまだまだあるため、企業などの需要家において環境価値の認識がより浸透することで、さらなる取引量の拡大が期待されている。

第3章

再生可能エネルギー技術のそれぞれの状況

第3章　概要

再生可能エネルギー(再エネ)は、太陽光や風力のように日照や風況により変動するものや、地熱や水力のようにある程度安定的にエネルギーが得られるもの、バイオマスのように森林や植物を利用するものなど多種多様である。これらは、それぞれに異なった技術や背景があり、特有の課題がある。本章では、それぞれの再エネ技術の現状や課題について紹介する。

3.1 〉太陽光発電：太陽エネルギーを利用する発電システム

太陽エネルギーを利用した発電は、太陽の光を利用した太陽光発電(PV：Photovoltaics)と、太陽の熱を利用した太陽熱発電がある。2020年度では、日本の再エネによる発電量の約40%が太陽光発電によるものであり[1]、再エネの主要な役割を担っている。太陽熱発電は、北アフリカやオーストラリアなどの直達日射量[1]の多い地域では盛んであるが[2]、日本では電源として用いられていない。次項では、太陽光発電を中心に説明する。

1 太陽光発電システムの構成

太陽光発電システムの基本的な構成を**図3.1**に示す[3]。太陽電池モジュール[2]では、光エネルギーを電力に変換し、直流電力を発生する。太陽電池モジュールは、複数の太陽電池セルを直列と並列に接続して、所定の電力が得られる構造となっている。発生した電力は、接続箱や集電盤などを通って、パワーコンディショナ(PCS：Power Conditioning System)へ送られる。太陽光パネルからの直流電力は、そのままでは商用の電力系統に流したり、一般の電気機械機器で使うことができないので、PCSによって交流電力に変換される。太陽光発電は日射のある時は発電するが、夜間や曇りなどでは電力が発生しないため、必要に応じて、蓄電池などの蓄エネルギーシステムを付帯させて、発電と需要の差を調整する。

1 **直達日射量**　太陽から直接入射する太陽光の量。太陽光発電では、散乱光を含めた全天日射量が使われる。
2 **太陽電池モジュール**　住宅の屋根の上や、野原に置かれている太陽電池のパネルは、光を利用して発電を行う太陽電池モジュールである。

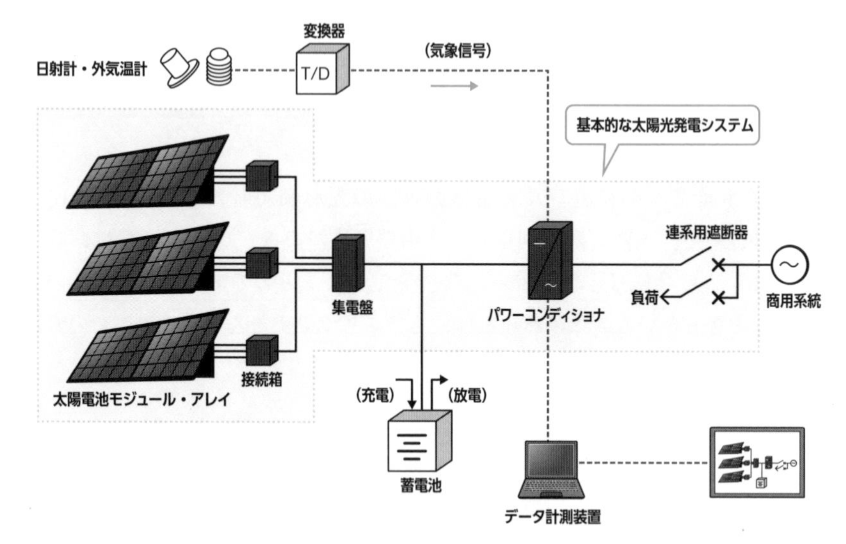

図3.1 太陽光発電システムの基本構成
出典：国立研究開発法人新エネルギー・産業技術総合開発機構(NEDO)
「再生可能エネルギー白書第２版　第２章太陽光発電」(2014)[3]をもとに作成

2 太陽電池の種類

太陽光発電技術のコアとなる太陽電池では、光起電力効果[3]を利用し、光エネルギーを電気に変換する。太陽電池の技術開発では、さまざまな材料を組み合わせたり、新規材料を利用することによって太陽電池のエネルギー変換効率を向上させる試みが行われている[3]。また、建築物の屋根のみならず壁面などに設置したり、自動車などの移動体へ導入するための軽量化・薄膜化や発電コストを安価にするための太陽電池の低コスト化についても技術開発が行われている。主な太陽電池の種類を**図3.2**に示す。使用する材料により、大きく「シリコン系」「化合物系」「有機系」に別れる。もっとも普及が進んでいるのは「シリコン系」であるが、「化合物系」と「有機系」も技術開発が進められている。ここでは、主な太陽電池の種類と特徴について紹介する。

3 **光起電力効果**　物質に光を照射することで起電力が発生する現象。

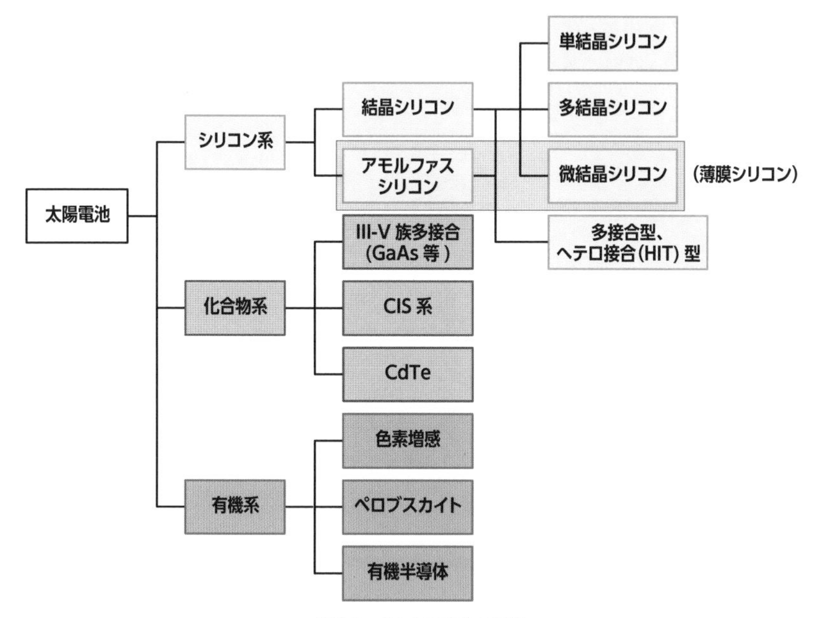

図3.2　主な太陽電池の種類
出典：国立研究開発法人産業技術総合研究所「太陽光発電技術」[4]をもとに作成

❶シリコン系太陽電池

現在もっとも多く使われている太陽電池は、シリコン系太陽電池であり、市場の9割を占める。この太陽電池では、**図3.3**に示すように電気的な性質の異なる2種類(p型[4]、n型[5])の半導体を重ね合わせた構造となっている。太陽電池表面に太陽の光が当たると、プラスとマイナスを持った粒子(正孔と電子)が発生し、マイナスの電気はn型半導体のほうへ、プラスの電気はp型半導体のほうへ移動する。このため、表面と裏面につけた電極に電球やモータのような負荷をつなぐと電流が流れ出す。

シリコン系太陽電池は、製造方法によって「多結晶[6]」や「単結晶[7]」などの種類があるが、近年は、高効率化を求める需要から、製造コストが比較的安い多結晶から、高効率が望める単結晶へと主流が移っている[5]。2020年の世界の太陽電

4　**p型**　シリコン系のp型半導体は高純度のシリコンからなる半導体に、不純物としてホウ素などを加えることにより、電子が不足した状態を作り出したもの。

5　**n型**　シリコン系のn型半導体は高純度のシリコンからなる半導体に、不純物としてリンなどを加えることにより、電子が余った状態を作り出したもの。

6　**多結晶**　小さな単結晶が多数集合してできた結晶体。

7　**単結晶**　結晶体のどの位置でも原子配列の向きが同一である結晶体。

池出荷量における単結晶の割合は、実に88%を占めている[6]。また、単結晶シリコン太陽電池の材料となるシリコンウェハ[8]のコストダウンも、単結晶が主流となる背景となっている。

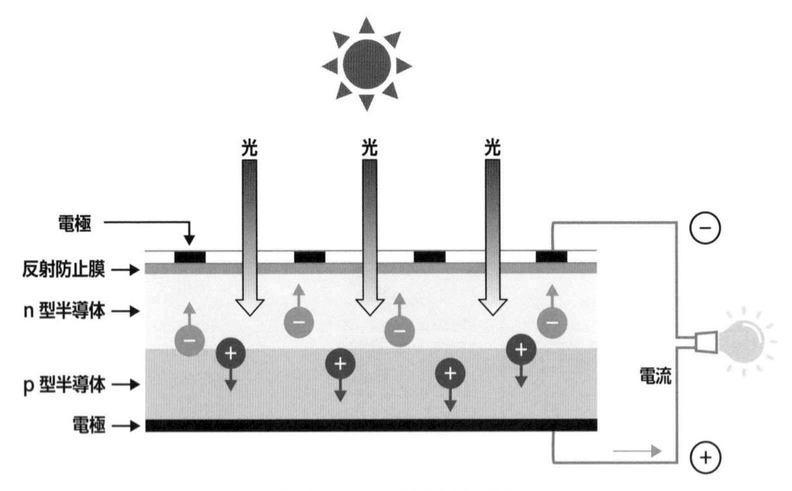

図3.3　シリコン系太陽電池の構造
出典：太陽光発電のススメ「太陽光発電の仕組み　太陽電池の発電原理ー光起電力効果」(2021)[7]をもとに作成

②ペロブスカイト太陽電池

ペロブスカイト太陽電池は、2009年に桐蔭横浜大学の宮坂力教授らが発明した日本発のオリジナル技術であり[5]、次世代の太陽電池として注目されている(**図3.4**)。ペロブスカイト太陽電池は、結晶構造の一種であるペロブスカイト構造[9]を持っており、シリコン系太陽電池にも匹敵する高い変換効率を達成している。

8　**シリコンウェハ**　シリコンの単結晶の塊を薄くスライスしたもの。
9　**ペロブスカイト構造**　ペロブスカイト(灰チタン石)と同様の結晶構造のこと。3元系から成る遷移金属酸化物などが、この結晶構造をとる。

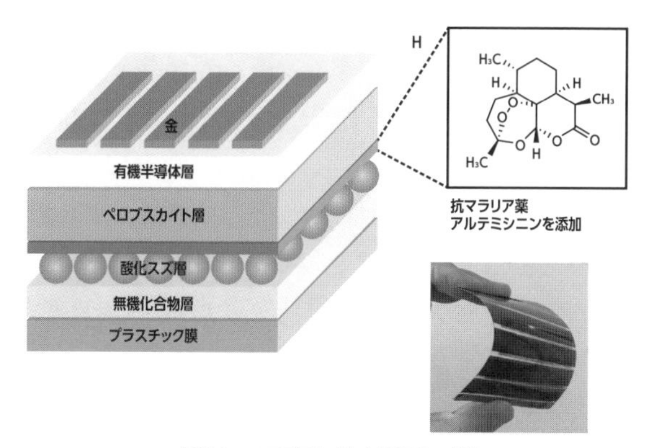

図3.4　ペロブスカイト太陽電池の構造
出典：宮坂 力特任教授(桐蔭横浜大学)／株式会社日刊工業新聞社　ニュースイッチ「次世代太陽電池『ペロブスカイト』、抗マラリア薬で変換効率が実用化レベルに向上」(2021)[8]をもとに作成

ペロブスカイト膜は塗布技術で容易に作製できるため、既存の太陽電池よりも低価格になることが期待されている。さらに、基板にフィルムを用いることで、フレキシブルで軽量な太陽電池が実現でき、シリコン系太陽電池では設置できなかった耐荷重性の低い建築物や、建築物の壁面など、多様な設置形態が可能となる。実用化においては、モジュールの大面積化と耐久性の向上が鍵となる。日本では、**図3.5**に示すように、NEDO事業により、株式会社東芝が大面積(703cm^2、フィルム型モジュール世界最高の発電効率16.6%達成※、2022年10月)、パナソニック ホールディングス株式会社が世界最大効率(17.9%、2020年7月)のペロブスカイト太陽電池モジュールを開発しており[5]、現在も製品化へ向け研究開発が進められている。

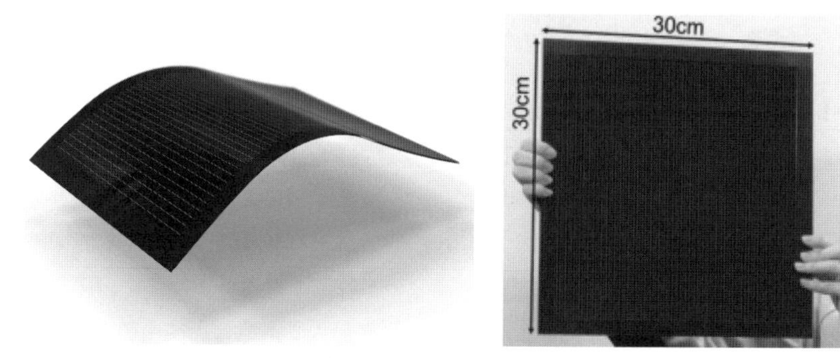

図3.5　ペロブスカイト太陽電池モジュールの開発事例
資料提供：東芝エネルギーシステムズ株式会社(左側：イメージ図)／パナソニックホールディングス株式会社(右側)
※プラスチック基盤上に形成される受光部サイズ400cm^{2}以上のペロブスカイト太陽電池モジュールにおいて、2022年9月22日現在株式会社東芝調べ

❸CIS太陽電池

結晶シリコンの代わりに、銅(Cu)、インジウム(In)、セレン(Se)の化合物を組み合わせたCIS太陽電池の技術開発も行われている(**図3.6**)。CIS太陽電池は、結晶シリコンの厚さ150〜200μmに対して、23μmと非常に薄くすることができ、低コストで作成することが可能である。一方で、一般的に変換効率が、シリコン系の約20%に比べて15%程度と低く、高効率化が課題とされている。しかし、近年はNEDOと株式会社ソーラーフロンティアにより、世界最高で23.35%の効率に達したとの報告がある[9]。また、産業技術総合研究所とトヨタが、より技術的に難しい、軽量でフレキシブルなCIS太陽電池で18.6%を達成したとの報告もあり[10]、今後の普及拡大が期待される。

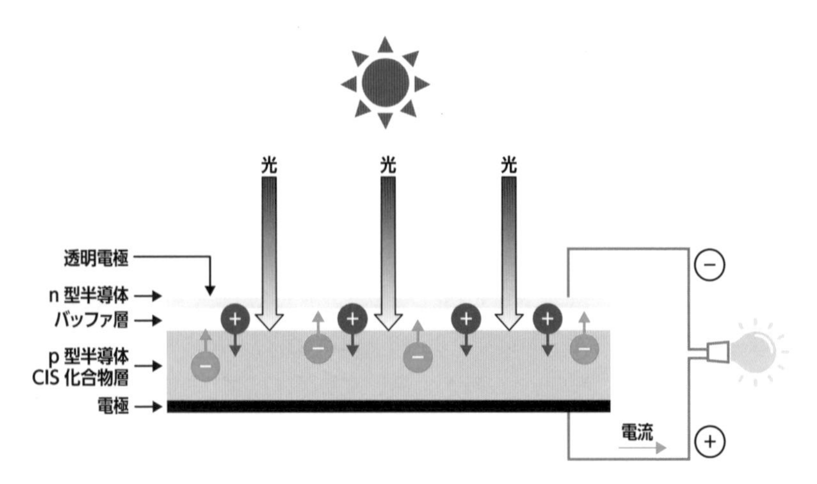

図3.6　CIS太陽電池の構造

出典：太陽光発電のススメ「太陽光発電の仕組み　CIS太陽電池の特徴」(2021)[11]をもとに作成

❹III-V系太陽電池

III-V系太陽電池は、周期表のIII属(ガリウム)とV属(ヒ素)を中心とした原料から作られる太陽電池である。結晶シリコンが、単層の半導体で光を電気に変換するところを、III-V系では3層であるために(**図3.7**)、電気に変換する光の波長領域が広く、変換効率が30〜32%と高いのが特徴である。また、宇宙線などの放射線に対し高い耐久性を持つ。ただし、ほかの太陽電池に比べて製造コストが非常に高いために、現状では宇宙用などに用途が限定されている。

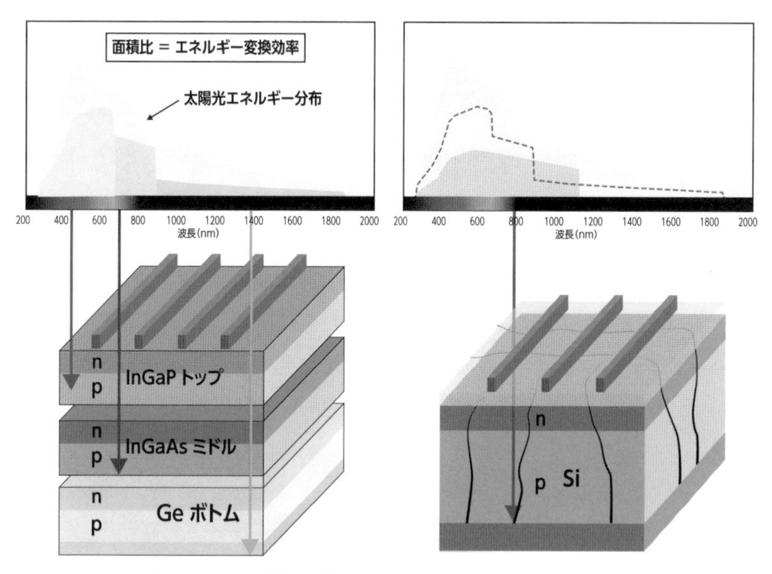

図3.7　III-V系太陽電池（左）とシリコン系太陽電池（右）の構造の比較
出典：国立研究開発法人新エネルギー・産業技術総合開発機構(NEDO)
NEDO Web Magazine「世界一のモジュール変換効率40%超を目指す、太陽電池開発中」(2012)[12]
をもとに作成

3.2 〉太陽光発電：日本と世界の太陽光発電の導入状況

1 世界の導入状況

2020年の時点で、世界では約767.2GWの太陽光発電設備が設置されている。これまで、太陽光発電の導入をけん引してきたのは中国、アメリカ、日本、ドイツである。**図3.8**に2020年時点での世界の太陽光発電累積導入量の国別内訳を示す[13]。中国が33.1%ともっとも多く、日本は9.4%で世界第3位である。

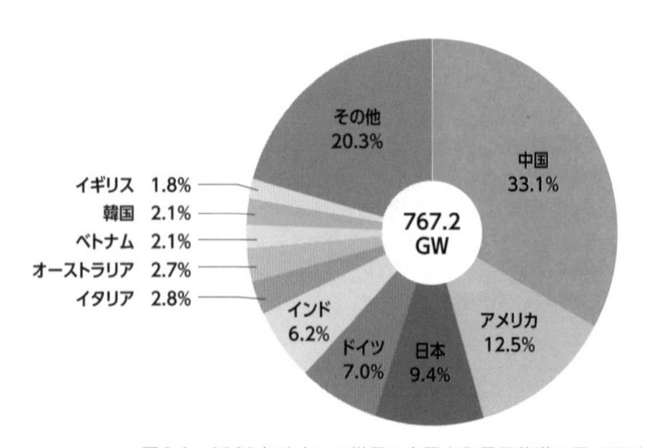

図3.8 2020年時点での世界の太陽光発電累積導入量の国別内訳
出典：国際エネルギー機関(IEA)「Trends in Photovoltaic Applications 2021」(2021)[13]をもとに作成

オーストラリアが占める割合は全体の2.7%であるが、国民1人当たりに換算すると、世界第1位の810W/人となる。日本は571W/人で、世界第3位である。国民1人当たりの太陽光発電導入量を**図3.9**に示す[13]。

図3.9　国民1人当たりの太陽光発電導入量
出典：国際エネルギー機関(IEA)「Trends in Photovoltaic Applications 2021」(2021)[13] をもとに作成

表3.1に示すように、人口1人当たりの太陽光発電システム設置容量では、オーストラリアが世界最多を達成した。

表3.1　人口1人当たりの太陽光発電システム設置容量

<table>
<tr><th>順位</th><th>国</th><th>設置容量</th><th>順位</th><th>国</th><th>設置容量</th></tr>
<tr><td>1位</td><td>オーストラリア</td><td>810W/人</td><td>6位</td><td>イタリア</td><td>365W/人</td></tr>
<tr><td>2位</td><td>ドイツ</td><td>648W/人</td><td>7位</td><td>スイス</td><td>343W/人</td></tr>
<tr><td rowspan="2">3位</td><td>日本</td><td rowspan="2">571W/人</td><td>8位</td><td>マルタ</td><td>324W/人</td></tr>
<tr><td>オランダ</td><td>9位</td><td>ギリシャ</td><td>316W/人</td></tr>
<tr><td>5位</td><td>ベルギー</td><td>523W/人</td><td>10位</td><td>韓国</td><td>306W/人</td></tr>
</table>

注）上位10カ国
出典：国立研究開発法人新エネルギー・産業技術総合開発機構(NEDO)「太陽光発電応用の動向報告書 2021(翻訳版)」(2021)[14] をもとに作成

2　導入状況の推移

2010年から2020年までの、世界の年毎の太陽光発電導入量の推移を**図3.10**に示す[13]。全体の傾向では、2019年までの総導入量623.2GWのうち、約72%に当たる448.7GWが直近5年間に導入されたものである。また2020年には世界的なパンデミックにも関わらず、145.2GWと過去最高の導入量を記録しており、太陽光発電の導入が急速に進んでいることがわかる。

中国は、2020年の導入量が世界第1位の48GWであり、総設備容量は253.6GWに達した。中国では「第13次5カ年計画」(2016～2020年)で、2020年に105GWの導入目標を掲げたが、2020年には実に目標の2倍以上の導入量を達成している。

EUは、2011年時点での23.2GWを最大として、2017年までは減少傾向だったが、再び増加し2020年には19.8GWを導入している。

アメリカは非住宅用と住宅用のいずれも導入量が増加し、2020年の導入量は19.7GWとなっている。日本は2012年のFIT制度開始から導入量が増加し、2015年には10.8GWに達したが、その後はほぼ一定水準で、2020年は8.7GWだった。

ベトナムでは2017年開始のFIT制度が成功し、2020年には11.1GWが導入されている。これにより政府の予想の5倍以上にあたる太陽光発電が導入され、FIT開始からわずか2年で東南アジアの太陽光発電大国となっている[15]。

今後の世界の導入量は、2030年に2,840GW、2050年に8,519GWと、急激な成長が予測されている[16]。

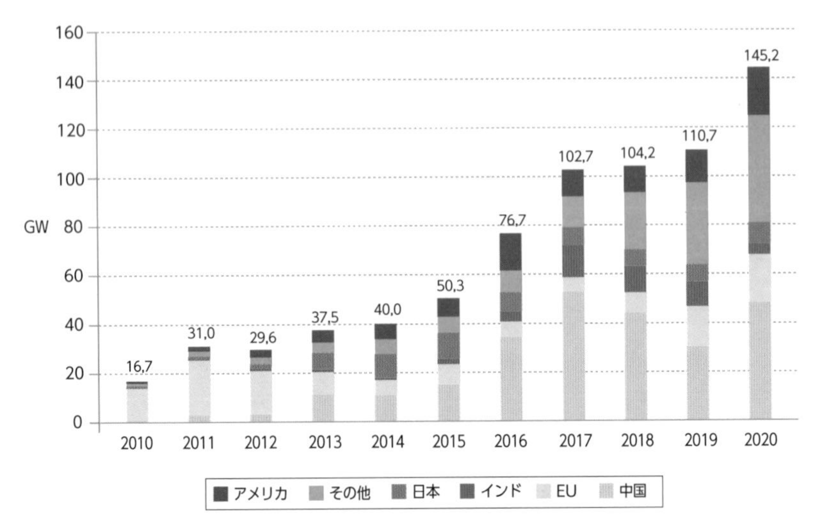

図3.10 世界の太陽光発電導入量の推移

出典：国際エネルギー機関(IEA)「Trends in Photovoltaic Applications 2021」(2021)[13]をもとに作成

3 日本の導入状況

国内の太陽光発電の規模別累積導入量を**図3.11**に示す[7]。2012年6月の導入量は5.6GW(ACベース[10])であり、小規模な住宅用が84%を占めていた。2012年開始のFIT制度により、急速に導入量が増加し、2019年3月の累積導入量は49.5GW(ACベース)だった。また、規模で見ると、1,000kW(1MW)以上のいわゆるメガソーラーの伸びが大きく、2012年6月時点でゼロだったのに対し、2019年3月時点で34%に達している。このように、非住宅用の導入量が増加し、2019年3月には、実に78%が非住宅用となった。国際エネルギー機関(IEA：International Energy Ageny)によると、2018年末時点で太陽光発電は、日本国内の電力需要の約6.8%を賄っていると試算されている[5]。

一方で、日本の太陽光発電の導入ポテンシャルは、経済産業省や環境省、農水省などが試算している[3]。それぞれで試算の前提が違うため、値は異なるものの、概ね132～322GW程度のポテンシャルが見込まれている[17]。第6次エネルギー基本計画では、2030年度の温室効果ガス46%削減に向けて、施策強化などに取り組んだうえでの野心的な目標として、103.5～117.6GWの導入量を掲げている[18]。

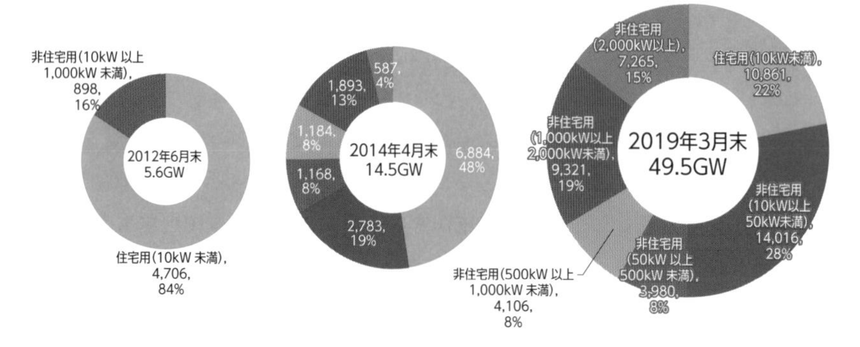

図3.11 国内の太陽光発電の規模別累積導入量
出典：国立研究開発法人新エネルギー・産業技術総合開発機構(NEDO)「太陽光発電開発戦略2020(NEDO PV Challenges 2020)」(2020)[19]をもとに作成

10 **ACベース** 交流の場合の数値。実際に系統に接続している値に近い。ちなみにここ以外の値はDCベース(直流の場合の数値)であり、太陽光パネルの出力に近い。ACベースの方がDCベースより少ない値となる。

3.3 〉太陽光発電：出力特性と出力制御

1 太陽光発電の出力の特性

太陽光発電は太陽から地球に降り注ぐ光を電気エネルギーに変換し、私たちはその電気を生活や産業に利用する。地球全体で考えると、太陽光のエネルギーの総量は、人間の活動で消費されるエネルギー量である約500EJ/年の千倍から数千倍といわれている[17]。しかし、単位面積当たりのエネルギー密度は、中緯度地域[11]で約1.0kW/m^2と小さい。

また、太陽光は、晴天の日中は大量に地表へ到達するが、曇天や夜間は到達しない。したがって、1日のうちで得られる電力の時間帯と出力が変動する。このように、自然条件により変化する再エネは、「変動性再生可能エネルギー(VRE：Variable Renewable Energy)」と呼ばれる。

2 出力制御の状況

太陽光発電の電力は自然条件に依存する一方で、電力の需要は人間活動の都合で変化する。**図3.12**に発電出力の日変化と電力需要のギャップによる出力制御の一例を示す[20]。電力は、再エネや火力、原子力などそれぞれの発電により供給される電力と、使用される電力(需要)を一致させる必要がある。現状では、おもに火力発電の出力を調整することで、全体の需要と供給を一致させている。しかし、晴天の昼間など、太陽光発電からの発電が大きく、火力発電などで調整可能な量を超えてしまう場合には、太陽光の発電を制御することが必要となる。日本では、2018年から再エネ導入量の多い九州電力管内で出力制御が実施されている。九州本土の出力制御の実績は、初年度の2018年度では26回であったのに対して、次年度の2019年度は93回、さらに直近の2021年度では167回と急増している[21]。

11 **中緯度地域** 回帰線と極圏に挟まれた地域で、概ね緯度30～60度の間の地域を指す。そこでは太陽光が天頂からさすことがない。

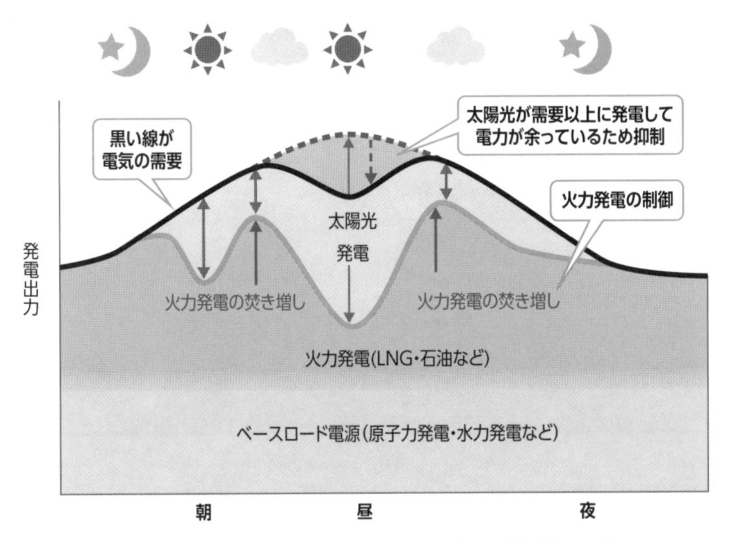

図3.12 発電出力の日変化と電力需要のギャップによる出力制御の一例
出典：経済産業省・資源エネルギー庁「再エネの大量導入に向けて～「系統制約」問題と対策」(2017)[20]をもとに作成

3 課題と解決の方向性

以上のように、太陽光発電は、太陽光の面積当たりのエネルギー密度が低く、需要に応じて発電することができない変動性再生可能エネルギーである。将来の主力電源化に向けては、需要を満たすだけの電力量を確保することと、時間的な変動をコントロールして、需要に合わせることが求められる。

❶過積載

この課題解決へ向けた1つの方向性としては、需要よりも多くの太陽電池モジュールを設置する方法が挙げられる。これは「過積載」と呼ばれるが、先に述べたPCS(太陽電池の出力を電力系統に送るシステム)の容量よりも大きい出力の太陽電池モジュールを設置することで、日射が少ないときでも多くの電力を得る考え方である。過積載による発電のイメージを、**図3.13**に示す[22]。しかし、晴天の昼間などには電力が余るので、出力を制御することになる。つまり、実質的に得られる電力量に対して過剰な設備となるために、電力コストは増加してしまう。したがって、太陽電池モジュールと付帯設備の低コスト化が重要となってくる。

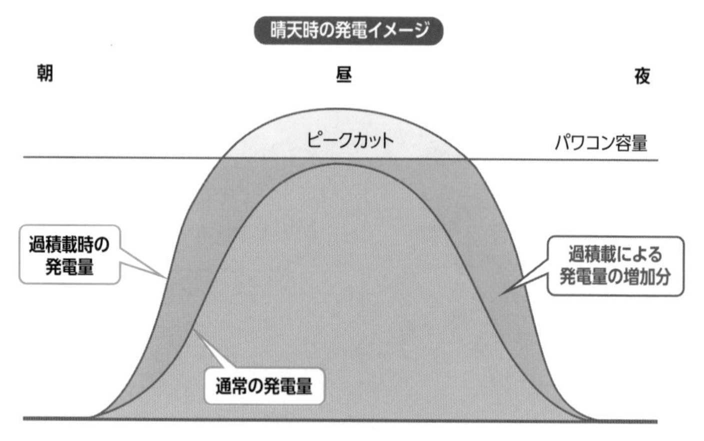

図3.13　過積載による発電のイメージ
出典：株式会社NTTスマイルエナジー　エコめがね「太陽光発電パネルの過積載とは?」(2017)[22]をもとに作成

❷発電設備のコスト

太陽電池モジュールの価格は、材料のシリコン不足が解消された2008年以降、急激に低下している。**図3.14**に2010年から2020年までの各国の太陽光発電設備(モジュールや周辺機器、工事費などを含む)のコストの推移を示す[23]。世界的な傾向として、この8年間で太陽光発電設備のコストは70～80%程度、大きく低下している。

日本は、2,000USD/kW強までは急激に減少したが、最近では下げ止まりの傾向がみられる。インド、中国、イタリア、スペインは1,000USD/kWを切っており、日本の1／2以下である。**図3.14**から明らかなように、日本の設備コストは、他国にくらべて群を抜いて高い。これは、太陽電池モジュールはもとより、周辺のシステム関連費用、工事や土地造成費用などのコストが高いことが要因といわれている。

太陽電池モジュールの世界市場は、2005年ごろまでは日本メーカーが50%程度のシェアを占めたが、2018年には1.2%に低下している。これは、中国メーカーが大規模製造とさまざまなコスト削減を行った結果、価格の面で競争力を増したためで、2018年のシェアは70%程度と、他を圧倒している。日本としては、再エネの主力電源化に向けて、グリーン成長戦略「実行計画」[24]の14分野の1つでもある、次世代型太陽光産業の国内産業活性化などが望まれる。

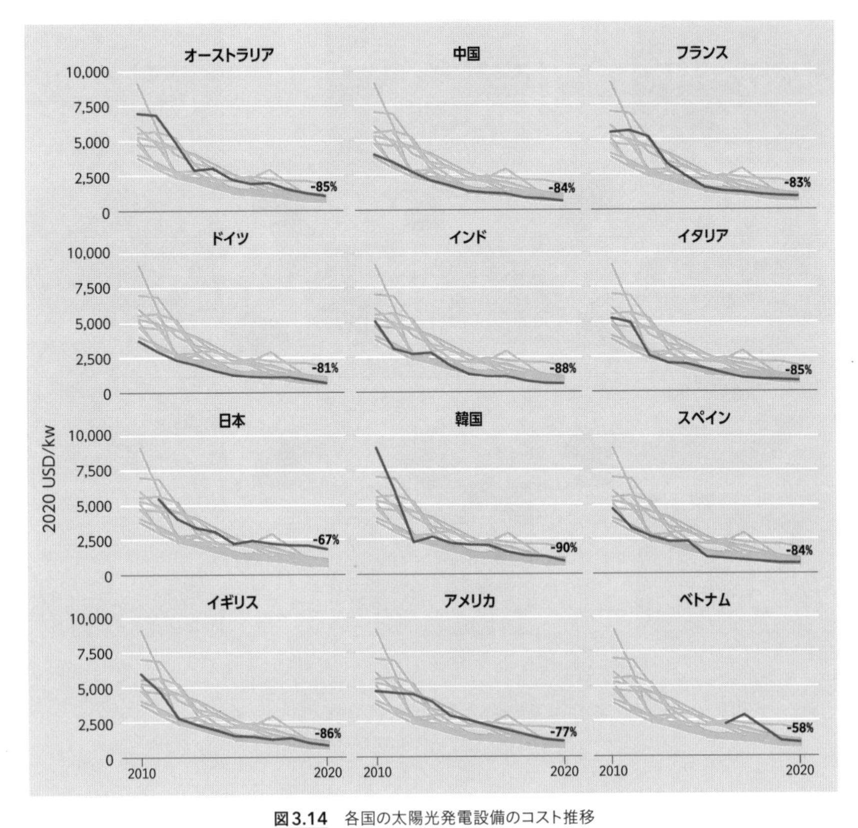

図3.14　各国の太陽光発電設備のコスト推移
出典：国際再生可能エネルギー機関(IRENA)「Renewable Power Generation Costs in 2020」(2021)[23]をもとに作成

③土地利用

太陽光の面積当たりのエネルギー密度が低いため、太陽光パネルの設置には広い土地を必要とするが、食料生産に必要な農地や、自然保護や災害対策に重要な山林などへの設置は避けなければならない。現状で、太陽光パネルの設置に適した場所はすでに不足してきており、太陽光発電の設置場所確保は今後の再エネ主力電源化を見据えた場合の課題となっている。したがって、より少ない面積でも多くの出力が得られるように、太陽電池の高効率化が必須となるとともに、住宅の壁面など、これまで太陽光パネルに向かないとされてきた場所へも設置できるよう、技術開発が求められる。設置場所を広げる例として、ペロブスカイト太陽電池の適用のイメージを**図3.15**に示す[25]。

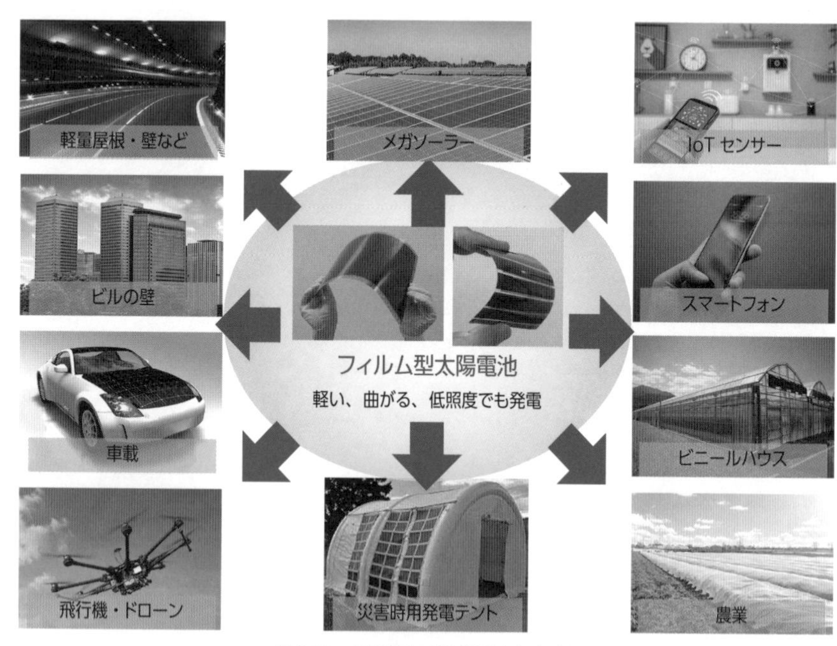

図3.15　太陽電池の設置場所を広げる例
出典：京都大学イノベーションキャピタル株式会社「#06　次世代エネルギーの主軸となるか？新たな太陽電池への挑戦」(2020)[25]をもとに作成
資料提供：株式会社エネコートテクノロジーズ

また、農林水産省は、太陽光を農業生産と発電とで共有する「営農型太陽光発電」を推進している。これは、従来までの作物の販売収入に加えて、売電による収入、発電電力の自家利用などによって、農業経営をより改善しようというものである。**図3.16**に営農型太陽光発電における太陽光パネルの設置例を示す。農地に支柱を立てて、その上部に太陽光パネルを設置することで、農地の確保と太陽光パネル設置を両立させるものである。

図3.16　営農型太陽光発電におけるソーラーパネル設置例
出典：農林水産省「営農型太陽光発電について」[26]

❹卒FITをむかえた太陽光発電設備の活用

2019年11月に、FIT制度の買い取り期間(前身の2009～2012年の余剰電力買取制度の買い取り期間を含む)を終えた太陽光発電設備が出現した。買い取り期間を終えたことを卒業になぞらえ、FITを卒業する(卒FIT)と表現したりするが、この「卒FIT」住宅用太陽光発電の件数と出力を**図3.17**に示す[27]。左図は年別、右図は累積である。

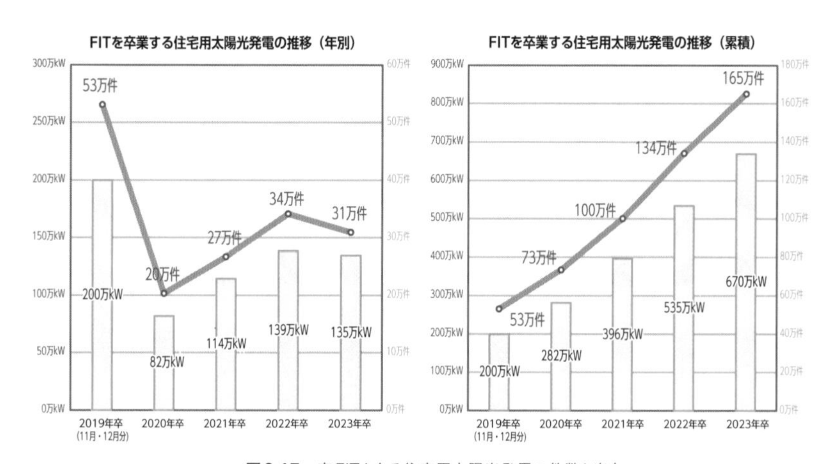

図3.17　卒FITとなる住宅用太陽光発電の件数と出力
出典：経済産業省「住宅用太陽光発電設備のFIT買い取り期間終了に向けた対応」(2018)[27]をもとに作成

このように、卒FITが進むと、FITに認定されない太陽光発電設備が世の中に増える。一方で、従来は一需要家内にFIT認定設備と非FIT認定設備(卒FIT太陽光発電や蓄電池など)が併存する場合、「電気事業者による再生可能エネルギー電気の調達に関する特別措置法」(FIT法)に基づき、非FIT認定設備からの逆潮流は禁止されていた[28]。しかし、これでは卒FIT電源を有効に活用することができない。そこで、卒FIT電源が現れるタイミングでFIT法施行規則が一部改正(2019年8月公布)された。これにより、**図3.18**に示す計量方法により[29]、電気事業者に供給する電力量を適切に計量できる場合、非FIT認定設備からの逆潮流が可能となった。

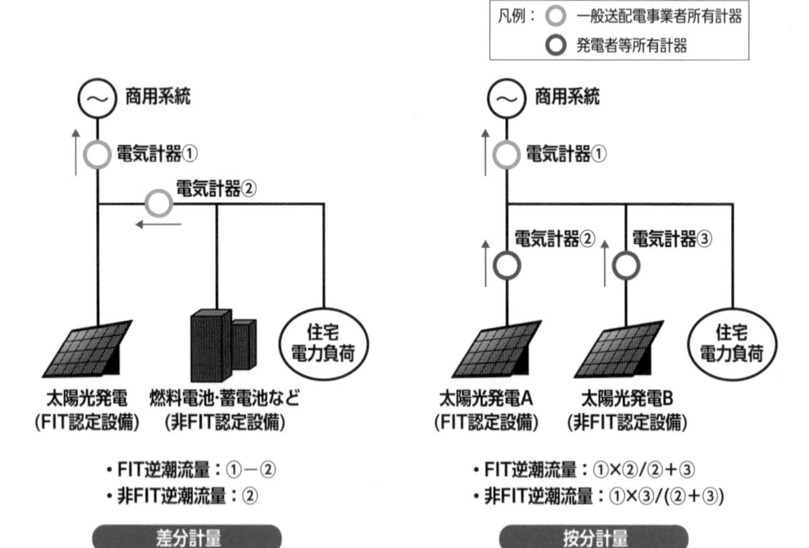

図3.18　計量方法のイメージ
出典：関西電力株式会社「住宅用太陽光発電設備のＦＩＴ買取期間終了を契機とした対応について」(2019)[29]をもとに作成

このように、再エネ電源主力化へ向けて、太陽光発電システムとしては、低コスト化と高効率化、設置可能場所を広げる技術開発が重要となる。また、電力系統まで視野を広げると、日中に発生した電力を蓄電池などに蓄えて、夜間に利用する蓄エネルギーシステムや、需要側が必要とする電力をコントロールするデマンドレスポンス、さらには電力取引市場の整備など、多くの対策を講じて、総合的に解決する必要がある。これらについては、5章で詳しく紹介する。

3.4 〉風力発電：風力をエネルギーに変えるメカニズム

1 風力を生み出す仕組み

❶風力エネルギー

風力エネルギーは、風が持つ物理的なエネルギーであり、数千年前から帆船などに利用されてきた。この風力エネルギーを回転力に変えて利用する技術は10世紀から、といわれている。

風のエネルギーEは、運動エネルギーの公式(式①)から単純に計算できる。

$$E = \frac{1}{2}mv^2 = \frac{1}{2}(\rho Av)v^2 = \frac{1}{2}\rho Av^3 \qquad ①$$

この**図3.19**でわかるように、質量mは、空気の密度ρと体積(受風面積Aと単位時間分の長さvから計算)の掛け算で表され、結果として風のエネルギーは風速の3乗に比例することになる。一方、風のエネルギーを集めるためには、風を受ける面積を大きくすることが重要である。そのため、単機でより多くのエネルギーを得るために、風車のロータ径は大きくなりつつある。

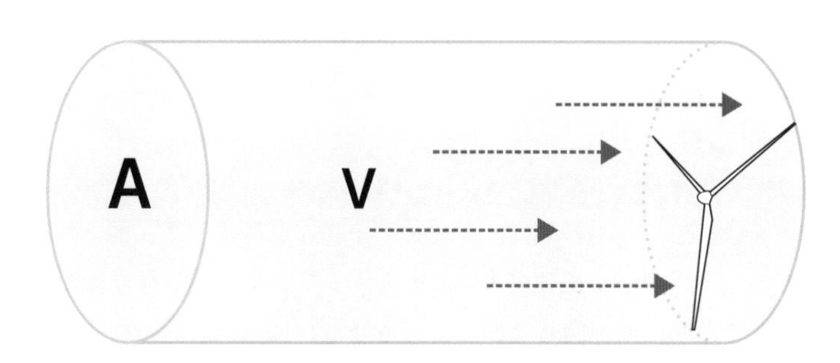

図3.19 風の運動エネルギーは風速vの三乗に比例する
出典：佐藤 義久／嶋田 隆一 丸善出版「電気のしくみ 発電・送電・電力システム」(2013)[30]をもとに作成

ただ、この風の運動エネルギーをすべて風車の回転エネルギーに変換することはできず、必ず風車のうしろに風を逃さないといけない。そのため風から取り出せる効率の限界値が、理論的に導出されている[12]。その限界値は風速とロータ周速の比を表す周速比によって異なる値となる。ここでロータ周速は、羽の先端の移動速度(単位はm/s)で、当然のことながら音速は超えられない。よって、大型風車になるほど、羽はゆっくり回っているように見える。

その効率曲線とさまざまなタイプの風車の効率曲線を**図3.20**に示す。縦軸の効率は、資料によってはパワー係数ともいわれるもので、風速から計算される風のエネルギーと、回転力に変換できるエネルギーの比である。大きいほど効率良く風のエネルギーを回転力に変換できることを示す。

一般に周速比が大きいほど、より効率良く、多くの風エネルギーを回転力に変換できていることがわかる。その観点から、周速比を上げやすい3枚羽根式のプロペラ風車がもっとも効率良く風のエネルギーを回転エネルギーに変換していることがわかる。よって、電力系統に接続される風車のほとんどがこのタイプである。

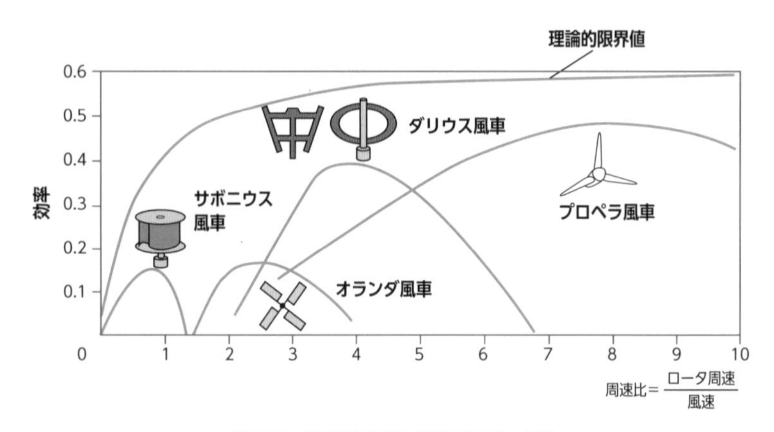

図3.20 理論的限界値と各種風車の出力係数
出典：佐藤 義久／嶋田 隆一 丸善出版「電気のしくみ 発電・送電・電力システム」(2013)[30]をもとに作成

なお、風のエネルギーが風速の3乗に比例することから、微風では極端にエネルギーが小さくなり風車が回らない。よって発電には一定以上の風速が必要となる。この発電を開始する風速をカットイン風速という。

カットイン風速を下げるため、発電機をモータとして使用し、最初の動きを作る場合もある。風が強くなってくると、風速の3乗に従って発電量も増えるが、発電機の定格値に達した段階で羽の角度を変えて風エネルギーを逃しつつ、一定

12 **風から取り出せる効率の理論的な限界値** 「ベッツ限界」と呼ばれ、運動量理論から59.3%が上限であると計算されている。

発電とする。そしてさらに強風になった場合、機器の損傷を避けるため、フェザリングといって羽を風向と平行にして発電を停止する。この風速をカットアウト風速という。

❷風車の大型化による発電コストの軽減

これらのカットイン・カットアウト風速の値は風車の設計によって変化し、現地の風況から最適な値を設定する必要がある。北海道の場合、多くは2.5〜3m/sから発電を開始し、25m/sにて発電を停止する設計となっている。その設定の際には羽の径、発電機の定格、その他さまざまな要素を調整する必要がある。たとえば全般に弱風で強風が吹かない場所には、大きな直径の風車に比較的小さな容量の発電機を搭載する、などの調整を行う。

前述の通り、風車のロータ径を大きくすることによって、風のエネルギーをより多く集めることができる。大型化すると風車自体の設備コストは大きくなるものの、部品点数はほとんど変わらない。さらに、一基当たりの年間発電量が大きくなるため、風車は大型化するほど発電コストが下がる。そのため、**図3.21**に示すように、風車は大型化し続けている。2022年末時点の日本での新規導入風力発電の平均単基出力は3.4MWである[31]。これ以上の大型化は陸上での風車羽の輸送制約により、難しいと考えられている。洋上風力などでは、さらなる大型化が進み、2030年には15〜20MWの風車が出現すると見込まれている[32]。

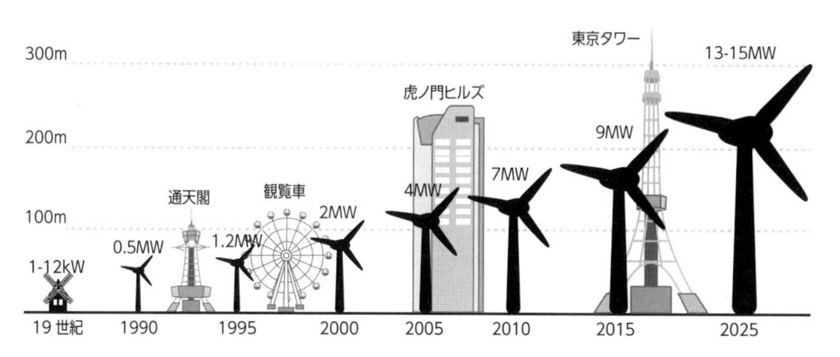

図3.21 風力発電の大型化傾向

出典：Broomberg New Energy Finance「London summit 2017」(2017)[33]／国際再生可能エネルギー機関(IRENA)「FUTURE OF WIND Deployment, investment, technology, grid integration and socio-economic aspects」(2019)[34]をもとに作成

2 回転エネルギーの電力の変換方式

①ギア式とギアレス式

風のエネルギーが風車によって回転エネルギーになってから、これを電力に変換する方式には、**図3.22**に示すように、大きく分けてギア式とギアレス式がある。前述の通り、大型風車はゆっくりと回転する。一方、通常の発電機は1500〜3600回転／分で発電するため、回転数が合わない。そこで増速ギア(増速機ともいう)を風車軸と発電機軸の間に入れ、風車のゆっくりとした回転を高速回転に変換する。ただ、このギアは発電機以上に大きく重く、故障率は低いものの、故障時の故障停止時間が長い。Cuong Daoら[35]によると、たとえば洋上風力でのギアボックス故障による故障停止時間は、全故障停止時間の内の33.3%にもおよび、最大の発電機会の逸失原因となっている。

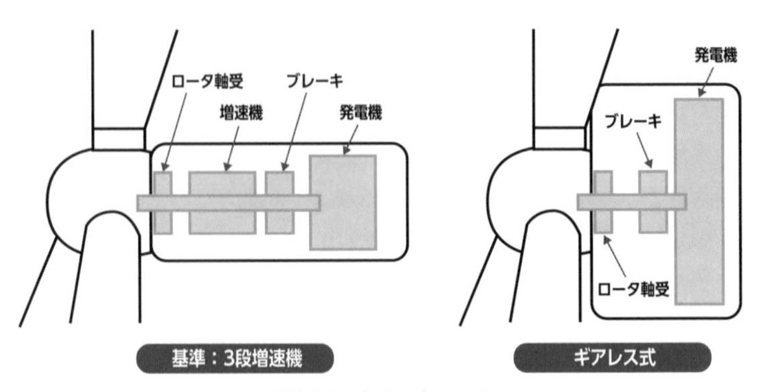

図3.22 ギア式とギアレス式
出典：国立研究開発法人科学技術振興機構(JST)・低炭素社会戦略センター(LCS)
「風力発電システム(Vol.1)陸上風力発電システムの経済性評価」(2018)[36]をもとに作成

この故障停止時間を短くするため、ギアをなくし、風車軸を発電機軸に直結したものがギアレス式(ダイレクトドライブとも呼ばれる)である。ギアレス式の場合は、ゆっくりとした回転からエネルギーを取り出すため、発電機の直径を大きくし、磁石の極数を増やすことが必要となる。そのため、ギア式のものと比べて相当に重くなる。これに対応して風車の基礎・構造すべてを強化する必要も出てくる。2MW機では100トン程度にもなる発電機の据え付けのために、大きなクレーンが必要となる。これらはすべてコストの増加に繋がる。また、発電機そのものが大きいため、洋上風力では塩害対策も難しくなってくる。以上のことから、ギア式とギアレス式については、未だに優劣が付けられていない[37]。

②その他の発電機の形式

ギア式、ギアレス式以外に、発電機そのものにもさまざまな形式がある。もっとも古くからあるのは、かご形誘導発電機をそのまま使うタイプで、この場合には、系統直結式の誘導発電機[13]の特性のため、風車は一定速で回ることになる。しかし、風車が一定速で回ると、周速比が調整できないので、**図3.20**で示した効率曲線の最大値に合わせられず、効率の良いエネルギー獲得ができない。そこで、巻線型誘導発電機[14]や、誘導発電機と系統の間にインバータを入れて可変速とするタイプが出てきた。比較的高価なインバータを使うのであれば、誘導発電機より高効率で制御性の良い同期発電機[15]を使う、という方法もある[38]。いずれも設備コスト、保守、故障率、獲得エネルギー量などさまざまな要因を勘案して選択する必要があり、最適な方法を決めるのはなかなか難しい。

少し話題が変わるが、火力発電所などで使われる同期発電機の持つ慣性力が、再エネの導入拡大に伴い不足する、という問題が指摘されている。この慣性力は電力系統の安定性維持に不可欠な要素である。前述のように、風力発電でも同期発電機を採用する場合があり、この課題に貢献できるように思える。しかし、この同期機はインバータを介して電力系統に接続するため、電力系統の安定性に必要な慣性力はない。

13 **誘導発電機**　系統電力で回転界磁を作るため、系統の周波数に従った一定回転数となる。もっともシンプルで堅牢。
14 **巻線型誘導発電機**　回転子の励磁用インバータとスリップリングが必要となるが、回転数を変えられる。
15 **同期発電機**　出力と同容量のインバータが必要となるが、細かな制御が可能となる。ギア式では一部、ギアレス式はすべて同期発電機を採用する。

3.5 〉風力発電：風力発電機の種類や発電コスト

1 洋上風力発電の種類

日本は地形が複雑なため、陸上風力発電を建設するにはあまり恵まれていない。既に建設適地は利用され尽くした感もある。これに対して広い領海と排他的経済水域を持つ日本において、洋上風力発電では大量の導入が期待できる。しかし、残念なことに、日本には、ヨーロッパの北海沿岸のように浅い海は少ないため、着床式洋上風力に適した領域は限られている。そこで浮体式が期待されている。さまざまな方式の洋上風力の模式図を**図3.23**に示す。なお、大型洋上風力は全て3枚羽根である。

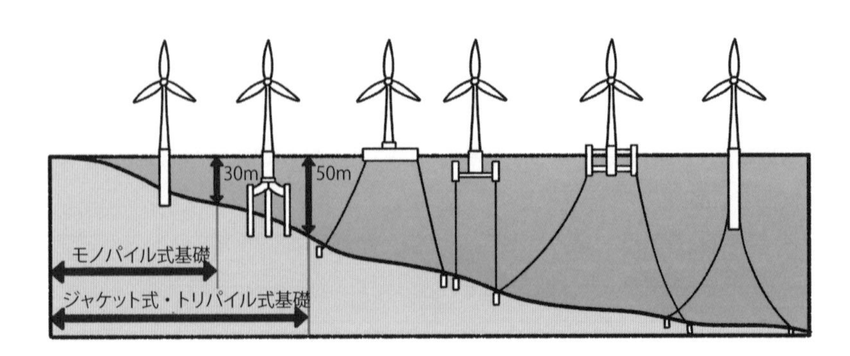

図3.23　さまざまな型式の洋上風力発電
出典：国立研究開発法人新エネルギー・産業技術総合開発機構(NEDO)「浮体式洋上風力発電技術ガイドブック」(2018)[39]をもとに作成

着床式の場合、30m程度の水深まではモノパイル型、これを超え50mまではジャケット型が採用される。これをさらに超える水深となると浮体式となる。浮体の形式は**図3.23**で示したように数種類あり、それぞれ適する海域が異なる[39]。最も普及しているのは**図3.23**の右から2番目のセミサブ型である。1番右のスパー型は100m以上の水深でないと適用できないが、一方、強風に強く構造も簡単、というメリットがある。このスパー型は、日本に来た超大型台風でも破損することはなかった[40]。

2 風車メーカー

①日本の風車

日本では、2022年末までの累計で、メーカー別では**図3.24**のような設備容量で風車が導入されている[41]。しかし2023年現在、残念ながら日本メーカーは撤退しており、新規の日本製風車は無くなった[41]。

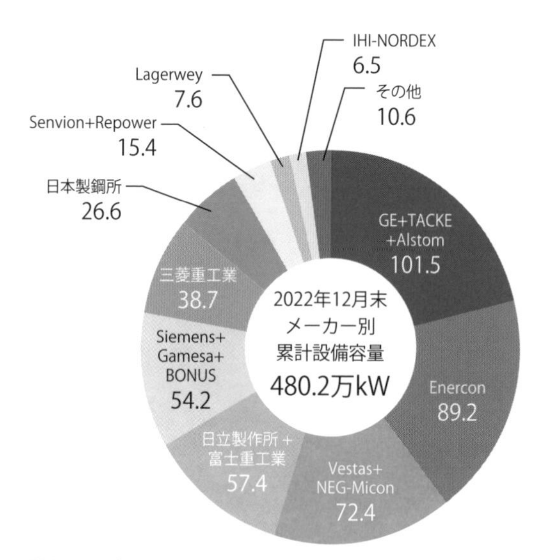

図3.24 日本における2022年末時点の累積導入量(風車メーカー別)
出典：一般社団法人日本風力発電協会「日本の風力発電導入量(2022年末時点：1月26日改訂版)」(2023)[41]をもとに作成

②世界の風車

世界では、**図3.25**に示すように、多くのメーカーが存在している[42]。この中で、中国企業はGoldwind社、Envision社、Mingyang社などで、これら中国企業で56%のシェアを持つ。前述のように日本企業は撤退している。ただし後述するように、今後、日本で期待される洋上風力発電では、洋上の機械部分よりも土台にあたる部分の建設費の方が大きく、国内市場を育てるという意味では、機械部分よりも土台部分の技術を育てる方が、より大きな市場を得られることになる。

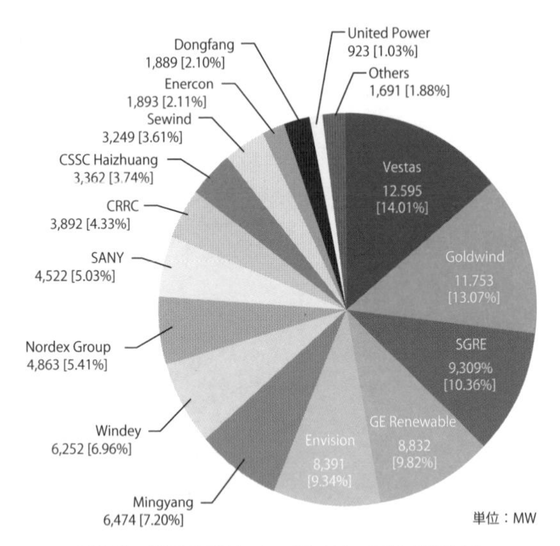

図3.25　世界の風車メーカーのトップシェア15（2022年）

出典：一般社団法人日本風力発電協会「2022年の風車メーカの世界シェア（GWEC発表）」（2023）[42]をもとに作成

3　風力発電のコスト構造

❶各種風力発電の発電コスト

風力発電の建設・運営まで含めた総合的なコスト分析では、アメリカのNREL (National Renewable Energy Laboratory) がLCOE(Levelized Cost of Electricity)の点から分析している[43]。LCOEは、各種発電設備における、資本費、運転維持費、燃料費など発電に要した費用を使われる期間の発電量で割ったkWhあたりの電力単価である。これによって異なる電源間のコスト比較が容易になる。ここでは陸上風力発電、着床式洋上風力発電、浮体式洋上風力発電の3種を分析しており、その主な結果を**表3.2**に示す。浮体式は着床式より設備コストが高く、かつ、年間設備利用率が低く設定されているため、結果としてのLCOEがかなり高くなっている。

表3.2　各種風力発電のLCOE分析の結果

	陸上風力発電	着床式洋上風力発電	浮体式洋上風力発電
設備容量	2.4MW	5.5MW	5.5MW
設備コスト	1,470$/kW	4,444$/kW	5,355$/kW
年間設備利用率	41.5%	48.6%	37.9%
LCOE	42$/MWh	89$/MWh	132$/MWh

出典：Tyler Stehly and Philipp Beiter「2018 Cost of Wind Energy Review」(2019)[43]をもとに作成

②発電コストの内訳

LCOEの内訳を**図3.26**に示す。陸上風力発電のコストは風車本体が全体の建設コストの半分を占めている。これに対して洋上風力発電では、着床で約23%、浮体で約18%となっている。構造物としての風車にはさほど大きな差がないため、工事費が多くのコストを占めていることがわかる。このことから、洋上風力発電は構造体としてのタービンメーカーより、建設会社の業務量の方が多いとわかる。

また、洋上風力発電では周辺機器の割合が大きくなっている。着床式では電気設備が11.7%を占めており、風車本体並みのコスト割合となっている。浮体式では土木工事が約27%を占めており、風車本体よりも大きなコスト要因となっている。運転と保守費(O&M)は陸上、洋上とも30%程度と同じであるとされているが、洋上の実績が少なく、精度は低いであろう。特に、洋上風力発電は、その設置海域によっては風車メンテナンスなどが限られた時期にしかできない場合もあり、地域性の影響が大きい。

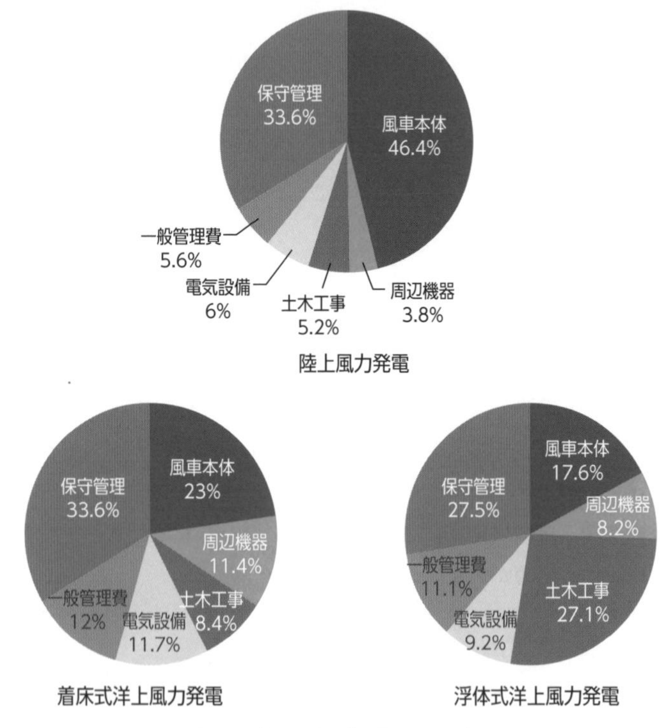

図3.26　陸上・洋上風力発電のLCOE内訳
出典：Tyler Stehly and Patric Duffy「2020 Cost of Wind Energy Review」(2022) [44] をもとに作成

日本における着床式風力発電のLCOEは、これまでkWhあたり20円後半台で、1$=100円換算にて前述のNREL資料の8.9円/kWhと比べて相当に高価であった。これは風況がヨーロッパなどと比べて悪く、かつ、台風対策のために構造体が高コストにならざるを得ない、という事情に加えて、関連法規や制度、港湾・建設船舶などのインフラが未整備なため、事業化リスクが高いことが主要因である。しかし経済産業省と国土交通省が2021年12月24日に公表した情報によると、三菱商事を中心とするグループが11.99～16.49円/kWhで売電するという事業を落札した[45]。規模的には合計で1.7GWであり、このような大規模案件ではLCOEの低減が可能であることが示された。

3.6 〉風力発電：送電方法

1 風力発電システムの違いによる送電の技術的要件

陸上風力発電の場合、風況の良いところは必ずしも基幹送電線が近くにあるとは限らず、新たに送電線を建設することが必要となる。その送電線の建設には地形や道路、建物など考慮する必要があるため、ルートの設定は難しいものの、技術的には難しい点はない。

一方、洋上風力発電では、海底電力ケーブルを布設する必要がある。海底で送電する場合には、交流送電と直流送電の2つの方法がある。交流送電は設備費が安いが、ケーブルが長くなり静電容量が大きくなると、送電のロスが増えてしまう[16]。一方、直流送電は交流を直流に変換するなどの設備費がかかるが、長距離送電によるロスは少ない。そのため、50km以上の長距離海底送電には直流ケーブルが採用されるのが一般的である。

2 実際の送電網計画

ただし、複数の大型洋上風力発電群をリンクさせ、かつ、電力を大消費地に送る必要性を考慮すると、洋上風力発電自身が沿岸より50km以内に位置していたとしても、直流送電が経済的となる場合がある。2022年現在、経済産業省で「第6回　長距離海底直流送電の整備に向けた検討会」[46]が開催されており、風況が良い地域の北海道・東北と九州から東京・大阪などの需要地に電力を送るために、長距離直流送電の新規導入が検討されている。これは、2040年までに45GWの風力を導入するという政府方針のためである。

この45GWの再エネ電力を送るため、8本のルート新設・増強が考えられており(**図3.27**)、このうち海底直流ケーブルで新設されるのは、北海道から東京へのルートと九州から四国へのルートであり、同じく海底直流ケーブルで増強されるのは九州から中国へのルートと四国から関西へのルートである。

16 **送電のロス**　海底ケーブルは高電圧部と接地電位との距離が近く、長くなるとコンデンサとしての働きが増えてくる。そのため送電に貢献しない充電電流が大きくなり、ロスが増加する。

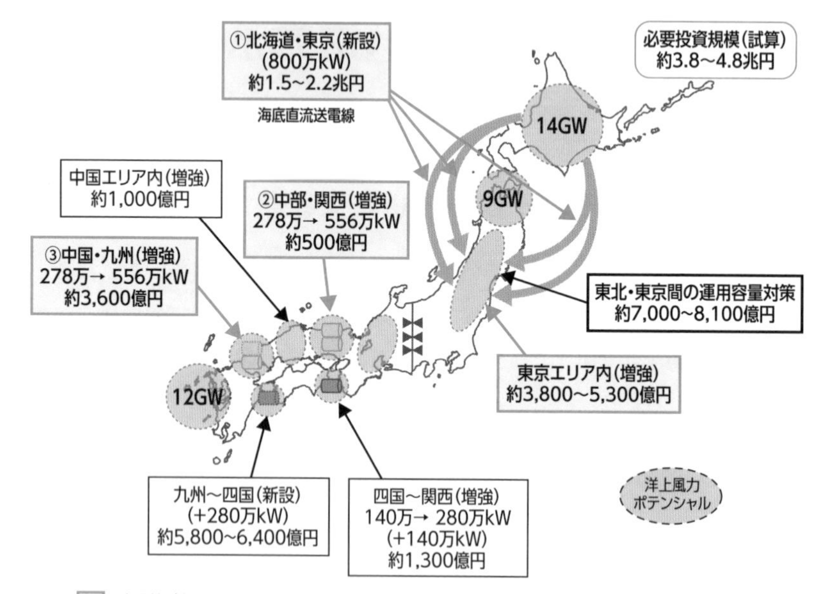

図3.27 日本の電力系統新設・増強案(再エネ電力45GW導入ケース)
出典：経済産業省・資源エネルギー庁　第6回長距離海底直流送電の整備に向けた検討会「海底直流送電の導入に向けて－検討の進捗と机上FS調査の報告について」(2022)[46]をもとに作成

これらの必要投資額の予想は3.8～4.8兆円とされている。このケーブル布設により、高い再エネ比率が達成できるとしている。なお長距離のエネルギー輸送には、電力ケーブルではなく、水素などのパイプラインを使う手法も提唱されている[47]。この場合は再エネの不安定性も解消できる。

3 導入ポテンシャルと実績・計画

❶日本のポテンシャル

導入ポテンシャルとは、設置可能面積や平均風速などから求められる理論的なエネルギー量から、自然要因、法規制などの開発不可となる地域を除いて算出される量のことである。しかし、開発不可となる条件の設定は難しく、試算結果の差異を生む一因である。そのため風力発電の導入ポテンシャルについてのさまざまな推計は、資料によりかなり異なっている。特に洋上風力は前提条件が多様で、たとえばFIT制度による買い取り価格の設定をどうするのか、陸地から30km以内は認めないという離岸距離の開発不可条件[17]を考慮するのか、などで大きく変わる。

表3.3に推計値の例を示すが、洋上、特に浮体式のポテンシャルの差違が大きい。経済産業省の委員会に提出された日本風力発電協会のデータ[48]では、水深と平均風速、離岸距離を考慮してポテンシャルを導出している。環境省の委託事業で得られたデータ[49]では、以上に加えて駆体コスト・建設コストも加味し、さらにFIT価格を32円/kWh(20年間)から36円/kWh(20年間)と変化させている。このFIT価格の差違だけでこれだけのポテンシャルの幅が生じている。なお、離岸距離の開発不可条件を解除した場合の、洋上風力発電のポテンシャルは1,380GWとも3,310GWともいわれ、さらに桁違いに大きい。また、海外では30km以上の海岸から離れた地点に設置された風力発電の事例がある。

なお、3章6節の2項で解説した45GWの導入計画に対して、着床式洋上風力発電のポテンシャルが100GW以上とされており、浮体式は不要のように見える。しかし、**表3.3**の数値には、現実に建設する際に問題となる地域の受容性、漁業権、景観などが考慮されていない。そのため実現できるかどうかは、事業を具体的に検討してみないとわからない。着床式の場合には、**表3.3**のポテンシャルの内、おおよそ2割くらいが開発可能ではないか、ともいわれている。一方、浮体式では、漁業権の設定場所が少なくなるため、比較的制約条件が緩やかになる。

表3.3　日本の風力導入ポテンシャル

	陸上風力	着床式洋上風力	浮体式洋上風力
経済産業省[48]	118GW	128GW	424GW
環境省[49]	118GW	135GW	43～238GW

出典：経済産業省・資源エネルギー庁　一般社団法人 日本風力発電協会「2050年カーボンニュートラルの実現に向けた2030年の風力発電導入量のあり方」(2021)[48]／環境省「令和元年度再生可能エネルギーに関するゾーニング基礎情報等の整備・公開等に関する委託業務報告書」(2021)[49]をもとに作成

❷日本の実績

直近の風力発電の開発計画の例としては、「第2回洋上風力の産業競争力強化に向けた官民協議会 資料2-1」に、2030年と2040年の導入計画が示された[50]。電力の消費地と風力発電の好適地とは離れているため(**図3.11**)、前述のように新たな送電網を建設することが考えられている。

17　**離岸距離の開発不可条件**　離岸距離30km以上の海域、年間平均風速6.5m/s未満の海域、水深200m以深の海域、自然公園の海域公園を開発不可条件としている。

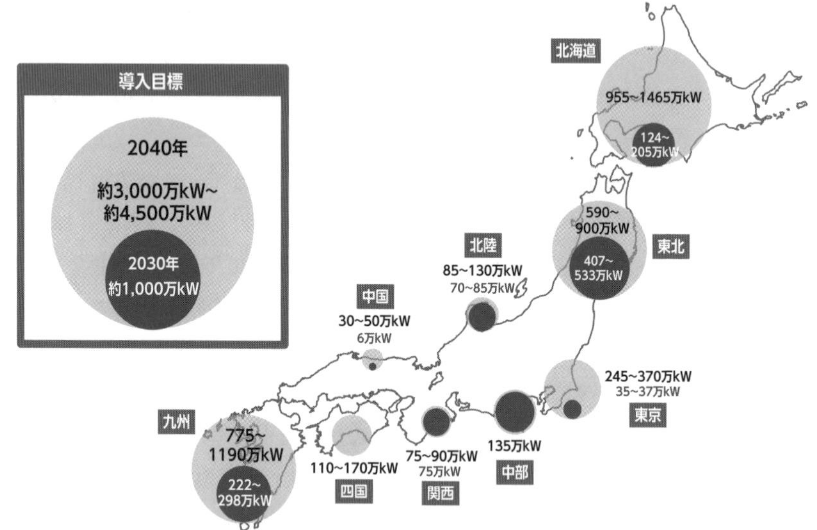

図3.28　日本の洋上風力導入目標の分布
出典：経済産業省・資源エネルギー庁・洋上風力の産業競争力強化に向けた官民協議会「洋上風力産業ビジョン（第1次）概要」（2020）[50]をもとに作成

日本の導入実績は、2023年1月の日本風力発電協会の発表によると**図3.29**のとおりである[31]。地域別にみると、東北がもっとも多く、累積で1.8GW、次に九州が0.6GWで北海道が0.5GWとなっている。沖縄にはほとんど導入されていない。2010年辺りでは風車の平均発電容量は2MWであったが、近年は大型化が進み、3.4MWが平均サイズとなっている。

③今後の計画

今後は、**図3.30**のように計画されており、すべて導入されると31GWになる。ただし、同資料ではさらなる追加を行い45GWまで導入可能である、としている。第6次エネルギー基本計画では、2030年に陸上15.9GW、洋上3.7GWなどとの数値が挙げられているが、電力システムが自由化された現状、どこまでこの数値に意味があるのか、今後注目すべきだろう。

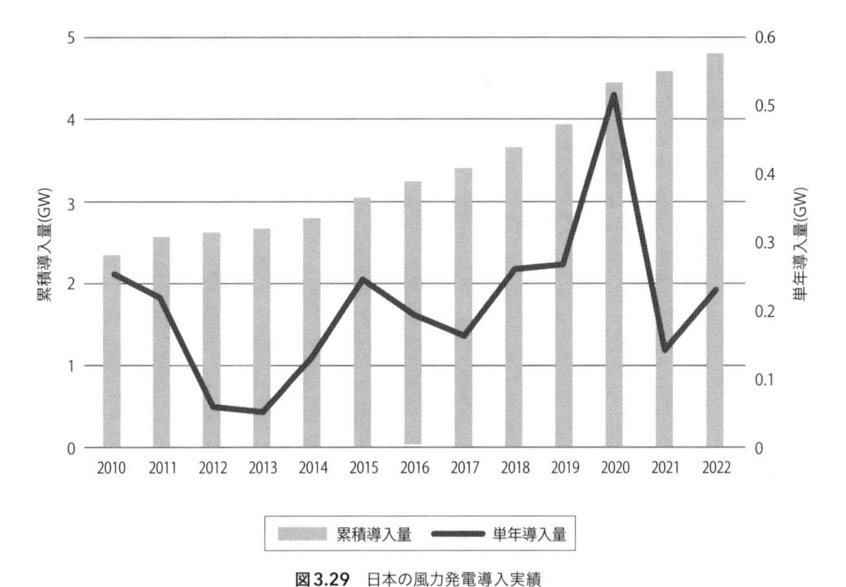

図3.29 日本の風力発電導入実績
出典：一般社団法人日本風力発電協会「2022年末の日本の風力発電導入量：480.2万kW、2,622基」(2023)[31]をもとに作成

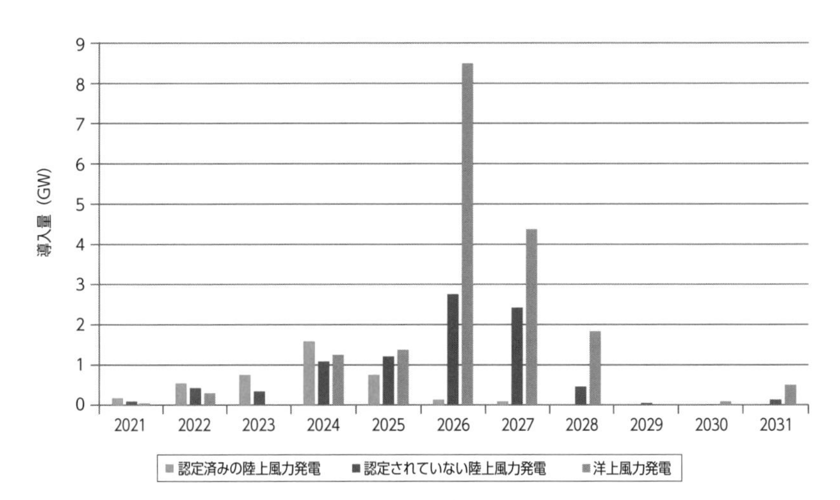

図3.30 今後の風力導入計画
出典：経済産業省・資源エネルギー庁／一般社団法人日本風力発電協会「2050年カーボンニュートラルの実現に向けた2030年の風力発電導入量のあり方」(2021)[48]をもとに作成

世界に目を向けると、ますます再エネの導入が大きくなってきている。かつて発展途上国は、経済発展優先のため、化石燃料での経済発展を選択し、地球温暖化対策は先進国の道義的義務だ、としていた。しかし今や途上国にも積極的に再エネが取り入れられるようになってきている。また、世界の脱炭素社会への移行を見据えて、資源大国のカザフスタンなどでも風力の・太陽光の導入が進められつつある[51]。

世界全体としては、2010年に陸上178GW、洋上3GWであったものが2030年には1,787GW、228GWになるとされている[52]。

3.7 〉風力発電：課題と解決の方向性

1 発電量の変動

風力発電や太陽光発電は、自然現象をそのまま利用しているため、需要に合わせた発電ができない。また、再エネ導入先進国では電力市場の自由化も併せて進めているため、安定供給と経済性を両立させることに苦労している。

図3.31はドイツ全土の風力発電出力を合成したもので、実線がとある日の発電量(左軸)、点線は買い取り価格(右軸)である[53]。実線同士あるいは点線同士は、それぞれ2018年の極端な事象が発生したそれぞれ異なる日の状況である。ある日の風力発電は24時間安定して50GW近く発電したのに対して、別の日ではほぼ発電していない。また出力の急峻な立ち上がり、立ち下がりの日もあった。これらの急変化に対応するため、ガス火力など急速な出力変化に対応させる電源を待機させておくことが必要となる。

電力価格(点線)もこの風力の出力変化に伴って大きく変動し、時にはマイナス買い取り価格になることもある。マイナス買い取り価格とは、発電者側が、お金を払って発電させてもらう、ということでかなり異常な状態である。このような状態になるのには次に示す複数の事情が考えられる。

2 風力発電の事情

風力発電の場合は、発電するだけで費用がもらえる。そのためその費用と同等のマイナス価格になるまで発電し続けた方が利益になる。また、古い風力発電であれば遠隔制御ができず、発電してしまう、という状況もある[54]。この場合、改造費とマイナス価格の積算予測とを比較して改造しない、という決断をする場合もあるであろう。

3 火力発電の事情

現状では、風力発電の出力の急変化でも停電させないため、おもに火力発電の出力調整で需給のバランスを取っている。この調整のため、火力発電は暖機運転のような状態で待機している。マイナス価格になったからといっても、何時、風力の出力急変があるかどうかわからないので、止められない。停止・起動に伴う燃料費と比べてマイナス価格の積算の方が安い、という場合もある。

いずれにせよ、複数の事情によってマイナス価格でも発電する、という状況が発生している。日本では日本卸電力取引所(JEPX)にてゼロ円価格が頻発するようになっているが、まだマイナス価格は発生していない。いずれは日本もマイナス価格が出現するのではないか[55]。

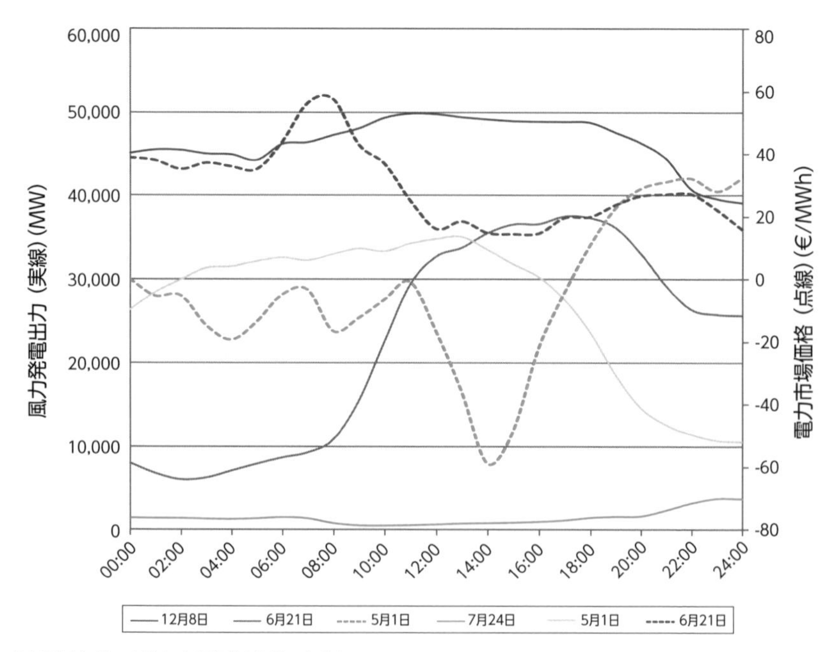

注)出力(左側：実線)、市場価格(右側：点線)

図3.31 ドイツの風力発電出力と市場価格

出典：Fraunhofer IEE「Windenergie Report Deutschland 2018」(2018)[53]をもとに作成

3.8 〉水力発電：水力発電の仕組みと現状

水力発電は、元祖再エネである。水資源に恵まれた日本で水は、国内でまかなうことができる貴重なエネルギー源である。

明治24年(1891年)には、京都の蹴上発電所が商用の水力発電所第1号として運転を開始した[56]。以後、開発は続き、昭和30年代半ば(1955年頃)に運転を開始した火力発電にその地位を譲るまで、主力電源だった。現在、既開発地点[18]は2,045、最大出力27.755GWを数える[57]。

本節は、一般水力としての水力発電の現状を解説する。さらに、揚水式発電は大型蓄電設備、中小水力は今後の水力導入拡大のカギを握る存在として、そして水力発電の一層の活用拡大に向けた動向について記す。

1 水力発電の一般的な発電方式

❶一般水力の仕組みと分類

水力発電は、その名の通り水の力を利用して電気を生み出す発電方式である。

水が有する高さ(落差)と水の容量(流量)を利用し、水車・発電機を回して発電する。有効落差をH[m]、流量をQ[m^3/s]とすると、理論水力P0 = 9.8QH[kW]で表わされるが、実際はこの水力によるエネルギーを水車と発電機によって電力に変換するため、水車効率μTと発電機効率μGを考慮し、以下の式から出力を得ることができる。

$$P = 9.8 \times QH \times \mu T \times \mu G$$

水力発電所の種類は、その視点からいろいろな分類ができる。

18　**既開発地点**　これまでに工事を終え、運転をしてる水力エネルギー施設のある地点。

表3.4　発電方式の主な分類

主な分類	方式
落差	低落差、中落差、高落差
取水方法	水路式、ダム式、ダム水路式
機械配置	立軸、横軸、斜軸
運用方法	流れ込み式、調整池式、貯水池式、揚水式

出典：一般社団法人電気学会「水力発電」(1980)[58]をもとに作成

本項では、運用方法による分類に基づき、一般水力として、流れ込み式、調整池式、貯水池式を説明する。水力発電と聞いた場合、最初にイメージするのがこれら一般水力と思われる。図3.32は流れ込み式、貯水池式、調整池式のイメージ図である。

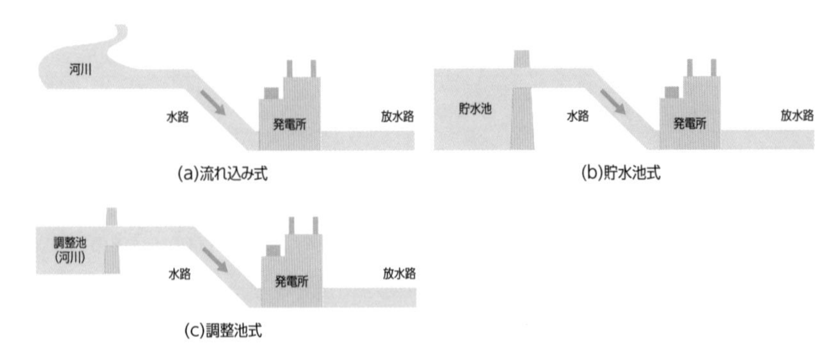

図3.32　一般水力のイメージ

出典：電気事業連合会「発電のしくみ」(2021)[59]／経済産業省・資源エネルギー庁「水力発電について」(2021)[60]をもとに作成

水力の利用形態は大きく分ければ、流れ込んでくる水(自流という)をそのまま利用するか、貯めて利用するかであり、運用は表3.5のように整理される。

表3.5 一般水力の運用

発電方式	運用方法
流れ込み式	調整池がなく河川流量をそのまま発電に使用するので、直接出水の影響を受ける。このため季節的に、各年ごとに流量が変動し、需要変化に対応することはできず、ベース負荷を担当する
調整池式	河川流量を日〜週のスパンで調整池で調節する。時間的に出力調整が可能である。しかも比較的調整容量の大きなものは負荷の小変動に応じて発電することができる
貯水池式	長期にわたって貯水池により流量調整を行なうことができる。河川を流れる水の量は季節で大きく変化する。そのため豊水期に貯水し、渇水期に放流するなど、年間のスパンで効率的に運用する。調整池式と比較すると、流入量による変動が少なく、安定した発電と需要変動に即応する予備力としても使用される

出典：日本電力調査委員会「日本電力調査報告書における電力需要想定および電力供給計画算定方式の解説」(2007)[61]をもとに作成

❷包蔵水力の仕組み

水の位置エネルギーの総和として、降水量と平均標高から求めたものを理論包蔵水力、このうち経済的に開発できると考えられるものを包蔵水力と呼ぶ。包蔵水力には既開発、工事中、未開発が含まれている。

表3.6 出力別包蔵水力(一般水力)

出力区分(kW)	既開発		工事中		未開発	
	地点	出力(kW)	地点	出力(kW)	地点	出力(kW)
1,000未満	621	254,672	23	10,946	349	231,410
1,000〜3,000	425	753,087	5	8,900	1,204	2,212,600
3,000〜5,000	163	609,465	5	18,710	513	1,925,000
5,000〜	819	20,564,388	28	573,766	576	7,304,600
計	2,028	22,181,612	61	612,322	2,642	11,673,610

出典：経済産業省・資源エネルギー庁「日本の水力エネルギー量　発電方式別包蔵水力」(2021)[62]をもとに作成

包蔵水力の表では、未開発地点数の方が、既開発と工事中を合わせた数より多いことを示している。その約8割が出力5,000kW未満である。

2 電力供給時間を柔軟に調整できる揚水式発電

❶揚水式発電の仕組み

上部調整池と下部調整池の落差を利用し、軽負荷時にコストメリットがあるベース電力で揚水し、貯水してピーク負荷時に発電することを意図する発電方式である。もっとも、その運用は価値活用の一側面に過ぎない。本当の価値は、水の位置エネルギーを操作することによって、需要に応じた蓄エネや発電をすることで電気の価値を変えて、電力系統の運用に柔軟性をもたらすところにある。この柔軟性が再エネ導入の拡大に大きく役立つことになる。

設備面では、上池と下池、水圧管路、導水路などの主要土木設備、そして発電と電動ができる発電電動機、水車とポンプができるポンプ水車が中核となる。

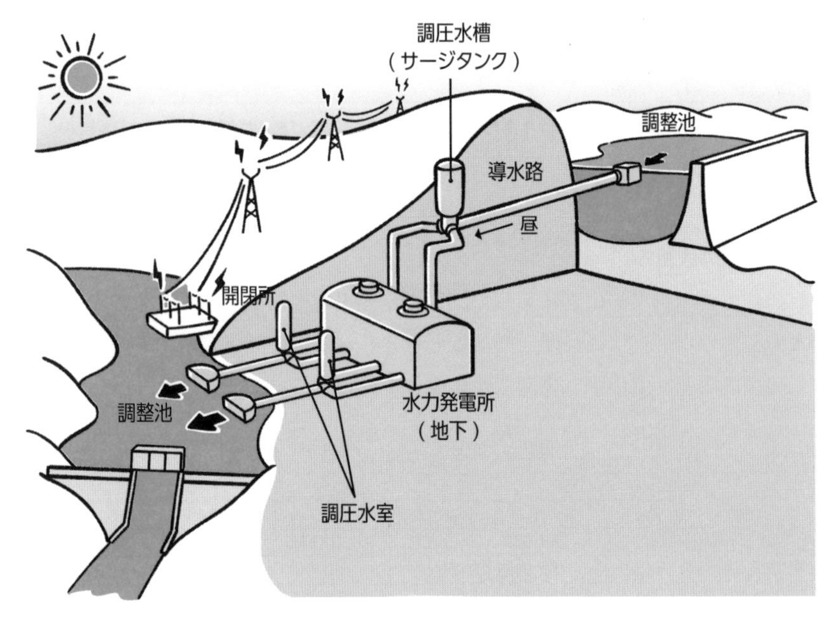

図3.33 揚水式発電所の仕組み
出典：電気事業連合会「発電のしくみ―揚水式発電」[63]をもとに作成

揚水式発電では、水を揚げて必要なときに水を流して発電を行なうため、揚げるための電力が必要になる。つまり電動機入力からポンプ、水圧管路を経て上池に水が蓄えられ、その水を流下させ、水圧管路、水車、発電機を経て送電されるため、往復分の損失が生じる。

表3.7 各所の効率

	機器	効率	機器	効率	機器	効率
受電	電動機	0.97	ポンプ	0.88	水圧管路	0.98
送電	水圧管路	0.98	水車	0.89	発電機	0.97

出典：電気書院「水力発電所」(1982)[64]をもとに作成

表3.7を基に算出すると、総合的な効率は0.71となり、1kWを発電するため、1.4kW必要な勘定になる。

日本で最初の揚水発電所は、1934年に運転開始した中央電気株式会社(現在、東北電力株式会社)の池尻川発電所とされる。当時は水の有効利用を目的としたものだった。需給調整や経済性を指向した運用を目標とする大容量揚水発電が運開するのは1970年代に入ってからである。

表3.8に国内の主な揚水式発電所を示す。出力100万kW以上、可変速式(「❷可変速揚水」参照)を採用、1970年以降の運開を基準に作成した。

表3.8　主な国内の揚水式発電所

事業社名	発電所名	発電所出力(MW)	発電機台数	運開年
北海道電力株式会社	京極	400	2(2)	2014
	高見	200	2(1)	1983
東京電力ホールディングス株式会社	新高瀬川	1,280	4	1979
	玉原	1,200	4	1982
	葛野川	1,200	3(1)	1999
	今市	1,050	3	1988
	神流川	940	2	2005
	塩原	900	3(1)	1994
中部電力株式会社	奥美濃	1,500	6	1994

事業社名	発電所名	発電所出力(MW)	発電機台数	運開年
関西電力株式会社	奥多々良木	1,932	6	1974
	大河内	1,280	4(2)	1992
	奥吉野	1,206	6	1978
中国電力株式会社	俣野川	1,200	4	1986
九州電力株式会社	小丸川	1,200	4(4)	2007
電源開発株式会社	新豊根	1,125	5	1972
	下郷	1,000	4	1988
	奥清津	1,000	4	1978
	奥清津第二	600	2(1)	1996

注)電力各社ホームページの設備データをもとに作成

揚水発電には、上池と下池の運用による経済性のメリットに加えて、以下の特長があるため、系統運用上の利点となっている。

①発電起動・停止時間	停止から出力100%まで3～5分程度であり、他電源と比べて圧倒的に短い。発電を停止させる時間は5～8分である。
②発電出力調整	50～60%/分と速く、たとえば朝の負荷急増時などの需要変動に対応ができる。
③ブラックスタート	広範囲の停電が発生した場合の復旧の立ち上げ箇所となる。2018年9月に北海道管内でブラックアウト[19]が発生したが、新冠発電所1号機(10万kW)を並列し、基幹送電線への送電、発電所の起動を順次進め、停電から復旧させた。ブラックアウト解消には大型の火力発電機が必要だが、それらを起動させるために発電所の所内機器を運転させなければならず、そのための外部電源が必要となる。これに対して水力発電機は入口弁などのバルブを操作することで起動することができる。

調整力という観点では発電時はできるが、揚水時の調整はポンプの回転速度が入力する系統周波数で定まるためできない、という課題があった。

❷可変速揚水

ベースロード電源の容量が大きくなると、軽負荷の夜間に調整力が不足する懸念があり、夜間に揚水を行なう揚水発電所に調整機能が求められることになった。

19　**ブラックアウト**　大手電力会社の管轄する地域のすべてで停電が起こる現象。

従来型の定速機は回転速度が一定なため、ダム水位によって決まる揚程と電動機入力が、ポンプ特性によって定まってしまう。そこで回転子の回転速度を調整させることで、軸入力が変化するため電動機入力を調整することができ、この結果、揚水運転時の入力調整ができるようになった[65]。

③蓄エネルギー装置としての揚水式発電

揚水というコストをかけて電力供給時間をシフトさせることが大きな特長だったが、これはエネルギーを蓄えることも意味している。世界には蓄エネルギー装置は184.7GWあるが、9割強が揚水式発電である。

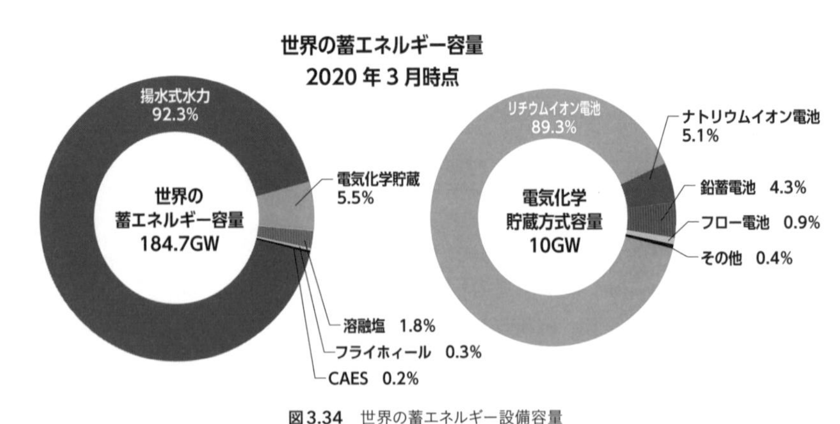

図3.34 世界の蓄エネルギー設備容量

出典：EPRI(電力研究所)「Energy Storage Technologies」(2021)[66]をもとに作成

今後、蓄電池が電気事業法上の発電事業設備に分類する検討が進められていることや[67]、コストダウンとともに普及拡大していくと考えられるが、揚水式発電の容量が増える状況は続く。揚水という行為にも、再エネ発電が需要を上回るとき揚水を需要として扱い、需給バランスを取る運用が行なわれることで、新たな価値を生み出していると考えられる。

3 設置場所が比較的自由な中小水力

①中小水力とFIT制度の関係

今後の水力発電導入のカギを握る存在の中小水力だが、その出力については、いろいろな考え方がある。2012年から始まったFIT制度において固定価格買取の対象となる水力発電の規模は**表3.9**のようになっており、それぞれ買取価格が異なっている。

表3.9 FITによる中小水力発電の区分

区分	調達価格(円/kWh)			
	新設		既設導水路活用型	
	2022年度	2023年度	2022年度	2023年度
200kW未満	34	34	25	25
200～1,000kW	29	29	21	21
1,000～5,000kW	27	27	15	15
5,000～30,000KW	20	16	12	9

出典：経済産業省・資源エネルギー庁「なっとく！再生可能エネルギー」[68]をもとに作成

FIT制度開始時は1,000kW～30,000kWというカテゴリーだったが、規模別の買取価格が2017年に細分化された。さらにそれぞれの出力区分に、発電設備の新設または既存設備の全更新を対象とする「新設」、既設の導水路を活かして電気設備と水圧鉄管を更新する「既設導水路活用型」の2種が設定され、現在に至っている。

本書では、再エネを普及させるというFIT制度の主旨に基づいて30,000kWまでを中小水力、そして一級河川指定区間では小水力発電に係る許可手続き簡素化対象が1,000kW未満なこと、FIT制度でも1,000kWが区切りになっていることから、1,000kW未満を小水力とみる立場を取る。

❷中小水力の利点

水力発電は「落差」と「流量」が得られればできることは最初に記した通りだが、中小水力の場合は規模の小さいことが地点選定上に融通性をもたらし、このような所でと思わせる地点で活躍している。

一般河川のほか、砂防ダム、農業用水路、上水道施設、下水処理施設、ダム維持放流、既設発電所の放流水などの例が全国小水力利用推進協議会のウェブページで紹介されている[69]。

中小水力は、ダムや大規模な取水設備は用いず、身近な水の流れを利用することが多く、構造としては**図3.35**のようになる。場所や規模により、設備の簡素化が図られることもある。

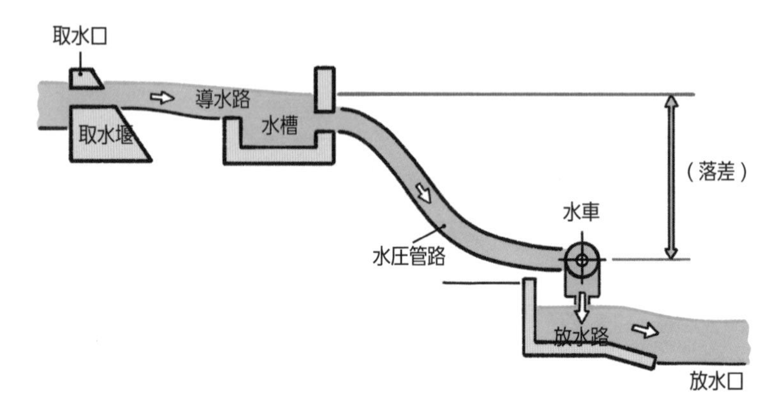

図3.35 中小水力の構成
出典：経済産業省・資源エネルギー庁「ハイドロバレー計画ガイドブック」(2005)[70]をもとに作成

4 小規模水力発電の導入に向けた施策

個々の出力は小さいけれども、開発箇所のポテンシャルが大きい小水力の導入促進に向けて、おもに国土交通省、経済産業省がさまざまな施策を講じている。それぞれの代表的な例を紹介する。

❶従属発電：国土交通省

河川の水を取水し、利用しようとする場合は、治水上・利水上の支障などの河川管理上の支障の有無を検討する必要があり、河川管理者の許可または登録が必要である。小水力発電では、河川から取水した水を直接利用して発電する通常の水力発電と、すでに水利使用の許可を受けて取水している農業用水などやダムなどから一定の場合に放流される流水を利用して発電する従属発電がある。

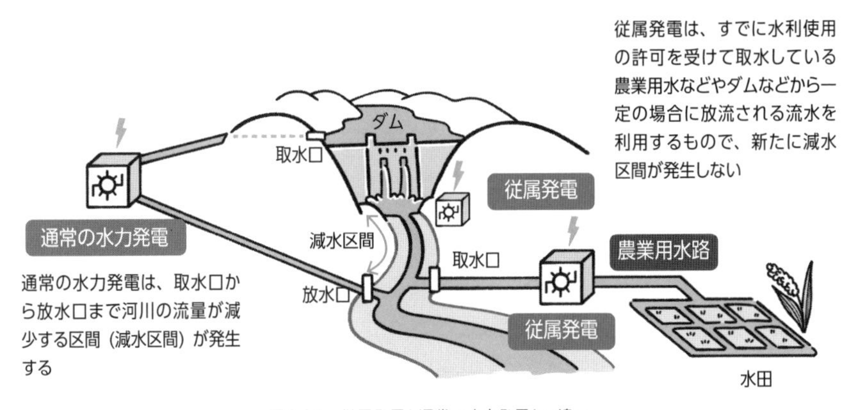

図3.36 従属発電と通常の水力発電との違い
出典：国土交通省「小水力発電設置のための手引きVer. 3」(2016)[71]をもとに作成

従属発電は、発電用以外の水を利用し、本来の用途の範囲内で発電を行うものだが、登録制の導入により手続きの簡素化が図られ、水利権取得までの標準処理期間が大幅に短縮された。

②地域活用要件：経済産業省

中小水力におけるFIT制度については抜本的な見直しが議論され、1,000kW未満の小水力案件は、2022年度より地域活用要件が加えられる。

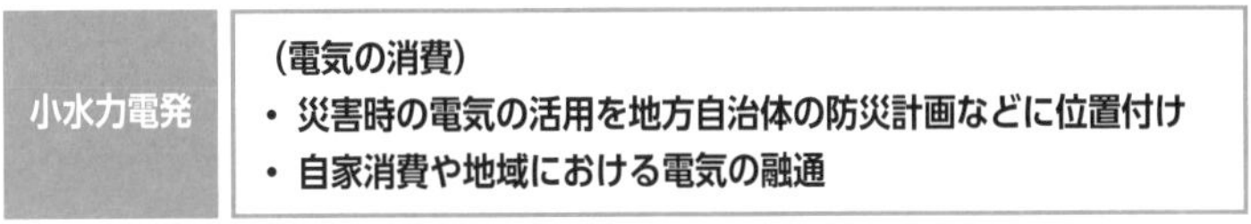

小水力電発	**（電気の消費）** **・災害時の電気の活用を地方自治体の防災計画などに位置付け** **・自家消費や地域における電気の融通**

図3.37 地域活用要件について
出典：経済産業省・資源エネルギー庁「地域活用要件に関する残された論点」(2019)[72]をもとに作成

つまり、小水力は地域一体型で取り扱われるが、具体的には、**表3.10**で示す①～③の要件のいずれかを満たすことが必要となる。

表3.10　地域一体型に求められる要件

①	災害時(停電時)に再エネ発電設備で発電された電気の活用が、自治体の防災計画などに位置づけられること
②	災害時(停電時)に再エネ発電設備で算出された熱の活用が、自治体の防災計画などに位置づけられること
③	自治体が自ら再エネ発電事業を実施するものであること。または、自治体が再エネ発電事業に直接出資するものであること

出典：経済産業省・第65回 調達価格等算定委員会「資料1　地域活用要件について」(2020)[73]をもとに作成

FIT認定のハードルが高くなったように思われるが、分散型エネルギーによる効率的なエネルギー利用・レジリエンス強化が掲げられ、地域再エネの地産地消の枠組みでの小水力導入展開の一環と捉えたい。

3.9 〉水力発電：カーボンニュートラル達成に向けた水力発電の貢献度

水力発電は、安定した出力が期待でき、カーボンニュートラルに貢献できる電源であり、水力発電の価値を見直した利活用を推進する機運も高まっている。しかし、開発リスクが高く、新規地点の開拓が難しいことに加え、河川環境に関連する地域の合意や系統制約などの課題が存在するのも事実である。

そのため、今後の一層の活用を目指す現実的な方策は、既存設備の活用、小水力開発の2通りがあると考えられる。

1 既存設備の活用：一般水力

①FIT制度での水力発電の役割

FIT制度の水力にある既設導水路活用型という区分で、FIT認定容量は2020年度まで257,868kW(52件)あり、導入量は46,479kW(27件)であるから、25万kW強の導入が見込まれる[74]。

そして、これらの発電所には調達期間終了後も継続的な運転が期待されている。適切なO&M[20]によって長く安定的な発電が求められている。

②新技術を導入するメリット

IoT、ICT、そしてビッグデータ解析、AIなどの新技術は、水力発電所のO&Mにも寄与する。特に保安管理業務では、スマート化技術導入ガイドライン(導入フェーズ)が発行され[75]、「情報入手」「異常判断」「対応判断」「対応動作」の一連のプロセスの機能向上と効率化を図ることが明確にうたわれている。

2 既存設備の活用：揚水式水力

①太陽光発電の補助的な運用としての揚水式水力発電

再エネ、特に太陽光発電が増えている状況では昼間に供給が需要を上回るため、太陽光発電による電力を揚水源資として需給のバランスを保ち、夕方以降、太陽

20 **O&M** Operation&Maintenanceの略で、運用と保守管理を指す。発電所の運転監視や設備の点検などが含まれる。

光出力が下がると発電する運用に移行している。

そのため、揚水・発電の回数ともに計画より増え、池の容量の管理が複雑になり、揚水発電所の補修・定期検査に影響する懸念が指摘されている。

❷上部調整池を増設した新揚水発電所の検討

既存の多目的ダムを利用し、上部調整池を増設する新揚水発電所という構想があり、平成〜令和にかけて国立研究開発法人科学技術振興機構より提案されている[76]。

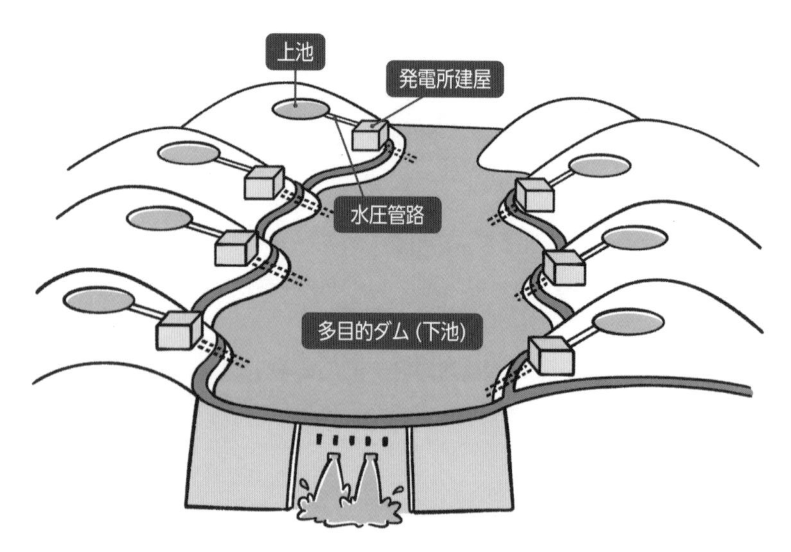

図3.38　上部調整池増設イメージ
出典：国立研究開発法人科学技術振興機構「日本における蓄電池システムとしての揚水発電のポテンシャルとコスト」(2019)[76]をもとに作成

小規模の上部調整池を周囲に配し、**図3.38**のように複数の上部調整池があれば揚水と発電が柔軟に運用できる。多目的ダムは、灌漑、上水、発電などの目的に応じて利用者が費用分担をしており、水利用に対しては大変、厳しいのだが、揚水式発電の場合は一定量の水が往復するだけで、費用分担した利用者の目的には影響しないという見解である。

3 新規開発

表3.11によれば、未開発地点は5,000kW以下の地点が約80%(2066地点)を占めている。このため5,000kW以下に的を絞る考え方もあるが、中小水力発電4団体が発表した**表3.11**では、2021年から2030年まで5,000kW未満の開発地点として94地点が見込まれているに過ぎない。

表3.11　2021年から2030年までの規模別発電導入目標(新設)

区分	地点数	出力kW	1地点当りkW
－200	29	4,629	160
200－1000	53	30,032	567
1000－5000	12	15,081	1,247

出典：中小水力発電4団体[21]「2030年　中小水力発電の導入見込みについて」(2021)[77]をもとに作成

小水力開発が困難で進まない理由として、山奥など立地点へのアクセス、既設送電線から離れていることによる採算性や水力発電開発に関連する法律が**表3.12**のように多岐にわたっていることが挙げられる。

表3.12　水力発電事業に係る主な関係法令

担当省	法令
国土交通省	河川法、急傾斜地の崩壊による災害の防止に関する法律、建築基準法、国土利用計画法、砂防法、地すべり等防止法、都市計画法、道路法
環境省	環境影響評価法、自然公園法、自然環境保全法、振動規制法、水質汚濁防止法、絶滅のおそれがある野生動植物の種の保存に関する法律、鳥獣の保護及び管理並びに狩猟の適正化に関する法律
農林水産省	森林法、水産資源保護法、土地改良法、農地法、農業振興地域の整備に関する法律
総務省	消防法
文部科学省	文化財保護法

出典：経済産業省・資源エネルギー庁「事業計画策定ガイドライン(水力発電)」(2021)[78]をもとに作成

4 水力発電の今後の課題

前項で小水力開発の難しさに触れたが、コスト面からも簡単に考察する。国の発電コスト検証ワーキンググループ第7回会合「発電コスト検証に関するこれまでの議論について」[79]を参考とする。それによれば、出力1000kW未満水力発電の建設費は80～100万円/kWである。**表3.8**から567kWをモデルとし、建設費を90万円/kWとすれば、初期の投資額は5.1億円となる。同じ出力の事業用

21　**中小水力発電4団体**　公営電気事業経営者会議、大口自家発電施設者懇話会、全国小水力利用推進協議会、水力発電事業懇話会を指す

太陽光と比較すると、建設費20.8万円/kWであるから1.2億円程度であり、単純比較はできないが、初期投資額を考えれば簡単な投資ではない。

水力発電の開発は、その開発規模の大小に関らず立地地域と良好な共生関係を構築する必要がある。地域における合意形成は、申請に関することだけではなく、運開後の事業にも関わる話である。

FIT制度において、1,000kW未満の小水力には地域活用要件が加えられたことは記したが、地域の活用電源として活かす、地域の防災計画などへの位置付けや地域マイクログリッドの構築により、電力のレジリエンスを高めるという目的にも適合することになり、水力の開発運営は自治体中心にすることが道筋になると思われる[80][81]。

3.10 〉バイオマス発電：有機資源で発電するエネルギー

1 化石燃料に替わるバイオマス

❶カーボンニュートラルに貢献するバイオマス

バイオマスとは、生物資源(バイオ：bio)の量(マス：mass)を示す概念で、「動植物に由来する有機物である資源(化石資源を除く)」を指す。

大気中のCO_2を増加させない「カーボンニュートラル」と呼ばれる特性を持つことから、1997年の気候変動枠組条約第3回締約国会議(COP3)で採択された京都議定書の追い風を受けて、バイオマス・ニッポン総合戦略[22]が発表され、当時のトレンドでもあった。

しかしながら、これからの脱炭素社会では、バイオマスが植物として成長する量を上回るような利用を行うと、大気中のCO_2が増加したり、バイオマスの収集(収穫)や運搬などによるCO_2の排出量には留意する必要がある。具体的には、森林を伐採すると、**図3.39**に示すように、木々が蓄えている炭素のストック(貯蔵量)が減少し、これをカバーするために「植林」して持続安定を図るが、森林の回復までには長い時間がかかる。また、生産・加工・輸送等に化石燃料を使いGHGを排出していることにも目を向ける必要がある。搾取では駄目である。

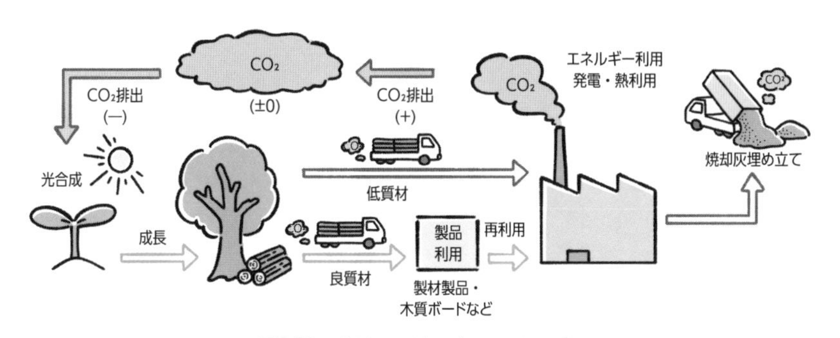

図3.39 バイオマスはカーボンニュートラル？
出典：農林水産省「バイオマスの活用をめぐる状況」(2023)[82]をもとに作成

22 **バイオマス・ニッポン総合戦略** 2002年、文部科学省、農林水産省、経済産業省、国土交通省、環境省により、バイオマスの総合的な利活用に関する戦略としての骨子を取りまとめた。

特に、木質バイオマスの利用にあたっては、少なくとも伐採後の植林とCO_2を吸収する育林を合わせて推進する必要があることを念頭に置くべきである。

❷多様な原料からなるバイオマス

エネルギー源としてのバイオマスは、**図3.40**のように、林業や農業、生活といった事業形態の分類と、乾燥系や湿潤系といった性状からの分類の掛け合わせとして見ることができる。

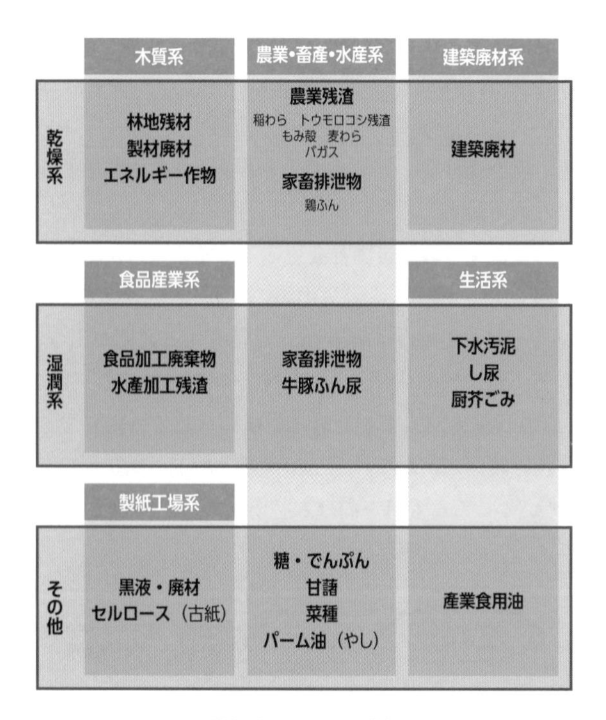

図3.40　バイオマスの分類
出典：経済産業省・資源エネルギー庁「なっとく！再生可能エネルギーーバイオマス発電」(2021)[83]をもとに作成

バイオマスは、以前には廃棄物に区分されていたものがほとんどだが、近年、循環型社会を推進するうえで、焼却処理されていたものを熱回収するエネルギーリサイクルとしての利用が進められてきた。

2002年に新エネルギー法[23]に新たにバイオマスエネルギーが加えられたことに

23　**新エネルギー法**　資源制約が少なく、環境特性に優れた性質を示す、石油代替エネルギーの導入に係る長期的な目標達成に向けた進展を図ること目的に1997年に制定された。2002年にバイオマスと雪氷冷熱が加わる。

より、林地残材[24]や稲わらなどの農業生産での副生物利用、エネルギー作物[25]などもフォーカスされた。燃料用として微細藻類[26]からの生産技術なども現在開発中である。

24 **林地残材**　樹木を伐採して丸太にする際、建築用材などに利用できない部分で、通常林地に放置される残材のこと。

25 **エネルギー作物**　バイオ燃料の原料とすることを目的として栽培する農作物

26 **微細藻類**　「藻類」は、一般的な光合成を行う生物のうち、コケ植物、シダ植物、種子植物を除いたものの総称。水中、地球上のあらゆる環境に生息し、多くは顕微鏡でしか見ることができない小さな生物（微細藻類）である。藻類は、光合成により二酸化炭素を吸収して糖類を合成し、酸素を放出する。食用、バイオ燃料、化粧品など幅広く利用されている。

3.11 〉バイオマス発電：バイオマスのエネルギーシステム

1 多様なバイオマスのエネルギーシステム

前節の**図3.40**で示した多様なバイオマスをベースに、エネルギーシステムの構成を展開すると、**図3.41**のように原料、転換技術、利用技術、市場流通形態として区分することができる。原料や流通形態に応じて、さまざまな転換技術の適用が可能である。

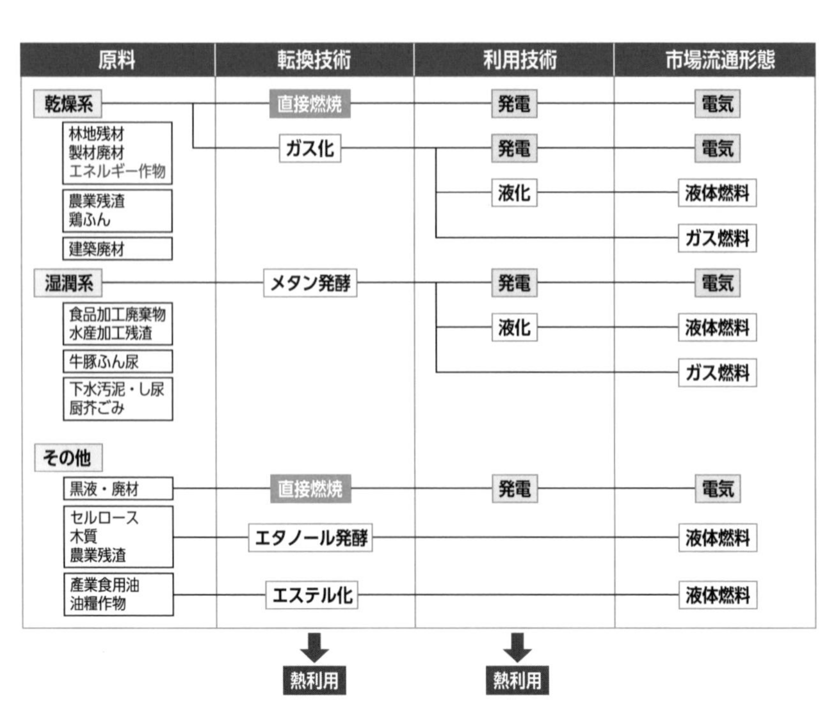

図3.41　バイオマスによるエネルギーシステムの構成

2 エネルギーとして利用できる用途は多い

バイオマスは、身近なところでは、薪炭による熱利用、ごみ焼却による廃棄物発電、畜産廃棄物のメタン発酵によるコージェネレーションなどに利用されている。図3.41のようにバイオマスを固体、液体あるいは気体として燃料に転換し、これを各種の利用技術により、直接燃焼による熱利用、あるいは燃焼エネルギーを発電に利用する。または、燃料を輸送した先でのエネルギー利用など、備蓄・輸送できるエネルギーとして、幅広く利用が可能である。ただし、搬出・搬送コストとバイオマス特有の問題、「発生場所と利用場所の乖離」[27]から有効活用するためには工夫が必要である。

また、利用技術での発電は、図3.42に示すような機器の構成で行うことができる。電気と同時に熱の利用も可能な機器が多く、エネルギーの有効利用の観点では総合的に利用できることが好ましいが、立地条件として利用先の熱需要が近傍になければ活用は難しい。立案時にいかに地域循環を含め総合的に計画するかが重要である。

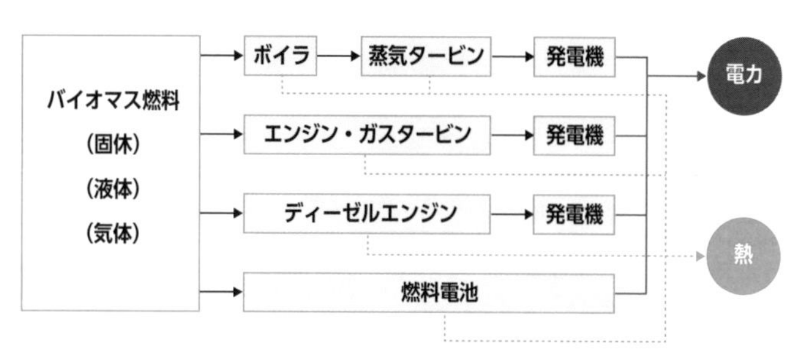

図3.42 バイオマスを用いた発電方式

3 検討が進むバイオマスの導入ポテンシャル

農林水産省を中心として取りまとめられたバイオマス活用推進基本法(2009年6月)が制定されたあとのバイオマスのポテンシャルについて、バイオマスごとの推移・目標が図3.43のように示されている。

27 **発生場所と利用場所の乖離** 木質バイオマスが発生する山林ではエネルギー需要がなかったり、廃棄物を処理する清掃工場なども一般的に熱利用先が周辺になかったりする。

・バイオマスの発生量(賦存量)は、廃棄物系バイオマスの発生抑制の取り組みなどにより、中長期的には減少傾向
・利用量の炭素量換算値は現時点で約2,400万トンとなっているが、2025年に約2,600万トンが利用されることを目指す
・2030年に向けては、食品ロスの削減等により廃棄物系バイオマスの賦存量は中長期的に減少傾向にあることから、これまで取り扱ってこなかったバイオマスの賦存量・利用量を調査し、対象とするバイオマスの種類を拡大し、バイオマスの年間産出量の約80%を目標とする。

表3.13 国内バイオマスのポテンシャル

バイオマスの種類		現在の年間発生量(※2)	現在の利用率	2030年の目標
廃棄物系	家畜排せつ物	約8,000万t	約86%	約90%
	下水汚泥	約7,900万t	約75%	約85%
	下水道バイオマスリサイクル(※3)	—	約35%	約50%
	黒液	約1,200万t	約100%	約100%
	紙	約2,500万t	約80%	約85%(※5)
	食品廃棄物など(※4)	約2,400万t	約58%	約63%
	製材工場等残材	約510万t	約98%	約98%
	建設発生木材	約550万t	約96%	約96%
未利用系	農作物非食用部(すき込みをのぞく)	約1,200万t	約31%	約45%
	林地残材	約970万t	約29%	約33%以上

※1) 現在の年間発生量と利用率は、各種統計資料等に基づき、2021年(令和3年)4月時点で取りまとめたもの(一部項目に推計値を含む)
※2) 黒液、製材工場等残材と林地残材については乾燥重量。他のバイオマスについては湿潤重量
※3) 下水汚泥中の有機物をエネルギー・緑農地利用した割合を示したリサイクル率
※4) 食品廃棄物など(食品廃棄物と有価物)については、熱回収などを含めて算定した利用率に改定
※5) 本目標値は「資源の有効な利用の促進に関する法律」(平成3年法律第48号)に基づき、判断基準省令で定めている古紙利用率の目標値とは異なる

出典:農林水産省「バイオマスの活用をめぐる状況」(2023)[82]をもとに作成

この目標では、黒液、製材工場等残材、建設発生木材は、ほぼ再利用され(利用率が高い)、今後利用率の向上を目指す対象は、家畜排せつ物、下水汚泥、紙、食品廃棄物、林地残材である。農作物非食用部は、利用率は低いが、収穫の際にしか発生せず、農地すき込みなどの利用もされ、多くは期待できない。ほかのバイオマスはほぼ定常的に産業活動・生活で発生、または排出制御が可能と考えられる。

発電プラントで定常的に供給できる原料を考えると、国内で展開可能なバイオマスは林地残材のように見える。しかしながら、ほかの廃棄物と異なり搬出・輸

送・利用方法に制約が多く、コストがかかることと、原料の含水率[28]による効率の変化や熱利用、負荷変動対応など運用でも簡単には利用しにくいことが再生可能エネルギーの固定価格買取制度(FIT)の展開に伴い、あらためてわかってきた。

林野庁の「森林・林業基本計画」(2021)[84]を見ると国産材としての燃料材の伸びは、あまり期待できず、地産地消には使えるものの大規模発電は燃料材を海外依存するしかない。海外から大量にバイオマス原料を輸入することは調達安定性や持続可能性に疑問が残る。

表3.14 用途別の利用目標量

(単位：百万 m^2)

用途区分	総需要量			利用量		
	2019年(実績)	2025年(見通し)	2030年(見通し)	2019年(実績)	2025年(目標)	2030年(目標)
建築用材等　計	38	40	41	18	25	26
製材用材	28	29	30	13	17	19
合板用材	10	11	11	5	7	7
非建築用材等　計	44	47	47	13	15	16
パルプ・チップ用材	32	30	29	5	5	5
燃料材	10	15	16	7	8	9
その他	2	2	2	2	2	2
合計	82	87	87	31	40	42

注1)用途別の利用量は、国産材に係るものである
注2)「燃料材」とは、ペレット、薪、炭、燃料用チップである
注3)「その他」とは、しいたけ原木、原木輸出などである
注4)百万 m^2 単位で四捨五入しているため、計が一致しないものがある

出典：農林水産省・林野庁「森林・林業基本計画の概要」(2021)[84]をもとに作成

28 **含水率**　物質に含まれる水分の割合を示したもの。重量基準と体積基準の含水率があるが、単純に含水率と呼ぶ場合は、重量含水率を示す。

3.12 〉バイオマス発電：これまでの導入実績とこれからの導入計画

1 FITによるバイオマス発電認定量・導入量

資源エネルギー庁の「調達価格等に関する報告」[85]でのバイオマス発電は、以下のように整理されている。バイオマス発電のFIT認定量・導入量を図3.43に示す。

・バイオマス発電については、FIT制度開始前の導入量と2021年6月時点のFIT認定量を合わせた容量は、1,036万kWとなっており、エネルギーミックスの水準(800万kW)を超えている。

・2020年度の買取価格は、入札対象外の一般木材等(10,000kW未満)では24円/kWhであるなど、海外のバイオマス発電の買取価格と比べて高い。

注）一般木材等(10,000kW以上)とバイオマス液体燃料(全規模)については、2018年度より入札制に移行している。

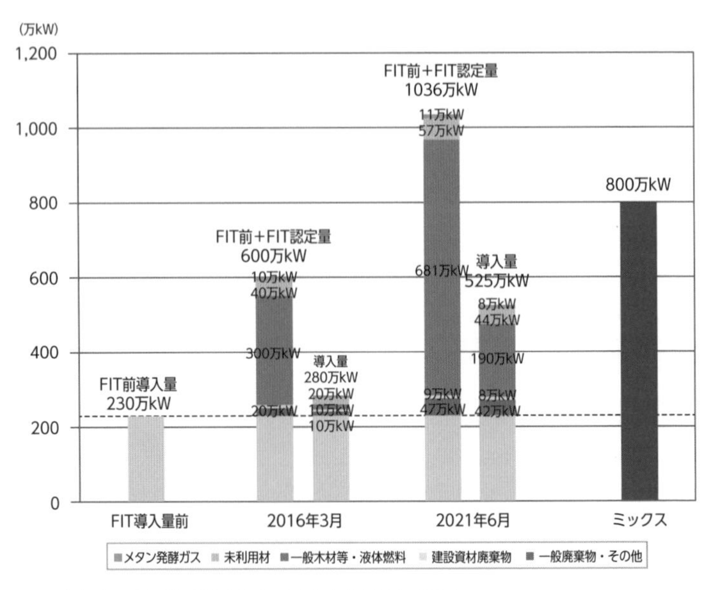

図3.43 国内のFITによるバイオマス発電認定量・導入量
出典：経済産業省・資源エネルギー庁「調達価格等に関する報告」(2022)[85]をもとに作成

2 地域活用電源に係る制度の考え方

一方、資源エネルギー庁の「国内外の再生可能エネルギーの現状と今年度の調達価格等算定委員会の論点案」(2021)[86]では、立地制約大とされるバイオマス発電は、レジリエンスの強化・エネルギーの地産地消に貢献するため、FIT認定の要件として10,000kW未満のバイオマスは、2022年4月から地域一体的な活用を促す地域活用要件が設定された。

地域一体型要件

※①～③のいずれか(今後さらに検討)

① 災害時に再エネ発電設備で発電された電気を活用することを、自治体の防災計画等に位置付け

② 災害時に再エネ発電設備で産出された熱を活用することを、自治体の防災計画などに位置付け

③ 自治体が自ら事業を実施するもの、または自治体が事業に直接出資するもの

3 第6次エネルギー基本計画

現在、日本で稼働しているバイオマスによる発電能力は約500万kWであり、大型の石炭火力発電所4～5基分に相当する。

政府が2021年10月22日に閣議決定した中長期の戦略を示す第6次エネルギー基本計画[87]では、2030年度にバイオマスの発電能力を800万kWまで引き上げる目標を掲げた。これにより国内の電源に占めるバイオマス発電の比率は2019年度の2.6%から5%に高まる。

以下にバイオマスに関する記述を抜粋する。

バイオマス

木質バイオマスを始めとしたバイオマス発電・熱利用などは、災害時のレジリエンスの向上、地域産業の活性化を通じた経済・雇用への波及効果が大きいなど、地域分散型、地産地消型のエネルギー源として多様な価値を有するエネルギー源である。一方、エネルギー利用可能な木質や廃棄物などバイオマス資源が限定的であること、持続可能性の確保、そして発電コストの高止

まりなどの課題を抱えることから、各種政策を総動員して、持続可能性の確保を大前提に、バイオマス燃料の安定的な供給拡大、発電事業のコスト低減などを図っていくことが必要である。
輸入が中心となっているバイオ燃料については、国際的な動向や次世代バイオ燃料の技術開発の動向を踏まえつつ、導入を継続することが必要である。

出典：経済産業省・資源エネルギー庁「第6次エネルギー基本計画」(2021)[87] より抜粋

3.13 バイオマス発電：多様なバイオマスと政策の動向

1 多様なバイオマスの法規上の位置づけ

多様なバイオマスを法律上の位置づけから整理したものを図3.44に示す。

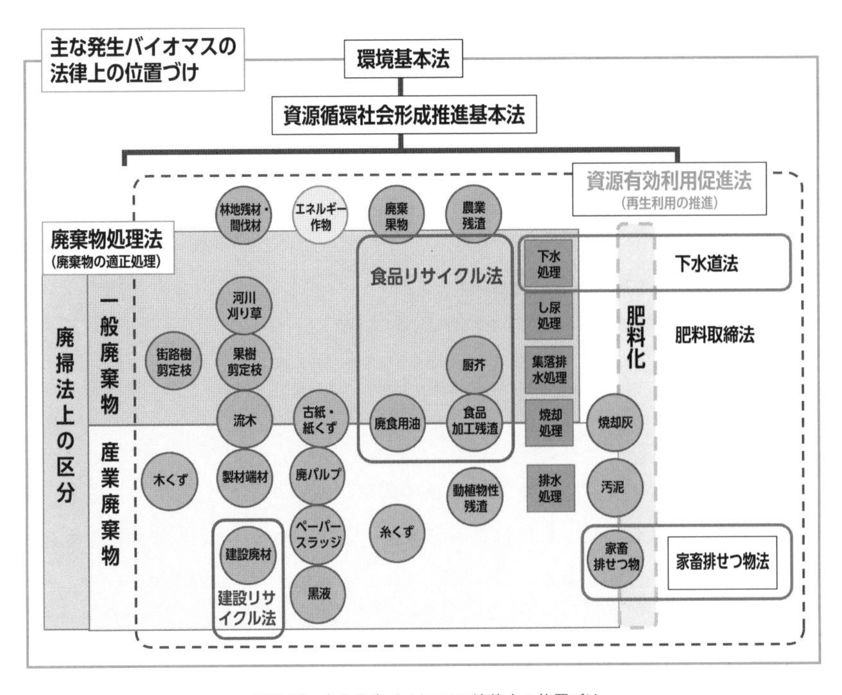

図3.44 主な発生バイオマスの法律上の位置づけ
出典：国立研究開発法人新エネルギー・産業技術総合開発機構(NEDO)「バイオマス分野に係る脱炭素社会を見据えたエネルギー活用に向けた調査」(2019)[88]をもとに作成

廃棄物は単に処理費を支払って処分するのではなく、有効に利活用することが肝要で、以下のように廃棄物処理費を含めた評価で考えることができる。

生み出した価値（エネルギーなど） ≧ 固定費＋変動費－元々の処理費 ＝ コスト

しかしながら、廃棄物でない場合(おもに木質バイオマス発電)は、処分費を生かすメリットがなく、発電用燃料費を変動費として計上する必要がある。

農林水産省と経済産業省が共同で取り組んだ「林業・木質バイオマス発電の成長産業化に向けた研究会」の資料[89]でも述べられているように、一般的にバイオマス発電のコストは材料費（燃料費）が7割を占めるとされている。

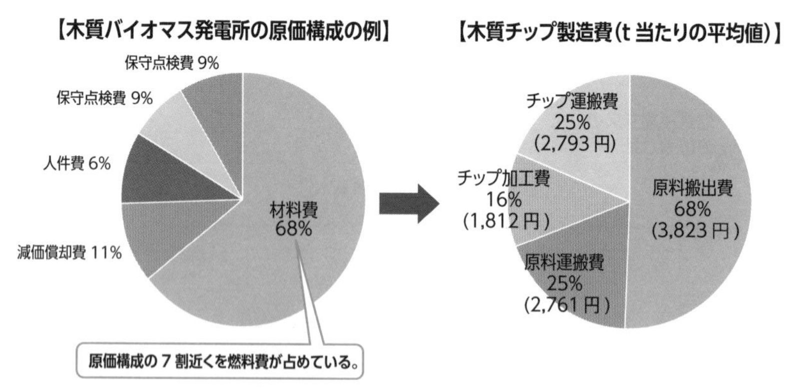

図3.45　木質バイオマス発電のコスト内訳

出典：経済産業省・資源エネルギー庁「持続可能な木質バイオマス発電について」(2020)[89]をもとに作成

木質チップ価格は、国際的な石油価格や製紙用原料チップの価格に連動し、流通コストが低く抑えられていれば採算に乗るが、国際マーケットの影響を受けるのでさらに注意が必要である。

2　FIT制度でのバイオマス発電の現状

❶認定容量の9割弱がおもに輸入バイオマス

2012年に再生可能エネルギー固定価格買取制度(FIT)が開始して以来、バイオマス発電の認定量・稼働量は急増した。**図3.46**に示すように、同制度により2021年9月時点で、計512カ所、303万kWのバイオマス発電所が稼働し、同じく780カ所803万kWが認定されている。また、**図3.47**に示すように、稼働容量の2／3、認定容量の9割強がおもに輸入バイオマスを燃料とする一般木材バイオマスの区分となっている。

②PKSが圧倒的

一般木材バイオマス発電の稼働が相次ぐなか、アブラヤシ核殻(PKS)や木質ペレットの輸入はさらに急増している。PKSは2020年の338万トンから2021年の435万トンへ3割近く増加し、木質ペレットは203万トンから312万トンへと大きく増加した。

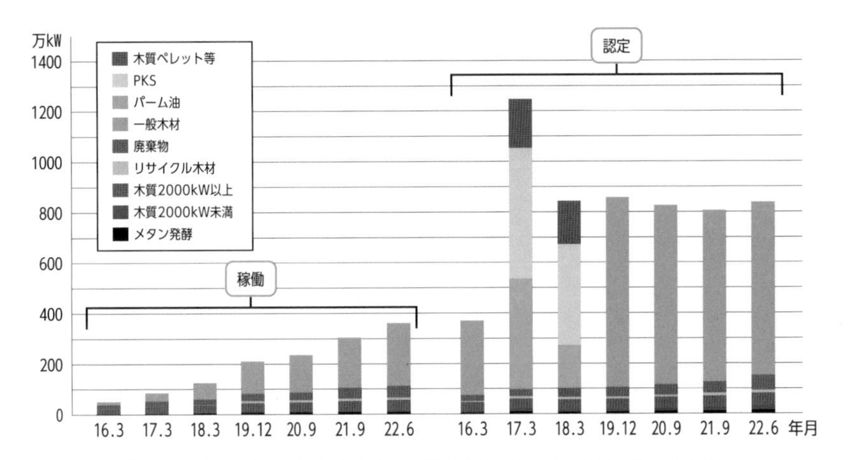

図3.46　再生可能エネルギー固定価格買取制度でのバイオマス発電の稼働・認定状況
出典：NPO法人 バイオマス産業社会ネットワーク　バイオマス白書2023
トピックス「2022年のバイオマス発電の動向」(2023)[90]をもとに作成

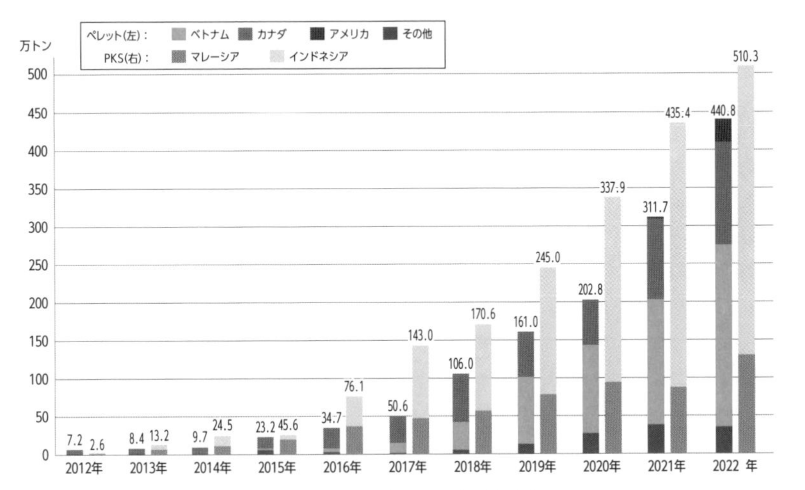

図3.47　PKSと木質ペレット輸入量の推移
出典：NPO法人 バイオマス産業社会ネットワーク　バイオマス白書2023
トピックス「2022年のバイオマス発電の動向」(2023)[90]をもとに作成

3 石炭火力でのバイオマス混焼への期待と課題

非効率石炭火力のフェードアウト[29]が叫ばれている昨今、バイオマスが石炭火力発電の原料として親和性が高いこと、省エネ法での発電効率の算出[30]の優遇措置などから、2030年までの対応策としてバイオマス混焼は比較的即効性のある解決策といえる。

しかしながら大型の石炭火力発電でバイオマスを混焼する場合、その混焼割合が少なくても、バイオマスの必要量は膨大であり、原料の安定的な確保や持続可能性を担保するには苦労することになる。まして、バイオマス専焼に切り替えることはさらに大規模な国際的流通経路を確保する必要があり、発電事業と原料生産事業を一体運営で進めるなど、思い切った施策と政府間の支援が必要になると思われるので、今後の石炭火力発電を取り巻く動向に注意する必要がある。

29 **非効率石炭火力のフェードアウト** 第5次エネルギー基本計画においてエネルギー安定供給に万全を期しながら脱炭素社会を実現するために取り組むと明記され、非効率な石炭火力発電を発電方式で区分し、フェードアウトするとしていた。その後、経済産業省石炭火力検討ワーキンググループの「中間取りまとめ」において発電方式の区分ではなく実績の発電効率の目標を43%を指標としている。

30 **省エネ法における発電効率の算出方法** 混焼を行った場合の発電効率の算算出にあたり、発電専用設備に投入するエネルギー量(分母)からバイオマス燃料・副生物のエネルギー量を除外することが可能。

3.14 〉バイオマス発電：課題と解決の方向性

1 2030年までに取り組むべき内容

2030年までに、林野庁と資源エネルギー庁とが共同で開催した研究会「林業・木質バイオマス発電の成長産業化に向けた研究会」報告書[91]では、各種課題に関して下記の内容に積極的に取り組むべきとしている。

木質バイオマス発電の効率化に向けた対応策

① 燃料材に着目した効率的な生産・供給システムの構築
② 新たな燃料材の開発：旧薪炭林(広葉樹林)の有効活用、早生樹林の造成
③ 燃料材の品質規格の普及
④ 発電所の経営管理の効率化
⑤ 小規模発電での熱電併給の取り組み拡大
⑥ 調整電源として対応できる仕組みの構築
⑦ 災害時の対応を含めた自治体との連携強化

2 2050年の木質バイオマス発電の考え方

2050年、FITが終了している時代に向け、次のような検討がなされている。

①木質バイオマス発電の役割	
1	FIT終了となる発電所では、燃料材供給システムの構築などに加え、燃料区分がなくなることによって、燃料の選択の幅が広がり、発電コストの低減が進む(15円/kW以下に低下させることが可能)
2	一方では、木質バイオマス発電は、地域の産業・地域との関わり、森林の活性化などに極めて重要な位置を占めるとともに、調整電源として電力の需給調整に重要な役割を果たす
3	その意味では、コスト比較のみではなく、木質バイオマス発電がどの程度のシェアを維持すべきかを検討されることが必要
②将来の国内燃料材の供給可能性	
1	国内では、森林資源はますます成熟化し、人工林の供給ポテンシャルは高まる。ただし、一般用材需要との関係がある
2	旺盛に成長している広葉樹林、特に、旧薪炭林などの有効活用や早生樹林の循環的利用により供給が増加する
3	このほか、製材など残材、建築資材廃棄物、剪定枝などの利用を見込むことができる
4	これらのことから、現在、発電用燃料として利用されている木質バイオマス量(約900万絶乾t)の2倍以上の燃料材供給は可能性があると推計できる

3 バイオマス発電の課題

資源エネルギー庁「持続可能な木質バイオマス発電について」(2020)[92]によれば、バイオマス発電の課題はやはり燃料コスト低減と安定調達と持続可能性の確保につきる。

FIT買取終了後、燃料コストが高いままだと減価償却は済んだとはいえ事業継続困難が予想される。また、現状FITによる発電では、海外からの燃料輸入に頼らざるを得ないが、カーボンニュートラルといわれているバイオマスに対するLCA[31]評価で得られるGHG排出削減量への規制が厳しくなる可能性があり、今後の国際会議などに注意する必要がある。

4 バイオマスの熱利用への推進

これまで発電を中心に述べてきたが、熱利用についても積極的な活用が求められている。第6次エネルギー基本計画[87]の熱利用についても推進するとあるが、効果的な熱利用、特に産業用への利用は「発生場所と利用場所の乖離」や運用、設備利用率の点からなかなか適応しにくい現状がある。

もともとバイオマスは、廃棄物としての色合いが濃く、処理を優先したうえで効果的なエネルギー利用をすべきであり、ケース・バイ・ケースであることに注意が必要である。

5 地域としてのバイオマス利活用への期待

地域熱供給をインフラとして展開する地産地消構想など、自立・分散型地域エネルギーシステム構築の推進による地域循環共生圏[32]を目指した活動が求められていると考えられる。さらにレジリエンスの向上など地域産業の活性化の観点からもマテリアル利用などを合わせて地域循環型社会の形成を目指すなど、「地域社会とのつながり」をどのように活かすべきか、特に、バイオマスには求められていると思われる。

31 **LCA** ライフサイクルアセスメント(Life Cycle Assessment)とは、ある製品・サービスのライフサイクル全体(資源採取—原料生産—製品生産—流通・消費—廃棄・リサイクル)またはその特定段階における環境負荷を定量的に評価する手法。

32 **地域循環共生圏** 環境省が2018年策定の第五次環境基本計画[93]で提唱、各地域が美しい自然景観等の地域資源を最大限活用しながら自立・分散型の社会を形成しつつ、地域の特性に応じて資源を補完し支え合うことにより、地域の活力が最大限に発揮されることを目指す考え方。

大型発電などでは、バイオマスの「質」、「量」、「コスト」が重要視されるが、地域密着として考えるなら、そこにあるバイオマスを「無理なく」、「無駄なく」、「適切なコスト評価」をすることで、十分経済的にも回せる地産地消も可能である。

3. 15 〉地熱発電：地熱と地熱発電の仕組み

1 地熱発電とは

地熱は、中心温度が約6,000℃にも達する地球内核の鉄やニッケルを主成分とする天然放射性元素の崩壊熱に由来している。内核の熱は、マントルを加熱して起こるマントル対流によって形成される溶融岩石状態のマグマ溜まりを作る。地熱発電は、マグマ溜まりから放出される熱が、地下約660kmの上部マントル(**図3.48**)まで届いて形成される地熱貯留層の熱を利用する発電方法である。

地熱貯留層の温度は、地下深度によって異なり地下5km付近で200℃～350℃、660km付近では400～600℃に達し、熱は高温の固体岩体として蓄えられている。

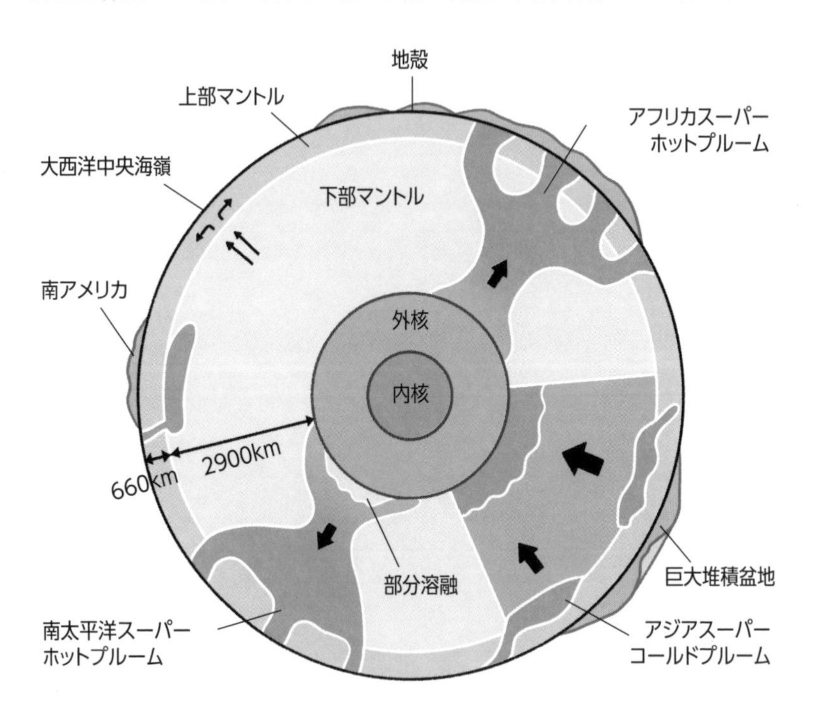

図3.48 地球の内部構造
出典：川上紳一・大野照文 株式会社集英社 imidas時事用語辞典「核-マントル境界」(2008)[94]をもとに作成

地熱発電のしくみは、**図3.49**に示すように①から⑥のステップで成り立っている。

① マグマ溜まりの熱が地熱貯留層に伝わる
② 浅部地下水が地熱貯留層に向かう
③ 地熱貯留層で地下水が加熱されて温水と水蒸気の混合流体(熱水と呼称)となる
④ 熱水は不透水層で閉じ込められる
⑤ 地熱貯留層に溜められた熱水は生産井を通して地上に取り出されて発電に利用される
⑥ 利用後に降温した温水は還元井で再び地下に戻されて再循環する

地熱貯留層に地下水が流入できない場合には、地上から地熱貯留層へ注水して熱水として回収・利用する。

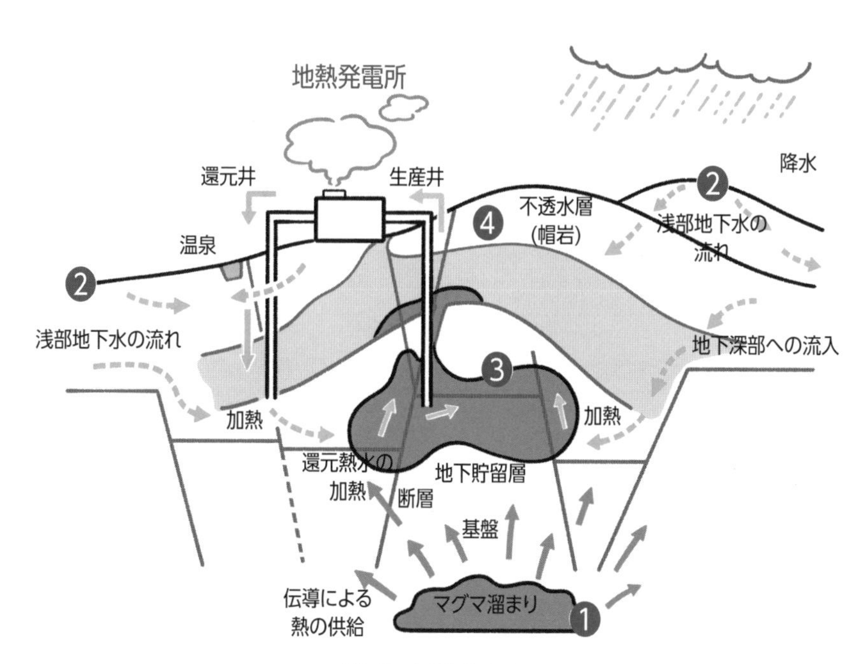

図3.49 地熱発電のしくみ
出典:経済産業省・資源エネルギー庁「知っておきたいエネルギーの基礎用語 ～地方創生にも役立つ再エネ『地熱発電』」(2017)[95]をもとに作成

2 地熱発電の発電方式

発電方式は、生産井で回収される熱水の温度レベルによって2つの方法に大別される。約150℃以上の場合は熱水から水蒸気を分離して利用する蒸気発電、それ以下の場合は、熱水を低沸点2次熱媒の加熱源として利用するバイナリー発電があり、それぞれの発電システムは次の通りである。

❶蒸気発電

蒸気発電システムを**図3.50**に示す。地熱貯留層にある熱水は、高温・高圧の水蒸気と温水の混合状態にあるので、地上で気液分離器により水蒸気だけを分離して、タービンを回して発電する。タービンを出た水蒸気(低圧)は復水器で液体の水に戻したあと、ポンプで加圧して分離水と共に還元井を通して地下に戻される。これを蒸気発電(フラッシュ方式)と呼ぶ。

一般的に、蒸気発電は地熱貯留槽の状態によって分類されており[96]、その特徴から**表3.15**のように整理できる

表3.15 蒸気発電の発電方式

発電形式	発電方法
①従来型地熱発電	天然の地熱貯留層から吹き出る蒸気・熱水をそのまま利用するタイプ
②涵養型EGS※発電	不人工的に涵養(注水)を行うことにより、水蒸気・熱水資源の生産量を回復、向上させるタイプ
③能力増進型EGS※発電	高圧水による坑井刺激により、既存貯留層の拡張、透水性改善、周辺の天然貯留層との連結を行うことで水蒸気・熱水の生産能力を向上するタイプ
④脆性域高温岩体発電	地下深度2.5～5kmの硬質で高温の岩体に対して、水圧破砕等により亀裂を生じさせて人工的に地熱貯留層を造成して熱水を得るタイプ
⑤延性域高温岩体発電	さらに深い深度にある400～600℃の延性岩体に、孤立型の地熱貯留層を新たに造成して熱水を得るタイプ

※)Engineered/Enhanced Geothermal Systemsの略

出典：国立研究開発法人新エネルギー・産業技術総合開発機構(NEDO)／技術戦略研究センター(TSC)　技術戦略研究センターレポート・TSC Foresight Vol.12「地熱発電分野の技術戦略策定に向けて」(2016) [96]をもとに作成

④と⑤を総称して高温岩体発電ともいう。高温岩体発電を発展させたタイプとして、より高温の地熱を利用して超臨界熱水を得る超臨界地熱発電やマグマの熱を直接利用するマグマ発電などがある。

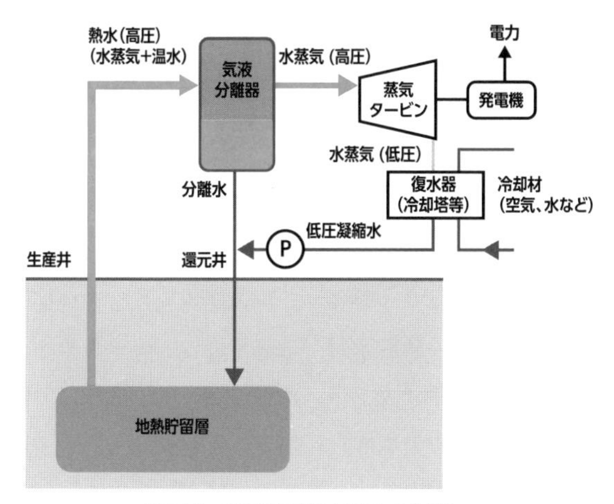

図3.50 地熱蒸気発電システムの仕組み

②バイナリー発電

地熱貯留層から取り出せる熱水が約150℃以下の低い場合には、フラッシュ方式による蒸気発電が困難なため、沸点が低いペンタン、アンモニアや代替フロンなどを水に代わる2次熱媒として使用して、熱水により気化させる。気化した2次熱媒蒸気で熱媒タービンにより発電する方式をバイナリー発電と呼ぶ。システムの概念を**図3.51**に示す。この方式は、地熱だけではなく工場などから排出される低温の未利用熱からの電力回収技術として多くの実績がある。

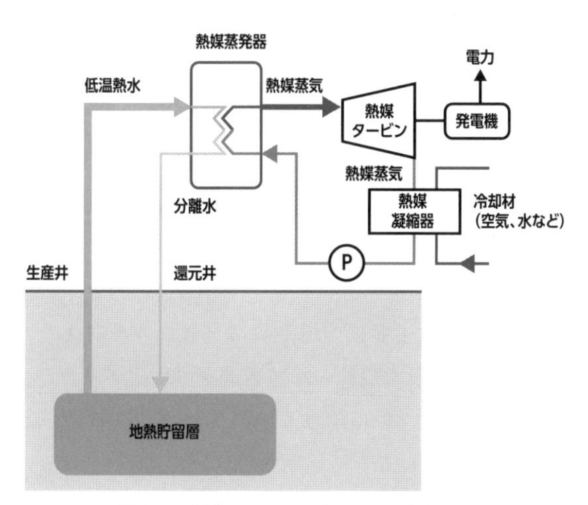

図3.51 地熱バイナリー発電システムの仕組み

3.16 地熱発電：世界の地熱発電の利用状況

1 世界の地熱資源

火山の下にあるマグマ溜まりや海洋プレート沈み込み帯で発生するマグマ起源の高温岩体の熱を受けて、地熱貯留層が形成される。地熱資源は、火山や地震発生が多い太平洋を囲む環太平洋火山帯、地中海北部の地中海火山帯、東アフリカの隆起地帯とそこを南北に走る地溝帯に集中している。

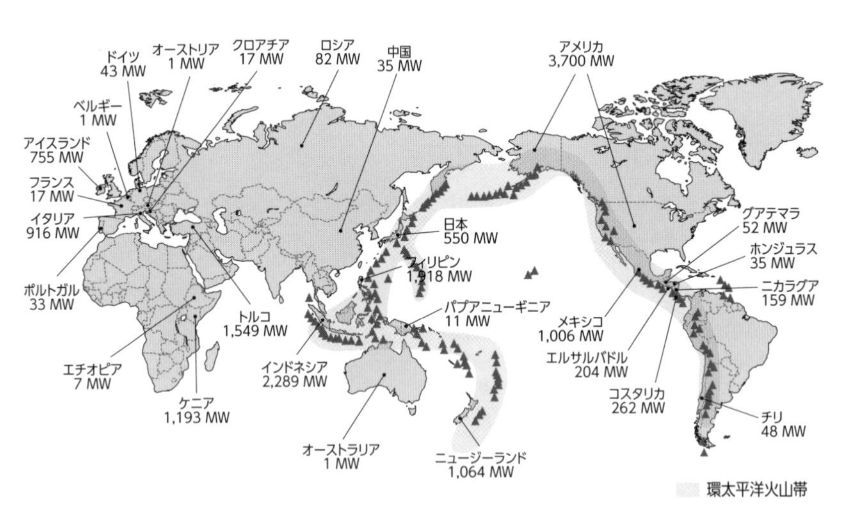

図3.52 世界の地熱発電設備
出典：独立行政法人エネルギー・金属鉱物資源機構(JOGMEC)
「地熱を知る・学ぶ　世界の地熱発電」[97]をもとに作成

2020年までに確認された主要国の地熱資源量は、カリフォルニア州ザ・ゲイサーズ(The Geysers)に世界最大規模の地熱資源をもつアメリカ(3,000万kW)、多くの火山島をもつインドネシア(2,779万kW)と日本(2,347万kW)が三大地熱資源国である。

2 世界の地熱発電所の設備と導入状況

地熱発電の歴史は古く、1904年にイタリアのラルデレロ(Larderello)地方で世界初の地熱発電に成功し、1913年には商用運転が開始された。

世界的にはオイルショック後の1980年代に、掘削技術を持つ石油業界が地熱市場に着目し、地熱貯留層の探査、掘削、発電機器などの技術改良により急速に導入が進み、2021年には**図3.53**に示すように、約1,560万kWに達した。国際エネルギー機関(IEA:International Energy Agency)の試算によれば、2050年までに世界の地熱発電量は、現在の約10倍に伸びると予測している。

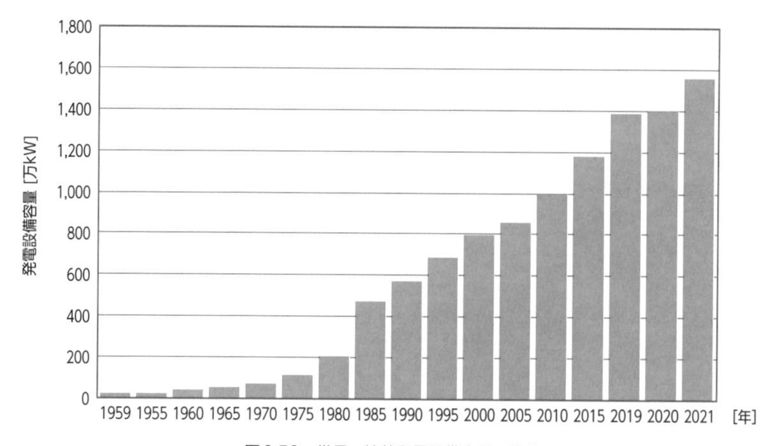

図3.53 世界の地熱発電設備容量の推移

出典:国際エネルギー機関(IEA)「Technology Roadmap Geothermal Heat and Power」(2011)[98] / 国際再生可能エネルギー機関(IRENA)「Renewable Capacity Statistics 2021」(2021)[99] をもとに作成

世界の地熱発電所は、**図3.52**で示したように、太平洋を囲む各国と地中海北岸のヨーロッパに集中しており、他にアフリカに点在している。いずれも火山帯に位置している。主要国の地熱発電設備容量は、アメリカ(370万kW)がもっとも多く、次いでインドネシア(229万kW)、フィリピン(192万kW)とつづく。

図3.54に示す主要国の2010～2020年の10年間での地熱発電設備導入量の推移を見ると、アメリカが順調に設備量を増やしていること、インドネシア、トルコとケニアで急増していることがわかる。一方、世界第3位の地熱資源大国である日本の停滞が目立っている。

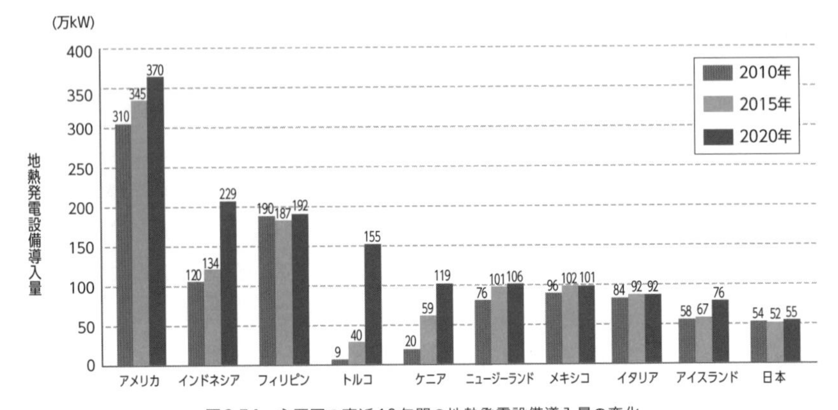

図3.54　主要国の直近10年間の地熱発電設備導入量の変化
出典：独立行政法人石油天然ガス・金属鉱物資源機構「地熱　地域・自然と共生するエネルギー」(2020)[100]をもとに作成

3.17 〉地熱発電：日本の地熱発電の歴史と今後への期待

1 日本の地熱発電の歴史

1925年に東京電灯株式会社が1.12kWの発電に成功し、1966年に岩手県松川地熱発電所(現出力2.35万kW)、1967年に大分県大岳発電所(同1.25万kW)が運転を開始した。

オイルショック直後の燃料高騰期には地熱発電が火力発電に対して競争力を有していたが、原油価格が安定した1985～1990年には新規の地熱発電所建設がほとんど停止した。

1990～1995年には環境問題がクローズアップされて、地熱発電所建設が進み、発電設備容量が従来の2倍以上の約54万kWに達して世界第5位となった。

その後は、国内景気の低迷と安定した原油価格により地熱発電コストの競争力が失われ、1996年以降は八丈島地熱発電所を除いて新規建設が停止した。

近年は、2012年に開始されたFIT制度(固定価格買取制度)と2022年に導入が予定されているFIP制度[33](市場連動型の導入制度)により再び注目されている。これらの政策的支援の下で、2015年にわいた発電所(1,995kW)と菅原バイナリー発電所(5,000kW)、2017年に滝山バイナリー発電所(5,050kW)、2018年に山川バイナリー発電所(4,990kW)、2019年に松尾八幡平地熱発電所(7,999kW)と山葵沢地熱発電所(42,000kW)が相次いで運転を開始している。また、岩手県八幡平安比地域では、2024年運転開始を目指して安比地域に14,900kWの発電所が建設中である。

33 **FIP制度** フィードインプレミアム(Feed-in Premium)の略称で、再生可能エネルギーの導入が進む欧州などではすでに取り入れられている制度です。この制度では、FIT制度のように固定価格で買い取るだけではなく、再生可能エネルギー発電事業者が卸市場などで買電したとき、その売電価格に対して一定のプレミアム(補助額)を上乗せすることで再生可能エネルギー導入を促進する。

表3.16　地熱発電の歴史

地熱発電のはじまり	
1919年	海軍中将・山内万寿治氏が大分県での掘削に成功
1925年	太刀川平治氏が日本最初の地熱発電に成功
日本初の地熱発電所	
1966年	日本初となる松川地熱発電所が運転を開始
1967年	大岳発電所が運転を開始
1973年	第一次石油ショック：自然公園法、自然環境保全法の一部改正
地熱隆盛時代	
1974年	サンシャイン計画がスタート
1976年	資源エネルギー庁が地熱開発基礎調査を開始
1978年	第二次石油ショック：日本地熱学会設立
1980年	財団法人新エネルギー財団設立：NEDO設立、地熱開発促進調査を開始
1985年	地熱発電開発費補助金制度創設
1996年	地熱発電設備容量50万kWを達成
2000年	電気事業法改正による電力自由化
2003年	電気事業者による新エネルギー等の利用に関する特別措置法(RPS法)施行
2005年	京都議定書発効
2006年	日本初の地熱バイナリー発電所(八丁原)
2012年	固定価格買取制度(FIT)開始
再び地熱隆盛へ	
2015年	国内で23年ぶりに大規模地熱開発が秋田県湯沢市で開始
2016年	10月8日を「地熱発電の日」に制定
2019年	1月に松尾八幡平地熱発電所(岩手県)が、5月に山葵沢地熱発電所(秋田県)が運転を開始

出典：独立行政法人エネルギー・金属鉱物資源機構(JOGMEC)「地熱を知る・学ぶ　地熱発電のあゆみ−これまでの歴史」[101]をもとに作成

2　国内の地熱発電所

国内の主な地熱発電所の位置と発電出力を**図3.55**に示す。国内の地熱発電所は、小容量機を合わせると66地点、87ユニット、総発電出力が約55万kWとなる。出力1,000kW以上の大型地熱発電所は、熱水をそのまま利用するフラッシュ方式の蒸気発電が19地点、バイナリー発電が3地点の計22地点で計50.5万kWの発電を行っている。1地点の平均発電出力は約2.3万kWである。しかし、現在の地熱発電設備容量55万kWは、地熱資源量2,347万kWの2.3%であり、今後の進展が期待される。

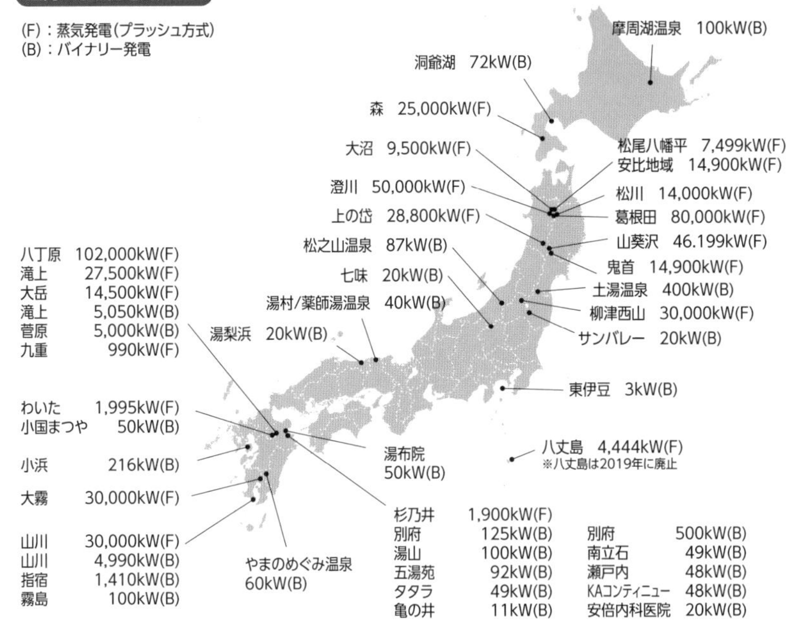

図3.55　国内の地熱発電所

出典：日本地熱協会　2020年度地熱発電・熱水活用研究会第5回「地熱発電の現況と課題」(2021)[102]をもとに作成

2021年3月に報告された経済産業省・資源エネルギー庁による「今後の再生可能エネルギー政策」[103]では、地熱発電について以下の提言をしている。

① 地熱発電の事業化にあたって地表調査や持続可能性探査、地元との事前協議などが必要であることを踏まえると、事業開始までには一定程度時間がかかるものと考えられ、新たに認定された2030年度に運転開始に至っている案件は限定的になると考えられる。
② 他方、世界第3位のポテンシャルがあることから、2050年を見据え、開発リスクへの対応、革新的技術の開発、制度の運用改善などを行っていくことが必要。

3.18 〉地熱発電：国内の課題と解決の方向性

1 地熱発電開発の課題

日本の地熱発電は、資源量が世界3位にも拘わらず発電設備量は10位と低迷している。この主な原因には開発リスク、経済性リスクと社会受容性リスクがあるといわれている。

❶開発リスク

地熱資源は、地下数kmの試掘により掘り当てることから始まる。リスクが高い試掘、水蒸気生産量把握の難しさ、坑井の経年劣化、地盤沈下への影響などが解決できないと事業として成立しない開発リスクがある。

❷経済性リスク

地熱発電は、一般の火力発電に比べると単機発電出力が小さいので設備コスト高となる。また、水蒸気温度が低いことから高い発電効率が期待できない、経時的な水蒸気生産量の減衰がある、など経済性を追求し難い負の要因がある。

❸社会受容性リスク

国内の地熱資源の70%～80%は国立公園内にあり景観保護の観点から立地規制が敷かれている。また、地熱資源地域は温泉利用地域と隣接していることが多いため温泉枯渇への懸念があり開発が拒否されるなどのリスクがある。

2 課題解決の見通し

環境保護の高まりによって地熱発電開発リスクの壁を取り払う以下のような規制緩和と支援が進んでいる。

①「自然公園法」の規制緩和、自然環境や景観保護の観点から種々の活動が規制されている地域での地域外からの傾斜掘削の規制緩和など
②「温泉資源の保護に関するガイドライン」による地元調整の具体的提案

③「地熱資源開発促進調査事業費」により資源調査、掘削の補助
④ 独立行政法人石油天然ガス・金属鉱物資源機構による開発資金の債務保証
⑤「再生可能エネルギーの固定価格買取制度」による地熱発電電力の買取価格が提示

日本の地熱発電技術は、東芝、富士電機、三菱パワーが世界の地熱発電タービンの7割を占めているなど世界最高水準にあり、各国と協力して海外の地熱発電開発を実施している。また、NEDO支援のもとで産業総合技術研究所が代表研究機関となって産官学の共同体制で2025年に向けた短期目標では能力増進型EGS技術開発、2030～2050年に向けた中長期目標では水蒸気温度500℃を超す超臨界地熱発電の開発を進めている。

Column 3

オーストラリアにおける再生可能エネルギーのポテンシャル

森山 亮

本書では日本の再エネの動向を中心に述べているが、世界を見渡すと、再エネの賦存状況はどのようになっているのだろうか？

太陽光発電について考えると、地表面に到達する太陽光エネルギーは赤道付近の低緯度ほど高く、高緯度の地域では低くなる。また、天候を含めて年間の内日照時間が長いほど多くの発電ができる。

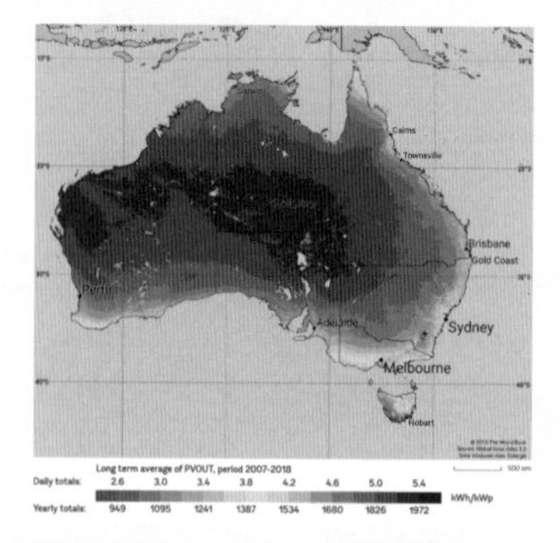

コラム図3.1 オーストラリアの太陽光発電ポテンシャル
出典：Solargis「Solar resource maps of Australia」(2020)[104]をもとに作成

オーストラリアは太陽光発電のポテンシャルが高く、大規模な太陽光発電のメガソーラープロジェクトや太陽熱発電のプロジェクトが計画されている。

世界銀行が運用している「Global Solar Atlas 」[105]によると太陽光発電の予測年間発電量はオーストラリア大陸中心部が最も高く、約2,000kWh/kWp[34]となっている。日本の場合は最も高い地点で約1,500kWh／kWpであるため同じ設備容量で1.3倍の電力を作ることができるため、オーストラリアの太陽光発電のコストは日本のものより安価になることが予想できる。

ただし、オーストラリアは膨大な種類の固有の動物群で構成され、先住民が居住する保護地区やエアーズロックも、太陽光発電適地である中心部に位置するため、開発には注意が必要と考えられる。

34 **kWh/kWp** 太陽光発電の設備容量(kWp：pはピークの頭文字)あたりの年間の発電量(kWh)のこと。

第4章

変革が進む電力システム

第4章　概要

電力システムは、現代社会でもっとも重要かつ巨大なインフラの1つである。本章では、最初に日本の電力システムの発展の歴史とヨーロッパと比較した特徴を説明する。続いて、現在の日本の電気事業者の類型と主要な関連機関の概要を説明する。さらに、2011年の東日本大震災での福島第一原子力発電所の事故を契機として開始された電力システム改革を理解するため、主要な施策と国内外の電力自由化の歴史を概観するとともに、システム改革の根幹となる電力取引の各市場の概要を説明する。最後に再生可能エネルギーを電力システムに連系する際のルールと手続きの概要を説明する。

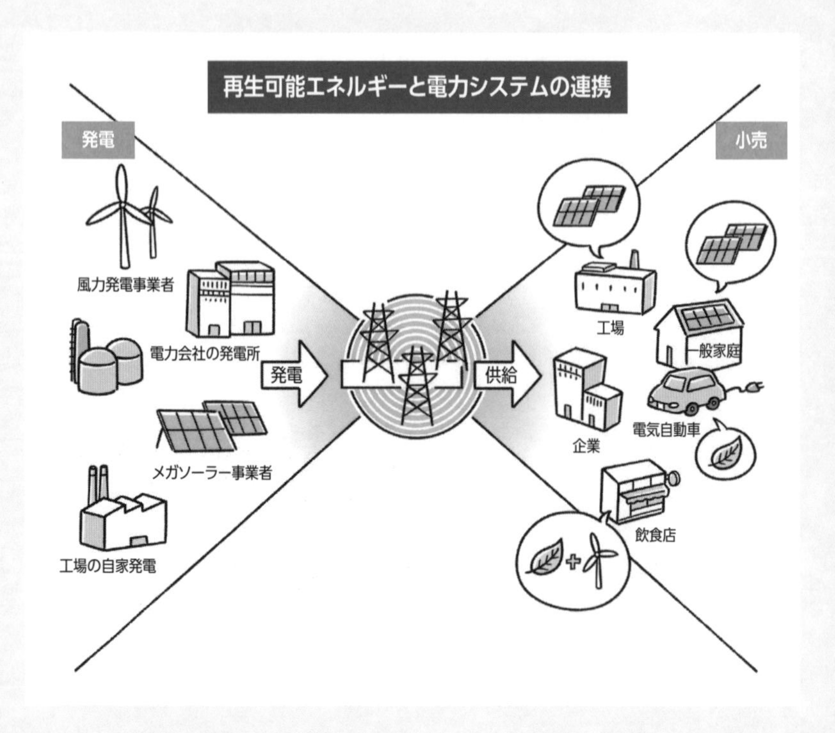

4.1 〉電力システム発展の歴史

1 電力システムとは何か

電力システムは、電気エネルギーを発生する発電設備、電力を輸送する送電設備、電力の流れをコントロールする変電所、需要家に届ける配電設備、各設備を結ぶ通信設備および電力を利用する需要家設備までを含む、現代社会の中でも有数の巨大システムである。**図4.1**に電力システム全体のイメージを示す。

「電力システム」は「電力系統」と同じ意味で、英語では「Electric Power System」と表す。

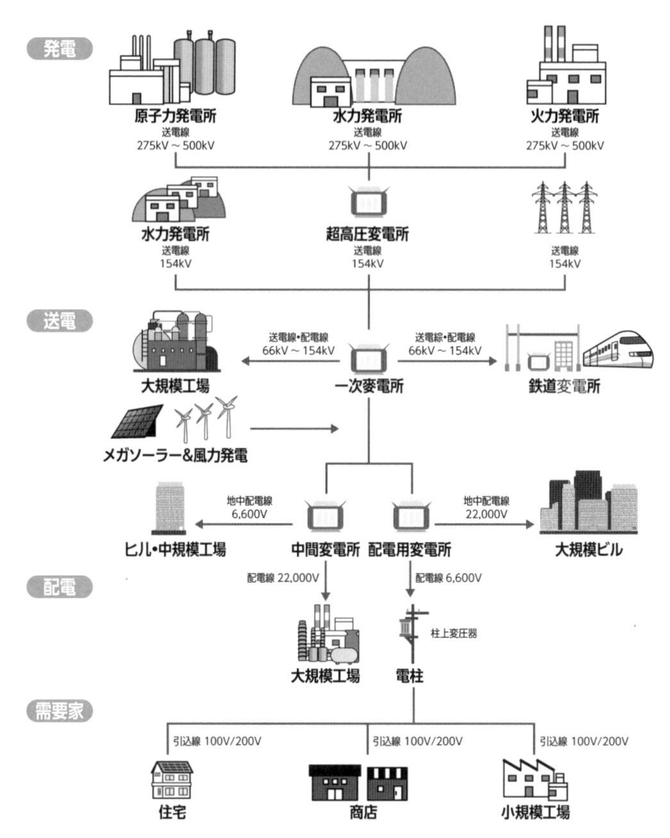

図4.1 電力システムの概要

出典：東京電力パワーグリッド株式会社「電気の流れ　電気をお客さまのもとへお届けするまで」(2022)[1]をもとに作成

2 日本の電気事業と電力系統の発展の歴史

日本の電力系統は、後述のとおり電気事業の創成期から発展を重ね、1990年頃には現在の電力系統の骨格が、おおむねでき上がった。

4章2節の電気事業体制と4章3節の電力自由化・電力システム改革を理解するためにも、日本の電気事業の創成期からの歴史、電力系統の発展の歴史を理解することは意義が大きい。**表4.1**にその発展の歴史を概観する[2][3][4]。

表4.1　電力系統の発展の歴史

電気事業の創成期	
1882年	エジソンによる電気事業の開始(アメリカ)。
1887年	東京電力の前身の東京電灯が、日本橋において小規模直流発電機を用いた直流配電による電灯の一般供給を開始。
1891年	京都市で琵琶湖から京都へ水を導く「琵琶湖疏水」を利用した日本初の事業用水力発電所である蹴上発電所(図4.2)が運転を開始。1942年に京都市から関西電力の前身である関西配電へ移管された[5]。
1895年	東京電灯の浅草の石炭火力発電所運転開始に伴い、交流による配電を開始した。小規模の発電所で、送配電網も未整備であったため、供給エリアは発電所の近傍に限定された。
1907年	大規模な電源開発が急務であったことから、東京電灯は、山梨に駒橋水力発電所(1万5千kW)を建設し、東京早稲田までの高電圧遠距離送電(55kV、76km)を開始した。その後、各地で水力発電所の開発が続き、電気料金は低下した。
電気事業の過当競争と集約化	
1900年代前半	低コストの水力発電と長距離送電の実用化に伴い、爆発的に増加する電力需要に応えるため電力会社が数多く設立され、それぞれの送配電系統により需要家への供給を行った。1919年には611社もの電力会社が乱立する状況となり、電気事業はまさにベンチャービジネスであった。
1922年	都市部では電力会社間の過当競争が繰り広げられたが、1922年までに5大電力(東京電灯、東邦電力、宇治川電気、大同電力、日本電力)に集約された。1923年には、東京電灯は遠隔地の水力発電の電力を154kVおよび115kVの高電圧遠距離送電設備を建設し東京周辺に送電した[5]。
1932年	5大電力が激しい需要家争奪戦を繰り広げ混乱状態に陥ってきたため、当時電力を所管する逓信省は自由競争を改め、電気事業は地域独占供給体制となった。
電力国家管理体制	
1939年	第二次世界大戦が近づき統制色が強まる中、電力は国の管理下となり、送電事業は国策企業の日本発送電に、配電事業は現在につながる地域別の9配電会社体制となった。戦後は、産業の急速な復旧と発電設備の被災により電力不足が恒常化した。
電力再編成と9電力体制の成立	
1951年	戦後の混乱期を経て、「電力の鬼」と呼ばれた松永安左エ門などの尽力により電力再編成が進められ、9つの地域に発送配電を一貫運営する民間電力会社(東京電力など)が設立された。
大規模水力発電所の開発と超高圧送電線の建設	
1952年	電力不足に対応するため、戦後は大規模水力発電の開発が進み、長距離高電圧送電線の建設が進められ、1952年には、関西電力が黒部川水系の水力発電所からの電力を275kVの超高圧送電線にて関西地方に送電した。
広域運営体制の発足	
1958年	各地域の電力会社による自律的な運営に加えて、電力会社間の融通や広域開発を行う広域運営体制(中央電力協議会と4地域(北、東、中、西)の電力協議会)が発足し、各電力会社間の連系送電設備の増強が進められた。
火力発電所の開発と275kV系統の整備	
1960年代	高度成長に伴う電力需要の急増に伴い、大規模火力発電の開発が進み、275kV超高圧送電線の整備が進んだ(**図4.3**)。
原子力発電の開発と500kV系統の整備	
1970年代	増加が続く電力需要に対して、安定した電力供給を確保するために原子力発電所の開発が進み、これに対応して、超々高圧の500kV送電線の建設が進み、現在の電力系統の骨格は1990年頃におおむね完成した。

図4.2 蹴上発電所
資料提供：関西電力株式会社

水力発電所　火力発電所　原子力発電所　周波数変換所　○変電所

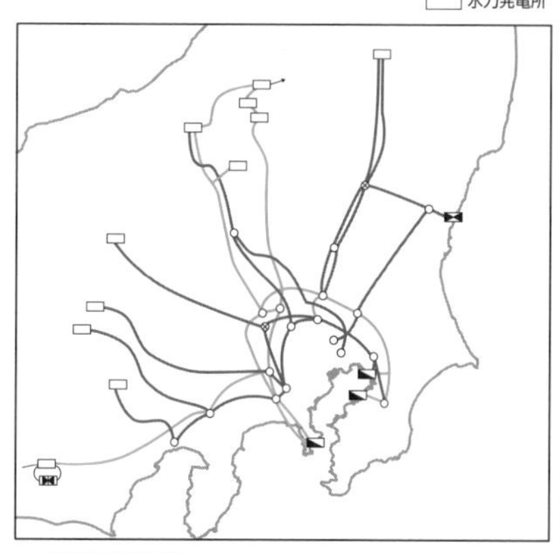

—275kV架空送電線
—154kV架空送電線

1965年当時
大容量火力、水力発電所建設により、安定的な電力系統とするため、275kV外輪系統を構築。

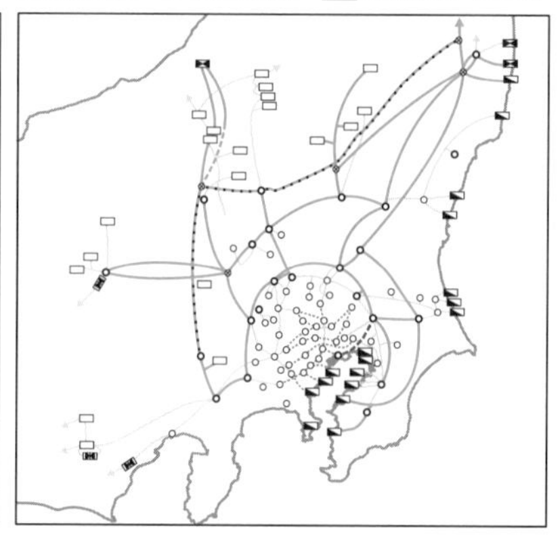

500kV架空送電線(1000kV設計)　500kV架空送電線　275kV架空送電線
500kV地中送電線　275kV地中送電線

2014年現在
遠隔地の大容量発電所の開発進展、系統規模拡大に対応するため、500kV外輪系統の外側に1000kv設計送電線を構築(現在は500kVで運転中)。また、都内の需要増加に伴い、500kV系統を地中送電線・変電所で直接導入。

図4.3 東京電力エリアの系統の変遷
出典：東京電力ホールディングス株式会社　電気学会公開シンポジウム「『電気を送る〜電気の品質と送る技術〜』電力輸送、電気の品質(周波数、電圧)」(2014)[6]をもとに作成

4.2 〉日本の電力系統

1 日本の電力系統の特徴

日本の電力系統は、**図4.4**に示すように、10のエリアから構成されており、旧一般電気事業者(関西電力株式会社など)や現在の一般送配電事業者(関西電力送配電株式会社など)の事業エリアと一致する。

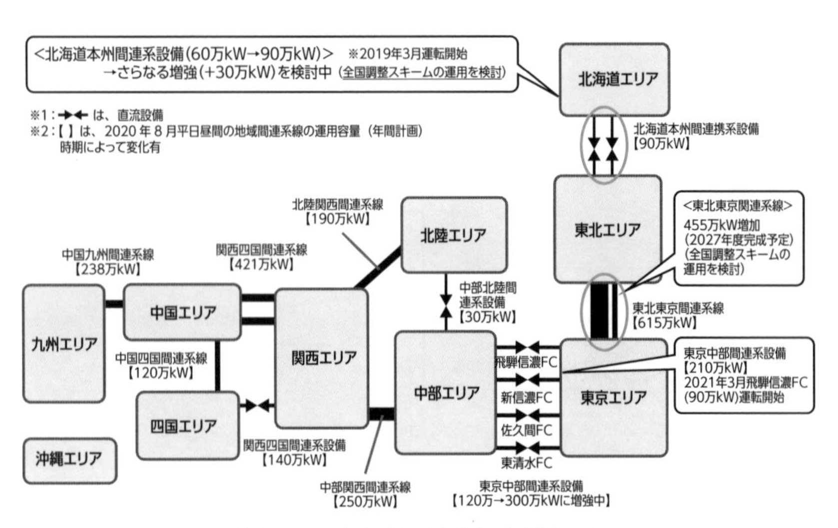

図4.4 日本の電力系統の基本構成と地域間連系線

出典：経済産業省・資源エネルギー庁「電力ネットワークの次世代化　系統制約の克服に向けた送電線設備の増強・利用ルールの高度化」(2020)[7]をもとに作成

日本の電力系統は、3つの大きな特徴がある。

①	国土が細長く北海道から九州まで約2,000kmにわたり、電力系統も直線状で串型の形状になっている。
②	静岡県の富士川と新潟県の糸魚川市を境に、東側の3エリア(北海道、東北、東京)の周波数は50Hz、西側の7エリア(中部、北陸、関西、中国、四国、九州、沖縄)の周波数は60Hzで、2種類の周波数がある。
③	エリア間の連系は1点が多く(最大は東京〜中部間の4点)、連系送電線の容量が小さい。

①については、日本全体(**図4.4**)で見ると串形の形状になっているが、たとえば東京電力の供給エリア(**図4.3**)で見るとメッシュやループ形の形状も見られ、各社地域や需要の特徴に応じた形状をしている。系統の形態と特徴を**表4.2**に示す。

③については、旧一般電気事業者は、発送配電の垂直統合型でエリア内の独占が認められているとともに供給責任を負うため、自社エリア内で電力の需給を満足することに重点を置いていたことによる。

表4.2 電力系統の3つの形態

呼称	くし形	ループ形	メッシュ形
形態	G G G G G：発電所	G G	G G G G
特徴	・電気の流れが単純で管理しやすい ・少しの潮流を上下間で流すと安定性が低下 ・広範囲の停電が起こりにくい ・事故電流レベル小	・冗長性が高い ・バイパス数が少ないと潮流が大きくなる傾向。潮流が大きくなりすぎると安定性が低下 ・事故電流レベル中	・冗長性が高い ・ループフロー[1]が生じる場合がある ・広範囲の停電が起こる場合がある ・事故電流レベル大

出典：東京電力ホールディングス株式会社「電力会社における周波数調整と会社間連系について」(2003)[8]をもとに作成

2 電力系統の構成

❶送電線

電圧が高いほど大容量の電力を安定して送れるため、送電線は、500kVの超々高圧送電線、275kVまたは220kVの超高圧送電線から構成される基幹送電線を核として、電源立地、需要場所、地形的制約、系統安定度などを考慮して構成される。一般送配電事業者9社の各エリアの送電系統は、隣接エリアと連系送電線にて繋がっているが、沖縄エリアは本土との連系線がない独立系統である。送電線は、基幹系統に加えて地域供給系統(154kV、77kV、66kV、33kV、22kVなど)があり、特別高圧受電の大規模需要家、配電用変電所などに送電を行う。

1 **ループフロー** 電力潮流が複数のルートを経由して流れることにより、系統間の送電線潮流が複雑化すること。迂回潮流とも呼ぶ。

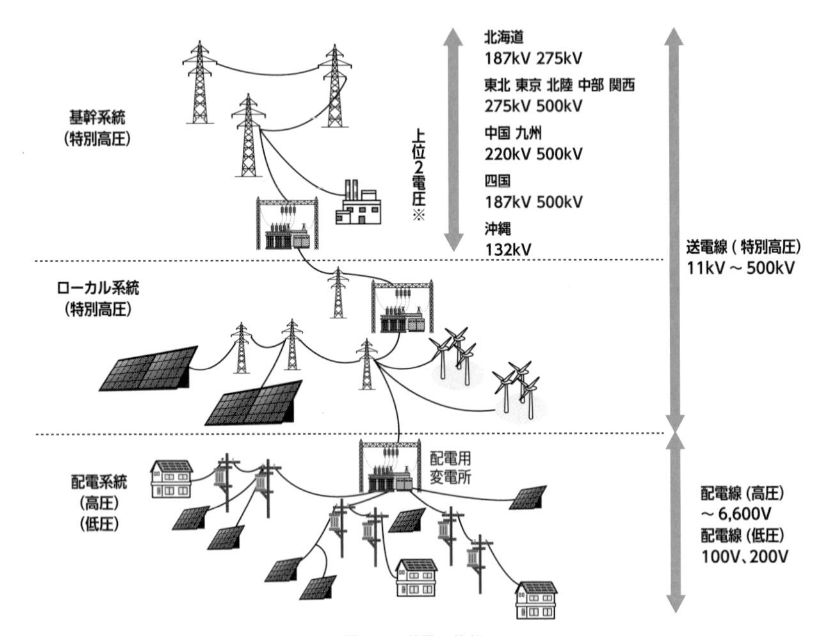

図4.5 送電の仕組み
出典：電力広域的運用推進機関「かいせつ電力ネットワーク　電力ネットワークの仕組みー電力系統の構成と運用の仕組み」[9]をもとに作成

送電線は、電圧の昇圧や降圧が容易にできることから、一般的に交流送電線を用いる。しかし、北海道と東北エリアを結ぶ海底送電線などの長距離ケーブルを用いる場合などは、交流では静電容量や誘電体による損失が大きくなり効率が悪くなるため、直流送電線を用いる。ヨーロッパで急速に建設が進む洋上風力発電所にも直流送電線が多く採用されている。

❷周波数

東京と中部エリアの異なる周波数の連系には周波数変換設備が用いられ、それぞれの周波数の電力を直流に変換したあと、連系先の周波数に変換する。

周波数の違いは、1880年代から1890年代にかけての日本の電気事業の創設期において、東京電力の前身の東京電灯がドイツ製の50Hzの発電機を導入し、関西電力の前身の大阪電灯がアメリカ製の60Hzの発電機を導入したことに由来し、周波数が統一されないまま現在に至っている[10]。なお、ヨーロッパは50Hz、北米は60Hzの周波数で、世界最大の電力系統である中国は50Hzである。

日本の電力系統は、欧米と比較して以下の3点の特徴がある。

①首都圏、中部圏、関西圏などの大需要地が密集
②火力・原子力の大型電源が沿岸に立地
③エリア間の連系線が弱い

4.3 〉ヨーロッパの電力系統

1 ヨーロッパの電力系統の特徴

電力系統の構成は、需要の分布、地形の制約、発電所の適地などにより左右される。島国で海外との連系送電系統がない日本と異なり、海外においては、隣接国との政治的関係、電力輸出入の政策、系統運用や安定度を含めた連系送電系統整備の考え方など、多くの要素により電力系統の構成が決まる。

ここでは、1990年代から電力自由化が進むとともに、風力発電を中心に再エネ導入が急速に進展したヨーロッパの電力系統について説明する。

ヨーロッパの電力系統は、**図4.6**に示すように、大陸欧州系統を中心に、イギリス系統、北欧系統、バルト系統の4つのブロックより構成される[11]。各ブロック内では国間の連系送電線が整備されてメッシュ状の構成となっているとともに、ブロック間は直流送電線により連系される。日本の電力系統と比較して、ヨーロッパ全体がメッシュ状の構成であること、地域間の連系線が強いことが特徴である[7]。

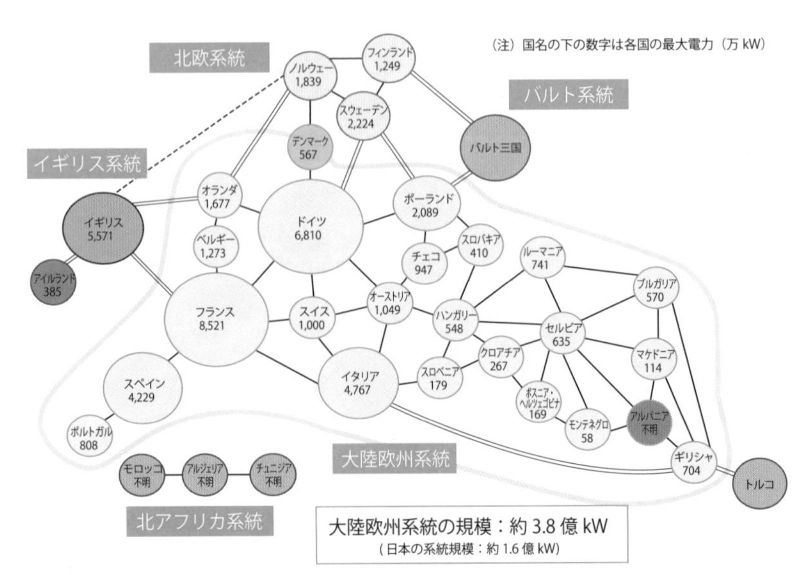

図4.6 ヨーロッパの電力系統概要図

出典：経済産業省・資源エネルギー庁「系統制約の緩和に向けた対応」(2018)[12]をもとに作成

ヨーロッパでは、電力自由化が進む中、ヨーロッパ内の送電系統運用者(TSO：Transmission System Operator)の連携強化を目的に、2009年に6つの送電系統運用組織が統合して、欧州送電系統運用者ネットワーク(ENTSO-E：European Network of Transmission System Operators for Electricity)が設立された[11]。ENTSO-Eはヨーロッパ全域のTSOの協調機関として、系統計画・運用に関する指針策定などを担っている。

2 再生可能エネルギーの普及動向と課題

ヨーロッパでは洋上風力発電の導入がイギリス、ドイツ、オランダを筆頭に加速しており[13]、世界全体の洋上風力の発電量のうち、ヨーロッパが約7割を占めている[14]。また、北欧では電源構成のうち水力発電の比率が高く、ノルウェーは95%、アイスランドは70%を占める。特にアイスランドは残り約3割を地熱発電が占め、100%再エネ電源を実現している[15]。地理的要因などにより各国の電源構成は異なるが、国際連系線により広域に調整力を確保することが可能であり、たとえばイギリスの電力需要が低く風が強いときには、イギリスの余剰電力をノルウェーに送り、揚水発電の水の汲み上げに活用するなどの電力融通が可能となっている。

一方、原子力発電の比率を減らし風力発電を中心に再エネ導入が進むドイツでは、北部への風力発電の大量導入により、南部の需要地間への送電混雑が発生し、ループフローが発生している[16]。**図4.7**に2015年のドイツ周辺での主な潮流方向と平均潮流を示す。ドイツ北部からポーランド、チェコ、オーストリアを経由しドイツ南部に向かうルートや、ドイツ北部からオランダ、ベルギー、フランスを経由しドイツ南部に向かうルートが見られるが、その他にもヨーロッパ内で複雑な潮流となっていることがわかる。ループフローはヨーロッパのようなメッシュ型の電力系統で発生する問題であり、迂回先の隣国で本来の送電容量が確保できず、電力系統の運用に悪影響を及ぼす懸念がある。ヨーロッパでは特定国で送電混雑が解消されないと、このような問題が持続化するリスクがある[17]。

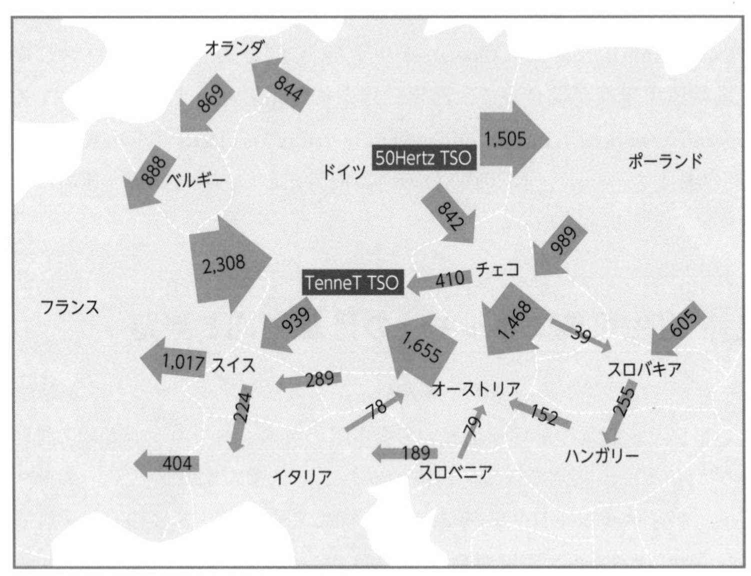

注）矢印と数値は 2015 年の主な潮流方向、平均潮流 (MW)

図4.7　2015 年ドイツ周辺での平均的なループフロー
出典：小笠原潤一(一般財団法人日本エネルギー経済研究所)／経済産業省「欧州における再生可能エネルギー発電導入拡大に伴う動き」(2017)[18]をもとに作成

4.4 〉日本の電気事業体制

本節では、電気事業法での電気事業者の類型を解説する。また、**図4.8**に示す関連組織、規制機関などについて触れ、電気事業体制の全体像を示す。なお、電力システム改革の進展については5節で述べる。

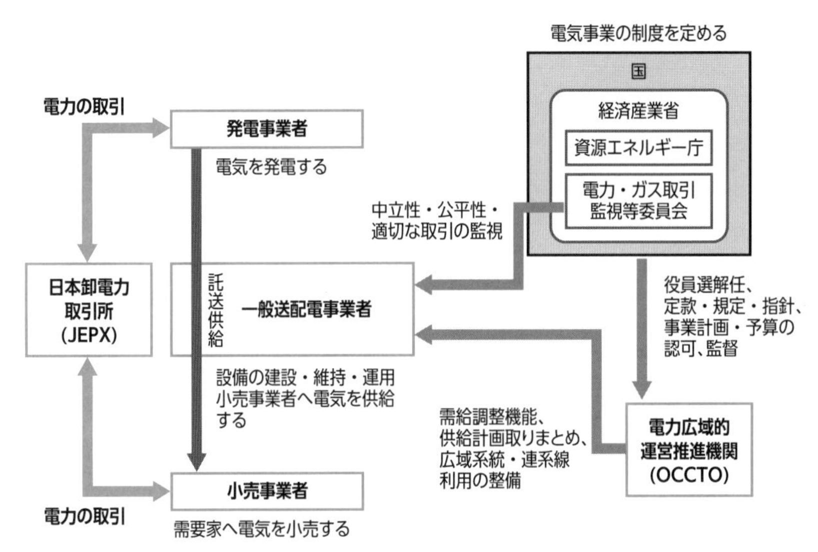

図4.8　電気事業体制の全体像

出典：送配電網協議会「送配電網協議会について」(2023) [19] をもとに作成

1　電気事業者の類型

日本では、電気事業法により電気事業の運営が規制されていて、①～⑤に示す事業者の類型が規定されている。

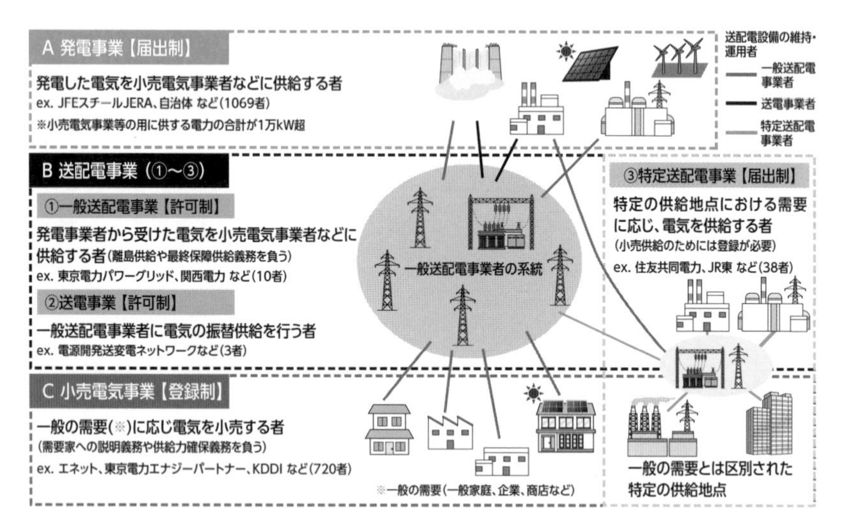

図4.9　電気事業の類型
出典：経済産業省・資源エネルギー庁「電力供給の仕組み(2016年4月以降)」(2017)[20]をもとに作成

❶小売電気事業

小売電気事業(登録制[2])は、一般家庭や企業、商店などに小売供給を行う事業。需要家への説明義務や供給能力確保義務を負っている[20]。ここには、旧一般電気事業者のほか、新電力と呼ばれる2016年4月の「電力の小売全面自由化」によって新規参入した小売電気事業者も含まれる。新電力は、ガス会社や石油会社などのエネルギー関連企業や携帯電話やインターネットサービスプロバイダなどの通信関連企業、鉄道会社や旅行会社、住宅メーカーや家電量販店など、多種多様な業種が新規参入している。登録制となっていて、2023年4月24日現在で720者が登録されている[21]。

❷一般送配電事業

一般送配電事業(許可制[3])は、送電用の電気工作物(鉄塔や送電線)や配電用の電気工作物(電柱や配電線)を自ら維持・運用し、その供給区域での託送供給や発電量調整供給を行う事業である[20]。離島供給や最終保障供給義務を負っている。許可制となっていて、送配電部門の法的分離により、北海道電力ネットワーク株式会社、東北電力ネットワーク株式会社、東京電力パワーグリッド株式会社、

2　**登録制**　電力・ガス取引監視等委員会が審査し、経済産業大臣が登録する。
3　**許可制**　電力・ガス取引監視等委員会が審査し、経済産業大臣が許可する。

中部電力パワーグリッド株式会社、北陸電力送配電株式会社、関西電力送配電株式会社、中国電力ネットワーク株式会社、四国電力送配電株式会社、九州電力送配電株式会社の合計9者と、法的分離の対象外である沖縄電力株式会社が許可されている[22]。

③送電事業

送電事業(許可制)は、送電用の電気工作物(鉄塔や送電線)を自ら維持･運用し、一般送配電事業者に振替供給[4]を行う事業である[20]。2023年3月時点で3者が許可されている[22]。

④特定送配電事業

特定送配電事業(届出制[5])は、送電用の電気工作物(鉄塔や送電線)や配電用の電気工作物(電柱や配電線)を自ら維持・運用し、特定の供給地点での小売供給を行う事業、もしくは、特定の供給地点での小売電気事業や一般電気事業用として託送供給を行う事業である[20]。小売供給も行う場合は、小売電気事業者として登録も必要となる。届出制となっていて、2023年3月時点で38者が届出ていて[22]、内31者は小売電気事業者の登録を受けた特定送配電事業者である[20]。

⑤発電事業

発電事業(届出制)は、発電用の電気工作物(発電用タービン、太陽光パネルなど)を自ら維持・運用し、小売電気事業や一般電気事業、特定送配電事業用として電気を発電する事業である[20]。届出制となっていて、2023年4月時点で、1,069者が届出ている[23]。

発電事業の要件は、小売電気事業などのために供給する電力の合計が1万kWを超えるものである。

2 電力広域的運営推進機関

電力広域的運営推進機関(以下、「OCCTO」または「広域機関」)は、2015年4月に電力自由化の3段階改革の内の第1段階として、需給調整や電力系統の公

4 **振替供給** 他者から受電した電気を、自ら維持・運用する設備を介して、その受電した場所以外の場所で受電した量に相当する量の電気を、同時に他者に供給すること。

5 **届出制** 経済産業大臣に届け出る。

平な利用環境の整備を目的に改正電気事業法に基づき設立された認可法人であり、すべての電気事業者がOCCTOの会員となることが義務付けられている。

主な業務として以下の3つが挙げられている[24]。

①短期的・中長期的な電力安定供給の確保
②送配電設備の公平・公正かつ効率的利用の推進
③全国の需給状況および系統の運用状況の監視

これらに加え、2020年6月に成立した「強靱かつ持続可能な電気供給体制の確立を図るための電気事業法などの一部を改正する法律」により、災害復旧費用の相互扶助制度の運用や、太陽光パネルなどの廃棄費用の積立金の管理など新たな役割も追加されている。

3 送配電網協議会

送配電網協議会は、電力会社の送配電部門の法的分離に伴う環境変化に柔軟かつ適切に対応するため、一般送配電事業者による運営組織として2020年10月に電気事業連合会[6](以下、電事連)内に設置された。系統・需給運用、設備計画、需給調整市場に係る業務などの技術的事項を中心に、一般送配電事業者と連携して業務運営を進め、また2021年4月に開設した需給調整市場の申込受付や問合せ対応などを実施した。2021年4月からは、さらなる中立性・透明性を確保する観点から、電事連から独立し、電事連で実施していた送配電に係る保安業務や託送関連業務についても送配電網協議会に移管されている[25]。

4 電力・ガス取引監視等委員会

電力・ガス取引監視等委員会は、電力・ガス・熱供給の自由化に当たり、市場の監視機能などを強化し、市場における健全な競争を促すために2015年9月に設立された、経済産業大臣直属の組織である。

電力・ガス取引監視等委員会は、法律に基づき、事業者に対する報告徴収や立

6 **電気事業連合会** 日本の電気事業を円滑に運営していくことを目的に、1952年11月に沖縄電力を除く9つの電力会社によって設立された任意団体である。2000年3月には、沖縄電力も加盟し、現在旧一般電気事業者10社体制で運営されている[26]。

入検査、業務改善勧告、あっせん・仲裁など委員会単独で行う権限と、託送料金の認可や小売事業者の登録などに際して審査を行い、経済産業大臣に対し意見を述べることや、取引ルールについて経済産業大臣に建議する権限を行使して、電力・ガス・熱の適正取引の監視や、電力・ガスのネットワーク部門の中立性確保のための行為規制などを実施している[27]。

4.5 〉電力自由化・電力システム改革の進展

1 日本の電力自由化の始まり

❶日本の電気料金

1970年代後半からアメリカでは航空、陸上輸送、電気通信の各分野で参入規制の撤廃などの自由化が行われ、4章6節で後述するとおり、1978年に電気事業分野においても規制緩和の流れがはじまった。イギリスでは1979年に政権の座についたサッチャー首相により、国有企業の民間化が積極的に実施された。日本では1981～1983年の臨時行政調査会が電電公社、専売公社、国鉄の民営化を提言し、1984～1986年の第1次臨時行政改革推進審議会(行革審)、および1987～1986年の第2次行革審のもとで金融、エネルギー、流通、物流、情報通信、農産物などの規制緩和が提言され実行された[28]。

このような世界的な規制緩和の流れの中、1990年代より、電気料金の内外価格差が問題視され、諸外国に比べて日本の電気料金が割高であることが指摘された[29]。図4.10に示すとおり、電力自由化が始まる前の1990年代の日本の電気料金は諸外国に比べ割高であることが示されている。ただし、為替レートの影響、地政学的な違い、電源構成や電気料金の仕組みの違いなどがあり、単純に比較はできないことに留意する必要がある。

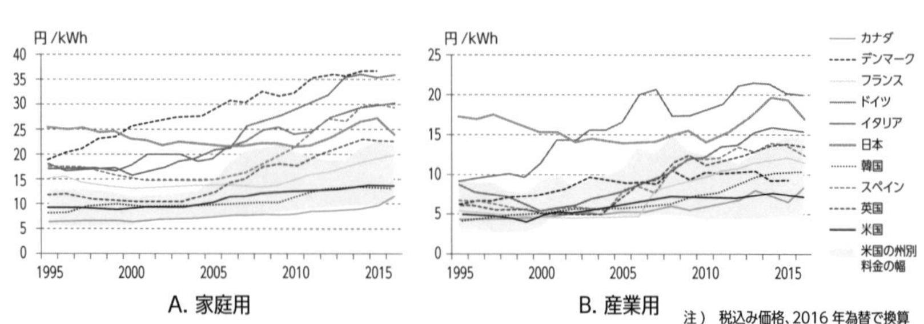

図4.10 電気料金の国際比較
出典：一般財団法人電力中央研究所「電気料金の国際比較－2016年までのアップデート－」(2018)[29]をもとに作成

また、電力需要増加に伴い1990年に電力需給が逼迫し、電力事業者以外が開発する分散型電源の導入が注目され始めた。そうした背景から、電力自由化への関心が高まり、1993年12月、通商産業省(現 経済産業省)の委員会が、電力供給体制の変革を内容とする中間報告を取りまとめ、日本での電力自由化議論が開始された。議論の開始当時、一般電気事業者もコストダウンや資産のスリム化が必要という経営事情もあり、一定の規制改革を受容する立場に立っていた[30]。

❷電気事業者以外の新規参入

1995年に31年ぶりに電気事業法が改正され、電気事業者以外の卸供給事業者[7]、たとえば、石油を精油する企業や製鉄所を保有する企業は、自社にある発電設備の有効活用を目的とし、発電事業に参入できるようになった。

その後、小売事業は段階的に自由化が進められた。1998年5月の電気事業審議会基本政策部会の中間報告では、「当面は部分自由化を念頭にさらに検討を深めることとする」と整理され、競争導入と公益的課題の両立を重視した小売自由化の制度設計が行われた[31]。部分的に自由化することで新規事業者の数が限定され、現行の発電・送配電設備運用を前提にできるため、供給信頼度維持のためのシステムやルール設定が比較的容易にできると考えられたためである。

こうして、1999年の電気事業法改正により、2000年3月から大規模工場、デパート、オフィスビルなどの「特別高圧」の大規模需要家への電気供給が自由化され、「新電力(PPS・特定規模電気事業者)」と呼ばれる新しい電気事業者が参入できるようになった。自由化された契約区分では、電気料金の規制が撤廃された。1999年の改正電気事業法附則第12条に、施行の3年後に施行状況を検討し、必要な措置を行わなければならないとして、小売自由化範囲の拡大については継続して検討された。

図4.11　小売自由化の動き
出典：経済産業省・資源エネルギー庁　政策について「電力の小売全面自由化って何?ー電力の小売自由化の歴史」[32]をもとに作成

7　**卸供給事業者**　独立系発電事業者(IPP：Independent Power Producer)と呼ばれる。2016年からは、現在の発電事業者に整理され、IPPという区分は廃止された。

2003年2月に国がまとめた報告書で、2005年4月までにすべての高圧需要家まで自由化範囲を拡大すること、2007年4月頃を目途に全面自由化について検討を開始することなどが提言された。また、本報告書冒頭の「基本的考え方」には「エネルギーの安定供給の確保」、「環境への適合」を図ることが明記され、安定供給の確保にあたっては、発電設備と送電設備の一体的な整備・運用が求められた[33]。

本報告書に基づく2003年の電気事業法の改正により、2004年4月から契約電力500kW以上の「高圧」の需要家、2005年4月からはすべての「高圧」の需要家が小売自由化の対象になった。

2 震災以降に始まった電力システム改革

自由化議論が進むなか、2011年に発生した東日本大震災を契機として、経済産業省は電力システム改革の必要性として次の5つの課題を指摘した[34]。

①	原子力への依存度が低下する中で、分散型電源や再生可能エネルギーをはじめ、多様な電源の活用が不可避
②	電気料金の上昇圧力の中で、競争の促進などにより電気料金を最大限抑制することが一層重要
③	既存の供給区域を超えた広域的な系統運用や需給調整が必要
④	電力会社や料金メニュー、発電の種類を選びたいという需要家のニーズに多様な選択肢で応えることが必要
⑤	需要に応じて供給を積み上げるこれまでの仕組みだけではなく、需給の状況に応じて、ピークとピーク以外の料金に差を付けるなどの工夫によって、需要抑制が必要

これらの解決策として、2013年4月に「電力システムに関する改革方針」が閣議決定され、そこで以下および**図4.12**に示す3段階にわたる改革の柱が示された[35]。

①	広域系統運用の拡大
②	小売および発電の全面自由化
③	法的分離の方式による送配電部門の中立性の一層の確保

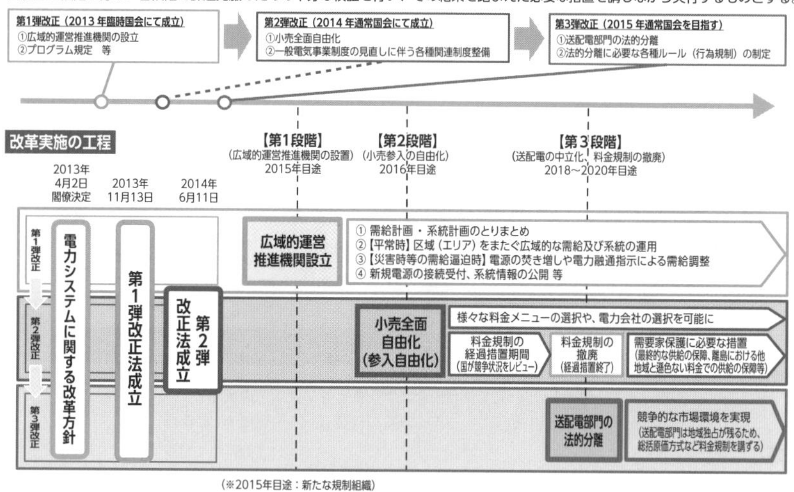

図4.12　電力システム改革の工程と電気事業法改正のスケジュール
出典：経済産業省「電力システム改革の概要」(2014)[34]をもとに作成

本方針の基となった「電力システム改革専門委員会報告書」(2013年2月)には、「新たな枠組みでは、これまで安定供給を担ってきた一般電気事業者という枠組みがなくなることとなるため、供給力・予備力の確保についても、関係する各事業者がそれぞれの責任を果たすことによってはじめて可能となる」と示されている[36]。政府の自由化政策は、これまでの安定供給に重きを置いた政策から、新規参入拡大の政策へと、大きく舵を切ることとなった。

「①広域系統運用の拡大」については2節の「電気事業体制」で触れた電力広域的運営推進機関の設立により、安定供給体制の強化、従来の区域(エリア)概念を越えた全国大での需給調整機能の強化が行われている。以降、②に示された「小売の全面自由化」後の状況と、③に示された「法的分離の方式による送配電部門の中立性の一層の確保」について説明する。

3　小売事業の全面自由化後の状況

これまでに示したように、小売事業は段階的に自由化が進められ、2016年4月からは、「低圧」の家庭や商店などにおいても電力会社が選べるようなったことで、小売事業は完全自由化された。参考として、**図4.13**に小売自由化前と自由化後の体制図を示す。自由化により、従来の垂直統合体制を前提としない、発電、送配電、小売の事業ごとに規制や義務を課す体制となった。

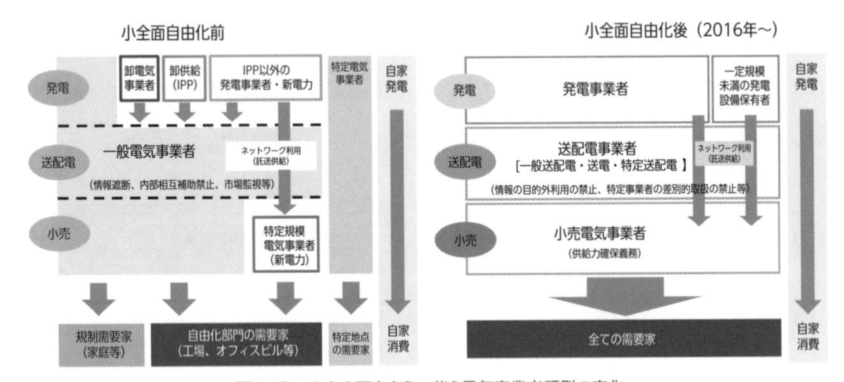

図4.13　小売全面自由化に伴う電気事業者類型の変化
出典：経済産業省「電力システム改革の概要」(2014)[34]をもとに作成

2022年9月現在の全販売電力量に占める新電力のシェアは19.5%となっている。**図4.14**に示すように、完全自由化となった2016年から特別高圧、高圧、低圧のいずれの契約においても新電力はシェアを伸ばしている。2022年には、燃料価格上昇に伴う電力取引市場価格の高騰などにより、新電力の電気料金が規制料金より高くなる状況が発生し、新電力の新規契約停止や事業撤退が相次ぎシェアが低下した。

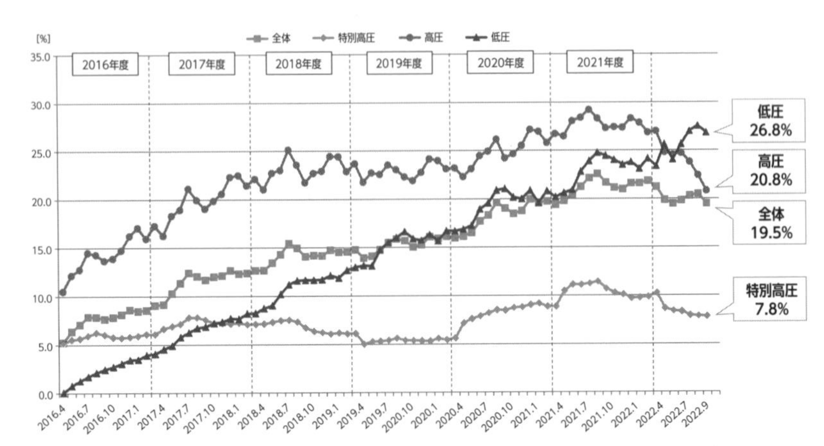

注1）上記「新電力」には、供給区域外の大手電力（旧一般電気事業者）を含まず、大手電力の子会社を含む
注2）シェアは販売電力量ベースで算出したもの

図4.14　新電力のシェア推移
出典：経済産業省・資源エネルギー庁「電力・ガス小売全面自由化の進捗と最近の動向について」(2023)[37]をもとに作成

4 送配電部門の法的分離

2015年6月に電気事業法が改正され、2020年4月より送配電部門の中立性を一層確保する観点から、法的分離[8]による発送電分離が行われた。これにより、**図4.15**に示すとおり、電気事業者9社は、持株会社の下に発電、送配電、小売の各社を設置する「持株会社方式」または、発電・小売会社の下に送配電会社を設置する「発電・小売親会社方式」により分社化された。

法的分離に伴い、一般送配電事業者・送電事業者が小売電気事業や発電事業を行うことが禁止され、また、適正な競争関係を確保するため、一般送配電事業者・送電事業者とそのグループの発電事業者や小売電気事業者に対し、取締役の兼職禁止などの行為規制も課された[38]。

送配電部門の法的分離により、送電や配電のネットワークを発電設備から切り離して独立させ、すべての電力事業者が平等に利用できるようになった。

法的分離（2020年4月1日）以降の各社の事業形態

<持株会社方式>

東京、中部

持株会社

発電 | 送配電 | 小売

<発電・小売親会社方式>

北海道、東北、北陸、関西
中国、四国、九州、電発

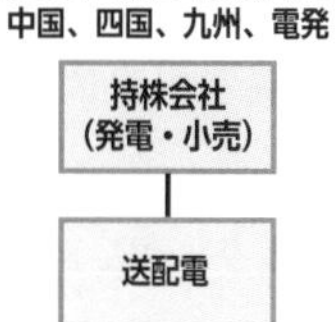

現行（従前）

会社名	ロゴマーク（商標）
北海道電力	ほくでん
東北電力	東北電力
東京電力	TEPCO
中部電力	中部電力
北陸電力	
関西電力	関西電力 power with heart
中国電力	Energia 中国電力
四国電力	
九州電力	
沖縄電力	沖縄電力
電源開発	J POWER

分社化後（2020年4月〜）

分社方式	送配電会社・小売電気会社名	ロゴマーク（商標）
発電・小売親会社方式	北海道電力ネットワーク株式会社	ほくでんネットワーク
発電・小売親会社方式	東北電力ネットワーク株式会社	東北電力ネットワーク
持株会社方式	東京電力パワーグリッド株式会社（2016年4月分社化済）	
持株会社方式	東京電力エナジーパートナー株式会社（2016年4月分社化済）	TEPCO
持株会社方式	中部電力パワーグリッド株式会社	
持株会社方式	中部電力ミライズ株式会社	
発電・小売親会社方式	北陸電力送配電株式会社	北陸電力送配電
発電・小売親会社方式	関西電力送配電株式会社	関西電力送配電
発電・小売親会社方式	中国電力ネットワーク株式会社	中国電力ネットワーク
発電・小売親会社方式	四国電力送配電株式会社	
発電・小売親会社方式	九州電力送配電株式会社	
対象外（2019年6月に発電・小売電気事業との兼業を認可済み）		
発電・小売親会社方式	電源開発送変電ネットワーク株式会社	J-POWER送変電

（注）東京・中部ともに、持株会社は原子力発電等の発電事業を有する
東京・中部の火力発電事業については、2019年4月に株式会社JERAへ統合済み

図4.15 法的分離以降の送配電事業者

出典：経済産業省・資源エネルギー庁「法的分離(2020年4月1日)以降の各社の事業形態」(2020)[39]をもとに作成

8 **法的分離** 電力会社の送配電部門を別会社化し、送配電部門の中立性を確保する方法。送配電会社は別会社となるものの、グループ会社として、発電部門や小売部門との資本関係は許容される。

4.6 〉世界の電力自由化の状況

1 ヨーロッパの電力自由化

①欧州連合

ヨーロッパの電力自由化は、EU市場統合の一環として欧州委員会主導により進められた[40]。1996年に域内電力市場の共通規則に関する指令が成立し、段階的自由化スケジュール[9]が定められた。さらに、2003年のEU指令により、2004年7月に家庭用需要家を除く全ての需要家が自由化され、2007年7月に家庭用を含めた全面的な自由化が実施されることとなった。

②イギリス

イギリスでは、1947年と1957年制定の電気法によって、発送配電と小売を垂直統合した体制で国営により電気事業が営まれていたが[41]、1979年から国営電力の改革が進められた[42]。1989年電気法の改正により、1990年に電気事業者の分割・民営化が行われ、3社の発電会社と1社の送電会社に分割された。さらに各地区の配電局も民営化され、1999年には家庭向けの小売も全面自由化された。また、1990年に発電会社の発電電力の全量が卸電力取引市場に投入される強制プール市場が創設された[40]。

その後、価格の高止まりが問題化したプール市場に代わり、2002年に新たな卸電力取引制度(NETA)が導入され、2005年にはさらに対象地域を拡大した卸電力取引制度(BETT)が導入された。その結果、外資企業を含む新規参入や企業統合により、イギリスの電気事業者は6大グループによる寡占状態となった[43]。その後は統合や新規事業者のシェア拡大により、**図4.16**に示すとおり、2021年の旧6大グループの電力販売量はイギリス全体の6割程度である。

9 **段階的自由化スケジュール** 2000年までに年間消費量2,000万kWh以上の需要家、2003年までに年間消費量900万kWh以上の需要家の自由化が定められた。

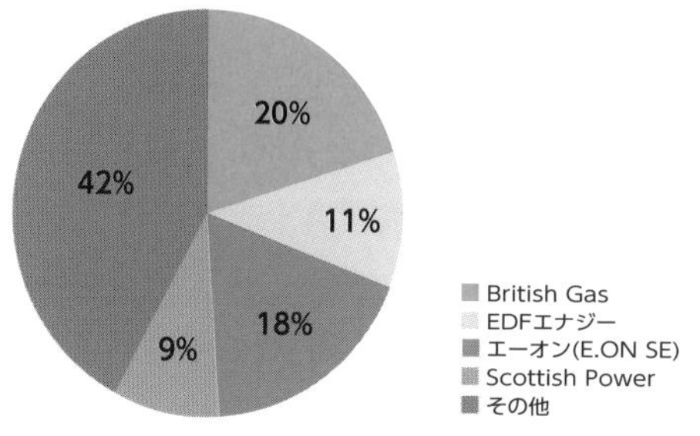

図4.16 イギリスの電力販売量シェア(2021年第4四半期実績)
出典：英国ガス・電力市場局(OFGEM)「Retail market indicators」(2022)[44]をもとに作成

③ドイツ

ドイツでは、1998年にエネルギー事業法を改正し、家庭用も含めたすべての需要家の自由化が実施された[40]。自由化以前は地域ごとに存在する8社の大手電力会社が、国内総発電電力量の9割超を発電し、供給していた。

自由化後は、競争環境下で吸収合併が進み、4大電力(E.ON、RWE、Vattenfall、EnBW)に再編成された。小売事業者は全国に1,400社以上存在し、その多くは4大電力とシュタットベルケと呼ばれる自治体主体の企業である[45]。2000年にライプチヒ市にライプチヒ電力取引所(LPX)、フランクフルト市に欧州エネルギー取引所(EEX)が設置され、市場取引が開始されたが、十分な取引量を確保できず、2002年に両市場は合併し、EEXとして運用を開始した。

その後、EU域内の電力市場統合を視野に2008年にフランスの電力取引所(EPEX)、2016年にオーストリアのEXAAと運用を統合し、取引量は増加傾向にある[46]。

④フランス

フランスでは、2000年2月に制定された電力自由化法により、発電市場の自由化、小売電気市場の段階的自由化などが規定された[40]。

2004年7月以降は家庭用需要家を除く産業用・業務用需要家が自由化対象となり、2007年7月以降は家庭用需要も含めた全面自由化が実施された。小売供給事業は、自由化以前は旧国営電力のEDFおよび地方配電事業者が独占的に電力供給を行ってきたが、段階的自由化により新規参入者から電力供給を受ける需要家が増加した。2017年末時点の新規参入者の販売電力量シェアは、産業用・業務用需要家向けで38.7%、家庭用需要家向けで15.5%であった。

2 アメリカの電力自由化

アメリカでは、1970年代の石油危機を契機に、輸入依存度の低減と、国内資源の有効活用を目的に、1978年に公益事業規制政策法(PURPA)が成立し、同法により電気事業者はQF(Qualifying Facilities)と呼ばれる連邦エネルギー規制委員会(FERC)に認定されたコジェネ・小規模再生可能発電電力の購入を義務付けられた。これにより、卸電力市場は電気事業者以外にQFを所有する発電事業者にも開放された。1992年国家エネルギー政策法により、独立系発電事業者(IPP)も卸電力市場に参加可能となり、卸電力市場は自由化された[40][47]。

アメリカは、市営電気事業者を対象とした規制権限は各州にあり、州によって状況が異なるが、小売事業の自由化は、1997年7月にロードアイランド州で大口需要家を対象に実施され、1998年にはロードアイランド州、カリフォルニア州とマサチューセッツ州で家庭用需要家も対象とした自由化が実施された[48]。その後、自由化を導入する地域は拡大したが、2000年から2001年にかけてカリフォルニア州で起きた電力危機の結果、自由化の流れは後退した[49]。2021年現在、全米14州とワシントンD.C.で小売が自由化されている。

3 欧米の送配電部門分離の動向

電力自由化により、欧米での送配電部門の分離が検討されたが、国や州によりその方法は異なっている。以降、アメリカとヨーロッパでの送配電部門分離の動向について説明する。

①アメリカ

アメリカの電気事業での中心的存在だった民営の電力会社(IOU：Investor-Owned Utility)は、従来ほとんどが垂直統合であり、発送配電一貫体制の下で、定められた地域に電力を供給していた。

しかし、FERCは卸電力市場での競争促進を図るべく、1996年に制定した規則(Order 888・889)を通じて電力会社に送電事業と発電事業を別部門化することを義務付けた。また、送電網を所有する電力会社に非差別的なアクセス(オープンアクセス)を義務付け、独立系統運用者(ISO：Independent System Operator)の設立が推奨された[50]。

いくつかのISOが設立されたが、エリアが限られていたため、アメリカ全体では既存の電力会社が供給区域内での送電網を優先的に利用していることに対する懸念は残ったままだった。そこでFERCは1999年に新たな規則(Order 2000)を制定し、ISOの不備を補完するかたちで地域送電機関(RTO：Regional Transmission Operator)と呼ばれる広域系統運用機関の設立を電気事業者に要請した[38] [50]。

現在、アメリカ内に7つのISOとRTOが設立され、これらのカバーする地域はアメリカの電力需要の3分の2を占めるが、ISO、RTOの設立は義務付けではないため、垂直統合体制を維持している地域もある。

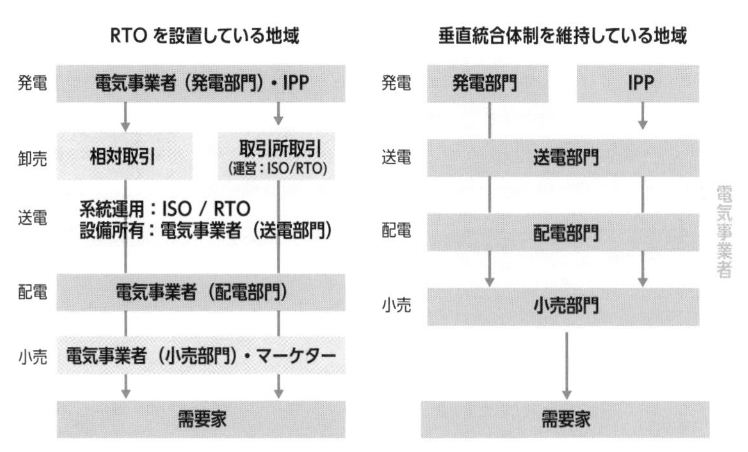

図4.17 アメリカにおける電力供給体制図
出典：電気事業連合会「海外諸国の電気事業　8.電力供給体制図」(2018) [51]をもとに作成

❷ヨーロッパ

ヨーロッパの国々の多くは、日本やアメリカ同様、電力会社はもともと垂直統合型だったが、EU指令に基づき発送電分離が実施された。その方法は国により異なり、送電部門の法的分離を求める国もあれば、所有権分離にまで踏み込んだ国もある[52]。

欧州委員会は2007年9月に発電・供給部門と送電部門を所有する垂直統合型事業者による送電部門の資本所有を制限する所有権分離、またその次善策として、送電設備の所有権は既存事業者に残したままISOを導入する指令案を提示した。これに対して、フランス、ドイツなどEUの8カ国は、供給の安定を危うくするとして一斉に反論した。議論の末、所有権分離、ISOに加えて、フランス、ドイツなどが提示した妥協案である独立送電運用者(ITO：Independent Transmission Operator)の選択肢が認められることになった。ITOは垂直統合型事業者の送電子会社の資本関係は維持したまま、厳しい規則・監視により、送電部門の独立性を確保するものである。2009年のEU指令により、こうした3つの選択肢が規定され、ヨーロッパでの発送電分離の議論は収束した。フランスはITOの形態を選択し、ドイツは系統運用者により所有権分離もしくはITOを選択した[40] [53]。

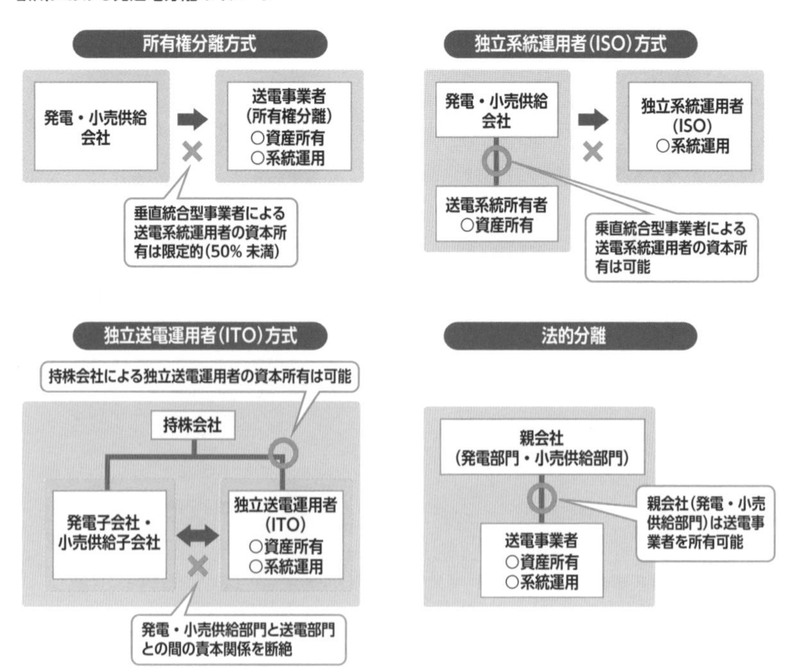

図4.18　法的分離以降の送配電事業者

出典：電気事業連合会「海外諸国の電気事業　欧米諸国における発送電分離の動向と評価」(2012) [53]をもとに作成

4.7 〉日本の電力関連の取引市場

日本では、1990年半ばから電力自由化がはじまり、一般社団法人日本卸電力取引所(JEPX)が設立されて、2005年より一日前市場、2009年から時間前市場での卸電力取引が行われるようになった。これら2つの市場は、電力(kWh価値)を取引するものだが、2013年に始まった電力システム改革では、垂直一貫体制だった一般電気事業者(旧一電：旧一般電気事業者)の送配電部門の分離が行われることになった。

それまで、一般電気事業者が責任をもって地域ごとに実施していた長期需要想定と自社発電設備・送配電設備の新設／改修計画の代替策や、需給バランス、電力品質の確保や、その他の、電気の持つkWh以外の価値を調達する市場が必要となり、新たな市場制度設計が実施されてきた。

こうして新たに創設された電力関連市場と、その市場で取引される商品、その商品が持つ電源などの価値の関係を**図4.19**に示す。

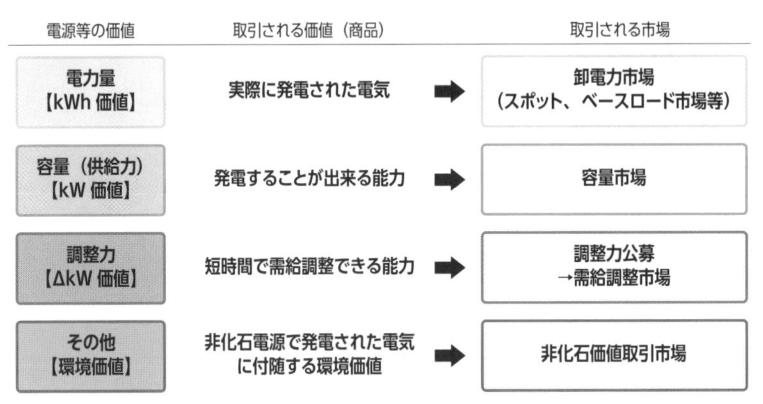

図4.19 今後の市場整備の方向性
出典：経済産業省・資源エネルギー庁「将来の電力・ガス産業の在り方について　～カーボンニュートラルに向けて～」(2021) [54]をもとに作成

4.8 〉電力関連の取引市場の仕組み

非化石価値取引市場に関しては、2章4節の5で述べた。ここでは、まずそれ以外の市場の取引スケジュールを示し、次にそれぞれの市場の目的、制度、現状、課題について整理する。

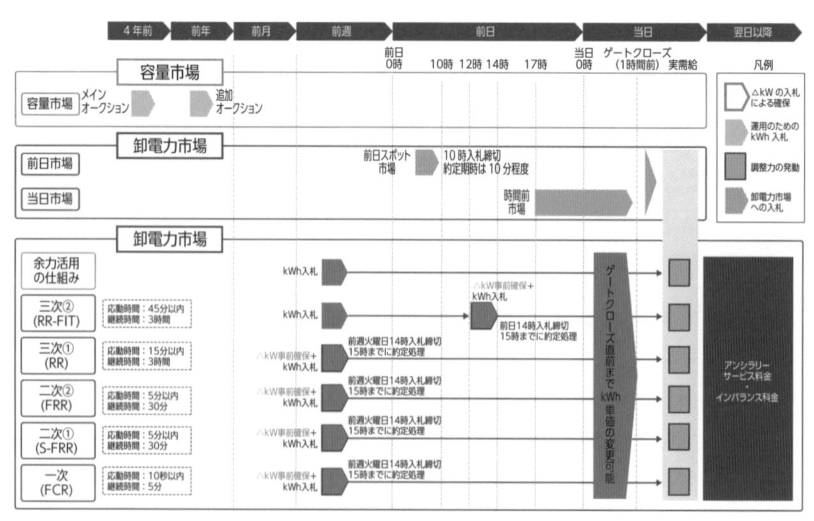

図4.20 容量市場・卸電力市場・需給調整市場の取引スケジュール
出典：電力広域的運営推進機関「需給調整市場(一次調整力から二次調整力②)の開設に向けた論点整理および今後の進め方について」(2020) [55]をもとに作成

1 卸電力市場

❶ 一日前市場(スポット市場)

一日前市場の概要を**表4.3**に示す。

表4.3　一日前市場の概要

市場運営者	日本卸電力取引所(JEPX)
目的	翌日の24時間分の電気(kWh価値)を取引する
制度	・取引商品：1日を30分単位に区切った48商品 ・取引単位：0.1MW(30分電力量では50kWh) ・入札方法：他参加者の入札動向が開示されない状態(ブラインド)で入札 ・入札内容：時間帯ごとに注文価格(円/kWh)、注文量(MWh/h)、売買種別(売／買)と入札エリアを指定 ・価格決定方式：ブラインド・シングルプライス・オークション方式(入札締切後、すべての入札を「売り」と「買い」に分けて合成し、売りカーブと買いカーブの交点を約定価格・約定量とする)
現状	2020年9月時点でスポット取引量が国内総電力需要の36.9%に増加しているが、グロスビディング[10]と間接オークション制度[11]によるところが大きい(**図4.20**)
課題	本来の競争的な市場となるためには今後も市場規模を拡大し経済性の向上を図ることが必要

出典：一般社団法人日本卸電力取引所「電力取引―取引概要―取引規程」[56]をもとに作成

図4.21にブラインド・シングルプライス・オークション方式によるスポット市場の約定価格と約定量決定のメカニズムを簡単に説明する。

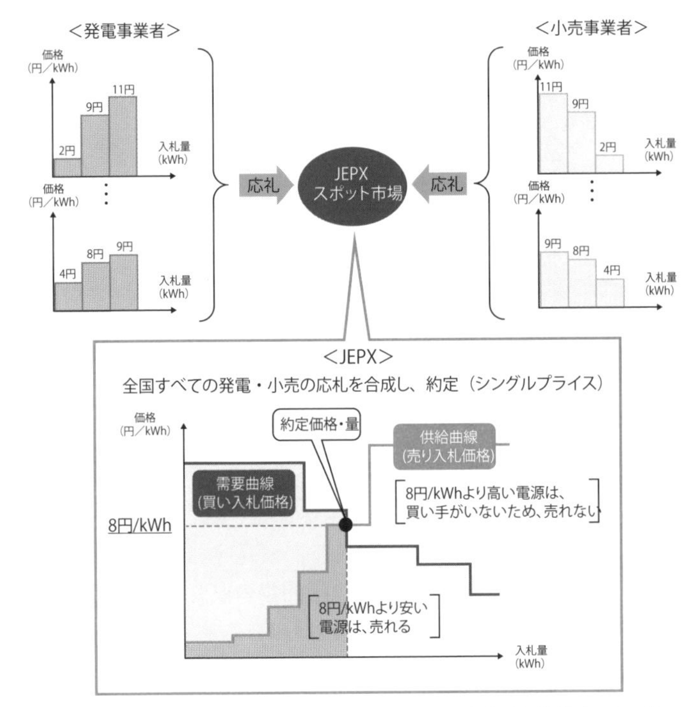

図4.21　ブラインド・シングルプライス・オークション方式での価格・取引量決定メカニズム
出典：経済産業省・資源エネルギー庁「将来の電力・ガス産業の在り方について　～カーボンニュートラルに向けて～」(2021) [54]をもとに作成

10 **グロスビディング**　卸電力市場活性化のため、旧一般電気事業者には、余剰電力の市場供出(「玉だし」と呼ばれている)の他に、社内取引分を、市場を通して売買するよう要請されている

11 **間接オークション制度**　従来、連系線の利用計画を提出した順に送電容量が割当てられ、前日10時の段階でまだ容量に空きがあれば、スポット市場によって取引が行われてきたものを、全ての連系線容量を一日前市場で割り当てるよう制度変更されたもの

図4.20で示したように発電事業者、小売電気事業者は、1日前10時までに翌日48コマの商品の「売り」「買い」の希望価格(円/kWh)、希望量(kWh)を応札する。

JEPXは、全ての入札を価格順に並べて需要曲線と供給曲線を形成する。需要曲線と供給曲線の交点が約定価格・約定量となり、約定した取引は全て同一の約定価格で取引される。

落札者は入札した価格によらず、決定された約定価格で売買する「シングルプライス」方式になる。約定価格より低い価格で入札された売りは、約定価格で売れる。約定価格より高い価格で入札された買いは約定価格で買える(1円で売り入札していても約定価格が8円なら8円で売れるが、9円や11円で売りを入れた分は売れない。また40円で買い入札していても、8円で買えることになる)。

②当日市場：時間前市場

当日市場の概要を表4.4に示す。

表4.4　当日市場の概要

市場運営者	日本卸電力取引所(JEPX)
目的	当日の発電不調や気温変化による発電・需要調整の場として電気(kWh価値)の取引を行う
制度	・取引商品：1日を30分単位に区切った48商品 ・取引単位：0.1MW(30分電力量では50kWh) ・入札内容：時間帯ごとに注文価格(円/kWh)、注文量(MWh/h)、売買種別(売／買)および入札エリアを指定 ・価格決定方式：ブラインド・シングルプライス・オークション方式(入札締切後、すべての入札を「売り」と「買い」に分けて合成し、売りカーブと買いカーブの交点を約定価格・約定量とする)
現状	2016年4月の小売全面自由化以降、おおむね増加傾向にあるものの、2022年度1日前市場の約定総量(318.5TWh)に対して同年度の時間前市場の総約定量(9.9TWh)は、3.1%に留まっている[57][58](図4.22右下部分参照)
課題	FIP制度の導入および再生可能エネルギーの増加や、インバランス料金制度の見直しといった、市場環境・制度変更の変化を踏まえた活性化が望まれる

出典：一般社団法人日本卸電力取引所「電力取引—取引概要—取引規程」[56]をもとに作成

図4.22は、JEPXのスポット市場および当日市場の取引量の推移(棒グラフ)と、電力需要に対するJEPX取引量の比率の推移(折れ線グラフ)を示したものである。当日市場の取引量は図右下の丸で囲まれた部分で、スポット市場取引と比較すると、非常に取引量が少ないことがわかる[58]。

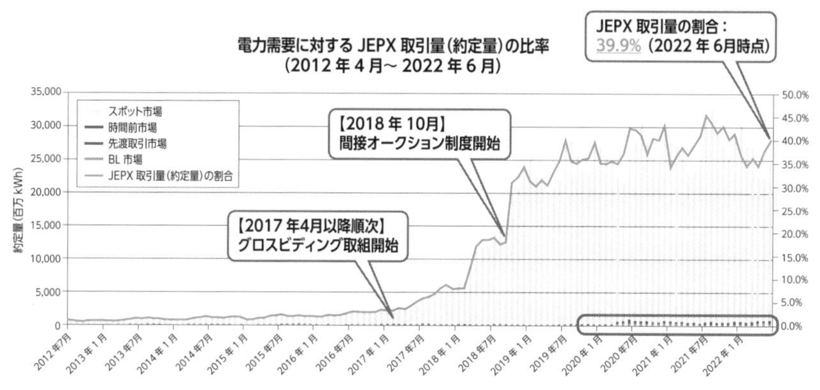

図4.22　今後の市場整備の方向性

出典：経済産業省　電力・ガス取引監視等委員会「～自主的取組・競争状態のモニタリング報告～(令和４年４月～令和４年６月期)」(2022) [58]をもとに作成

❸先物市場

先物市場の概要を**表4.5**に示す。

表4.5　先物市場の概要

市場運営者[12]	・東京商品取引所(TOCOM)：2019年９月試験上場、2022年４月取引開始 ・欧州エネルギー取引所(EEX)：2020年５月取引開始 ・アメリカ　シカゴ・マーカンタイル取引所(CME)グループ：2021年２月取引開始
目的	新電力の電力調達に占めるスポット市場での調達量が増加する中、電力スポット価格(kW価値)の大きな価格変動のリスクヘッジ手段を提供する
制度 (EEXの先物取引商品)	・取引商品：東京エリアと関西エリアで、週／月／四半期／シーズン／年間のベースとピーク、合計20商品(EEXの先物取引商品) ・取引単位：1MW×受渡期間の時間数・呼値の単位：0.01円/kWh ・取引対象期間：週物：最大５週間、月物：最大７ヵ月、四半期物：最大７四半期、シーズン物：最大４シーズン、年物：最大６年 ・決済方法：差金決済
現状	EEXの電力先物取引は、TOCOMより遅れて開始したが2023年１月の取引高が前月比26.9%増の12億2120万４千キロワット時と、順調な伸びを示している[61]
課題	現在商品の種類としては２つのエリアにしか対応していないが、スポット価格のリスクヘッジ手段と考えるならば、スポット市場で「市場分断」[13]による価格高騰の起きやすいエリアを別商品とすべきではないかと思われる

出典：欧州エネルギー取引所(EEX)グループ「EEX日本電力先物の立ち上がり100日間の総括」(2020)[59]／CMEグループ「よくある質問：日本の電力先物」[60]をもとに作成

次に、電力小売事業者がスポット市場で電力調達を行うに当たって、先物取引によるリスクヘッジを行わない場合と行う場合の例を**図4.23**に示す[61]。

12　**市場運営者**　海外の株式市場で日本株の売買が行われているように、海外の先物市場で日本(東京エリア、関西エリア)の電力先物取引が行われている。

13　**市場分断**　需給がエリアをまたぐ場合、エリア間の連系線には流せる電力量に限りがあるので、それを超えるときには、エリアごとにスポット市場の入札を合成し直し、約定価格を決定することを市場分断という。

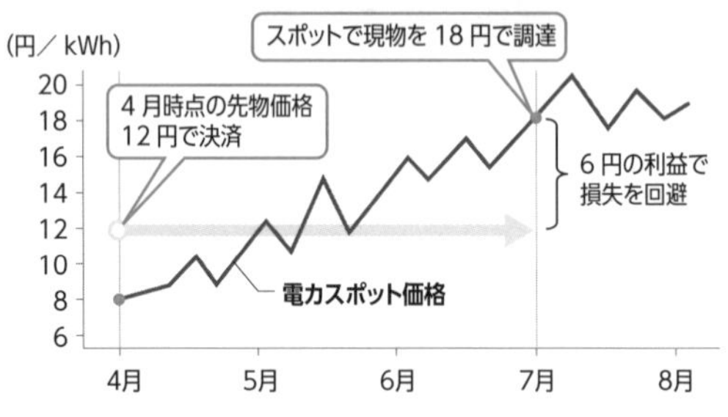

図4.23 先物取引によるリスクヘッジのイメージ
出典：株式会社産業経済新聞社「電力先物取引が17日に試験上場、価格変動リスク回避へ」(2019) [61] をもとに作成

発電所を保有しない電力小売り事業者は、供給先への電力が不足した場合には、価格変動の大きいスポットを購入するしかなかった。**図4.24**では、夏場にかけてスポット市場価格が高騰し、2019年7月は18円/kWhになっているので、先物市場を使ってリスクヘッジをしていなかった場合、その価格で調達するしかない。

しかし、4月の時点12円/kWhで7月に必要な量を、電力先物で購入しておけば、7月に反対売買を行うことで6円/kWhの利益が得られ、スポット市場からの現物調達で生じる損失との「損益相殺」が行える。株取引や為替取引同様、このように現物取引と先物取引をセットで行うことで、スポット市場の価格変動リスクを回避し、経営を安定させることが可能になる。

2 容量市場

容量市場の概要を**表4.6**に示す。

表4.6 容量市場の概要

市場運営者	電力広域的運営推進機関(OCCTO)
目的	将来にわたる日本全体の供給力(kW)を効率的に確保するため、電気のkW価値を取引する市場で、2020年運用が開始された
制度	・取引商品：4年後の供給力(kW) ・取引単位：1MW以上 ・応札内容：あらかじめ登録した電源等識別番号、応札容量(kW)、応札価格(円/kW)を指定する(※容量市場では、OCCTOが唯一容量市場の買い手で、売り手側の入札は、「応札」と呼ばれている) ・価格決定方式：シングルプライス・オークション
現状	2020年7月に2024年度調達分、2021年12月に2025年度調達分、2022年11月に2026年度調達分の容量市場メインオークションが開催された
課題	当初2回開催された容量市場の価格は大幅に異なっていたが、制度面での主要な課題への対応が行われ、3回目の容量市場価格は穏当な価格に落ち着いたものの、市場分断・エリア間値差の拡大という課題は残っている

出典：電力広域的運営推進機関「容量市場・発電設備等の情報掲示板／容量市場／説明会資料」(2022) [62] をもとに作成

容量市場の需要曲線と落札電源・約定価格のイメージを**図4.24**に示す[63]。

まず、OCCTOは、国の審議会などの意見を踏まえ、需要曲線を公表する。需要曲線の各項目は、最新の供給計画や国などが公表する経済指標を用いて設定される。次に、発電事業者が提出した応札情報をもとに応札価格の安い順に並べて階段状の供給曲線を作成する。この供給曲線と需要曲線の交点が約定点となり、約定価格(α円/kW)と、その価格での落札電源が決まる。

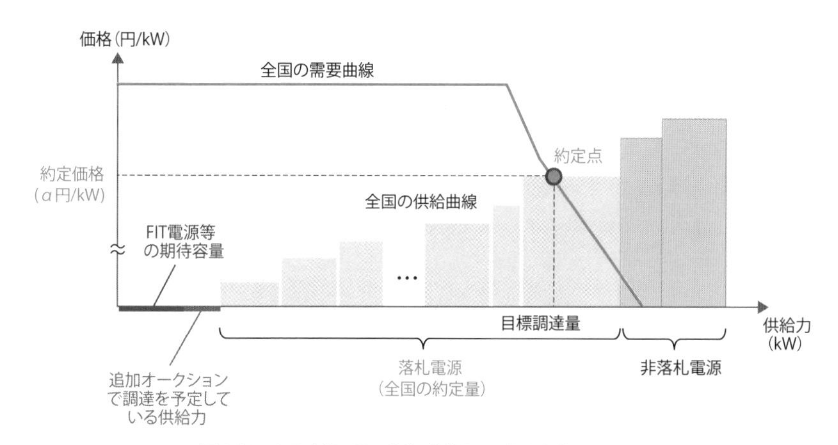

図4.24　容量市場の需要曲線と落札電源・約定価格のイメージ
出典：電力広域的運営推進機関「容量市場かいせつスペシャルサイト－落札電源の決まり方」[63]をもとに作成

3 需給調整市場

需給調整市場の概要を**表4.7**に示す。

表4.7 需給調整市場の概要

<table>
<tr><td>市場運営者</td><td>送配電網協議会(TDGC)[14]</td></tr>
<tr><td>目的</td><td>一般送配電事業者が系統の安定化に必要な調整力(ΔkW)を調達するための市場で、2021年4月、取引商品の1つ(三次調整力②)の運用が開始された</td></tr>
<tr><td>制度</td><td>
<table>
<tr><td>取引商品</td><td>応答時間</td><td>継続時間</td><td>最低入札量</td><td>刻み幅</td></tr>
<tr><td>一次調整力</td><td>10秒以内</td><td>5分以上</td><td>5MW</td><td>1kW</td></tr>
<tr><td>二次調整力①</td><td>5分以内</td><td>30分以上</td><td>5MW</td><td>1kW</td></tr>
<tr><td>二次調整力②</td><td>5分以内</td><td>30分以上</td><td>5MW</td><td>1kW</td></tr>
<tr><td>三次調整力①</td><td>15分以内</td><td>3時間</td><td>5MW</td><td>1kW</td></tr>
<tr><td>三次調整力②</td><td>45分以内</td><td>3時間</td><td>5MW</td><td>1kW</td></tr>
</table>
※二次調整力②と三次調整力①②の最低入札量は専用線接続は5MW、簡易指令システム(VPP/DR)の場合1MW
・入札内容：三次調整力①②では、3時間を1ブロックとして、約定希望ΔkW、約定可能な最低ΔkWおよび30分あたりの単価を指定
・価格決定方式：三次調整力②では、一日前入札したものをマルチプライス・オークション(高い価格から並べた買い注文と成行き価格のみの売り注文で量に合わせて複数の取引価格が決定される方式)で決定
</td></tr>
<tr><td>現状</td><td>2021年4月より三次調整力②、2022年4月より三次調整力①の広域調達・運用を開始。取引はおおむね順調に行われている一方で、複数のエリアで調達不足の状況が継続的に発生している[65]。一次調整力および二次調整力①②は2024年より運用開始予定で詳細設計が進められている[66]</td></tr>
<tr><td>課題</td><td>・三次調整力②の調達不足解消
・二次調整力①および一次調整力の広域運用に当たっては一般送配電事業者の中央給電指令システムの抜本的な改修が必要なため運用開始時期は不明</td></tr>
</table>

出典：送配電網協議会「需給調整市場とは―需給調整市場の概要」[64]をもとに作成

需給調整市場への商品導入は、**図4.25**に示すスケジュールで実施される予定である[66]。

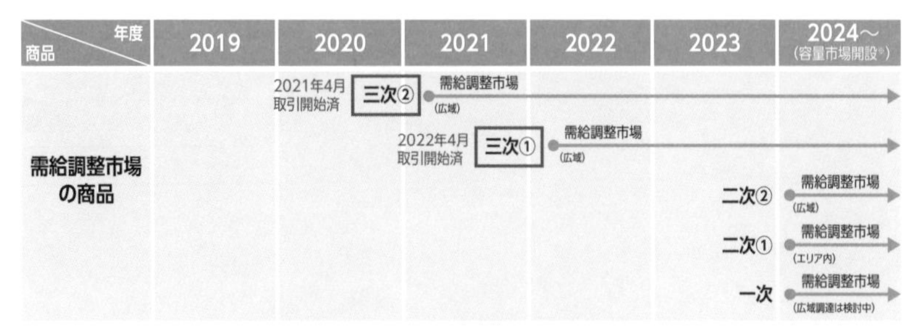

図4.25 需給調整市場商品導入スケジュール
出典：送配電網協議会「需給調整市場の概要・商品要件(第3版)」(2022)[66]をもとに作成

14 **送配電網協議会** 2021年4月に電気事業連合会から独立した、一般送配電事業者による運営組織で、需給調整市場の運営ばかりでなく、電気事業連合会で実施していた送配電に係る保安業務および託送関連業務も引き継いでいる。

4.9 〉日本の電力関連市場の現状と課題

1 電力市場取引の低調

JEPXでは、一日前／当日kWh取引市場の他に、先渡市場、分散型・グリーン売電市場、非化石価値取引市場、間接送電権市場、ベースロード市場を運営している。2022年度の先渡市場の総約定量(32.9GWh)は[67]、2022年度一日前市場の取引総量(318.5TWh)[57]の10.3%でしかなく、分散型・グリーン売電市場に至っては、2012年6月〜2016年1月まで、「東京エリアコジェネ発電」の約定結果が公開されているが、それ以降取引がない[68]。ベースロード市場に関しては、2021年度から年間3回開催されていたオークションが4回に増え、2022年度(2023年度受渡し分)の総量は1076.2MW(年間電力量換算で9.43TWh)となったが、それでも2022年度一日前市場の取引総量の3.0%しかない[69]。

このように取引が低調な原因の1つとして、市場に供給される「玉」の不足が考えられるが、その大本の原因は、海外の電力自由化を見習った中途半端な市場メカニズムの導入にある。2023年4月24日時点で経済産業省・資源エネルギー庁に登録された小売電気事業者(いわゆる新電力)は全国に720社ある[70]が、旧一電が分離しでできた発電事業者10社の全発電電力量に占める割合は2019年度で約59%となっている[71]。そのため、電力関連の取引市場の中で一番活性化しているJEPXのスポット市場でさえ、旧一電系発電事業者が玉出しすることで取引量が確保されているということに留意が必要である。

2 スポット市場価格高騰の原因

2020年度の冬季、特に2021年1月にはJEPXのスポット市場価格が長期にわたり高騰するという事象が発生した。その原因として指摘されている[72]のは、2020年12月中旬以降の電力需要が例年に比べて大幅に増えたことなどにより旧一電系発電会社のLNG在庫が大幅に下落したことである。そこで、LNG在庫を一定の水準に保ち、運転を継続させるため、一電系発電会社はLNG火力の稼働抑制を行うとともに、スポット市場への売り入札量を縮小した。従来同様のスポット調達量を確保しようとした新電力の高値入札により、スポット市場価格高騰を招いたとされている。

需要と供給の関係で約定価格が決定するという市場の仕組みからみると、なんら問題はないが、少数の大口売り顧客が売り控えを行うことにより市場価格が高騰するのは、日本ではスポット市場といえども十分に成熟した市場にはなっていないという査証である。

また、新電力は、市場価格高騰が起きるかもしれないということを前提として電力ビジネスを営むべきであり、電力先物によるリスクヘッジや相対契約も交えて自らの経営安定化を図る必要があった。そもそも小売事業者は、電気事業法で供給力の確保の義務があるにも関わらず、自前電源を持たずに市場に過度に依存したつけが出たと言わざるを得ない。

「市場」という仕組みができても、真に競争的な環境ができ、かつ、市場参加者が、その仕組みを理解し使いこなせてはじめて、日本の電力自由化、電力システム改革が真価を発揮できるものと考える。

3 取引市場の課題

経済産業省は、卸電力市場の在り方・運営上の課題、一般送配電事業者における需給運用上の課題や発電事業者・小売電気事業者における計画値同時同量・市場取引上の課題などを総合的に議論する場として、「卸電力市場、需給調整市場及び需給運用の在り方に関する勉強会」を設立した。2024年以降の容量市場の開始後の望ましい需給運用・市場の仕組みの在り方に焦点を当てた議論が行われ、2022年6月にとりまとめが行われた。その内容を受け、2023年3月現在、「あるべき卸電力市場、需給調整市場及び需給運用の実現に向けた実務検討作業部会」にて検討が行われており、あるべき市場の仕組みとして、新たな入札(①ユニット起動費、②最低出力コスト、③限界費用カーブでの入札)や、kWhとΔkWを同時に約定させる仕組みなどが検討されている[73]。

4.10 〉系統連系のルールと手続き

本節では、再エネを含む全ての電源を電力系統に連系(接続)する際のルールと必要性について説明し、現行の系統連系に関する日本のルールと系統連系の手続きについて説明する。

1 系統連系ルールと供給バランス調整の必要性

❶日本の電力系統連系

一般送配電事業者の電力系統に発電設備を接続することを系統連系という。日本における系統連系は、発電所出力により接続される送配電線の電圧が異なり、50kW未満の発電設備を連系する低圧連系、50kW以上2,000kW未満の設備を連系する高圧連系、2,000kW以上の設備を連系する特別高圧連系がある。

表4.8 発電設備(分散型電源)の系統連系区分

連系区分	低圧連系	高圧連系	特別高圧連系
設備容量	～50kW未満	50kW以上、2000kW未満	2,000kW以上
電圧区分	600V以下	600V超、7,000V以下	7,000V超
太陽光発電の連系契約	低圧連系 単相3線・三相3線	高圧連系 三相3線	特別高圧連系 三相3線
受変電設備のイメージ	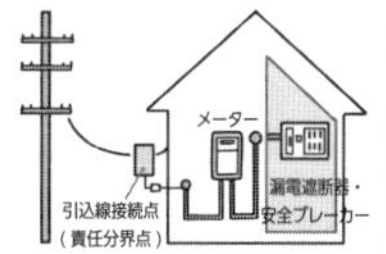 メーター 引込線接続点 (責任分界点) 漏電遮断器・ 安全ブレーカー		

出典：一般社団法人 太陽光発電協会「電力会社との一般的な太陽光の系統連系区分について」[74]をもとに作成

電力系統の運用においては、周波数および電圧を適正な範囲内に維持するとともに、系統事故や系統擾乱時の適切な対応が必要であり、安定供給と経済性の両立のため、系統運用者(一般送配電事業者)と発電事業者が一体となって取り組む必要がある。そこで、発電設備などを系統に連系するため、「2.系統連系に関する現行の規程」で説明するルールが規定されている。

このようなルールは「グリッドコード」と呼ばれ、国際エネルギー機関(IEA：International Energy Agency)では、以下のように定義されているが、本節では接続コードの意味で用いる。

グリッドコード(Grid code)とは、「電力システムや市場に接続された資産が遵守しなければならない幅広い一連のルールを網羅した包括的な条件であり、その制定目的は費用対効果と信頼性の高い電力システム運用を支援すること」とされている。グリッドコードは、①接続コード、②運用コード、③計画コード、④市場コードより構成されるが、狭義では「接続コード」を指す場合もある。

出典：経済産業省・資源エネルギー庁「グリッドコードの整備について」(2018)[75]

②需給バランスの調整力

太陽光発電や風力発電などの変動性再エネ電源の導入拡大に伴い、急激な出力変動に追随して需給バランスを維持する調整力の必要性が一層高まっており、EU各国ではグリッドコードの改定が進められている。日本においても、変動性再エネの大量導入や2018年の北海道胆振東部地震による北海道全域にわたる大規模停電(ブラックアウト)を受けて、変動性再エネの周波数変動への耐性を高めるための制御機能や火力発電の調整力機能を発揮する必要性が高まった。

そこで経済産業省の系統ワーキンググループにおける検討を踏まえ、2020年9月に電力広域的運営推進機関(OCCTO)が「グリッドコード検討会」を立ち上げ、2030年度のエネルギーミックスの実現に向けて、まずは2023年4月の適用開始を目指した「短期的に要件化が必要な技術要件」の検討が進められている[76]。

2 系統連系に関する現行の規程

電気事業法第17条で規定する「託送供給義務等」のもと、電力広域的運営推進機関が定める「送配電等業務指針」第135条において[72]、一般送配電事業者は「系統連系技術要件」を明確に定め公表しなければならないと規定されている。これを受けて、一般送配電事業者は、電気事業法第18条第1項に基づいて託送供給等約款の別冊として「系統連系技術要件」を定めて公表している。

現在の日本の系統連系に係る規程は、**表4.9**に示すように、「系統連系技術要件(一般配電事業者)」に加えて以下の5つの規程がある。

「日本版グリッドコード」は、④「系統連系技術要件」を軸として各規程間の整合を図り制定することになった[78]。

表4.9　日本の系統連系に係る規程類

①送配電等業務指針[77]	
担当機関	電力広域的運営推進機関
内容	電気事業法第28条45項に基づき規定され、発電設備と送配電設備との接続に関する事項を定めるもの
②電力品質確保に係る系統連系技術要件ガイドライン[79]	
担当機関	資源エネルギー庁
内容	系統連系を可能とする必要要件のうち、電圧、周波数などの電力品質を確保するための技術的要件および連絡体制などについて考え方を整理したもの
③系統連系規程(JEAC　9701)[80]	
担当機関	日本電気協会
内容	系統連系の検討に携わる実務者向けに、②のガイドラインの内容を具体的に示したもので、民間規程ではあるが④に対して全国統一的な方針を示すもの
④系統連系技術要件(託送供給等約款別冊)	
担当機関	各一般送配電事業者
内容	上記②、③に基づき、発電事業者が一般送配電事業者と契約締結の際に遵守すべき系統連系に係る技術要件を定めたもので、経済産業大臣の認可が必要
⑤系統アクセスルール	
担当機関	各一般送配電事業者
内容	発電側からの接続検討申込などの具体的な運用を定めたもので、上記③に準ずる規程として一般送配電事業者が作成するが、経済産業大臣の認可は必要ない

出典：経済産業省・資源エネルギー庁「グリッドコード(系統連系に係る技術要件)について」(2020)[78]をもとに作成

3　系統連系の手続き

❶系統に連系されるまでの手続き

電源を系統連系(接続)するためには、**図4.26**に示すように、系統連系希望者が一般送配電事業者に接続検討の申込みをする[15]。それを受けて、一般送配電事業

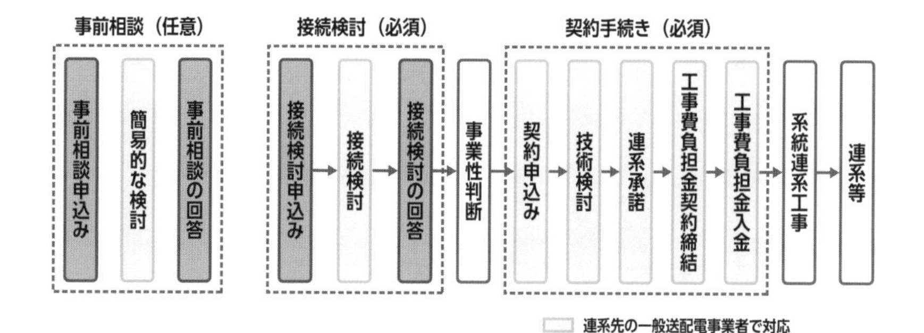

図4.26　系統連系の申込みプロセス

出典：電力広域的運営推進機関「かいせつ電力ネットワーク　具体的な系統アクセス手続き等について」[82]をもとに作成

15　**接続検討の申込み**　最大受電電力の合計値が1万kW以上の発電設備などの連系を対象とした事前相談、接続検討は、電力広域的運営推進機関に申込むことができる。

業者が技術的検討などを踏まえて連系承諾を行い、系統連系希望者が工事費負担金を支払ったあとに工事が実施されて系統に連系される[15]。

一般送配電事業者は、電力広域的運営推進機関の送配電等業務指針にしたがった送配電系統の利用に関するルール[16]を公開している。

新規電源の系統への接続は、公平性・透明性を確保する観点から、太陽光や風力も含めて全電源共通で接続契約申込み順に、系統の接続容量を確保するという先着優先ルールが適用されてきた。

しかしながら、FIT制度導入以降、太陽光などの再エネの導入が急速に進み、系統に速やかに接続できない系統制約が顕在化してきた。そこで、系統制約を解消するために、既存の系統を最大限活用して一定の条件で接続を認める「日本版コネクト&マネージ」の対策が進められている(第5章2節参照)。

❷系統に接続するための費用

系統接続に要する工事費負担金は、**図4.27**に示すように、電源線[17]と一般送配電事業者側の送配電などの設備で異なる。電源線は系統連系希望者の全額負担、一般送配電事業者側の送配電などの設備は系統連系希望者が負担する「特定負担」と一般送配電事業者が負担をしたうえで、供給エリアの需要家側から託送料金として回収する「一般負担」がある[81]。

費用負担の詳細は、資源エネルギー庁の「発電設備の設置に伴う電力系統の増強及び事業者の費用負担などの在り方に関する指針」[83]において基本的な考え方が示されている。

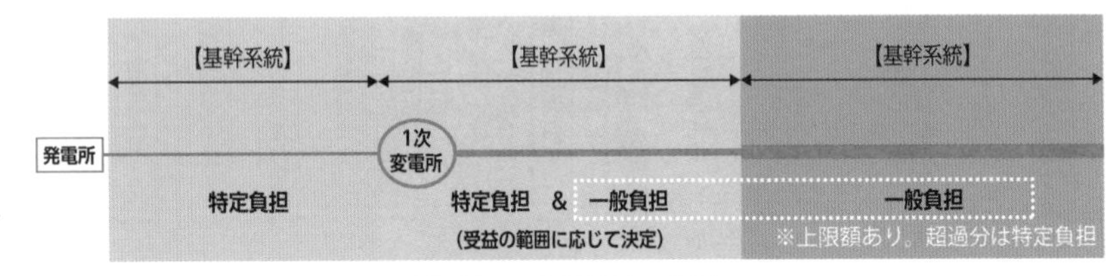

図4.27 工事費負担金の考え方
出典：経済産業省・資源エネルギー庁「なるほど！グリッド―系統接続について」[81]をもとに作成

16 **送配電系統の利用に関するルール** 設備形成ルール、系統アクセスルール、系統運用ルール、情報公表ルールなどがある。
17 **電源線** 発電設備設置者の負担とすべき、発電所から電力系統への送電を主たる目的とする送変電等設備のことである[81]。

Column 4

容量市場

新谷 隆之

かつて、旧一般電気事業者(旧一電)は、自社エリアに関して長期需要予測を行い、一方で、自社保有する老朽発電所の廃止計画を考慮に入れながら、新規発電所建設計画を立てることで、目先の需給バランスだけでなく、数年先の需要に対しても十分な発電設備を確保するように努めてきた。ところが、電力システム改革の一環で「発送電分離」が行われ、発電事業者は、発電所の建設費用から日々の運転に必要な費用まで、すべてを小売電気事業者との相対取引か電力市場取引で賄わなければならなくなった。更に、「変動型再エネ(風力や太陽光などの発電出力が天候任せの電源)」が増加してきたため、「調整電源(火力発電など、需給バランス調整用に使われてきた電源)」は、より大きな出力調整幅を確保するために稼働率が低くなり、売電収入が低下。発電事業者にとって、既存発電設備の投資回収の見通しが悪くなり、新たな火力発電所建設の投資判断が困難となって、このままだと、必要なタイミングで発電投資が行われず、将来、発電設備が不足しかねないことが懸念された。

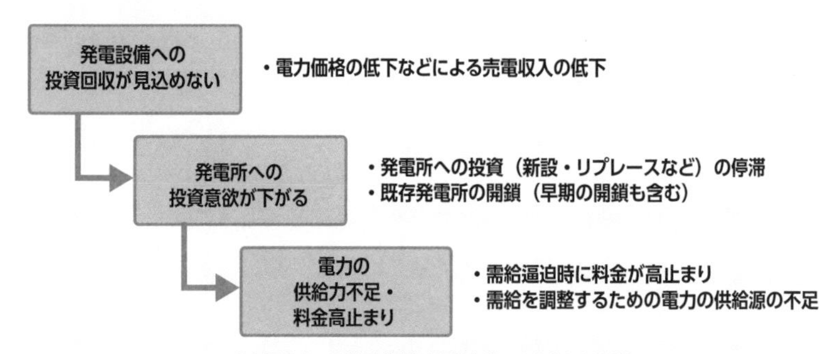

コラム図4.1 発送電分離が発電事業にもたらした課題
出典：経済産業省「くわしく知りたい！ 4年後の未来の電力を取引する『容量市場』」(2021)[85]をもとに作成

電力自由化で先行する海外でも、「発送電分離」で同様の問題が顕在化し、その解決方法として「容量メカニズム」と呼ばれるいくつかの方策が試行されていて、「容量市場」は、そのような方策の1つである。

具体的には、「電力広域的運営推進機関(広域機関)」が、気象や災害によるリスクも考慮して4年後使われる見込みの電気(kW)の最大量(目標調達量)を算定し、その調達量をまかなうため、「4年後に供給が可能な電源」を募集するオークションを行って、価格の安い順に落札する。ただし、落札した発電事業者への支払いは、広域機関が行うのではなく、小売事業者が負担する仕組みとなっている。

2020年7月、2024年度に供給が可能な状態にできる電源を確保することを目的に、第1回オークションが開催されたが、約定価格は、広域機関が想定した上限価格より1円だけ安く、実質上限価格と同等な14,137円/kWという高値約定となり、多くの関係者を驚かせた。そこで、高値約定の原因と目された「逆数入札(詳細は省略)」の廃止を含め容量市場制度の見直しが行われ、2021年12月、2025年度分のオークションが開催された。結果は、北海道と九州は5,242円/kWで昨年の約1／3、それ以外のエリアは3,495円/kWで昨年の約1／4の約定価格となった。小売電気事業者の負担軽減という点では歓迎されるべき結果となったが、容量市場設立の本来の目的である「発電事業者にとって新たに発電所を建設するインセンティブとなる」には程遠く、2025年度分の容量市場価格の方がむしろ問題という意見も出た。

そこで、新たな発電所を建設するためには、「長期脱炭素電源オークション」という容量市場とは別のオークション市場を検討する一方、短期的には、基幹系統に接続している再生可能エネルギー発電設備(ノンファーム型電源)の容量市場参入を可能とするとともに、発動指令電源(1MW未満の電源や安定的供給力を提供できない自家発・デマンドレスポンスなどを単独または組み合わせることで、期待容量が1MW以上の供給力を提供できるもの)の調達上限の引上げなどのルール変更を行って2022年12月、2026年度分の容量市場オークションが開催された。結果は、北海道と九州では前年に続き市場分断が発生し、約8,750円/kWhとなったものの、その他のエリアは5,830円/kWと、前年の約1.7倍に持ち直した[86]。

第5章

再生可能エネルギーはなぜ簡単に増やせないのか

第5章　概要

出力が安定しない太陽光などの再生可能エネルギー(再エネ)を電力システムに大量導入するためには、再エネを送電するときの系統容量を確保することが重要である。それに加えて、出力変動に対する調整力の確保、系統の安定性を確保するなどの技術的課題を克服する必要がある。

本章では、まず再エネを電力システムに大量導入する際の影響および課題を整理し、技術的課題への対応状況について説明する。さらに中長期的な系統整備計画(マスタープラン)の概要とともに、2050年のカーボンニュートラル達成を視野に入れた強靭な次世代の電力システムの実現に向けた方策、将来の絵姿の一例を示す。

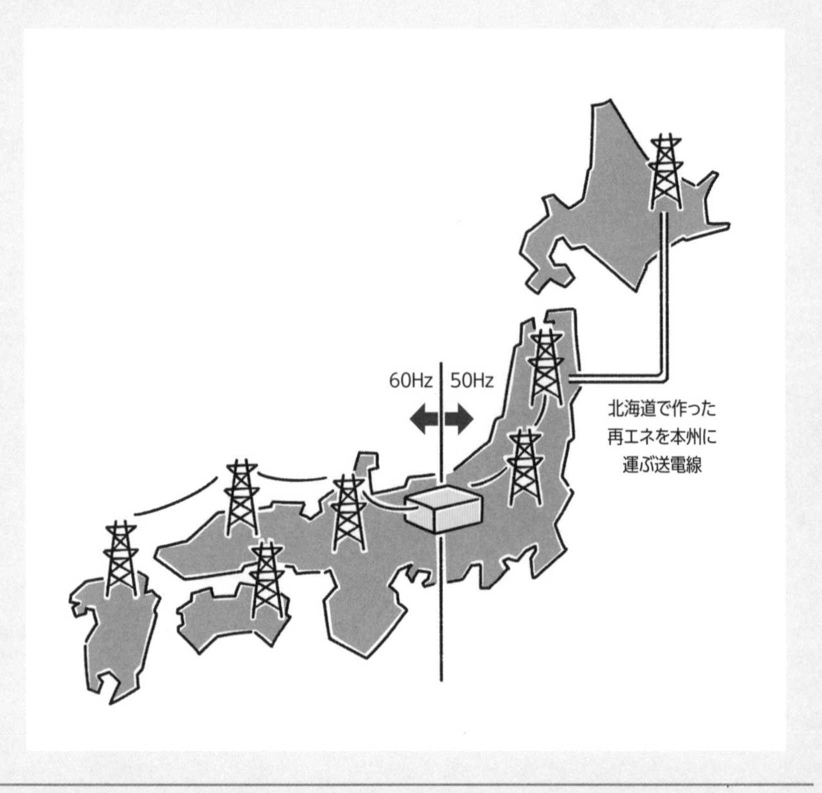

5.1 〉再生可能エネルギーの電力システム導入への課題

1 電力の3つの価値

電力は日常生活や社会・経済活動に欠かせない必需品だが、他の商品と異なり目に見えないため、その性質や特徴がわかりにくい。

電力は、さまざまなエネルギーへ柔軟に変換できる。また、照明、空調、動力、通信などの幅広い用途に利用できるとともに、扱いや制御が容易などの優れた特徴がある。ここでは、電力システムの観点から、3つの価値(特徴)に注目する。

電力の3つの価値[1]を**表5.1**に示す。また、**図5.1**に電力(kW)と電力量(kWh)の違いをイメージで説明する。

表5.1 電力の3つの価値

電力(kW)	電力量(kWh)	調整力(ΔkW)
ある瞬間に発電・使用する電力の大きさ	時間あたりに発電・使用する電力の合計量	発電と需要を一致するために電力を調整する能力

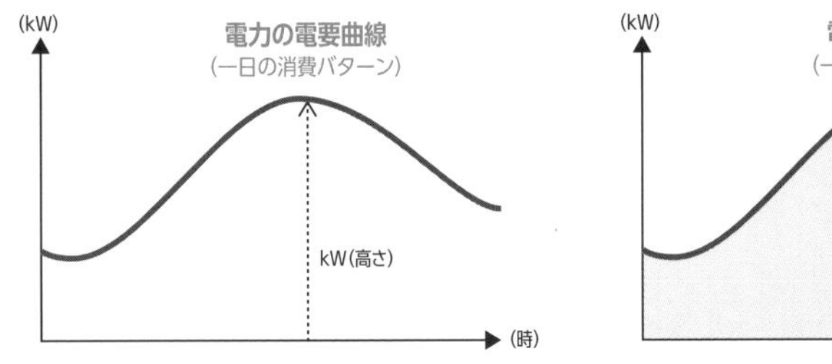

図5.1 電力(kW)と電力量(kWh)の違い
出典：東京電力ホールディングス株式会社「電気の特性」[2]をもとに作成

家庭を例にとると、電力会社との契約は、最大で使用可能な電力の大きさを契約電流(たとえば40アンペア[1])として決めることが一般的である。この場合、契約電力に基づく基本料金と毎月の使用電力量(たとえば400kWh)に基づく電力量

1 **アンペア** 電気の流れる量を表した単位。契約電流が40A(アンペア)の場合、電圧は100V(ボルト)なので、電力は100V×40A=4,000W(ワット)=4kW(キロワット)となる。

料金の合計が電力会社から請求される[2]。

2 2種類の再生可能エネルギーの特徴

電源としての再エネは、出力の変動性により2種類に分類される。出力が安定した水力発電(水量が安定しない自流式などの小水力発電を除く)、地熱発電、バイオマス発電などと、太陽光発電、風力発電などの出力が常に変動する変動性再生可能エネルギー(変動性再エネ／VRE：Variable Renewable Energy)の2種類である。

変動性再エネの出力は、自然条件により決まるため、絶えず変動して安定しない。太陽光発電と風力発電の出力が1日の間に変動する一例を**図5.2**に示す。

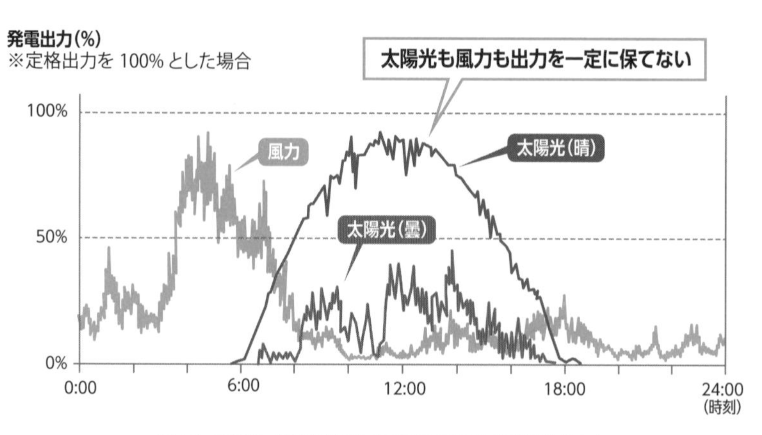

図5.2 太陽光・風力発電の1日の間の出力変動(2013年時点)
出典：九州電力株式会社「太陽光・風力発電の出力変動」[3]をもとに作成

出力が安定している水力発電などの再エネは、出力を一定で運転することも、需要変動に応じた指令により出力を変動させることもできる。すなわち、電力系統への連系で特段の問題はなく、火力発電所と同じように運転を行うことができる。

2 **電気量料金** 基本料金をゼロとして、「電力量料金単価×使用電力量」を電気料金とするメニューを設定している電力会社(小売事業者)もある。また、電気料金には、電力量に比例する燃料費調整額と再生可能エネルギー発電促進賦課金も含まれる。

3 時間的ギャップと地域的ギャップ

太陽光発電は夜間には出力がゼロとなり電力を供給できない。また曇りや雨天の日は、晴天の日より大幅に出力が下がる。このように発電電力が変動するため、発電と需要の間に時間的ギャップを生じる。

地域的ギャップは、再エネの立地と需要地が一致せずに離れていることから生じる。大型の太陽光発電所や風力発電所は、広い敷地の確保、風況条件などにより大需要地である都市部から離れた場所に建設されることが多い。この場合、地域的ギャップを生じるとともに、電力を送るための送電線容量の確保が必要となり、遠距離送電による損失も生じる。

電力の3つの価値の観点からは、変動性再エネは、電力を必要な時に必要な量(kWhおよびkW)を供給することが難しく、出力が絶えず変動することから、調整力(ΔkW)を提供することが困難である。

5.2 変動性再生可能エネルギーの電力系統連系時の電力品質

1 安定した電力品質確保の課題

電気は目に見えないものだが、その品質を一定に保つ必要がある。電力品質を評価する基本的な要素は、「①電圧[3]」「②周波数[4]」「③系統の安定性」の3項目である。

電圧や周波数が不安定な場合は、電気製品が正常に動作しない、照明がちらつく、生産機械が正常に動作しないなどの影響を生じる。安定性が低下した場合は、供給支障(停電)となる可能性がある(系統の安定性については4節参照)。

従来の電力系統は、発電所から送電線を経て配電線への電力の流れ(潮流)が片方向であったが、再エネなどの分散型電源の普及により、電力の流れが双方向に変化した。さらに、変動性再エネは出力が絶えず変化することから、従来と比較して電力品質を一定に保つことが難しくなってきた。

2 電圧および周波数の影響

電力品質への影響は、その範囲により局所的影響と広域的影響の2つの場合がある。局所的影響は、配電線に太陽光発電が大量に連系された場合、**図5.3**に示すように、通常は配電用変電所から片方向の電気の流れ(青矢印)が、左側の矢印で示すように逆向きに流れることにより、電圧を適正範囲に保つことが難しくなる事例などがある。

3 **電圧** 電気事業法および同施行規則により、電気事業者は、電気を供給する場所において、標準電圧100Vの場合は101V±6V、標準電圧200Vの場合は202V±20Vに維持するように努めなければならないと規定されている。

4 **周波数** 電圧や電流が1秒間に正と負に切り替わる回数で、単位はHz(ヘルツ)で示す。周波数は、発電と需要(負荷)とのバランスをみる重要な指標で、発電が需要を上回ると周波数は上昇し、下回れば低下する。周波数は時々刻々変化するが、適正な範囲内(標準周波数の50Hzまたは60Hzに対して±0.2Hzまたは±0.3Hz)に収まるように、需給バランスを適切に保つようにコントロールされる[4]。

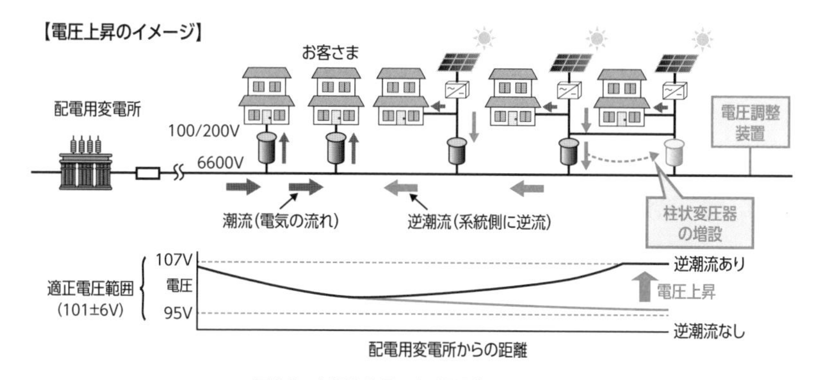

図5.3 太陽光発電による配電線の電圧上昇
出典：経済産業省・資源エネルギー庁「再生可能エネルギーを巡る現状と課題」(2014) [5] をもとに作成

なお、電圧の影響は、上記のような局所的影響および超高圧送電線や変電所などのトラブルにより電圧が広範囲で変動する[5]広域的影響の2種類がある。

一方、周波数の変動は広域的影響となる。これは、変動性再エネが増加すると、需要と供給のバランスを適切に維持することが困難になり、周波数の変動を生じて瞬時に電力系統全域に影響を与えるためである。そこで、発電所には安定した出力の確保とともに、絶えず変化する需要の変動に対応して、給電所からの指令に合わせて出力を任意に設定する能力が求められる。

5 **電圧の変動** 一例として、超高圧送電線で落雷などにより地絡事故が発生した場合、事故回線を遮断して再送電を行うが、その間は瞬間的に電圧が低下して広範囲に影響する。

5.3 変動性再生可能エネルギーの大量導入時の課題

1 カーボンニュートラル達成に向けた導入目標

政府は2015年の「長期エネルギー需給見通し」[6]で、2030年の再生可能エネルギーの導入目標を22%～24%とした。2018年の第5次エネルギー基本計画では、再エネの主力電源化を打ち出したものの2030年の再エネ導入目標は変えなかった。しかし、2021年10月に閣議決定した第6次エネルギー基本計画[7]では、2050年度のカーボンニュートラル達成に向けて、2030年の再生可能エネルギーの比率を36%～38%とこれまでの目標から大幅に引き上げた野心的な目標を設定した。

また、経済産業省2020年12月の「2050年カーボンニュートラルに伴うグリーン成長戦略」において、2050年の再エネ導入目標を以下のように示している。

> すべての電力需要を100%再エネで賄うことは困難と考えることが現実的。多様な専門家間の意見を踏まえ、2050年には発電量の約50～60%を再エネで賄うことを、議論を深めて行くに当たっての一つの参考値とし、今後の議論を進める[8]。

2 変動性再生可能エネルギー導入時の課題

今後、変動性再エネを電力系統に大量に導入するにはさまざまな課題があるが、主な課題を**表5.2**に示す。①～③は電力システムの工学的課題、④は自然条件や社会的制約への対応の課題、⑤はコスト負担への受容性の課題である。

表5.2　変動性再エネを電力系統へ大量導入する際の課題

課題	問題点
①再エネの送電容量の確保	再エネのポテンシャルの大きい地域(風力は北海道、東北など)と大規模需要地が離れているため、十分な送電容量が確保できない場合がある。再エネ導入量の拡大にともない、送電線の空き容量不足(系統制約)が顕在化してきた。
②再エネの出力変動への対応(調整力の確保)	電力の需要と供給(発電)は常にバランスを保つ必要がある。現在は調整電源として主に火力発電に依存しているが、カーボンニュートラルの達成のためには調整電源の脱炭素化を進める必要がある。 また、調整力が適切に確保できないと再エネの出力を制限する必要が生じて、再エネ事業への影響が懸念される。
③系統の安定性維持(慣性力の確保)	電力系統に事故が発生した際、周波数を維持して大規模な停電を避けるためには、系統全体での同期化力(同期発電機が安定した運転を継続する能力)および一定の慣性力(火力発電所などのタービンが回転し続ける力)の確保が必要である。太陽光・風力は、同期化力および慣性力を有していないため、その割合が増加すると系統の安定性を維持できない可能性がある。
④自然条件や社会的制約への対応	再エネは日射や風況などの気象や立地条件により、発電量が大きく左右される。大規模な太陽光は適地が少なくなっている。また、周辺の地域状況や環境規制などに応じて、景観や環境への影響に対する配慮や調整が必要である。
⑤コスト負担への受容性および経済への影響	再エネを大量に電力系統に導入するためには、送変電設備の増強や新技術による対応などに、多額な設備投資が必要となる。また、FIT制度による太陽光発電などの増加にともない、再エネ賦課金の負担が大きくなっている。その結果、電気料金が大幅に上昇する懸念があり、産業界の競争力低下を含めて、コスト負担への社会的受容性をどのように考えるかの議論が必要である。

出典：経済産業省・資源エネルギー庁「今後の再生可能エネルギー政策について」(2021)[9]をもとに作成

5.4 〉再生可能エネルギー送電容量の確保の課題

表5.2で示した変動性再エネを電力システムに大量導入する際の課題のうち、電力システムに関する技術的課題とその対応状況を説明する。

1 送電線の容量を確保するには

大規模な再エネは、太陽光発電では広大な敷地が必要で、風力発電では風況により適地が限られるため、首都圏などの大規模需要地から離れている。そのため、十分な送電容量が確保できないと電力を大規模需要地に送電することができない。

再エネの導入量が少ないときには、送電容量は局所的な配電線レベルの問題だったが、FIT制度による再エネの急速な導入拡大にともない、送電線の空き容量不足(系統制約)が顕在化してきた。

再エネの送電容量を確保するためには、「既存系統の効率的活用」と「系統の増強(新設、増設)」の2つの方策がある。

2 送電線の空き容量の考え方

日本の送電線は、2回線構成を標準としている。図5.4は鉄塔の両側にそれぞれ3本の電線(三相交流)が碍子に支持されている2回線送電線を示している。

図5.4　2回線送電線
資料提供：株式会社タワーラインソリューション「架空送電線の話」[10]

2回線送電線は、送電線のルートに電圧が同じ送電線を2組敷設して、片方の送電線が事故などで使用できなくなった場合でも、もう片方の送電線で支障なく電力を送ることを可能にする「N-1(エヌ マイナス イチ)基準」とよばれる考え方に基づいている。N-1基準は、日本だけでなく欧米など国際的にも広く採用されている考え方である。そのため、**図5.5**に示すように、常時の送電線稼働率は50%以下に設定されていた。

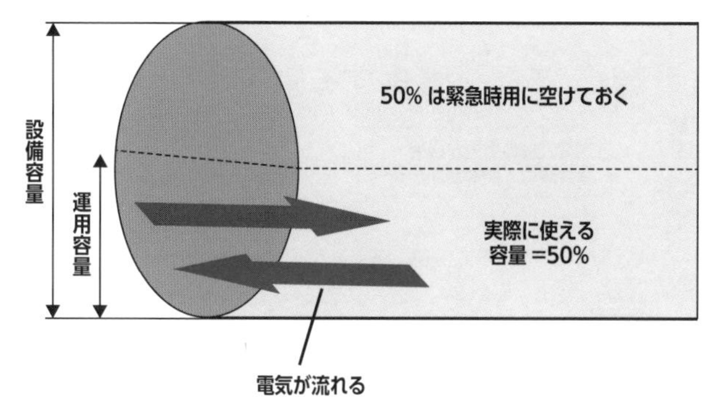

図5.5 2回線送電線の利用イメージ
出典：経済産業省・資源エネルギー庁「送電線「空き容量ゼロ」は本当に「ゼロ」なのか？
～再エネ大量導入に向けた取り組み」(2017)[11]をもとに作成

また、送電線には多種類の電源(発電所)が接続され、すべての電源が最大の発電量となった場合でも送電線容量に支障がないように運用するため、実際の送電線の利用率は最大でも50%より小さくなる。さらに、送電線利用の公平性や透明性を保つため、これまではすべての電源に対して申し込み順に系統容量を確保する「先着優先」の考え方がとられてきた。

5.5 〉日本版コネクト&マネージ

送電線の建設には、多額の建設費用と長期間[6]が必要である。再エネの導入を短期間かつ低コストで実現するためには、**図5.6**に示すように送電線の増強や新設を可能な限り減らす必要がある。

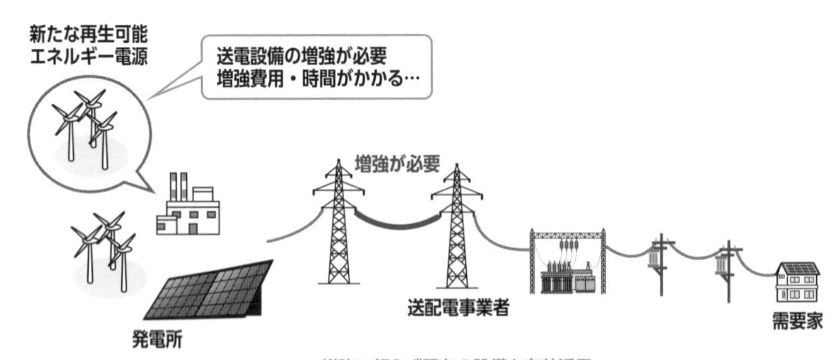

図5.6 既存系統の有効活用(系統増強の回避)
出典:電力広域的運営推進機関・かいせつ電力ネットワーク「電力ネットワーク利用の改革」(2022)[16]をもとに作成

そこで、ヨーロッパで先行しているコネクト&マネージの考え方を参考にして、既存の送電線を効率的に活用する仕組みとして、**表5.3**に示す「①想定潮流の合理化」、「②N-1電制」、「③ノンファーム型接続」の3つの手法から構成される「日本版コネクト&マネージ」の整備が進められている。**表5.3**に3つの手法の概要および導入状況を示す[13]。

6 **送電線の建設にかかる期間** 再エネの既存系統へのアクセス線で5年間程度、基幹送電線の場合は10年間以上が必要。

表5.3　日本版コネクト&マネージの概要

手法	概要	導入状況[14] (2023年5月現在)
①想定潮流の合理化	これまでは、送電線に接続されたすべての発電設備が最大出力で運転するとして送電線の空き容量を計算していた。 想定潮流の合理化は、実際の運用に近い各発電設備の出力により送電線の空き容量を計算して空き容量を増やす手法。	2018年4月から実施 約590万kWの空き容量拡大を確認(最も高い電圧の変電所のみで算定した値) (なお、100万kWは大型火力発電所1基に相当)
②N-1電制	電制とは電源制御の略である。これまでは、送電線の1回線が事故になっても発電電力の全量を送電可能とするため、送電線容量の半分を空けていた。 N-1電制は、送電線事故時に一部の電源を瞬時に保護装置により遮断し、健全な送電線の上限容量以下にすることで運用容量を拡大する手法。 ただし、制御量が多く安定供給を損なう懸念がある系統には適用できないため、特に影響の大きい一部の基幹系統には適用されない。	2018年10月から一部実施 約4,040万kWの接続可能容量を確認(最も高い電圧の変電所のみで算定した値) 2021年11月時点で全国で約650万kWの接続 2022年7月から本格適用を実施
③ノンファーム型接続	これまでは、発電電力に対して必要な送電線容量を接続契約の申込順に確保する「ファーム型接続」という方式が採用されていた。 これに対して、あらかじめ送電線の容量を確保せず、容量に空きがある際に再エネなどの新たな電源を送電線に接続する方式が「ノンファーム型接続」である。ノンファーム型接続は、容量に空きがなくなった際は、発電量の「出力制御」を行うことを前提として、接続契約が結ばれる。	2021年1月から全国の空き容量のない基幹系統に適用開始された。 2023年4月にローカル系統に適用 2023年1月末時点で全国でノンファーム型接続による契約申込みが約900万kW、その前段階の接続検討が約4,700万kW 一般送配電事業者が、送電線の混雑管理・出力制御を適切に実施するためのシステムの開発がNEDO事業として2023年度の完成を予定に進められている[15]。

出典：経済産業省・資源エネルギー庁「日本版コネクト&マネージにおけるノンファーム型接続の取組」(2023)[14]／経済産業省・総合資源エネルギー調査会「電力ネットワークの次世代化に向けた中間とりまとめ」(2021)[15]をもとに作成

1　想定潮流の合理化

実態に即した電源設備の稼働を想定した結果、送電線の空き容量が拡大するイメージは**図5.7**のようになる。

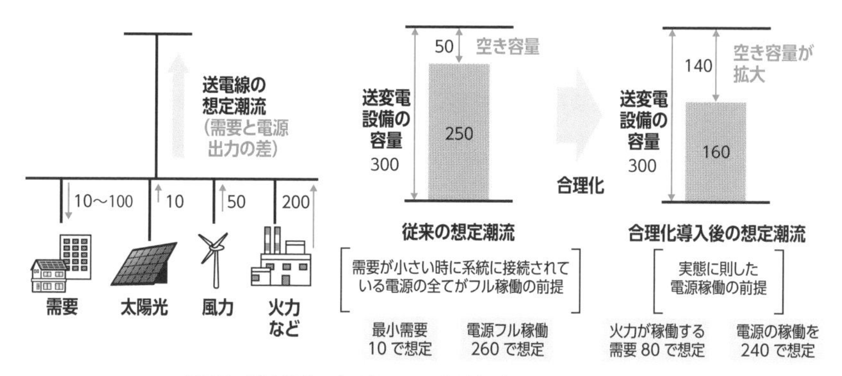

図5.7　「想定潮流の合理化」による送電線の空き容量の拡大イメージ
出典：電力広域的運営推進機関・かいせつ電力ネットワーク「電力ネットワーク利用の改革」(2022)[16]をもとに作成

2 N-1電制

送電線の運用容量の拡大イメージを**図5.8**に示す。右側の「N-1電制」適用時では、送電線の1回線が停止(N-1故障時)した場合、新設した発電所を瞬時に遮断することで、常時(設備健全時)の接続を可能にする。

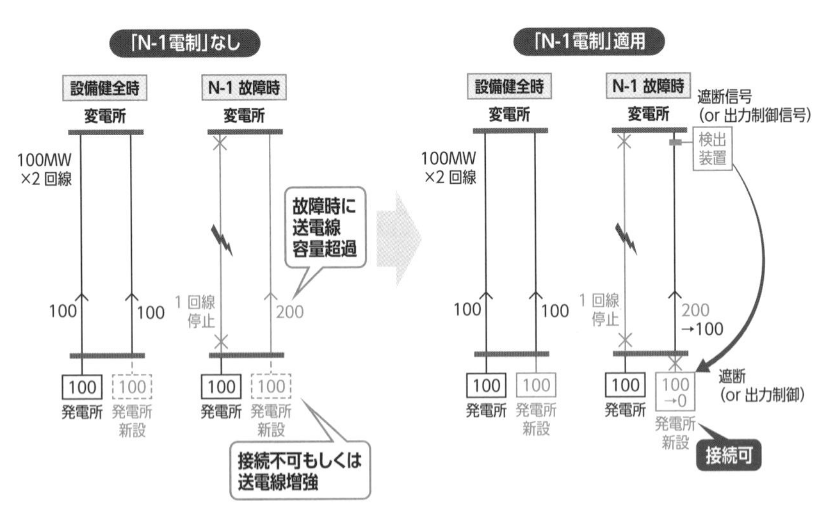

図5.8 「N-1電制」による送電線の運用容量の拡大イメージ
出典：電力広域的運営推進機関 かいせつ電力ネットワーク「電力ネットワーク利用の改革」[16]をもとに作成

3 ノンファーム型接続

図5.9はデュレーションカーブと呼ばれるもので、ある期間[7]の電力を発生時間と無関係に大きい順に左端から並び替えた曲線で、負荷持続曲線とも呼ぶ。

デュレーションカーブが示すように、電力は時間により需要が大きく変化するため、送電線の空き容量は絶えず変化する。従来は、最大需要が発生する真夏の昼間などの需要に合わせた運用を行っていたが、その発生時間は、**図5.9**左上のピークロードに相当する極めて短時間で、他の時間には送電線の空き容量が大きい。そこで、従来の考え方では空き容量がない送電線に新設の電源を接続する場合、**図5.10**に示すように、左上の極めて短時間のピークロード時には、新たに接続する電源の出力を制限することを前提として接続を認めるものが、ノン

7 **ある期間** 図5.9の場合は、1年間を1時間単位で区切り、横軸は24時間×365日=8760時間で表している。

ファーム型接続の考え方である。

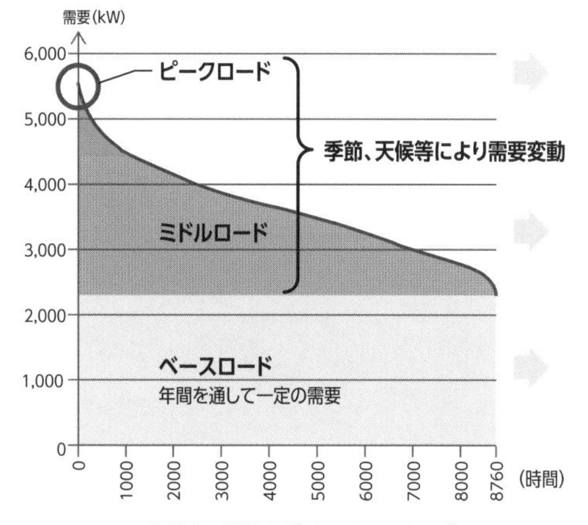

図5.9　電力のデュレーションカーブ
出典：経済産業省・資源エネルギー庁「これまでの議論における論点」(2015)[17]をもとに作成

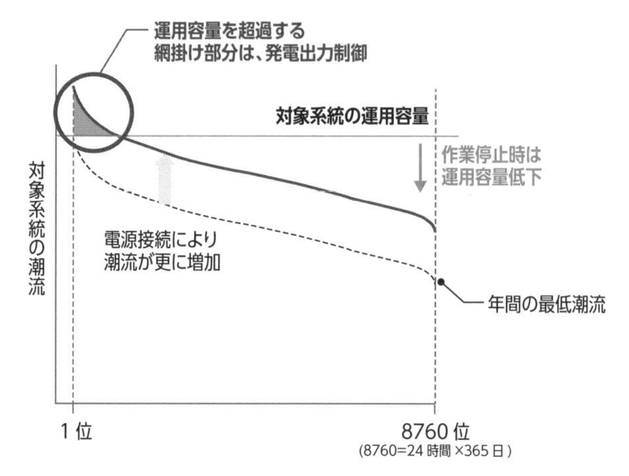

図5.10　ノンファーム型接続の考え方
出典：東京電力パワーグリッド株式会社「空き容量の無い基幹系統へのノンファーム型接続の展開について」(2021)[18]をもとに作成

ノンファーム型接続は、東京電力パワーグリッド株式会社が、千葉エリアにて2019年9月から試行的に開始した。これにより、同エリアでは従来の考え方では空き容量なしとされていた送電線に、約500万kW(100万kWの大型火力発電約5基に相当)の新規電源が接続可能となった[18]。2021年1月からは全国の空き容量のない基幹系統に対して原則として適用が開始された。

送電線の空き容量については、各一般送配電事業者がホームページで公開している「空き容量マップ」などで確認することができる[19]。

これまで説明した「想定潮流の合理化」、「N-1電制」、「ノンファーム型接続」の3つの仕組みを取り入れた既存系統の有効活用のイメージを**図5.11**に示す。

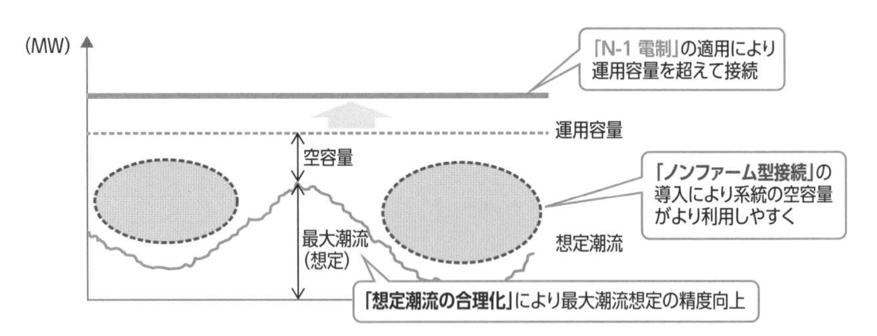

図5.11　日本版コネクト&マネージによる送電線の効率的活用
出典：電力広域的運営推進機関「広域機関における『日本版コネクト&マネージ』の検討について」(2018) [13]をもとに作成

5.6 メリットオーダーと再給電方式

5節で説明した日本版コネクト＆マネージの取り組みに加えて、既存系統を有効に活用するため、送電線の利用ルールの見直しが進められている。

ノンファーム型接続では、新たに接続を認められた電源は、送電線の空き容量がなくなる系統の混雑時に、**図5.10**で示したように出力制御を行うことが前提である。

これは、従来の電力システムの計画および運用を根本的に変える考え方だが、一方では、先に接続された電源(主に旧一般電気事業者の水力・火力・原子力発電所)が優先され、あとから接続された電源(主に再エネ発電所)が出力制御の対象になる「先着優先」の考え方に基づいている。

1 メリットオーダー

送電線に接続した順番による「先着優先」ではなく、限界費用[8]が低い電源から順番に運転した方が、経済的合理性があり電気料金を下げることが可能になる。このような系統利用の考え方が「メリットオーダー」[20]である。

一般的に新しい電源は発電効率が高く、再エネは燃料が不要で限界費用が低い。新たな系統利用ルールであるメリットオーダーを実現する仕組みとして、「再給電方式」[21]による系統の混雑管理の仕組みの検討が、電力広域的運営推進機関を中心に進められており、以下で説明する。

❶再給電方式

図5.12に示すように、系統が混雑(送電容量が増加)した場合、系統の混雑解消のために新規に接続された電源を出力制御する場合が生じる。

8 **限界費用** さまざまな発電所において、追加で1kWhを発電するのに必要なコスト(円/kWh)のことである。固定費を含まない可変費であり、火力発電の場合は燃料費に相当するが、再エネは燃料費がないために限界費用は極めて低い。

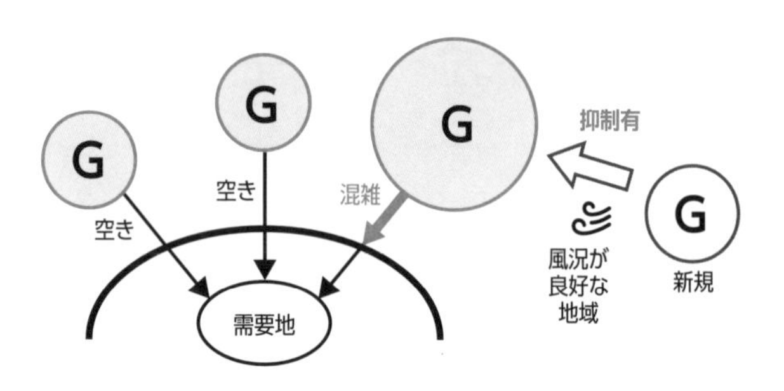

図5.12　送電線混雑による新規電源の出力制御
出典：電力広域的運営推進機関・広域系統整備委員会事務局「系統混雑を前提とした系統利用ルールについて(報告)～再給電方式～」(2021)[22]をもとに作成

再給電方式について、従来の設備増強による接続とノンファーム型接続との対比を**図5.13**に示す。

図5.13の右側の再給電方式では、系統の混雑が発生した場合はメリットオーダーに従い、発電コストが低い新規電源(G3)を運転して発電コストが高い既存の電源(G2)の出力を下げる。この方式を使うと、全体として発電コストが低い電源を優先的に活用することができる[22]。

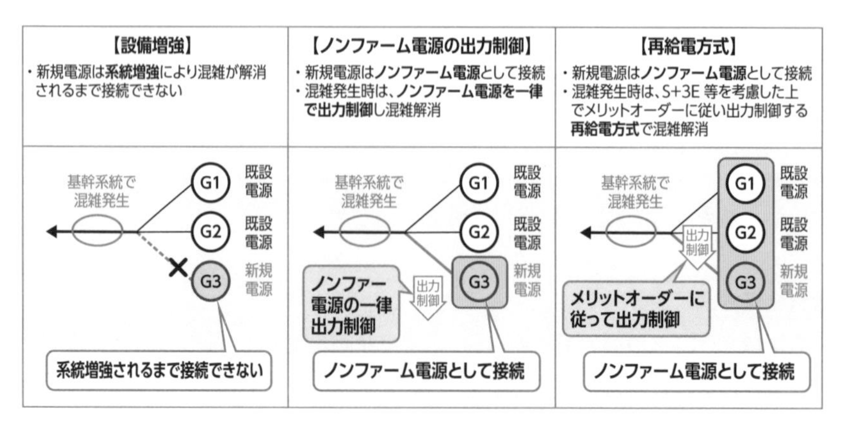

図5.13　再給電方式の概要
出典：電力広域的運営推進機関「2023年12月再給電方式(一定の順序)の導入について～2050年カーボンニュートラル実現に向けた系統利用ルールの見直し～」(2022)[23]をもとに作成

メリットオーダーによる再給電方式は、基幹系統の平常時の混雑解消に向けて、一般送配電事業者が契約している調整電源を対象として2022年12月に導入された。さらに、基幹系統のさらなる混雑回避を目的に、調整電源以外の電源も含め一定の順序により出力制御する再給電方式（一定の順序）が2023年末までに導入される予定である。

このように、系統の混雑管理は、一般送配電事業者の指令に基づく再給電方式により実施されることになるが、将来的には市場主導型による混雑管理[9]の導入が議論されている[24]。

2 地域間系統線の増強

再エネの大量導入に対応するためには、前述した「日本版コネクト＆マネージ」と「メリットオーダーと再給電方式」のような既存系統の効率的活用に加えて、送電線の新設や増強は、建設に要する費用や期間を考慮しても有効な手段である。特に、北海道や東北など、地域エリア内の再エネポテンシャルと需要の乖離が大きい場合は、地域エリア間の電力融通を行う連系線を増強する必要がある。

このため、**図5.14**で示すように、各エリア間の連系線の増強・建設が進められている。

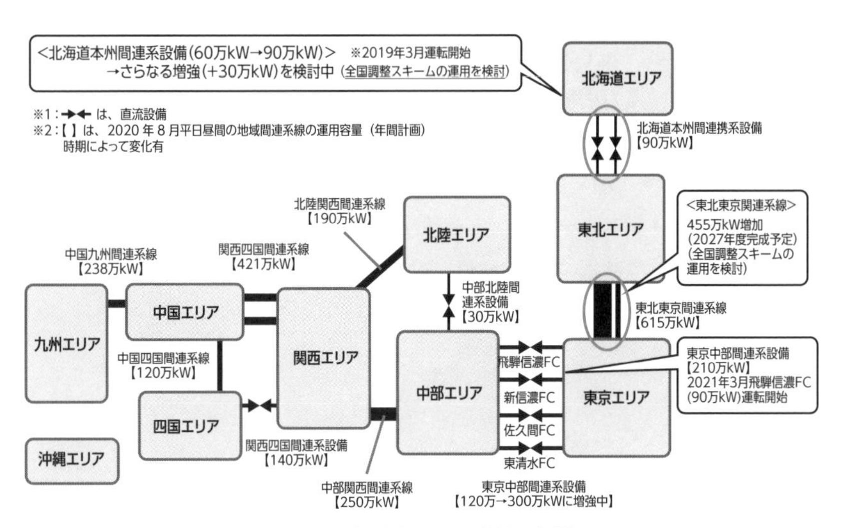

図5.14 日本の電力システムの地域間連系線

出典：経済産業省・資源エネルギー庁「電力ネットワークの次世代化　系統制約の克服に向けた送電線設備の増強・利用ルールの高度化」(2020)[25]をもとに作成

9 **混雑管理** 市場主導型の混雑管理として、混雑系統が限定的で予め特定して市場によるメリットオーダーにより混雑処理を行う「ゾーン制」、混雑系統を特定せずにすべての系統を対象に市場によるメリットオーダーによる混雑処理を行う「ノーダル制」の導入に向けた検討が進められている[22][24]。

2019年3月には、北海道と東北エリアを連系する新たなルートの海底直流送電線(新北本連系設備：30万kW)が建設され、既存の海底直流送電線(北本連系設備容量：60万kW)と合わせて連系容量が90万kWに増強された。

北海道エリアは、2018年9月に発生した北海道胆振東部地震により、日本で初めてエリア全域が停電するブラックアウトが発生したため、連系線の増強が急務となっていた。新北本連系設備では自励式交直変換設備[10]を採用したことで、北海道側が停電した際でも本州側から停電復旧を助けるブラックスタート機能が備わり、供給信頼度の向上が図れた[26][27]。

2021年4月には、東京と中部エリアの異周波数の連系設備[11]が90万kW増強され、東西間の連系容量は210万kWまで拡大した。これは、東日本大震災における大規模電源の被災などにより全国的に供給力が大幅に不足する事態が発生したことを契機としたもので、大規模災害発生にともなう需給逼迫時等の電力の安定供給、平常時の電力取引の活性化、再エネの導入拡大、需給調整のための調整力の広域的な調達・運用への貢献が期待される。本連系設備は、計画確定から運用開始までに約8年間を要したが、大規模な地域間連系設備としては極めて短期間の工期で建設された。東京と中部エリア間の連系設備は、2027年度の運用開始に向けて300万kWまで増強することが決定している[28]。

このような、全国大での広域連系系統の整備や更新に関する方向性を整理した長期方針として、電力広域的運営推進機関(広域機関：OCCTO)が広域系統長期方針を策定した。さらに、広域機関は、電源のポテンシャルを考慮して計画的に対応する「プッシュ型[12]」の考え方に基づき、広域系統長期方針や広域系統整備計画を合わせた「マスタープラン」を策定することになった[29]。

マスタープランの詳細は、「5.3.1項　電力系統の中長期的な整備計画(マスタープラン)」で説明する。

10 **自励式交直変換設備**　従来の交直連系設備で採用されていた「他励式変換器」は、交流系統を変換器の外部電源として使用するので、両側の交流系統が健全でなければ運転できなかった。「自励式変換器」は、変換器の外部電源が不要なため、片方の交流系統に電気がない状態でも運転可能である[26]。

11 **異周波数の連系設備**　50Hz側の新信濃変電所と60Hz側の飛騨変換所に設置した交直変換設備とこれらを連系する直流送電線から構成される飛騨信濃周波数変換設備を示す。

12 **プッシュ型**　広域機関や一般送配電事業者が、将来の電源計画を見据えて主体的に計画を策定する「プッシュ型」に対して、電源からの個別の接続要請に応じて対応する従来の系統形成を「プル型」と呼ぶ。

5.7 〉再生可能エネルギーの出力変動への対応：調整力の確保

1 電力の需給バランスの重要性

電力システムでは、**図5.15**に示すように発電した電力と需要(単位はkW)のバランスを絶えず保つ必要がある。このように電力の需要と供給を常に一致することを「同時同量」と呼び、この需給バランスが崩れると**表5.4**に示すように周波数が変動し、安定した電力供給が継続できなくなる。

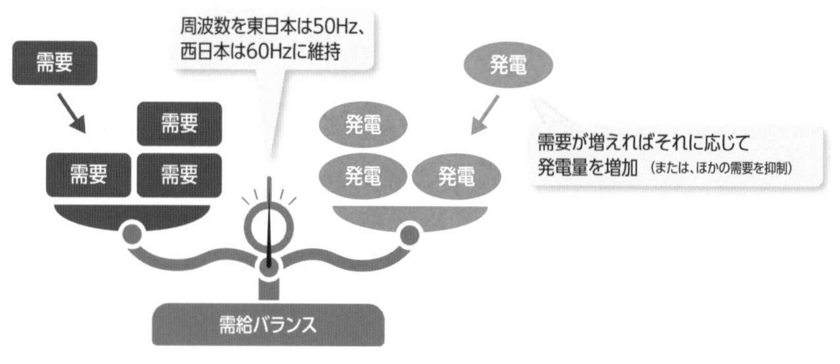

図5.15　電力の需給バランス
出典：経済産業省・資源エネルギー庁「2月13日、なぜ東京エリアで停電が起こったのか？～震源地からはなれたエリアが停電したワケ」(2021)[30]をもとに作成

表5.4　発電と需要のバランスと周波数の変化

需要<発電	周波数は上昇
需要＝発電	周波数は安定
需要>発電	周波数は低下

日本の電力システムの周波数は、**表5.5**に示すように、平常時の周波数調整の目標範囲は±0.2Hzまたは±0.3Hzで、標準周波数の±0.1Hz以内に収まる時間はおおむね99%以上である。

表5.5　各エリアの周波数目標値

	北海道	東北・東京	中部・北陸・関西・中国・四国・九州	沖縄
標準周波数	50Hz		60Hz	
調整目標範囲	±0.3Hz	±0.2Hz		±0.3Hz

出典：電力広域的運営推進機関「GFおよびLFC運用の現状について」(2020) [31] をもとに作成

大型発電所の設備トラブルなどにより発電量が急減に低下した場合、需給バランスが崩れて周波数が低下する。このように電力システムの周波数が規定値から大きく低下した場合、火力発電所のタービン動翼の共振や発電機の軸ねじれによる機器の破損を防止するため、周波数低下リレー(UFR：Under Frequency Relay)と呼ぶ保護装置により自動的に発電機を系統から解列する。大型発電機が系統から解列されると発電量が不足して周波数がさらに低下し、それが連鎖すると最悪の場合は大規模な停電が発生する場合がある。

2　電力の需給バランスの制御

電力需要は、1日単位で見ても昼間と夜間の大きな変動に加えて、**図5.16**に示すように短時間でも変動する。この需要変動は、微少変動分(サイクリック分)、短周期変動分(フリンジ分)、長周期変動分(サステンド分)の3つの成分に分解され、それぞれの成分を**表5.6**に示すガバナフリー(GF)、負荷周波数制御(LFC)、経済負荷配分制御(EDC)により制御することで、需要と供給(発電)を一致させることができる。

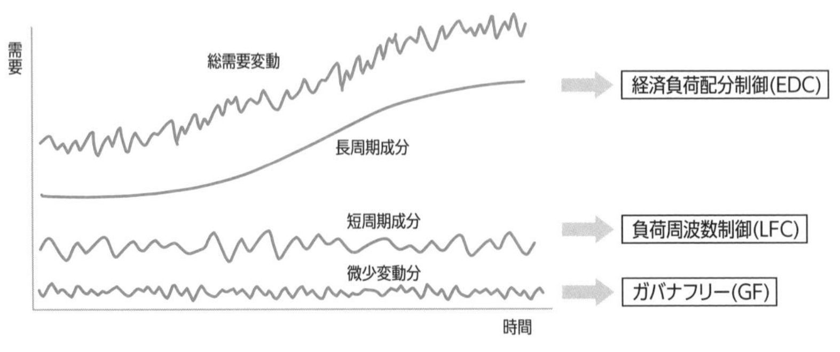

図5.16　電力需要の時間的変化

出典：国立研究開発法人新エネルギー・産業技術総合開発機構(NEDO)「再生可能エネルギー技術白書(第2版) 第9章 系統サポート技術」(2014) [32] をもとに作成

表5.6に電力の需給バランスを保つための制御方式の概要を示す。ここで、最初の自己制御(負荷特性)は、火力・水力・原子力発電などに用いられる同期発電機が自ら備える特性で、外部からの制御を与えるものではなく、ほかの3つの制御方式とは異なる。また、各制御方式の需要変動と応動時間の関係を**図5.17**に示す。

表5.6 需給制御の各方式の概要

制御方式	応動時間	概要
自己制御 (負荷特性)	1秒以下	同期発電機の持つ慣性力(同期発電機および直結したタービンなどの原動機が持つ機械的エネルギー)により、周波数変動を自らが制御して抑制する特性。
ガバナフリー (GF：Governor-Free)	数秒～数分	LFCが追従できない短時間の負荷変動に対応するため、発電機が回転数の変動を検知し、調速機により発電出力を自動的に制御する。
負荷周波数制御 (LFC：Load Frequency Control)	数分～十数分	需要予測が困難な負荷変動(数分から十数分程度)や需給のミスマッチングに対応するため、給電システムから自動的に発電出力を制御する。
経済負荷配分制御 (EDC：Economic Load Dispatching Control)	十数分～数時間	比較的長時間の負荷変動(十数分から数時間程度)に対応するため、給電指令所にて発電機の経済性を考慮して発電出力を制御する。

出典：電力広域的運営推進機関「GFおよびLFC運用の現状について」(2020)[31]／加藤政一「詳解電力系統工学」(2017)[33]をもとに作成

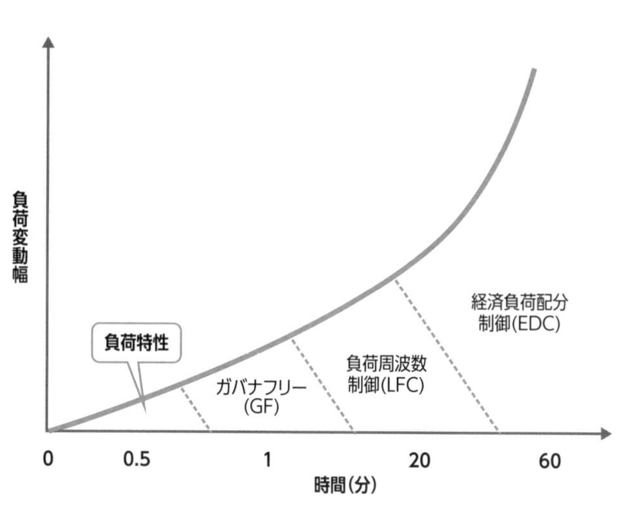

図5.17 各制御方式の需要変動と応動時間

出典：一般社団法人電気学会「用語解説　第30回テーマ：負荷周波数制御(LFC)」[34]をもとに作成

電力需要は刻一刻と変化するため、発電所の運転に際しては、需要変動に対する応答速度、発電機の機械的特性や経済性を考慮して、最適な発電機の組合せを選定する必要がある。

需給バランスのためのガバナフリー(GF)は、火力発電所および水力発電所の発電機の調速機の機能で、外部から制御可能な方式の中では応答が最も速い。負荷周波数制御(LFC)は、火力発電所の中でも高速な出力調整が可能な発電機（主にLNG火力）が担っている。

3 再生可能エネルギー導入のフェーズ

国際エネルギー機関(IEA)は、出力が安定しない変動性再エネ(VRE)の電力システムへの導入比率とそれに対応する電力システム全体としての対応状況に関して、**表5.7**に示す6つの運用上のフェーズを示している。

表5.7 変動性再エネの電力システムへの導入の6つのフェーズ

フェーズ	電力システムの状況
1	ローカル系統での調整が必要となる。
2	系統混雑が現れ始め、需要と変動性再エネのバランスが必要となる。
3	出力制御が起こり、柔軟な調整力や大規模なシステム変更が必要となる。
4	変動性再エネを大前提とした系統と発電機能が必要となる。
5	変動性再エネの供給が頻繁に需要を上回り、交通や熱の電化による柔軟性確保が必要になる。
6	変動性再エネの余剰・不足がより長い時間軸で発生し、合成燃料や水素などによる季節貯蔵が必要になる。

出典：経済産業省・資源エネルギー庁「グリッドコードの体系及び検討の進め方について」(2019)[35]をもとに作成

図5.18に示すように、2017年の時点では、フェーズ4にアイルランドとデンマーク、フェーズ3にヨーロッパ各国(ドイツ、スペイン、イギリスなど)、フェーズ2に北米･南米･アジア･オセアニアの各国が位置する。日本は、全体ではフェーズ2、九州エリアは再エネ導入が進むヨーロッパ各国と同じフェーズ3に位置する。

国際エネルギー機関(IEA)の試算によると、2030年時点で日本全体はフェーズ3に位置し、調整力の必要性が一層高まる見込みである。また、比較的、出力変動が小さい風力発電が主力の欧米と異なり、日本は出力が大きく変動する太陽光発電が再エネの主力であることから、九州などの再エネ導入が進んでいる地域はフェーズ3からフェーズ4に近づいていると考えられる。

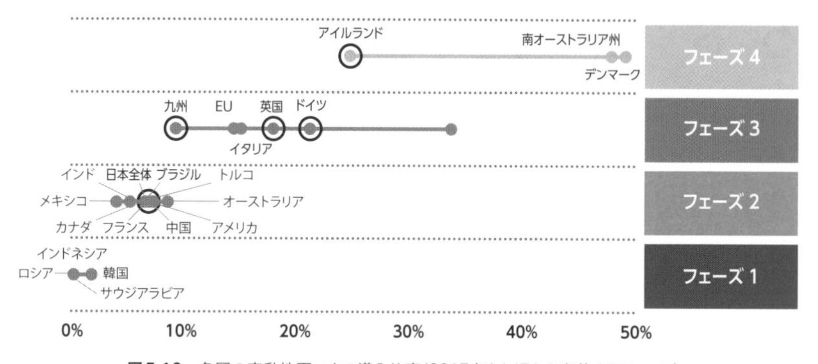

図5.18 各国の変動性再エネの導入比率(2017年)とIEAの定義するフェーズ
出典：経済産業省・資源エネルギー庁「グリッドコードの体系及び検討の進め方について」(2019)[35]をもとに作成

4 調整力の調達

電力需給の調整力確保のため、系統運用者である一般送配電事業者は、2016年10月より各エリア内で調整力の公募を行っている。再エネの導入拡大にともない、調整力の重要性は一層高まっており、エリアを超えて安価かつ安定した調整力を確保するため、2021年4月に需給調整市場が開設された。市場の運営は、一般送配電事業者10社から構成される送配電網協議会が担う。当初は5つの商品区分のうち、三次調整力②から導入され、2024年度までに他の商品も導入される予定である[36]。

需給調整市場の詳細は、4章8節3項を参照されたい。

5.8 〉再生可能エネルギー特有の制御方式：出力制御

1 変動の激しい再生可能エネルギー

再エネが系統に連系される以前は、各発電所の出力は電力会社の給電所が需給状況に合わせて指令することで制御できた。出力の予測と制御が困難な太陽光や風力などの再エネを系統に大量に導入するには、固有の対策が必要となってきた。すなわち、全電源に占める再エネの割合が増加すると、既存の火力発電所などの調整力では安定した運用ができない場合が生じる。

図5.19は、太陽光の導入が急速に進んだ九州エリア[13]の2018年5月3日(木曜日)の電力需給を示す。5月の大型連休中は、工場の生産活動が停止するとともに空調設備の稼働が少ないため、1年のうちでも最も需要が少ない時期である。日射条件が良い昼間は太陽光発電の比率が高くなり、昼の12時の断面では太陽光が需要の81%を占め、再エネ全体では需要の93%を占めている。火力発電所

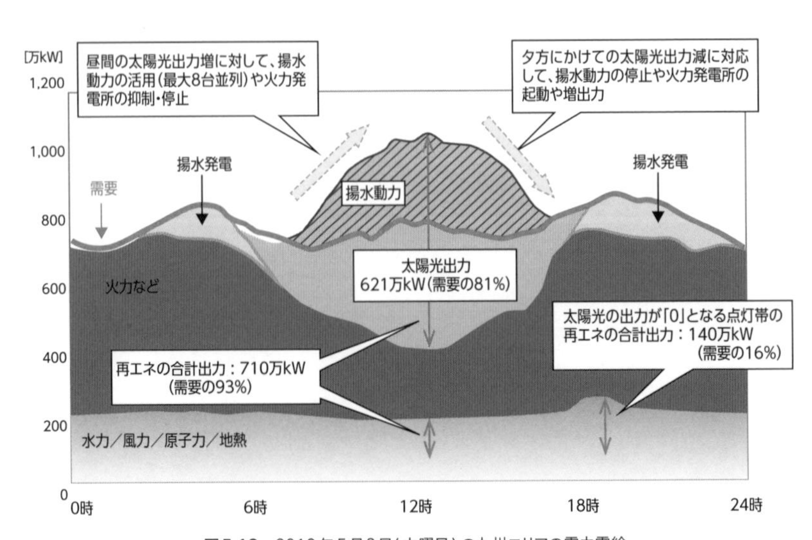

図5.19 2018年5月3日(木曜日)の九州エリアの電力需給
出典：九州電力株式会社「再エネ出力制御に向けた対応状況について」(2018)[37]をもとに作成

13 **九州エリア** 太陽光発電の適地が多く日射条件が良いため、太陽光発電の導入が急速に進んだ。離島を除く九州本土の太陽光発電の接続量は、FIT制度導入された2012年度末には111万kWであったが、2021年度末には1,091万kWまで増加した[38][41]。

の出力調整や揚水発電所の活用による調整余力もわずか(30万kW程度)しかなく、安定した電力供給を保つ上で大変厳しい需給状況となった[37][39]。

2 変動性再生可能エネルギーの出力制御

さらに、太陽光発電の出力が増加した場合には、あらかじめ法令など[14]で規定された「優先給電ルール」に基づき、**図5.20**に示すように太陽光・風力発電の出力制御を行う。優先給電ルールによる運用の概要を以下に示す[37][40]。

表5.8 各電源の出力制御の優先順位

①	火力発電(石油、LNG、石炭)の出力制御、揚水発電の活用による再エネ余剰電力の吸収[15]
②	連系線を活用した他エリアへの送電
③	バイオマス発電の出力制御
④	太陽光・風力発電の出力制御
⑤	出力制御が技術的に困難な長期固定電源(揚水以外の水力、原子力、地熱)の出力制御

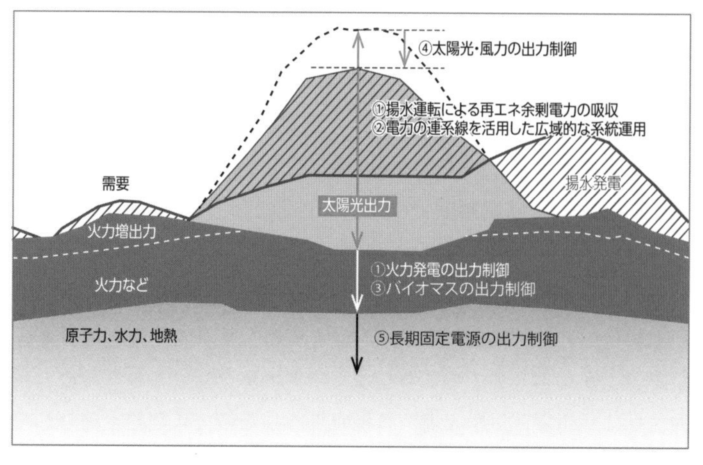

図5.20 優先給電ルールに基づく運用(太陽光・風力の出力制御)
出典：九州電力株式会社「九州本土における再生可能エネルギーの出力制御について」(2018)[41]をもとに作成

14 **優先給電ルール** 「電気事業者による再生可能エネルギー電気の調達に関する特別措置法施行規則」および電力広域的運営推進機関の「送配電等業務指針」(経済産業省が認可)により定められている[40]。

15 **揚水発電所** 発電所の上部と下部に貯水池を設置して、電力需要が大きい昼間に上から下へ水を落下させて発電し、電力需要の少ない夜間は、余剰電力により下から上に水を汲み上げて(揚水運転)再び発電に使うのが基本の運転方式である。起動および停止が短時間で可能な特徴がある。

しかし、2011年の東日本大震災以降は、原発の稼働率低下により夜間の安価な余剰電力が減少するとともに、再エネの大量導入にともない、昼間は太陽光や風力発電の余剰電力を吸収するために揚水運転し、太陽光発電の出力が落ちる夕方以降は水を流下して発電する運用が急速に増加し、揚水発電所の役割と運転パターンが図5.19、図5.20に示すように大きく変化した。

図5.19に示した九州エリア(離島を除く)では、出力制御は2018年10月13日(土曜日)に初めて実施された[42]。2019年度には延べ74日実施され、年度を通じての平均抑制率は、太陽光が4%、風力が2%である[43][44]。

九州以外のエリアでは、2022年4月に東北・中国・四国の各エリア、2022年5月に北海道エリア、2023年1月に沖縄エリア、2023年4月に中部・北陸の各エリア、2023年6月に関西エリアにおいて、出力制御がそれぞれ始めて実際された[45][46]。

2023年6月末現在、出力制御が未実施なのは東京エリアのみであるが、実施は時間の問題である。

出力制御は、再エネの発電電力を有効に活用できなくなるとともに、再エネ発電事業者の事業予見性と収益性を損なう懸念がある。出力制御の公平性を担保するため、基本となるルール「出力制御の公平性の確保に係る指針」[47]が資源エネルギー庁より示されている。

3 FIT制度下での出力制限

固定価格買取制度(FIT)のもとでは、一定規模以上の発電事業者は、年間30日[16]の出力制御の上限内で系統連系が可能な量として「30日等出力制御枠」が定められ、この範囲内では無補償で出力制御に応じることが義務付けられていた(旧ルール)。

しかし、旧ルールに従っても再エネ連系量が大きく見込まれるエリアでは、出力制御の上限を超えた制御を行わなければ、需給バランス維持が困難となる懸念がある。このようなエリアでもさらに多くの再エネを受け入れるため、当該エリアの電力会社は「指定電気事業者」に指定され、その後に契約を締結した再エネ事業者は、「無制限・無補償」で出力制御に応じることが義務付けられてきた。

全国的に再エネ導入が進んでいることを踏まえ、将来、系統連系する事業者の負担軽減に繋げるため、「指定電気事業者制度」を廃止して、全エリアで「無制限・無補償ルール」を適用する方針が決定され、2021年4月以降は全エリアにて無制限・無補償ルールが適用されている。ただし、10kW未満の太陽光発電設備については、当面の間、出力制御の対象外となっている[48]。

16 **30日上限** 認定出力50kW以上の太陽光発電設備では360時間、認定出力が20kW以上の風力発電設備では720時間となる。

4 出力制限を減らす取り組み

再エネの有効活用を図り、出力制御を可能な限り減らす主な取り組みを**表5.9**に示す。

表5.9 再エネの出力制御を減らす取り組み

手法	概要
系統情報の公開・開示	再エネの出力制御の予見可能性を高め、電源の適切な立地誘導を行うため、発電事業者自らが出力制御量を分析・シミュレーションできるように、一般送配電事業者は系統情報の公開・開示を進めてきた。
発電設備のオンライン化	発電設備が一般送配電事業者の出力制御指令を直接受信できる仕組みを備えていない「オフライン制御」の場合は、前日16時に制御量が確定され、発電事業者自らが当日8～16時に発電を停止する。一方、発電設備が専用通信回線や出力制御機能付パワーコンディショナー(PCS)[17]を備える「オンライン制御」の場合は、当日2時間前の需給予測に応じた柔軟な調整が可能で、必要時間帯のみの制御が可能となる。 オンライン制御の活用により、九州エリアでは約3割の再エネ制御量を削減(2018年度実績)した。
火力発電の最低出力の引き下げ	需給バランスを維持するため、調整力としての火力発電は一定の出力を維持する必要がある。安定供給確保を前提として、火力発電の最低出力を可能な限り下げる検討が進められている[49]。
地域間連系線の強化	他エリアへの送電容量を増加することにより、当該エリアの再エネ発電設備の出力制御量を低減できる。

出典：経済産業省・資源エネルギー庁「再エネ出力制御の低減に向けた取組について」(2023)[50]をもとに作成

ここまで出力制御について再エネを中心に説明したが、従来から運転している電力会社などの大型火力発電所が、再エネの導入拡大にともない相当量の出力制御を実施していることは改めて認識する必要がある。すなわち、大型火力発電所の稼働率が大幅に低下して発電所の収益性が下がり、発電単価が上昇するとともに既存の電源設備の有効活用が図れない状況になっている。

17 **パワーコンディショナー** パワーコンディショナー(PCS：Power Conditioning System)は、太陽光などで発電された直流電力を交流電力に変換し、電力システムへ安定して連系するための保護装置や出力制御機能などを備えた機器である。

5.9 〉再生可能エネルギー供給の新たな調整力

1 需要状況に合わせた設備の普及

電力の需給バランスを維持するための調整力として、これまで説明した電力供給側の取り組みに加えて、大容量の系統用蓄電池[18]の設置により、再エネの出力変動を蓄電池が吸収して緩和することが可能となってきた。しかし、大容量の蓄電池導入にはコスト面の課題がある(6章参照)。

また、近年、負荷設備、蓄電池、EVなどのさまざまな需要家側エネルギーリソース(DSR：Demand Side Resources)を活用して、IoT技術により発電所と同じように需給調整の効果を発揮する取り組みが進んでいる。DSRに加えて、系統に直接接続される発電設備、蓄電設備などを総称したものを分散型エネルギーリソース(DER：Distributed Energy Resources)と称する[51]。

産業、業務、家庭の各分野において分散型エネルギーリソースとして期待される事例を**図5.21**に示す。

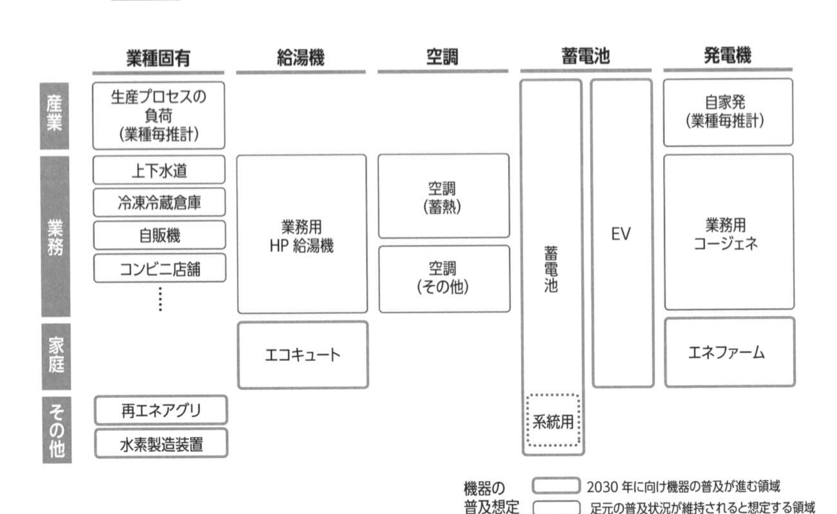

図5.21 各分野で期待される分散型エネルギーリソース(DER)
出典：経済産業省・資源エネルギー庁「ポテンシャル評価及び普及・広報の進め方について」(2021)[51]をもとに作成

18 **系統用蓄電池** NAS電池、レドックスフロー電池、リチウムイオン電池など。

2 DRやVPPの活用

DSRやDERを統合制御し、**表5.10**に示すデマンドレスポンス(DR：Demand Response)やバーチャルパワープラント(VPP：Virtual Power Plant)の仕組みを活用してエネルギーサービスを提供する事業者のことをアグリゲーターと称する。アグリゲーターは、リソースアグリゲーター(需要家とVPPサービス契約を直接締結してリソース制御を行う事業者)とアグリゲーションコーディネーター(リソースアグリゲーターが制御した電力量を束ね、一般送配電事業者や小売電気事業者と直接電力取引を行う事業者)に区分される。両役割を兼ねる事業者も存在する[52][53]。

2022年4月より、アグリゲーターを電気事業法で位置付ける特定卸供給事業者制度が開始した。

表5.10 新たな調整力の仕組み

調整力	概要
DR(デマンドレスポンス)	DRとは、需要家側エネルギーリソースの保有者もしくは第三者が、エネルギーリソースを制御することで、電力需要パターンを変化させるもの。需要制御パターンにより、需要を減らす「下げDR」と需要を増やす「上げDR」の2種類に分類される。 また、需要制御の方法により、電気料金型(電気料金の設定により電力需要を制御する)と、インセンティブ型(電力会社やアグリゲーターと需要家が契約を結び、需要家が要請に応じて電力需要の抑制などを行う)の2種類に分類される。
VPP(バーチャルパワープラント)	VPPとは、需要家側エネルギーリソース、電力システムに直接接続されている発電設備、蓄電設備などを集約して制御することで、仮想的に大型発電所と同等の機能を提供するもの。

出典：経済産業省・資源エネルギー庁「バーチャルパワープラント(VPP)・ディマンドリスポンス(DR)とは」[52][53]をもとに作成

このようなDRやVPPを活用した需給制御は、従来の電力システムとは全く異なる仕組みである。DRやVPPを用いて、一般送配電事業者・小売電気事業者・需要家・再エネ発電事業者に対し、調整力提供・電力料金削減・出力制御回避などの各種サービスを提供する事業のことをエネルギーアグリゲーションビジネス(ERAB：Energy Resource Aggregation Business)と称する[54][55]。

図5.22にERABビジネスの概要、アグリゲーターの役割とVPP・DRの関係を示す。

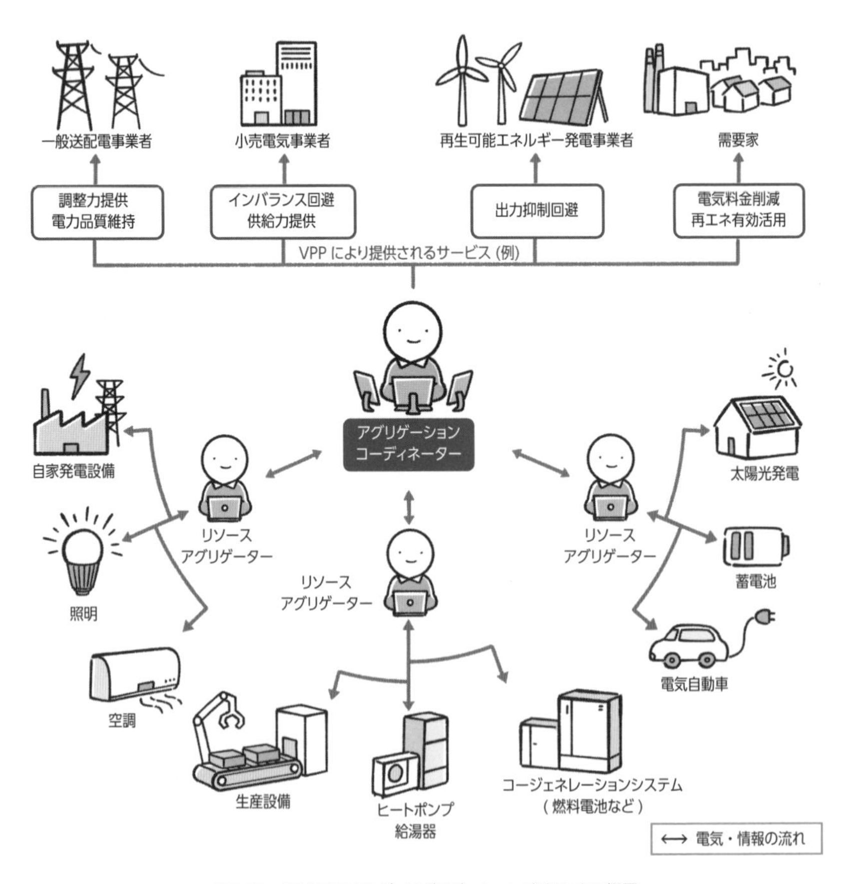

図5.22 ERAB（エネルギーアグリゲーションビジネス）の概要
出典：経済産業省・資源エネルギー庁「バーチャルパワープラント（VPP）・ディマンドリスポンス（DR）とは」[53] をもとに作成

欧米ではアグリゲーターが需給調整市場などに調整力を供出するビジネスがすでに実施されており、日本でも厳しさを増す需給状況への有効な対策としても、エネルギーアグリゲーションビジネスの発展が期待されており、電気事業法の改正により、2022年4月から、集約する電力が1,000kWを超えるなどの一定の条件を満たすアグリゲーターは「特定卸供給事業者」として経済産業大臣への届け出が義務化された[56]。

5.10 〉電力システムの安定性の確保

1 発電機の慣性力と同期化力

電力システムを安定して運用するためには、7節で説明した調整力の確保に加えて、落雷による送電線事故などのさまざまな擾乱[19]に対応する必要がある。そのためには、発電所が安定した運転を継続して系統の安定性を維持する必要がある[57]。

日本の電力システムの周波数は、東エリアが50Hz、西エリアが60Hzに分かれている。各エリア内で、火力・原子力・水力などの大型発電所に使われる同期発電機は、**図5.23**の左側に示すように系統周波数に合わせた回転速度で運転している。これを同期運転と称する[58]。

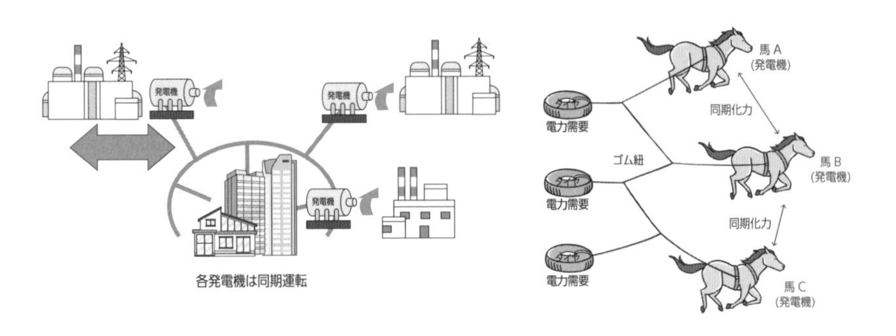

図5.23 発電所の同期運転のイメージ
出典:(左図)一般財団法人電力中央研究所「電気を安定して届けるために〜電力系統と安定供給〜【電中研】」[58]／(右図)送配電網協議会「同期電源の減少に起因する技術的課題」(2021)[59]をもとに作成

同期発電機は、火力・原子力・水力などによりタービンを回して得られる力学的エネルギー(Pm)を電気的エネルギー(Pe)に変換し、常時はPmとPeがバランスしている。電力システムに送電線事故などにより擾乱が生じた際はPmとPeのバランスが崩れるが、発電機を駆動するタービンは大きな慣性力(回転数を一定に維持しようとする力)があり、バランスを保とうとする。また、擾乱により

19 **擾乱** 電力系統が安定に運転している際、落雷による送電線事故や負荷の大幅な変動などにより、系統の電圧・潮流・周波数が乱れる現象を「擾乱」と称する。

PmとPeのバランスが崩れた際には、発電機が加速（Pm>Peの場合）または減速（Pm＜Peの場合）して安定した運転状態に戻そうとする力（同期化力）が各発電機に働き、電力システムはあたかも1つの大きな発電機と見なすことができる。

2 特有の課題：慣性力・同期化力の不足

太陽光発電の出力は直流であるため、電力を直流から交流に変換するパワーコンディショナ(PCS)を介して系統に連系する。風力発電では同期発電機または誘導発電機を用いるが、風況により出力が変動するため、発電機をそのまま電力系統に連系することは困難で、出力をコンバータで交流を直流に変換したあと、インバータで直流から安定した交流に再変換して系統に連系する。

このような同期発電機を用いない再エネを非同期電源と称し、慣性力および同期化力が働かず、大量に導入すると系統の安定性が低下する問題を生じる。

非同期電源の割合をどこまで高められるかについては、電力系統の構成などにより異なるが、非同期電源の比率が50％を超えると大規模発電所が緊急停止(電源脱落)した場合、慣性力不足から広範囲の停電リスクが増大する可能性があるとの分析がある[60][61]。

図5.24の右側は、非同期電源で慣性力がない再エネが増加すると、電源脱落などが発生した際に、同期運転が継続できなくなり系統の安定性が維持できなくなる様子を示している。

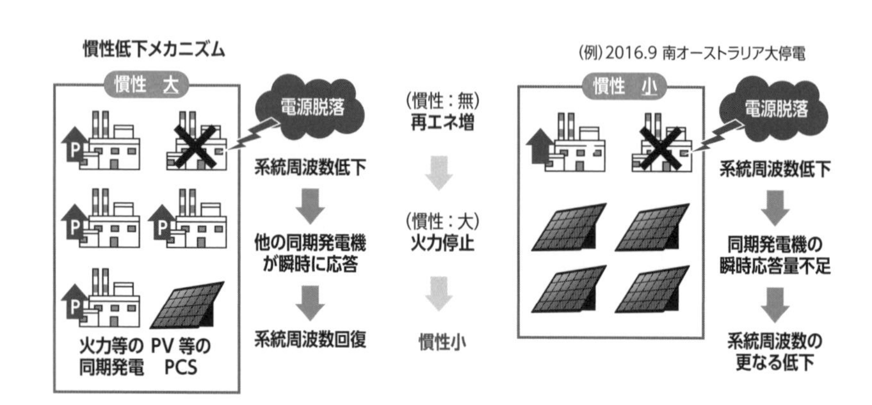

図5.24　慣性力の低下により系統の安定性が損なわれるイメージ
出典：東京電力ホールディングス株式会社「再生可能エネルギー大量導入に向けた系統慣性低下対策の研究」[62]をもとに作成

3 慣性力・同期化力不足への対策

これまで説明したように、非同期電源である再エネの増加にともない慣性力・同期化力が不足すると、電力システムの安定性が維持できなくなる。そこで、慣性力・同期化力不足に対する対策の検討が進められている。

表5.11に示すように、従来からの同期調相機の設置、系統増強などの対策に加えて、太陽光発電のインバータに疑似慣性機能を持たせる対策の検討などが、電力広域的運営推進機関、電力会社、メーカーなどにより進められている。疑似慣性は、現状では技術的に未確立であるが、今後の成果が期待される。

表5.11 慣性力・同期化力不足への対策メニュー

対策メニュー	慣性力の改善	同期化力の改善	概要	課題
同期発電機台数の確保(マストラン)	○	○	・必要な慣性力に応じて同期発電機を優先的に系統に並列	・経済的最適運用とはならない ・再エネの抑制につながる可能性
同期調相機	○	○	・無負荷運転の同期電動機で慣性力を有し、電圧維持も可能 ・既設発電機を改造して同期調相機として使用する事例もある	・設置場所の制約大 ・慣性力が小さく多くの台数が必要 ・運転中のロス発生 ・回転機のため保守コストが大きい
系統増強	×	○	・系統インピーダンスを低減させて同期化力を改善	・慣性力には効果なし ・送電線の増設など、大規模工事が必要でコストが大きい
MGセット[20]	○	○	・再エネ(＋蓄電池)と同期電動機を組み合わせ、同期発電機から電力を出力	・電動機や発電機、蓄電池など多くの設備が必要 ・設置および保守のコストが大きい
仮想同期発電機(疑似慣性)	○	○	・インバータに同期発電機の動きを再現する制御を組込んで同期化力を持たせ、蓄電池などと組合せて使用することで慣性力相当の出力を出す[21]	・慣性力を出力するためにインバータの大容量化や蓄電池などによるエネルギー源の確保が必要

出典：送配電網協議会「同期電源の減少に起因する技術的課題」(2021)[59]／電力広域的運営推進機関「再エネ主力電源化」に向けた技術的課題及びその対応策の検討状況について」(2021)[61]をもとに作成

さらに、2020年9月より、電力広域的運営推進機関を中心として、電源(再エネに限らず、すべての電源)を電力システムに連系する際に遵守するべき事項を記載したルールである「日本版グリッドコード」の検討が進められている。これは、再エネの大量導入への対応が喫緊の課題となっているため、ヨーロッパのグリッドコードなども参考として、発電機が運転を継続すべき周波数・電圧、周波数上昇・低下時の有効電力の低減・増加、事故時の運転継続などの技術的要件を

20 **MGセット** Motor(電動機)とGenerator(発電機)を同軸で直結したもので、周波数変換、電圧変換などに用いられる。

21 **慣性力相当の出力** 疑似慣性機能を有するインバータは、「グリッドフォーミングインバータ」と称し、電圧源として電力システムに同期連系可能である。また、系統から解列された状態で単独でも自立運転可能である。これに対して、従来のインバータは、「グリッドフォローイングインバータ」と称し、電流源として系統電圧に追従するように制御される[65]。

定めたものである。すべての電源がグリッドコードを遵守することにより、電力品質の安定を保つことができる[63][64]。

なお、脱炭素の流れを受けて、安定した電力供給に必要な火力発電などの同期電源が十分に確保できない懸念が高まっていることにも注意が必要である。

5.11 自然災害激甚化による電力システムの課題

2011年3月の東日本大震災により、日本の電力システムに内在化していた問題点が顕在化した。これを契機に開始された電力システム改革[22]は、「広域系統運用の拡大」、「小売全面自由化」、「送配電部門の法的分離」の3段階の柱に続いて、容量市場・需給調整市場の導入などの施策が進められてきた。一方では、激甚化する自然災害、原子力発電所の休廃止や再エネ大量導入にともなう電源構成の変化、一般電気事業者が担ってきた電力システム全般を担う枠組の消滅などにより、電力システムでのさまざまな課題が浮き彫りになってきた。

1 北海道胆振東部地震の大規模停電

❶大規模停電に至った経緯

2018年9月6日(木曜日)の15時7分に、最大震度7、マグニチュード6.7の北海道胆振東部地震が発生した。北海道エリアで1951年の9電力体制が成立して以降、初となるエリア全域におよぶ大規模停電(ブラックアウト)が発生し、約295万軒が停電した。この大規模停電は、地震により主要電源である苫東厚真発電所の2基[23]の発電機が停止するとともに、道央と道東を結ぶ狩勝幹線などの基幹送電線の4回線が停止したことが主な原因である。

地震発生直前の北海道エリアの総需要は309万kW、苫東厚真発電所の2号機と4号機の合計出力は116万kWで、総需要の約38%を占めていた[66][67]。

地震発生直前の北海道エリアの電力システムを**図5.25**に示す。また、エリア全域のブラックアウトに至る過程を**表5.12**に、時間の経緯と系統周波数の状況を**図5.26**に示す。

22 **電力システム改革** 電力システム改革に関する論点整理を目的として、経済産業省は2011年11月に「電力システム改革に関するタスクフォース」を立ち上げ、同年12月に論点整理をとりまとめた。さらに電力システムの具体的な制度設計を行うため、2012年2月に総合資源エネルギー調査会総合部会に「電力システム改革専門委員会」を設置し、同年7月に「電力システム改革の基本方針」がとりまとめられた[68]。

23 **苫東厚真発電所2基** 2号機(定格出力60万kW)、4号機(定格出力70万kW)の2基。苫東厚真発電所の1号機(出力35万kW)も地震発生時に運転していたが、タービン振動が大きくなった際、1号機のみ自動停止装置が備わっていないため停止しなかった[69]。

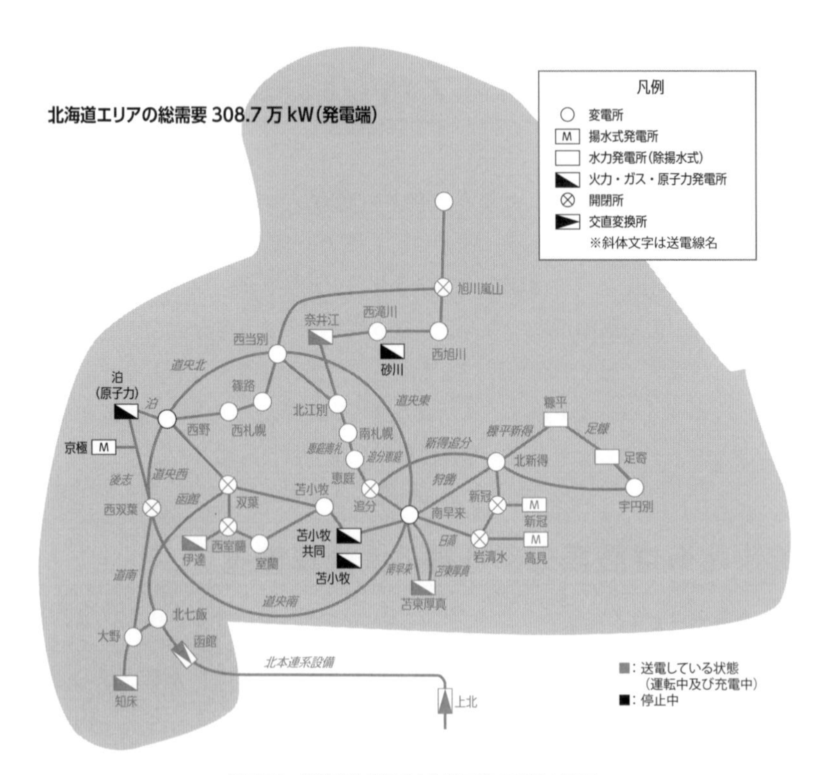

図5.25 地震発生直前の北海道エリアの電力システム

出典：電力広域的運営推進機関「平成30年北海道胆振東部地震に伴う大規模停電に関する検証委員会最終報告(概要)」(2018)[66]をもとに作成

表5.12 北海道ブラックアウトに至る過程

①	苫東厚真火力発電所(2号機・4号機：地震発生時の出力合計116万kW)が地震によるタービン振動を検知して停止し、需給バランスが崩れて周波数が46.13Hzまで大幅に低下した。周波数低下にともない、風力発電所(約17万k W)も停止した。
②	北本連系設備からの緊急融通や周波数低下リレーによる負荷遮断(約130万kW)により、周波数は回復した。
③	地震による基幹送電線4回線(狩勝幹線など)の事故により、送電不能となり道東エリアなどが停電し、水力発電所(約43万kW)も停止した。
④	周波数の回復後、需要増加により周波数が徐々に低下した。
⑤	苫東厚真1号機(定格出力35万kW)の出力が設備の損壊により徐々に低下したため、周波数が低下し、追加の負荷遮断により、周波数は回復傾向となるが安定を維持できなかった。
⑥	苫東厚真1号機が停止し再び周波数が低下したため、他の火力および水力発電所などが設備保護のため停止(周波数が低下すると同期発電機の回転速度が低下し、タービンが共振して破損するのを防止するため)するとともに、北本連系設備が運転不能となり、供給力が喪失したため、地震発生から約18分後の15時25分に最終的にブラックアウトに至った。

出典：電力広域的運営推進機関「平成30年北海道胆振東部地震に伴う大規模停電に関する検証委員会最終報告(概要)」(2018)[66]をもとに作成

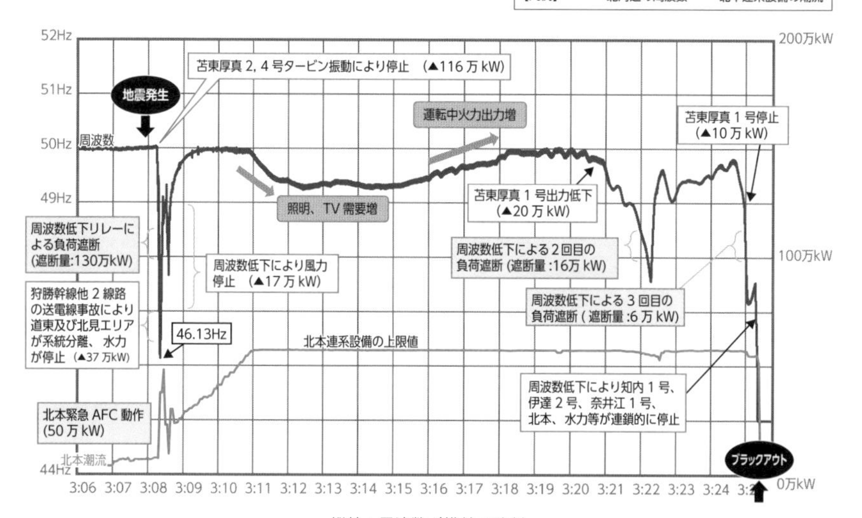

縦軸：周波数／横軸：時刻

図5.26 地震発生直後からブラックアウトまでの過程

出典：電力広域的運営推進機関「ブラックアウトとはどういう現象か～北海道ではどのような事象が発生したのか～」電気学会全国大会 公開シンポジウム(2019)[70]をもとに作成

❷大規模停電からの復旧

ブラックアウト発生からの復旧については、地震発生後に最大約295万軒が停電したが、約45時間後にはほぼ北海道全域で停電から復旧した。電力広域的運営推進機関の委員会による検証の結果、北海道電力は事前に定めていた手順に従って復旧作業を行い、おおむね妥当な対応が行われたとの評価が示された[66][71]。

2018年9月の北海道ブラックアウトのあと、建設が進んでいた石狩湾新港発電所1号機(約57万kW)が2019年2月に、本州と北海道を連系する新北本連系設備(30万kW)が2019年3月にそれぞれ運転を開始し[72][73]、北海道エリアの供給信頼度は大幅に向上した。北海道と本州間の連系設備は、従来の北本連系設備(60万kW)と合わせて90万kWとなった。

新北本連系設備は自励式の直流連系設備[24]であるため、外部電源がないブラックアウト時でも単独で設備の起動ができるブラックスタート機能を備え、一層の信頼度向上が期待できる[69]。

24 **自励式の直流連系設備** 従来の北本連系設備(60万kW)は、交流系統の電源が必要である他励式変換器が用いられていたが、新北本連系設備は、交流系統の電源がなくても動作する自励式変換器が用いられ、ブラックアウトからの起動電源にも対応する[69]。

なお、大規模電源である泊原子力発電所[25]は、2012年3月に3号機が停止し、それ以後は全基が停止中である[74]。再稼働に向けて原子力規制委員会の審査が進んでいるが、2023年6月現在では運転再開の時期は見通せない状況になっている。

2 千葉エリアの長期間にわたる停電

関東を直撃した台風として過去最大規模の2019年9月の台風15号は、千葉県を中心に建物の全半壊やがけ崩れなどの甚大な被害を与えた。9月9日(月曜日)の早朝に千葉市付近に再上陸した台風15号は、最大瞬間風速が50m/sを超え、**図5.27**に示すように東京電力管内で送電鉄塔2基の倒壊や約2千本の電柱損傷など、電力設備に甚大な被害を与えた。最も被害の大きい千葉県では、最大約64万軒が停電し、停電から全面復旧するのに約2週間もの長い期間がかかり、社会・経済活動に大きな影響を与えた[75][76]。

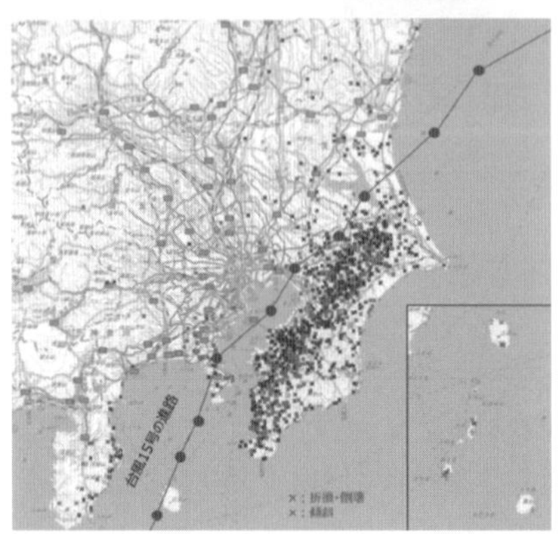

図5.27 台風15号による鉄塔倒壊および電柱の被害状況
出典：経済産業省・資源エネルギー庁「令和元年台風15号における鉄塔及び電柱の損壊事故調査検討ワーキンググループ<中間報告書>」(2020)[75]
資料提供：経済産業省・関東産業保安監督部／東京電力パワーグリッド株式会社

---

25 **泊原子力発電所** 1、2、3号機の合計出力が207万kWとなる。

全面的な停電復旧に長い期間がかかった主な理由は、以下の通り。

①	千葉県全域にわたる極めて広範囲な被害。
②	巡視要員が少なく、倒木や土砂崩れによる道路交通の遮断、通信の断絶により、被害状況把握に長時間を有した。
③	道路に電柱を立てられる状況にない箇所が多かった。
④	山間部では、地形的制約などにより、連系する他の配電線への切替ができない箇所があった。
⑤	高圧配電線が復旧しても、配電自動化システムから判別できない低圧線の停電が継続した箇所(隠れ停電)があった。
⑥	限られた数の電源車が、必要な施設に十分に配置・活用されなかった。

経済産業省と東京電力により、長時間停電の原因究明、今後の対策の検討が行われ、他の電力からの応援体制、自治体・自衛隊との連携、電源車の有効活用、被害状況把握のためのドローン活用、スマートメーターによる低圧系統の停電検出などの対策が進められた。

3 自然災害による電力システムへの影響

2018年から2019年にかけては、2018年9月の北海道胆振東部地震によるブラックアウト、同月の台風21号による関西地方の大規模停電、2019年9月の台風15号による千葉県を中心とした長期間停電など、自然災害による大規模停電が頻発した。

このような地震・台風などの自然災害により、電力設備は被害を受けて停電が発生する。停電の発生原因は、地震・台風に加えて、雷害、設備の劣化などの原因がある。

図5.28に示すように、日本の停電時間と回数は、配電線の被覆化、耐雷機材や配電自動化システムの導入などにより、1960年代から1980年代にかけて飛躍的に減少した。その結果、需要家1軒当たりの年間停電回数と停電時間は、先進国の中でも最高の水準となっている。ただし、大規模な自然災害により大きな影響を受けることもわかる。

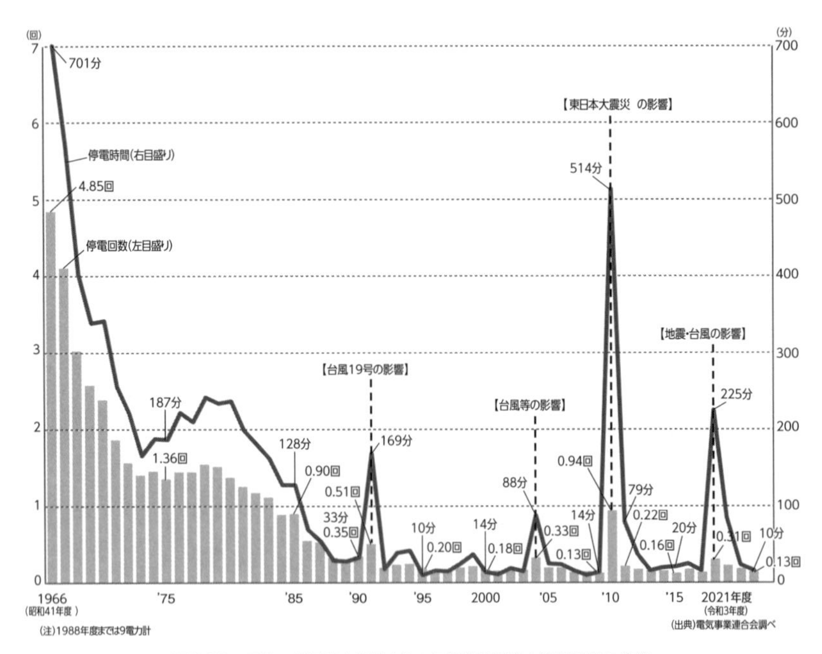

図5.28 日本の需要家1軒当たりの年間停電回数と停電時間の推移
出典：電気事業連合会「電気事業のデータベース　2022」[77]をもとに作成

5.12 全国的な需給逼迫・電気料金の高騰・小売電気事業への影響

1 火力発電所の燃料不足による需給逼迫

2020年12月からの全国的な寒波、日本海側の記録的な豪雪により、2021年1月上旬の全国の電力需要は例年より1割ほど増加し、3連休明けの1月12日(火曜日)の各電力の使用率は95%を超えるなど、需給が極めて厳しい状況になった。

日本の発電量の約37%を占めるLNG火力が、東アジア全体の寒波による中国や韓国の需要増、オーストラリアやカタールの設備トラブルなどにより燃料不足となり発電出力が抑制された。さらに、悪天候により太陽光の出力が大幅に低下するなど、電源出力が低下した。原子力は3基(すべて九州電力)しか稼働していなかった。

夏季や冬季の需要ピーク時に需給が逼迫することがあったが、今回の特徴は、これまでと異なり、発電所の設備容量(kW)ではなく、燃料不足により火力発電所が十分に稼働できずに発電電力量(kWh)が不足する事態となったことである。

各電力会社は老朽火力の稼働などの供給力確保に努め、電力広域的運営推進機関は、各社間の電力融通の指示を1月6日から14日までの期間に合計204回(通常は1年間で10回程度)行い、経済産業省はガス会社に燃料融通を要請するなどの最大限の供給力確保に努め、停電を免れた[78]。

燃料不足による燃料価格高騰および需要増加にともない、**図5.29**に示すように2020年11月から日本卸電力取引所(JEPX)のスポット市場価格が上昇を続け、1月に入ると最高251円/kWhと高騰し、1月の月間平均値は63.1円/kWhと史上最高値となった。なお、2019年度の年間平均単価は7.9円である[79]。

スポット市場での価格高騰および供給力不足により、小売電気事業者は高値でも電力を調達できない状況が続き、不足インバランス[26]を出さざるを得ない状況に陥り、新電力の経営に大きな打撃を与えた。

26 **インバランス** 発電事業者および小売電気事業者は、翌日の発電・需要の計画を広域機関を通じて一般送配電事業者に提出する。この計画と実績の差が「インバランス」であり、インバランスの補給を行う一般送配電事業者と発電事業者や小売電気事業者間で、事後的にインバランス料金の精算を行う。インバランス料金は、スポット市場価格を反映して設定される。2021年1月にインバランス料金が高騰したため、小売電気事業者の要望を受けて、経済産業省は暫定的な上限値を設定した[79]。

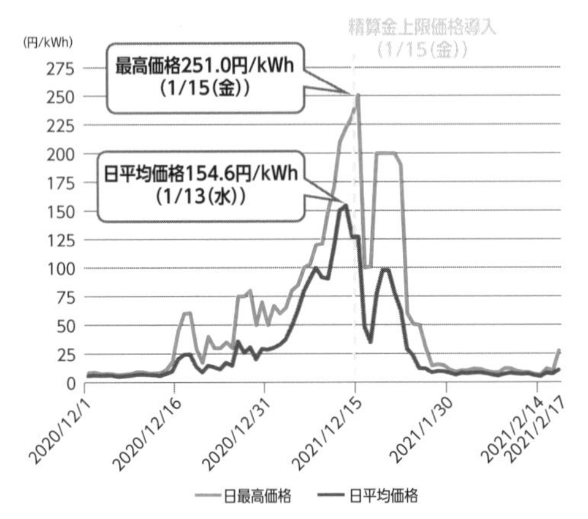

図5.29　JEPXのスポット価格の推移(2020年12月から2021年2月)
出典：経済産業省・資源エネルギー庁「今冬の電力スポット市場価格高騰に係る検証について」(2021) [79]をもとに作成

また、2021年以後の世界的な燃料価格の高騰により、電気料金の燃料費調整制度[27]の単価は2021年9月から2023年2月までの18カ月間連続して増加し、電気料金の値上げが続き、家庭[28]と産業界の費用負担増加が続いている。

2　2021年度の夏と冬の需給逼迫

2021年4月末に電力広域的運営推進機関が2021年度電力需給見通しを公表し、夏・冬ともに例年よりも厳しい需給状況となる見通しが示された。特に冬季の東京エリアの予備率は、10年に1回程度の厳寒の場合には、安定供給に必要な3%を大幅に下回る−0.3% (2月)の見通しとなった[80]。

要因としては、電力取引市場の価格低迷や脱炭素化に向けた石油・石炭火力発電の事業環境変化による休廃止[29]による供給力の減少傾向などがある。

この見通しを受けて国は対策をまとめた。主な内容を以下に示す[81]。

27　**燃料費調整制度**　電気料金の「燃料費調整制度」は、電気事業者の効率化努力のおよばない燃料価格や為替レートの影響を迅速に料金に反映することにより、為替差益の消費者還元と事業者の経営環境の安定を目的として1995年度に導入された[82]。

28　**家庭の電気料金**　東京電力エリアの標準的な家庭の毎月の電気使用量を260kWhとすると、燃料費調整単価は、2021年1月の−5.20円/kWhから2022年7月の4.15円/kWhへと9.35円/kWh増加したため、電気料金は2,431円(9.35円/kWh×260円/kWh)の値上げとなった[83]。

29　**休廃止**　2020年度夏に稼働していた設備のうち、計画外停止や休廃止により、2021年度に供給力に見込めない火力発電所は、大手電力会社分だけでも約830万kWに達した[81]。

発電事業者	計画外停止の回避のための保安管理の徹底。燃料の十分な確保
小売事業者	相対契約、先物取引拡大などによる供給力の確保
需要家	一般需要家への無理のない範囲での効率的な電力の使用(省エネ)。産業界への省エネや緊急時における柔軟な対応への協力要請
全般	タイムリーな情報発信と需給逼迫時の対応体制の整理

3 2022年3月の東京・東北エリアの需給逼迫

国や各事業者の協力により上記対策を進めた結果、2021年度夏と冬の電力の安定供給は確保された。

しかし、通常ならば寒さも緩み電力需給が落ち着く2022年3月22日(火)、前日からの寒波により、東京・東北エリアにおいて需給が極めて逼迫する事象が発生した。需給逼迫の主な原因は以下の3点である[84]。

①	真冬並みの寒さによる需要の大幅な増加[30]や悪天候による太陽光発電の大幅な出力減少[31]
②	前週3月16日に発生した福島沖地震の影響で、広野火力発電所(335万kW)と磯子火力発電所(134万kW)が計画外停止し、供給力が低下
③	真冬の高需要期(1、2月)が過ぎて発電所が計画的な補修点検に入っていたため、冬の最大需要日(1月6日)と比較して計511万kWの発電所が計画停止中

この状況に対して、経済産業省、電力広域的運営推進機関および各電力会社などは、以下の対策をすべて実施することにより停電は回避された。

①	火力発電所の出力増加、自家発電の焚き増し、補修点検中の発電所の再稼働
②	他エリアからの最大限の電力融通(他エリアから東京電力エリアに2,000万kWh程度)
③	小売電気事業者から大口需要家への節電要請
④	2012年に制度が導入されてから初となる需給ひっ迫警報の発令[32]

30 **需要の大幅な増加** 3月22日の前日17時時点での想定最大需要電力は4,840kWで、10年に一度の厳しい寒さを想定した場合の3月の最大需要4,536万kWを約300万kW上回る極めて高い水準であった[84]。

31 **太陽光発電の大幅な出力減少** 前々日の3月20日(東京の天気は晴れ)の12時の発電量1,263万kWに対して、3月22日(天気は)12時の発電量は174万kWと大幅に減少した[85]。

32 **需給ひっ迫警報の発令** 需給ひっ迫警報は前日の3月21日に資源エネルギー庁より発令されたが、翌22日に期待された節電量に届かず、夜には停電の懸念が高まった。そこで、22日15時前に経済産業大臣が緊急記者会見を行い、ブラックアウトを避けるために広範囲での停電を行わざるを得ないので、さらに約5%の節電を要請した。結果として、22日の東京エリアでは、想定需要から合計4,395万kWhが削減された[84]。

4 2022年度夏および冬の需給逼迫

2021年度に続き2022年度においても、**図5.30**に示すように、夏季の電力需給は、10年に一度の猛暑を想定した需要に対して、7月の東北・東京・中部エリアの予備率は3.1%と安定供給に必要な3%を僅かに上回る厳しい見通しが示された。冬季は10年に一度の厳寒を想定した需要に対し、東京から九州まで計7エリアで予備率3%を下回り、特に東京エリアにおいて1月、2月は予備率がマイナスとなるなど、2012年度以降で最も厳しい見通しが示された[86]。

夏季

	7月	8月	9月
北海道	21.4%	12.5%	23.3%
東北			
東京	3.1%		
中部			
北陸			
関西		4.4%	5.6%
中国	3.8%		
四国			
九州			
沖縄	28.2%	22.3%	19.7%

冬季

	12月	1月	2月	3月
北海道	12.6%	6.0%	6.1%	10.0%
東北		3.2%	3.4%	
東京	7.8%	▲0.6%	▲0.5%	
中部				
北陸				
関西				9.4%
中国	4.3%	1.3%	2.8%	
四国				
九州				
沖縄	45.4%	39.1%	40.8%	65.3%

予備率3%に対する不足量
東京エリア　1月：▲199万kW 2月：▲192万kw
西日本6エリア 1月：▲149万kW 2月：▲18万kW

図5.30 2022年度の夏季および冬季の電力供給の予備率(10年に一度の猛暑および厳寒気象の場合)
出典：経済産業省「2022年度の電力需給に関する総合対策(概要)」(2022)[87]をもとに作成

この厳しい状況のもと、政府は2022年6月7日に「電力需給に関する検討会合」を開催し、2022年度の電力需給に関する総合対策を決定した[87][88]。この検討会合は、2011年の東日本大震災後に生じた電力供給不足に際し、政府としての対応を総合的かつ強力に推進するために設置されたもので、電力需給の厳しさを受けて5年ぶりに開催された。**表5.13**に供給・需要面の対策とともに、構造的課題に対する対策を示す。2021年度夏・冬の対策と比較して、一層踏み込んだ内容となっている。

表5.13 2022年度の電力需給に関する総合対策

1.供給対策
・**電源募集(kW公募)の実施**による**休止電源の稼働** ・**追加的な燃料調達募集(kWh公募)の実施**による**予備的な燃料の確保** ・発電所の**計画外停止の未然防止等の要請** ・再エネ、原子力等の**非化石電源の最大限の活用** ・発電事業者への**供給命令による安定供給の確保**
2.需要対策
・**節電・省エネキャンペーンの推進** ・**産業界、自治体等と連携した節電対策体制の構築** ・対価支払型の**デマンドレスポンス(DR)の普及拡大** ・需給ひっ迫警報等の**国からの節電要請の高度化** ・**使用制限令の検討**、セーフティネットとしての**計画停電の準備**
3.構造的対策
・容量市場の着実な運用、災害等に備えた**予備電源の確保** ・**燃料の調達・管理の強化** ・脱炭素電源等への**新規投資促進策の具体化** ・**揚水発電の維持・強化、蓄電池等の分散型電源の活用、地域間連系線の整備**

出典：経済産業省「2022年度の電力需給に関する総合対策(概要)」(2022)[87]をもとに作成

5 小売電気事業への影響

2021年度の燃料費高騰と需給逼迫による卸電力市場の価格高騰により、自社電源を持たない新電力は深刻な影響を受けた。2021年度の新電力の倒産は14件となり、2020年度の2件から急増した[89]。

2022年に入っても卸電力市場価格の高騰が続き、新規の契約受付を停止する新電力が増加した。需要家より新電力からの契約変更依頼を受けた大手電力会社でも、追加分は想定外の需要となり、高値の卸電力市場から調達する必要がある。そのため、法人向けの新規契約受付を事実上停止する状況となった[90]。

どの小売事業者とも契約が成立しない場合は、電気事業法に基づく「最終保障供給」により、一般送配電事業者は、標準料金メニューの約1.2倍の価格(需要家が常時依存しないように臨時的料金に相当)で需要家に供給する義務がある。

最終保障供給の料金単価は、基準となる標準料金メニュー単価の約1.2倍であるため、通常ならば最終保障供給の方が割高になり、長期間契約することは想定されていない。しかし、**図5.31**に示すように、卸電力市場価格の高騰により、小売事業者が提示する料金(自由料金)より最終保障供給料金が割安になる逆転現象が発生した。その結果、全国の最終保障供給の契約は、2022年1月の829件から3月以降増加して5月20日時点で約1万3000件となり、高圧・特別高圧の需要家の約1.5%を占めることになった[91]。

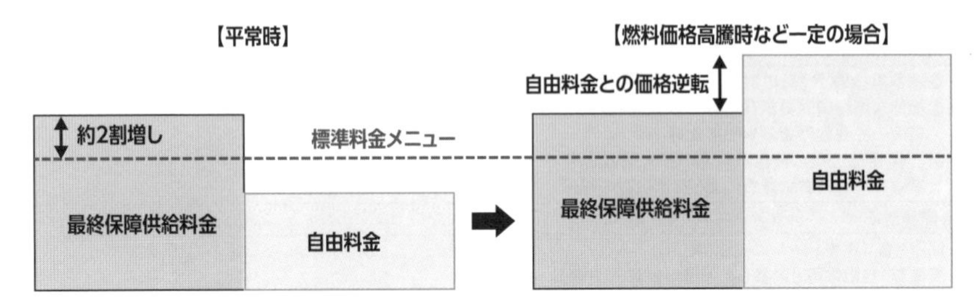

図5.31　最終保証供給料金と自由料金の関係
出典：経済産業省電力・ガス取引等監視委員会「最終保障供給料金の在り方について」(2022) [92] をもとに作成

このように、2021年から全国的な需給逼迫、電気料金の高騰とともに小売電気事業でも、当初の制度設計時には想定していなかった状況が発生している。今の状況は、脱炭素化にともなう火力発電所の休廃止、世界的なLNG不足などによる燃料費の高騰、電力システム改革にともなう取引市場の制度設計、小売事業に関する制度など、多くの要素が複雑に影響している。

さらに、2022年2月のロシアのウクライナへの侵攻により、世界的にエネルギー情勢の不確実性が増している。

S(安全性) + 3E(安定供給、経済性、環境性)の基本に立ち返り、中長期的な視野のもとに、安定供給の確保に向けて、各ステークホルダーが責任感を持って取り組むことが求められる。

5.13 〉2050年に向けた対応策

1 電力系統の中長期的な整備計画

❶マスタープランの策定

電力システム改革の開始以前は、電力会社(旧一般電気事業者)は垂直統合型の発電・送配電・小売までの一貫体制のもとで、将来の需要予測などに基づいた中長期設備計画を作成して電源の新増設を進めてきた。さらに、需要や電源計画に基づいて、送変電設備の効率的な設備形成を行ってきた。

2012年7月に施行された再生可能エネルギー電気の利用の促進に関する特別措置法(再エネ特措法)によるFIT制度導入などにより、太陽光などの再エネの導入が急速に進み、電源の系統への接続に際しては、5節で示した日本版コネクト&マネージなどの既存系統の有効活用が進められてきた。しかしながら、局所的な系統混雑解消が優先され、必ずしも電力系統全体での最適化が図られていない状況にあった。そこで、再エネの大量導入を促しつつ、国民負担を抑制する観点から、電源からの接続要請にその都度対応する「プル型」の系統形成から、電源のポテンシャルなどを考慮して計画的に対応する「プッシュ型」の系統形成への転換を進めることになった[93]。

そのような状況を踏まえて、2020年6月に成立した「エネルギー供給強靱化法[33]」[94]により、電力広域的運営推進機関(広域機関)が、将来の電源ポテンシャルなどを考慮の上、プッシュ型の地域間連系線や地内基幹系統の設備増強に計画的に対応する「広域系統整備計画」を策定することが定められた。

広域系統整備計画の策定に向けて、中長期的なエネルギー政策との整合性を確保した、系統のあるべき姿についての展望と実現に向けた取り組みの方向性として広域機関が策定する「広域系統長期方針[34]」のグランドデザインを「マスタープラン」と呼ぶ[95][96]。

---

33 **エネルギー供給強靱化法**　「エネルギー供給強靱化法」の正式名称は、「強靱かつ持続可能な電気供給体制の確立を図るための電気事業法などの一部を改正する法律」である。電気事業法の改正は、①災害時の連携強化、②送配電網の強靱化、③災害に強い分散型電力システム　の3つの観点を中心に制定された。広域系統整備計画の策定は、②送配電網の強靱化の一部として制定された[97]。

34 **広域系統長期方針**　広域機関の業務規程第48条に基づいて作成されるもので、「10年を超える期間を見通した全国の広域連系系統のあるべき姿及びその実現に向けた考え方を示すもの」である。

図5.32にマスタープランの位置づけを示す。

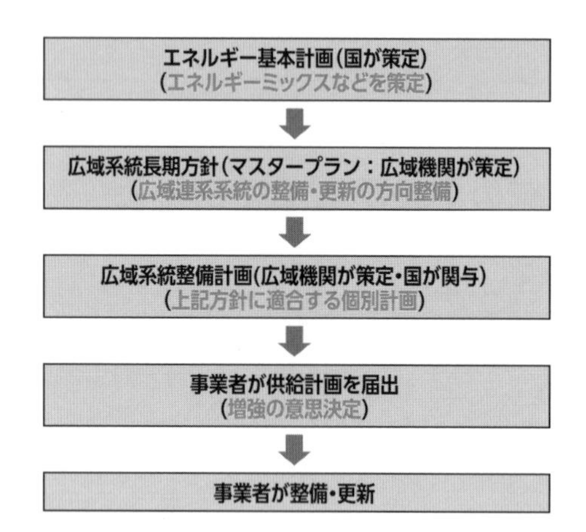

図5.32　マスタープランの位置づけ
出典：経済産業省・資源エネルギー庁「電力システムのレジリエンス強化に向けた論点」(2019) [98] をもとに作成

❷マスタープランの中間整理

マスタープランは、以下の基本的な方向性に基づいて策定される。

①既存の電力流通設備の最大限活用による設備効率の向上
②電源設備と電力流通設備の総合コストの最小化
③費用便益評価に基づく電力流通設備の増強判断
④電力流通設備の計画的な更新および作業の平準化

全国規模でプッシュ型の系統増強を進めるとともに、変動性再エネや非同期電源の導入拡大にともない、5章7節の4項で説明した調整力などの確保も重要になる。

また、これまでは、再エネの地理的偏在により、エリア間で設備の新増設などに関する費用負担に偏りがあった。そこで、全国で再エネの大量導入を進めるため、2020年のエネルギー強靱化法により、広域連系系統については全国で広く費用を負担する「全国調整スキーム」の大枠が決められ、制度の詳細設計が進められている [99]。

マスタープランの検討は、広域機関に2020年8月に設置された委員会[35]を中心

35　**委員会**　正式名称は、「広域連系系統のマスタープラン及び系統利用ルールの在り方等に関する検討委員会」。

に、国の政策との整合を踏まえて2022年度内の策定を目途に検討が進められた。2021年5月には、「中間整理」[100]が示され、将来の不確実性を分析するために設定した将来の再エネの導入量や立地などを変化させた4つのシナリオ[36]による費用や便益の分析結果と、その結果から導かれる第1次の系統増強案がまとめられた。

4つのシナリオのうち、電源偏在シナリオ45GWの例を**図5.33**（**図3.27**再掲）に示す。

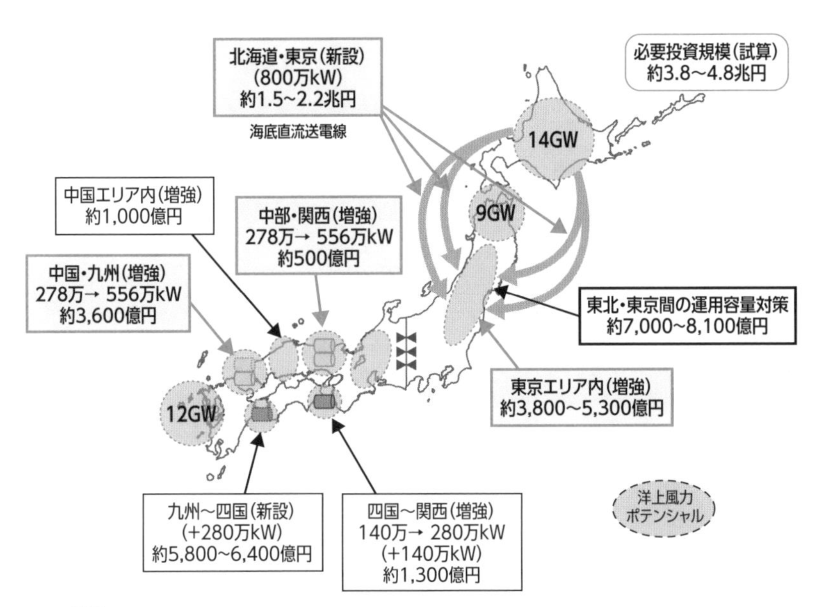

図5.33　マスタープラン中間整理の概要（電源偏在シナリオ45GWの例）
出典：経済産業省・資源エネルギー庁「2030年に向けたエネルギー政策の在り方」(2021)[101]をもとに作成

中間整理において、将来の主力電源として期待される洋上風力の実現を見据えた北海道と本州を結ぶ海底直流送電などの必要性が高いルートは、順次具体化の検討が進められることになった。経済産業省は、「長距離海底直流送電の整備に向けた検討会」を2021年3月に設置し、広域機関、一般送配電事業者、関係団

36　**4つのシナリオ**　中間整理の分析のシナリオは、「洋上風力の産業競争力強化に向けた官民協議会」の議論を踏まえた「電源偏在シナリオ（2ケース）」、ケーススタディとして加えた電源の一部を需要地近傍に配置した「電源立地変化シナリオ」、再エネ導入が進展した「再エネ5〜6割シナリオ」の合計4つのシナリオである[102]。

体などとともにルート、構成設備、施工方法などの検討を進めている[103]。

③マスタープランの概要

マスタープランは、2021年5月に公表された「中間整理」後の「第6エネルギー基本計画(2021年10月)」を踏まえ、広域機関の委員会における合計23回の審議を経て2023年3月に「広域系統長期方針(広域連系系統のマスタープラン)」[104]として公表された。

マスタープランでは、検討の前提条件として、2050年のカーボンニュートラル実現を見据えた将来の電力需要および電源構成を設定した。前提条件の概要を**表5.14**に示す。ここで、2050年における再エネの発電電力量に占める割合を5～6割としている[104]。

表5.14 マスタープランの長期展望の前提条件の概要

			ベースシナリオ
需要			■1.2兆kWh程度 ■水素製造・DACの約2割を再エネ電源近傍へ配賦 ■再エネ余剰活用需要の約2割が可制御でピークシフトできると想定
電源構成	再エネ	太陽光	■約260GW(※)
		陸上風力	■約41GW(※)
		洋上風力	■約45GW(官民協議会導入目標)
		水力 バイオマス 地熱約	■60GW(エネルギーミックス水準)
	火力 (化石+CCUS)		■供給計画最終年度の年度末設備量 ■一般送配電事業者へ契約申込済の電源 (廃止後は水素・アンモニアにリプレースと仮定)
	原子力		■既存もしくは建設中の設備が全て60年 運転すると仮定
	水素・アンモニア		■既設火力の一部が45年運転で廃止後、リプレースされるものと仮定して設定

注)経済産業省 第43回総合資源エネルギー調査会 基本政策分科会にて電力中央研究所から示された参考値

出典：電力広域的運営推進機関「広域系統長期方針(広域連系系統のマスタープラン)」(2023)[104]をもとに作成

系統増強は需要と立地などのアンバランスを解消するために行われるため、マスタープランの長期展望を検討するシナリオでは、需要と電源をどのように設定するかが重要となる。電源は再エネの最大限の導入が図れたと想定した条件で固定し、需要は絶対量(1.2兆kWh程度)は同じであるが、立地条件の違いによる以下の3つのシナリオが設定された[104]。

①政策誘導などにより需要と電源立地のアンバランスが一定程度解消される「ベースシナリオ」

②需要と電源立地のアンバランスが大きくなる「需要立地自然体シナリオ」
③更なる需要の立地誘導によりアンバランスが小さくなる「需要立地誘導シナリオ」

系統増強方策の検討は、電力需要および電源構成のシナリオをもとに、広域連系系統における電力潮流を分析して混雑の発生箇所を抽出して行われた。系統増強の基本的な考え方は、増強コストが抑制可能な方策を優先して、既存設備の最大限の活用、既存ルート全体のアップグレード、超高圧直流送電を含む新規ルート形成から最適な方策を選択することである。

ベースシナリオにおける広域系統整備の長期展望を**図5.34**に示す[104]。

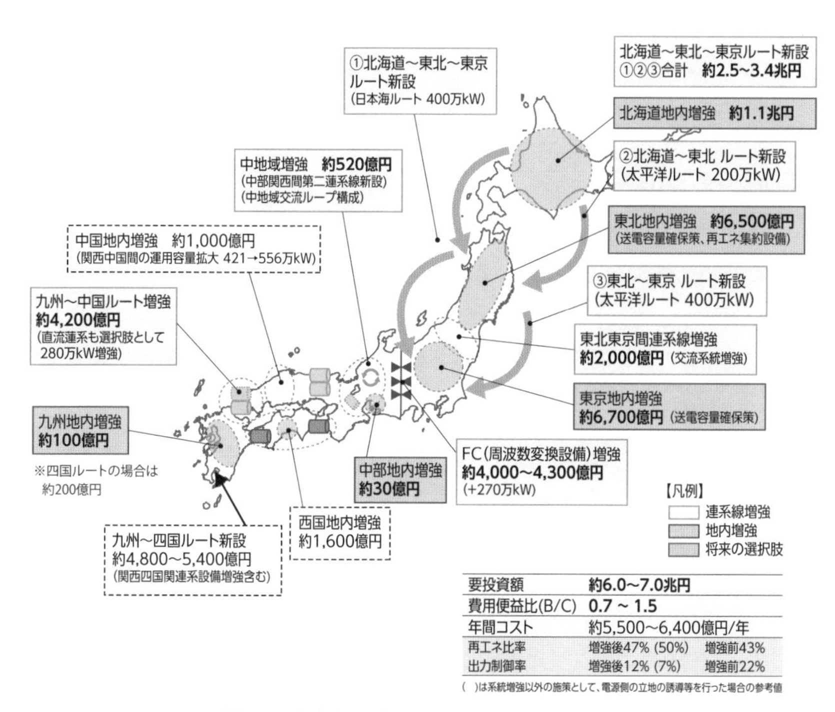

図5.34 広域系統整備に関する長期展望(ベースシナリオ)

出典：電力広域的運営推進機関「広域系統長期方針(広域連系系統のマスタープラン)」(2023)[104]をもとに作成

東地域では、北海道・東北エリアの需要を大幅に上回る再エネを首都圏の大消費地に送電するための北海道～東北～東京間の600万kW～800万kWの海底直流系統[37]の新設、北海道内の系統増強などが対象となり、ベースシナリオでの工事費は約5.1兆円～6兆円と算定された。

中西地域では、九州エリアの需要を大幅に上回る再エネを大消費地に送電するための中国～九州間の連系ルート(関門連系線)の280万kW程度の増強および中地域の増強(中部関西間第二連系線新設、中地域交流ループ)などが対象となり、ベースシナリオでの工事費は約0.5兆円と算定された。

東と中西地域間の周波数変換設備(FC)の270万kWの増強を含めると、全国のベースシナリオによる系統増強の工事費は約6兆円～7兆円と算定され、巨額の投資を行ってもそれを上回る便益の可能性があることが示された。

複数シナリオの分析結果により、再エネ偏在地に需要の立地を誘導することにより、系統増強の投資額が抑制されるとともに、再エネの出力制御率が低下することも明らかになった[104][105]。

④マスタープランの展開

マスタープラン(広域系統長期方針)の具体化に向けては、混雑系統を前提とした系統利用の高度化(日本版コネクト＆マネージ)、既設系統の高経年化設備の適切な更新とともに、系統増強には10年オーダーの建設期間を要することから、個別の整備計画の具体化を進める必要がある[104]。

2　2050年を見据えた次世代の電力ネットワーク

2020年10月の「2050年のカーボンニュートラル宣言」と2021年10月に制定された「第6次エネルギー基本計画」によって、再エネの主力電源化が一層進められることになった。電力システムでは、5節で示した送電容量や調整力の確保、系統の安定性確保に加えて、電源の分散化、ＥＶなどの需要家側資源の普及拡大、自然災害に対するレジリエンス向上などへの対応を進める必要がある。さらに、IoT・デジタル技術の進歩による監視・制御システムの高度化や保全業務のスマー

37　**海底直流系統**　北海道～東北～東京などの長距離送電の場合、交流送電では線路のリアクタンスによる位相差が大きくなり安定度が低下する問題がある。また、海底ルートを適用する場合、交流ケーブルは静電容量が大きいため誘電体損失が大きく長距離線路に適用できない。一方、直流の場合はリアクタンスがないため、長距離送電でも安定度の問題がなく電流容量の限界まで送電容量を高められる。また、直流はケーブルの場合でも誘電体損失の問題がないため、長距離海底送電に適している。

ト化などにも取り組む必要がある。

このように、2050年を見据えた次世代電力ネットワークへの転換を進める必要があり、経済産業省および各電力会社などで検討が進められている。

例として、**図5.35**に経済産業省が作成した「電力ネットワークの次世代化に向けたロードマップ」と、**図5.36**に一般送配電事業者10社で構成される送配電網協議会が作成した「2050年カーボンニュートラルを実現する次世代型電力ネットワークの絵姿」を示す。

1 で説明した「マスタープラン」は、電力ネットワークの新設・増設の施策に含まれる。

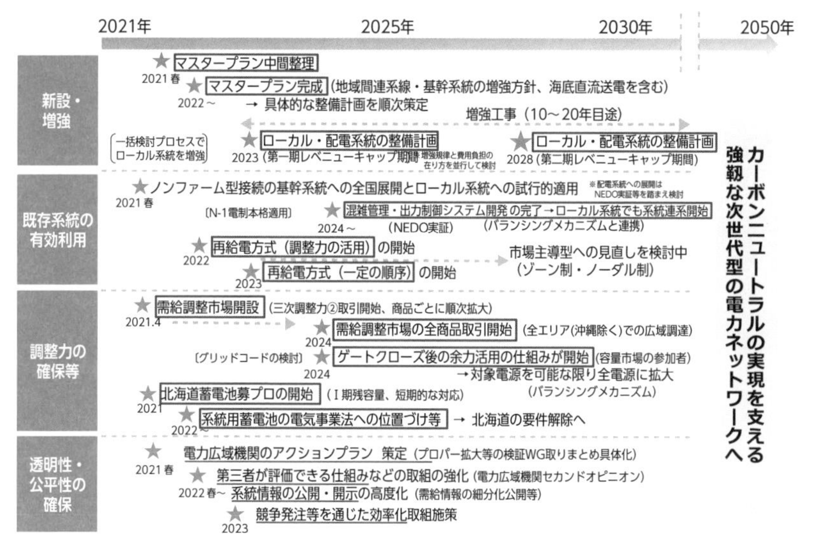

図5.35 電力ネットワークの次世代化に向けたロードマップ
出典：経済産業省・資源エネルギー庁「電力ネットワークの次世代化（2050年カーボンニュートラルに向けた送配電網のバージョンアップ）」（2022）[106]をもとに作成

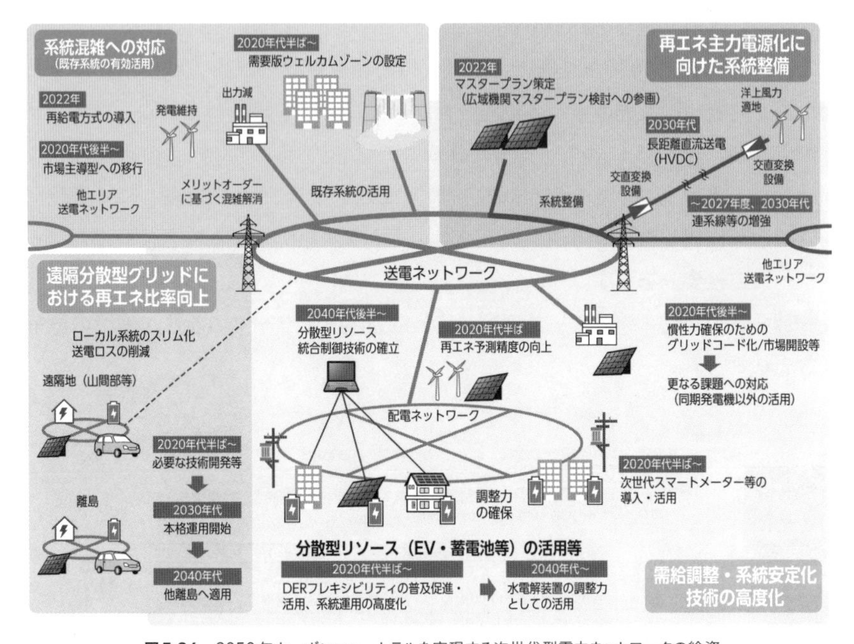

図5.36　2050年カーボンニュートラルを実現する次世代型電力ネットワークの絵姿
出典：送配電網協議会「2050年カーボンニュートラルに向けて～電力ネットワークの次世代化へのロードマップ～」(2021)[107]をもとに作成

Column
5

電気の安定供給は誰が担うのか?

福場 伸哉

2022年3月22日(火)、東京電力および東北電力管内に需給ひっ迫警報が発令され、22日午後には東京電力管内の使用率が一時100%を超過するなど電力需給が極めて厳しい状況に陥った。その際の需給状況を**コラム図5.1**に示す。3月16日に発生した福島県沖地震により発電所335万kWが計画外停止したことや、真冬並みの寒さによる需要の大幅な増大、悪天候による太陽光発電の出力低下、冬の高需要期(1、2月)終了にともない、複数の発電所が計画的な保守点検のため停止していたことが要因と考えられる。需給状況を監視し電気事業者へ供給指示を行う電力広域的運営推進機関は、他エリアからの緊急の電力融通を指示し、発電事業者は増出力運転、企業は節電、自家発電設備の焚き増しを協力し、また、当時の萩生田経済産業大臣が緊急会見で15時以降の「もう一段の節電」を訴えかけてから、節電量が拡大し難を逃れたが、節電の協力が得られなければ需要が供給を上回り、広範囲の停電が発生する危機的な状況であった。

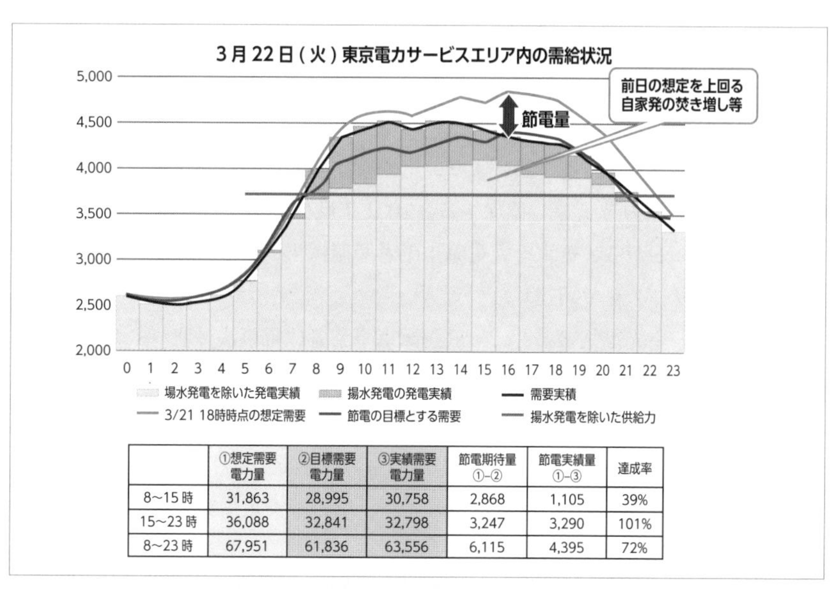

	①想定需要電力量	②目標需要電力量	③実績需要電力量	節電期待量 ①-②	節電実績量 ①-③	達成率
8~15時	31,863	28,995	30,758	2,868	1,105	39%
15~23時	36,088	32,841	32,798	3,247	3,290	101%
8~23時	67,951	61,836	63,556	6,115	4,395	72%

コラム図5.1 3月22日(火)東京電力サービスエリア内の需給状況
出典:経済産業省・資源エネルギー庁「2022年3月の東日本における電力需給ひっ迫に係る検証について」(2022)[108]をもとに作成

2021年度冬季に東京エリアの需給が厳しくなることは、実は10ヵ月以上前の2021年5月頃から資源エネルギー庁の電力・ガス基本政策小委員会で指摘されていた。

電力自由化以前は、供給義務が課せられた旧一般電気事業者10社が、一義的に安定供給を担っていた。4章で述べた電力システム改革により、現在、700を超える小売電気事業者、1,000を超える発電事業者が存在する。では、現在、誰が安定供給を担うのだろうか。答えから言うと、一義的な安定供給の主体は存在しない。第6次エネルギー基本計画には「安定供給確保のための責任・役割の在り方については(中略)改めて検討を行っていく」[109]とある。そこで、供給力の確保に関して、現在の各事業者の義務・役割について改めて整理し、安定供給の担い手について考えてみたい。

発電事業者は、一般送配電事業者との供給契約による発電と、小売電気事業者との供給契約による発電を行う。前者は電気事業法(電事法)により発電義務があるが、後者の契約には電事法上に発電義務はない。

小売電気事業者は、電事法において「需要に応ずるために必要な供給能力を確保しなければならない」と定められている。しかし、2020年度の供給計画に基づく供給力調達状況を見ると、新電力は調達先未定供給力が多い実態にあり、たとえば2021年度調達先未定分の割合は64%であった[110]。自前の発電設備を持たず、発電事業者との相対契約やスポット市場を活用し、より安価に電力を調達しようとした新電力が多いことが背景にある。

一般送配電事業者は、電事法により、電圧及び周波数の調整義務があり、各年度、調整用の供給力を公募し確保する。2021年度は、冬季の需給が厳しいことが予想されたことから、本来小売電気事業者が確保すべき供給力を、一般送配電事業者が代わりに公募で調達した[111] [112]。

このように、小売電気事業者、一般送配電事業者は電事法に基づく義務はあるが、それだけでは十分ではなく、本来とは異なる方法の供給力調達や、節電の協力によって難を逃れた形となった。2022年6月には東京電力管内に電力需給ひっ迫注意報が発令され、2023年度の夏季は東京エリアで7月の予備率が3%となるなど厳しい予測が出ている[113]。各事業者が、電力の安定供給を担う責任の自覚と覚悟を持つ必要がある。

第6章

再生可能エネルギーと蓄エネルギーのシステム構築

第6章　概要

太陽光発電や風力発電は、再生可能エネルギーの大量導入において、主要な役割を担うと期待されている。これらを安定的に活用するためには、需要側での電力消費調整(デマンドレスポンス)、系統強化に加えて、各種の蓄エネルギー技術と組み合わせて、再生可能エネルギーからの発電電力の量と時間を需要に合わせることが重要となってくる。本章では、これらの蓄エネルギー技術の特徴や開発・導入状況を紹介する。

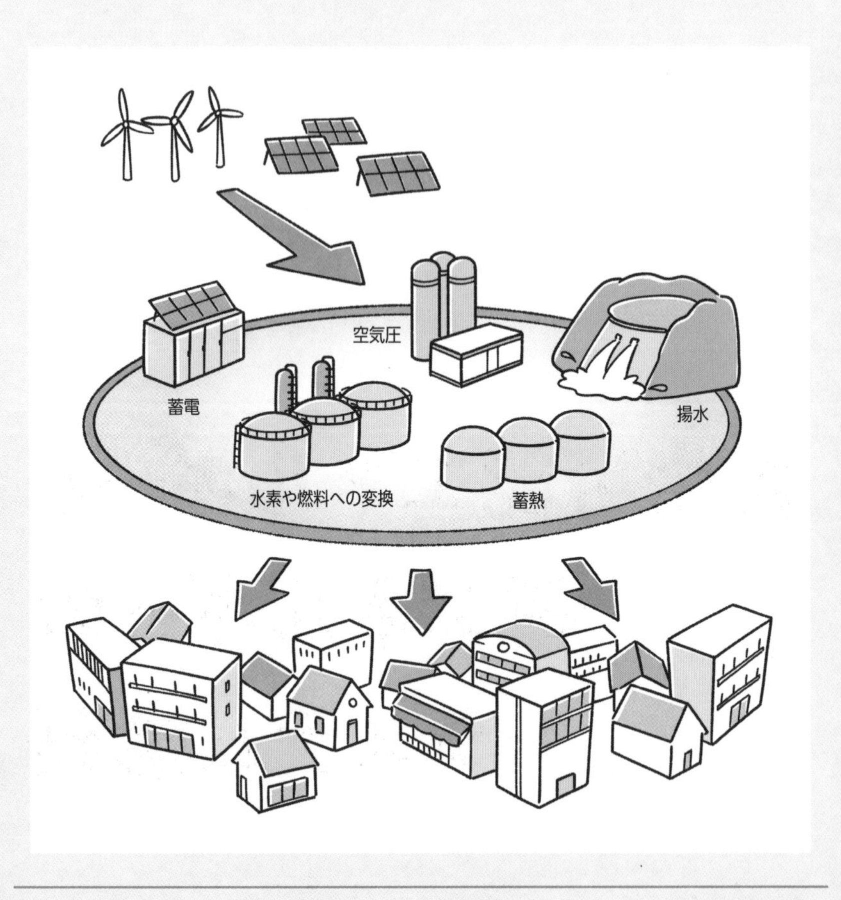

6.1 蓄エネルギー技術の必要性と種類

1 蓄エネルギー技術の必要性

2021年10月22日に閣議決定された第6次エネルギー基本計画では、電源構成に占める再生可能エネルギーの割合を、2030年目標で36～38%としている[1]。さらに、2030年以降も再生可能エネルギーの導入を増やし、2050年にはカーボンニュートラルを目指すとしている。

しかし、再生可能エネルギーの大量導入において主要な割合を占めると期待される太陽光発電や風力発電は、出力が日照や風況に影響される、いわゆる変動性再生可能エネルギーである。設備利用率は太陽光で13～15%、風力で20～30%程度と、火力発電の約80%と比べて低い。そのため、電力需要(kWh)を賄うには、現有の火力発電の出力(kW)よりも大きくする必要がある。そうすると、発電出力と電力需要の量と時間のバランスが崩れるため、余剰電力をいったん蓄えておいて、需要に合わせて電力を供給する仕組み、すなわち蓄エネルギー技術が必須となってくる。**図6.1**に、太陽光発電の出力変動と、電力需要の関係(太陽光の時間シフト)を示す[2]。電力需要量を賄うためには、太陽光発電で日中に、その時間帯の需要を超える電力を発生させて、余った電力は蓄エネルギー技術を利用して蓄える。一方で、夜間などの太陽光からの発電がない時間帯には、蓄えておいた電力を時間シフトさせて供給し、需要に応じてマッチさせる。

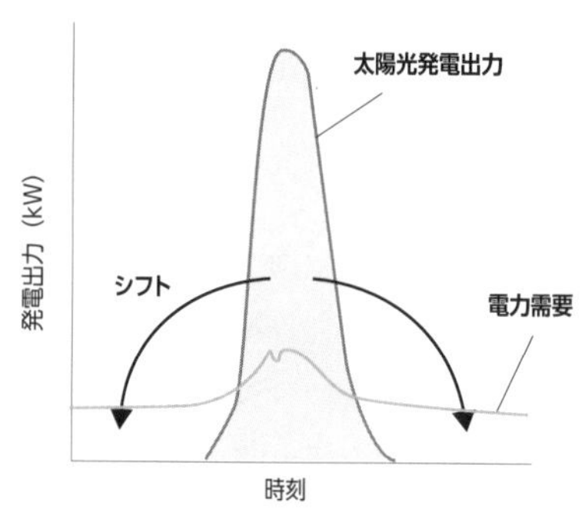

図6.1 太陽光発電の時間シフト

2 蓄エネルギー技術の種類

現状で、代表的な蓄エネルギー技術は蓄電池と揚水発電である。また、近年活発に開発と市場導入が進んでいる技術として、水素・アンモニア、蓄熱、圧縮・液化空気貯蔵が挙げられる。これらの技術は、エネルギーを蓄える物質や構造、蓄えたエネルギーを電気に変換する方法などが異なるために、出力および出力時間(容量)について、それぞれ得意とする領域がある。**図6.2**に、各種蓄エネルギー技術の特性を示す[3]。

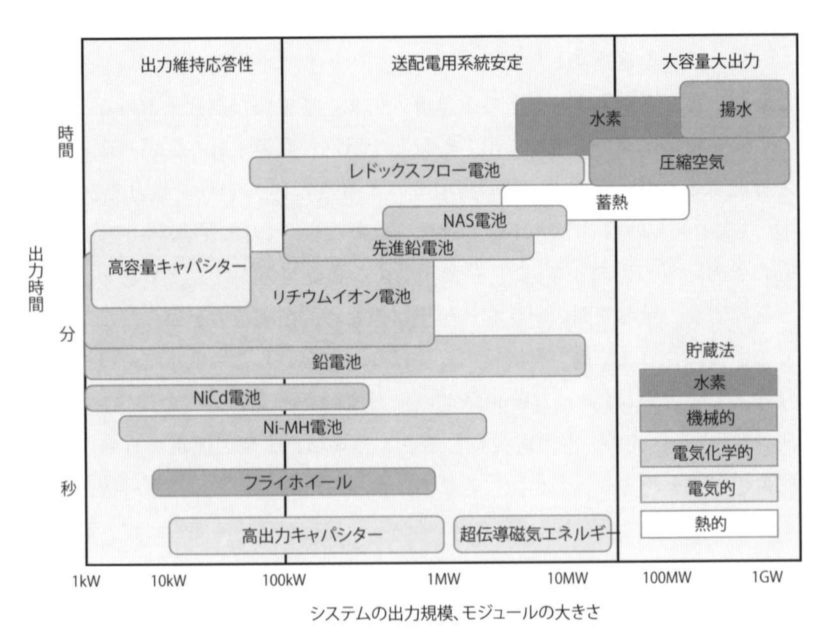

図6.2 各種蓄エネルギー技術の特性
出典：David Sprake et al.「Housing Estate Energy Storage Feasibility for a 2050 Scenario」(2017)[3]をもとに作成

蓄電池は入出力の時間応答性が数十ミリ秒以下と速いために、主に瞬時の変動を緩和する用途と、比較的短時間のエネルギー貯蔵に向いている。蓄熱や圧縮・液化空気貯蔵は、0→100%出力が数秒～数十秒とされている。一方、設備コストが蓄電池に比べて安く、比較的大容量の蓄エネルギーとしての利用ができるため、数分～数時間程度の変動を緩和する用途に適していると考えられる[4]。水素・アンモニアは、揚水発電と同様に大容量のエネルギーとしての貯蔵ができるとともに、クリーン燃料としての用途もある。

今後の再生可能エネルギーが大量に導入される社会では、ひとつのエネルギー貯蔵技術だけに頼るのではなく、それぞれの特性に応じた領域に適材適所で技術を選択することが重要といえる。次節からは、それぞれの技術を紹介するとともに、今後の課題を述べる。

6.2 〉定置用蓄電池の必要性

1 運転制御方式の種類

電力系統では、発電された電力の需要と供給(kW)のバランスを絶えず保つ必要がある。**図6.3**(**図5.16**再掲)に示すように、電力需要は短時間でも変動し、その需要変動は微小変動分、短周期成分、長周期成分に分解できる。それぞれ**表6.1**に示すように、応動時間の異なる運転制御方式を用いることで、需要と供給を一致させている。

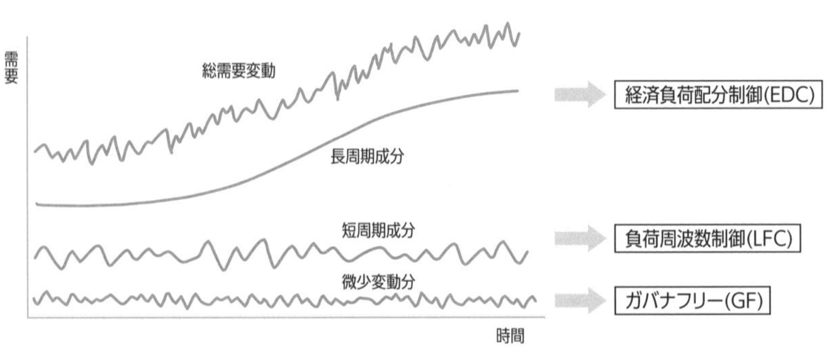

図6.3 電力需要の時間的変化

出典：国立研究開発法人新エネルギー・産業技術総合開発機構(NEDO)「再生可能エネルギー技術白書(第2版) 第9章 系統サポート技術」(2014)[5]をもとに作成

表6.1 各運転制御方式の対応時間

制御方式	応動時間	概要
ガバナフリー(GF)	数秒～数分	LFCが追従できない短時間の負荷変動に対応するため、発電機が回転数の変動を検知し、調速機により発電出力を自動的に制御
負荷周波数制御(LFC)	数分～十数分	需要予測が困難な負荷変動や需給のミスマッチに対応するため、給電システムから自動的に発電出力を制御
経済負荷配分制御(EDC)	十数分～数時間	比較的長時間の負荷変動に対応するため、給電指令所で発電機の経済性を考慮して発電出力を制御

出典：加藤政一「電力系統工学」(2015)[6]／電力広域的運営推進機関「GFおよびLFC運用の現状について」(2020)[7]をもとに作成

2 蓄電池の調整力

蓄電池は入出力に対する応答速度が速いため、ガバナフリー(GF)などの短時間の変動緩和に利用できる。

送配電網協議会が運営する需給調整市場(4章7節参照)の取引商品の調整力[1]において、応動時間が10秒以内の一次調整力と5分以内の二次調整力①②は、蓄電池の応札が想定されている[8]。また、イギリスの需給調整市場においても応動時間が最も短い調整力に蓄電池が用いられている(6章4節2項参照)。

このように電力需給の調整力として蓄電池を設置することで、出力の予測と制御が困難な再エネを電力系統に連系した際の変動緩和が期待できる。一方、前節で述べたように蓄電池システムの出力は、大規模なシステムでも揚水発電と比較して数十分の一程度である。また、現状蓄電池は、調整力の供給源として十分なコスト競争力がない[9]。今後、蓄電システム価格の低減や材料の電気化学特性の向上に加え、政策や市場の整備により、蓄電池の技術的なポテンシャルを最大限に引き出すことが重要である。

1 **調整力** 一般送配電事業者が系統の安定化に必要な調整力(ΔkW)を調達するための市場における取引商品のうち、応動時間が最も短い調整力が一次調整力、次に短い調整力が二次調整力①②である。

6.3 〉定置用蓄電池の国の政策と検討

1 定置用蓄電池技術の政策とコスト見通し

2021年10月に閣議決定された第6次エネルギー基本計画では、2030年に向けた政策対応のポイントとして、「蓄電池等の分散型エネルギーリソースの有効活用など二次エネルギー構造の高度化」が示されている[10]。「2050年カーボンニュートラルに伴うグリーン成長戦略」でも、成長が期待される14分野の1つとして、自動車・蓄電池産業が挙げられている[11]。

2021年1月現在、業務・産業用あるいは家庭用を対象とした定置用蓄電システム関連事業は、経済産業省の事業として「地域共生型再生可能エネルギー等普及促進事業」など4件、環境省の事業として「建築物等の脱炭素化・レジリエンス強化促進事業」(経済産業省・国土交通省・厚生労働省連携事業)など15件が見られる[12]。このように蓄電池は今後の普及拡大が強く期待されている。

定置用蓄電池のコストは「NEDO二次電池技術開発ロードマップ(2013)」から長らく更新されていなかったが、2020年度に「二次電池技術開発ロードマップに関する検討」の実施体制が決定された[13]。その後、定置用蓄電池の自立的普及に向けた施策を取りまとめることを目的として、2020年11月、経済産業省に「定置用蓄電システム普及拡大検討会」が設置された。主に家庭用、業務・産業用の定置用蓄電システムを対象として、2030年の価格目標などが整理された。**表6.2**に示すように蓄電システム(電池部分、PCS含む)における2020年度の価格と2030年度の価格目標は、工事費込みの場合で家庭用はそれぞれ18.7万円/kWhと7万円/kWh、業務・産業用はそれぞれ24.2万円/kWhと6万円/kWhである。

表6.2 蓄電システムの価格目標

用途	2020年度(現在)	2030年度
家庭用	18.7万円/kWh(工事費含む)	7万円/kWh(工事費含む)
業務・産業用	24.2万円/kWh(工事費含む)	6万円/kWh(工事費含む)

出典：経済産業省「定置用蓄電システム普及拡大検討会」(2021)[14]をもとに作成

国際再生可能エネルギー機関(IRENA)の調査では、定置用蓄電池のコストが、2016年から2030年にかけて50%以上低下する可能性が示されている。実用化されている電極材料であるNCA($LiNi_xCo_yAl_zO_2$)[2]やLFP($LiFePO_4$)[3]を用いた定置用のリチウムイオン電池のコストが2030年までに54〜61%低下すると予測されている[15]。

2 定置用蓄電池の普及拡大に向けた検討

経済産業省の電力ガス基本政策小委員会では、大規模な定置用蓄電池の活用に向けた課題について議論がなされている。現状、蓄電池は変電所や発電所に付属するものとして電気事業法で扱われており、蓄電池を単独で系統に連系させる場合は規定されていない。再エネ導入のための調整力として蓄電池を活用することが想定されるため、蓄電池を揚水発電と同じように電気事業法上の「発電事業」に位置付ける検討がされている[16]。また、系統運用者以外が所有する大規模な定置用蓄電池の普及に向けて、蓄電池事業者の投資回収のために需給調整市場で収入を確保できる仕組みづくりが重要である。

また、再エネは非同期電源で慣性力がないことから同期化力が働かず、大量に導入すると系統全体の安定性が低下する懸念がある[17]。今後、疑似慣性力を発生させるスマートインバータの電源として、大量の蓄電池が必要になる点にも留意すべきである。

2 **NCA** Li、Ni、Co、Alからなる酸化物でNi、Co、Alの頭文字を取ってNCAと呼ばれる。組成はx=0.8、y=0.15、z=0.05が一般的だが、高容量を目指したNi比率増加や、資源制約リスクの回避に向けたCoフリーの取り組みがある。

3 **LFP** Li、Fe、Pからなる酸化物で頭文字を取ってLFPと呼ばれる。

6.4 〉定置用蓄電池の用途と今後の展開

1 定置用蓄電池の用途と導入事例

再エネと組み合わせた定置用蓄電池の用途には下記の3つがある。

1. 系統安定化用としての変電所への設置
2. 太陽光・風力発電所への併設
3. 需要家の電力ピーク対策・自家消費向け再エネ発電への併設

❶系統安定化用としての変電所への設置

変電所に設置される系統安定化用の蓄電池には、リチウムイオン電池、ナトリウム硫黄(NAS)電池、レドックスフロー(RF)電池がある。これらは揚水発電を上回る効率で電力貯蔵が可能である[18]。それぞれの蓄電池の概要を**表6.3**に示す。各蓄電池の詳細については同シリーズの「図解でわかるカーボンニュートラル」を参考としていただきたく、ここでは簡単に示す。

表6.3 実用化されている大規模な電力貯蔵用蓄電池の種類と特徴

	リチウムイオン電池	NAS電池	レドックスフロー電池
反応式	正極） $Li_{1-x}MeO_2 + xLi^+ + xe^- \underset{\text{充電}}{\overset{\text{放電}}{\rightleftarrows}} LiMeO_2$ 負極） $Li_xC_6 \underset{\text{充電}}{\overset{\text{放電}}{\rightleftarrows}} 6C + xLi^+ + xe^-$ 全体） $Li_{1-x}MeO_2 + Li_xC_6 \underset{\text{充電}}{\overset{\text{放電}}{\rightleftarrows}} LiMeO_2 + 6C$	正極） $xS + 2Na^+ + 2e^- \underset{\text{充電}}{\overset{\text{放電}}{\rightleftarrows}} Na_2S_x$ 負極） $2Na \underset{\text{充電}}{\overset{\text{放電}}{\rightleftarrows}} 2Na^+ + 2e^-$ 全体） $2Na + xS \underset{\text{充電}}{\overset{\text{放電}}{\rightleftarrows}} Na_2S_x$	正極） $VO_2^+ + 2H^+ + e^- \underset{\text{充電}}{\overset{\text{放電}}{\rightleftarrows}} VO^{2+} + H_2O$ 負極） $V^{2+} \underset{\text{充電}}{\overset{\text{放電}}{\rightleftarrows}} V^{3+} + e^-$ 全体） $VO_2^+ + 2H^+ + V^{2+} \underset{\text{充電}}{\overset{\text{放電}}{\rightleftarrows}} VO^{2+} + H_2O + V^{3+}$
充電原理	Li^+は正極から引き抜かれ、電解質を通り負極に挿入される	正極のNa_2S_xから生成したNa^+が電解質を通り、負極でNaとなる	正極のVO^{2+}(4価)が電子を失ってVO_2^+(5価)となり、負極ではV^{3+}が電子を受け取ってV^{2+}となる
放電原理	負極に挿入されたLi^+が電解質を通り、正極に戻る	負極のNaから生成したNa^+が電解質を通り、正極でNa_2S_xとなる	負極ではV^{2+}が電子を失ってV^{3+}となり、正極ではVO_2^+(5価)が電子を受け取ってVO^{2+}(4価)となる
特徴	・常温作動、高出力、高効率 ・可燃性電解液の利用で危険物取扱	・高温(300℃)作動 ・リチウムイオン電池よりやや大容量の設計となる ・ナトリウムと硫黄の利用で危険物取扱	・電解液タンクの容量を大きくするだけで蓄電容量を大きくできる ・循環ポンプなどの補機動力が必要
蓄電池設備	西仙台変電所	豊前蓄電池変電所	南早来変電所

出典：電力中央研究所「活用が期待される二次電池とは」(2020)[19]／株式会社東芝「東芝の二次電池」[20]／日本ガイシ株式会社「世界最大級のNAS電池が運転開始」(2016)[21]／住友電工株式会社「南早来変電所大型蓄電システムの実証試験開始について」(2015)[22]をもとに作成

写真提供：東北電力ネットワーク株式会社／九州電力株式会社／北海道電力ネットワーク株式会社

日本国内のMW級の蓄電池システムを**図6.4**に示す。系統安定化目的で設置された**図6.4**の右側の5つの事例について、以下に補足する。

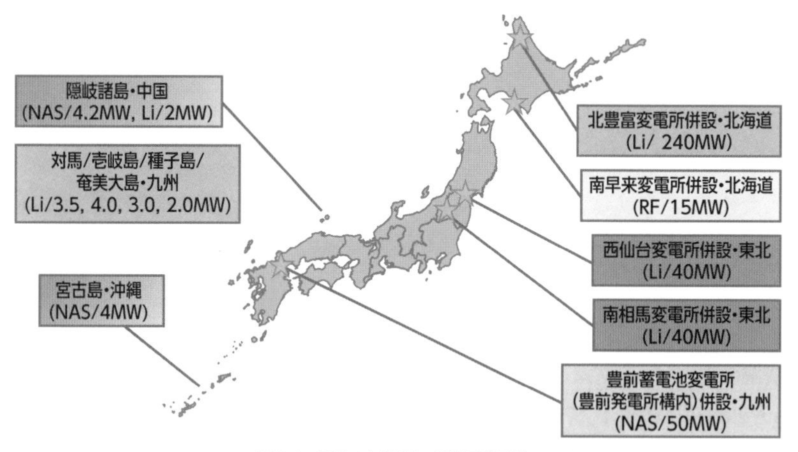

図6.4 国内のMW級の系統用蓄電池システム

出典：電力中央研究所 電力流通テクニカルカンファレンス「カーボンニュートラルの実現に向けた二次電池の期待と課題」(2021)[18]をもとに作成

北豊富変電所併設	北海道北部風力送電株式会社が同社の変電所に、風力発電の出力変動緩和として、240 MWの蓄電池システムを設置した(2023年3月竣工)[23][24]
南早来変電所併設	北海道電力株式会社および住友電気工業株式会社が2015年12月に南早来変電所にレドックスフロー電池(15 MW)を設置し、再エネの出力変動に対する調整力の性能実証等に取り組んだ[25]
西仙台変電所および南相馬変電所併設	東北電力株式会社および株式会社東芝が2015年2月に西仙台変電所、2016年2月に南相馬変電所にリチウムイオン電池(いずれの変電所でも40 MW)を設置し、それぞれ周波数調整力、蓄電池による余剰電力吸収等の検証に取り組んだ[26][27]
豊前蓄電池変電所(豊前発電所構内)併設	九州電力株式会社および日本ガイシ株式会社が2016年3月に豊前発電所内の豊前蓄電池変電所にNAS電池(50 MW)を設置し、太陽光発電の出力に応じて充放電を行う蓄電システムの効率的な運用の実証等に取り組んだ[28]

図6.4の左側には離島でのマイクログリッドの事例が記載されている。中国電力株式会社と沖縄電力株式会社は、リチウムイオン電池とNAS電池の二種類の蓄電池を組み合わせたハイブリッド蓄電池システムを設置している[29][30]。

❷太陽光・風力発電所への併設

太陽光・風力発電は常時出力変動するため、周波数の維持に影響を与える。小規模系統である北海道エリアや沖縄エリアでは、蓄電池などによる出力変動緩和対策が行われていた(北海道では風力・太陽光が対象、沖縄では太陽光が対象)。一例として、北海道電力ネットワーク株式会社の系統連系技術要件が定める太陽光発電が満たすべき基準を以下に示すが、2023年3月14日に開催された国の審議会[31]において出力変動緩和要件の撤廃が決定されたことを受けて、2023年7月1日より、出力変動緩和要件を不要とした接続検討の受付を開始している[32]。

太陽光発電の出力変動緩和対策の基準

すべての時間において、
発電所合成出力の変化速度を「発電所定格出力の1%以下/分」

株式会社GSユアサは北海道釧路町の太陽光発電所にリチウムイオン電池を併設し[33]、日本ガイシ株式会社は北海道松前町の風力発電所にNAS電池を併設している[34]。

③需要家の電力ピーク対策・自家消費向け再エネ発電への併設

図6.5の左のように負荷需要を超える太陽光などの発電電力を蓄電池に充電することで、余剰電力の有効活用が可能となる。また、**図6.5**の右のように蓄電池に蓄えた電力を需要のピーク時に放電することで、ピークカットを行うことが可能となり、需要家にとって契約電力(kW)で決まる基本料金を低減できるメリットがある。

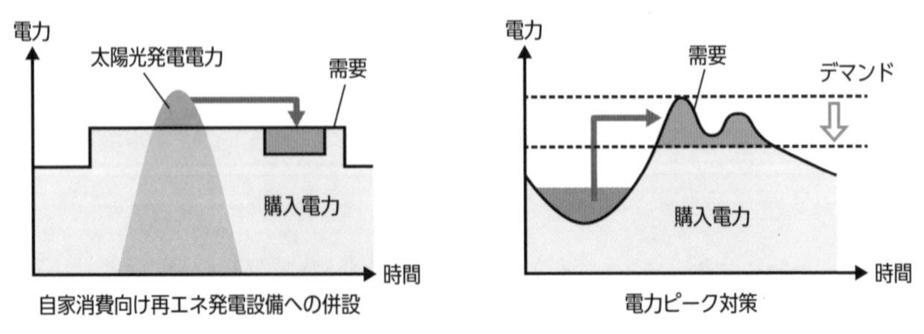

図6.5　蓄電池を用いた電力ピーク対策と再エネ自家消費の概要
出典：日新電機株式会社「蓄電池システム」[35]をもとに作成

2　定置用蓄電池の市場での活用

欧米では日本に先行して需給調整市場が導入されている。アメリカの独立系統運用機関であるPJM Interconnection LLC(PJM)の市場では、蓄電池を用いて需要と供給のバランスを保ったり、周波数を一定に維持したりすることで、蓄電池の所有者が利益を得ることができる。PJMの市場では、蓄電池のような応動性の早い電源の調達単価を、火力発電のような応動性の遅い電源の調達単価より優遇する「Pay for Performance」というルールがある[36]。また、イギリスの系統運用者であるNational grid ESOに対して、Flexitricity社などが一次調整力(イギリスの場合、Firm Frequency Response(FFR)と呼ばれる)として顧客の蓄電池を活用している[37]。蓄電池を用いた周波数調整により顧客が利益を得られる事例である。

日本では需給調整市場のすべての商品の取引開始が2024年度に予定されており、リソースとして蓄電池の活用が可能である。取引価格次第では蓄電池の設置が経済的に魅力になる可能性がある。日本の需給調整市場では調整力供出事業者が調整単価を1週間分まとめて、前週に需給調整市場システムに入力することが求められる[38]。この前週調達については、経済産業省の制度検討作業部会で、一般送配電部門が翌週の週間計画を立てた上で調整力を確保していることから提案された[39]。一方、予測誤差が大きくなる懸念がある。National grid ESOでは、現在需給調整市場を変更中で一日前市場が構築される予定である[40]。日本においても蓄電池事業者が需給調整市場で収入を確保できる仕組みが構築されることが期待される。

6.5 〉水電解技術で製造した水素による蓄エネルギー

1 エネルギー貯蔵としての水素

太陽光や風力など変動性の再エネの導入拡大が進んだ場合、再エネの経済性向上の観点から、余剰電力を活用する技術が求められる。**図6.6**に示すように、余剰電力を用いて水電解装置から水素を製造し、そのままでは利用できない再エネを水素として貯蔵し、燃料などに利用する技術が国内外で注目されている。

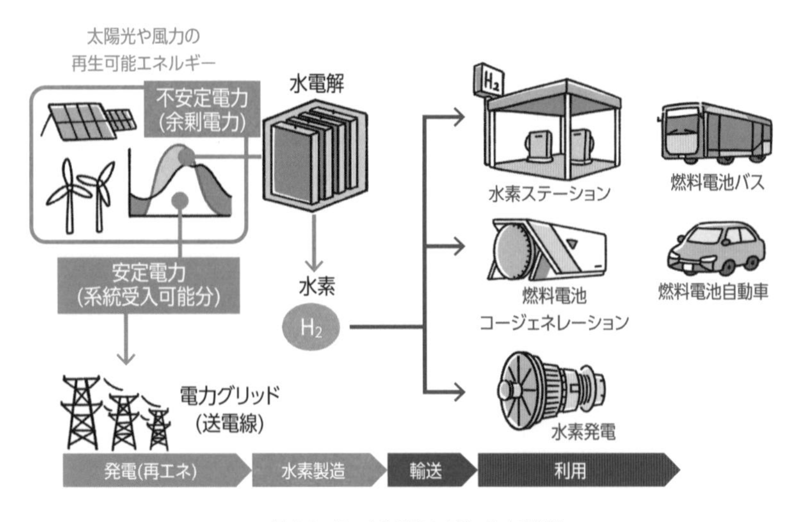

図6.6 再エネ余剰電力を用いた水素製造
出典：経済産業省「エネルギーの今を知る10の質問」(2018)[41]をもとに作成

水素をエネルギー貯蔵として導入する場合の特徴は、**図6.7**に示すように大規模かつ長期のエネルギー貯蔵で有利であること、また、地形や地質など環境条件による影響が小さいことである。

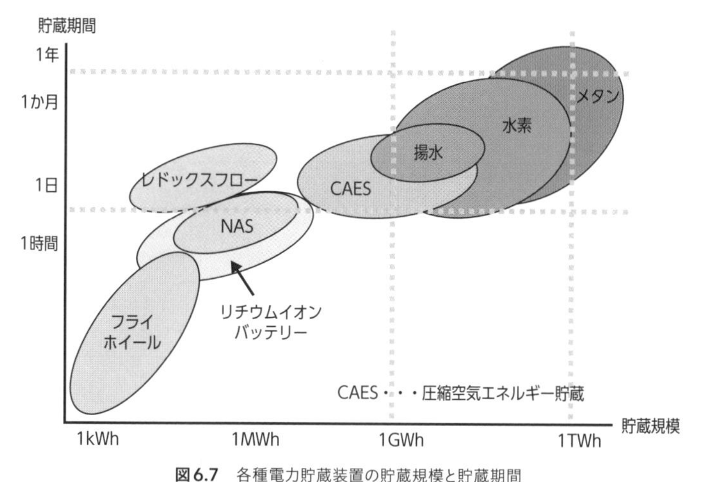

図6.7　各種電力貯蔵装置の貯蔵規模と貯蔵期間
出典：経済産業省「第1回CO_2フリー水素WG」(2016)[42]をもとに作成

2 水素製造の効率とコストの見通し

水電解による水素製造には、アルカリ形水電解と固体高分子形水電解がある。アルカリ型と固体高分子形の特徴を**表6.4**に示す。アルカリ形は高効率で、材料に貴金属を必要としないため、低コストという特徴がある。一方で、固体高分子形はアルカリ形よりも大きな電流密度が流せるために小型化しやすいことに加え、負荷追従性[4]が高いことから調整力としての活用も期待されている。

表6.4　水電解装置の種類と主な特徴

	アルカリ形			固体高分子形		
	2019年	2030年	将来	2019年	2030年	将来
電解効率(LHV, %)	63〜70	65〜71	70〜80	56〜60	63〜68	67〜74
システムコスト($/kW)	500〜1,400	400〜850	200〜700	1,100〜1,800	650〜1,500	200〜900
製品寿命(時間)	60,000〜90,000	90,000〜100,000	100,000〜150,000	30,000〜90,000	60,000〜90,000	100,000〜150,000

出典：国際エネルギー機関(IEA)「The Future of Hydrogen」(2019)[43]をもとに作成

経済産業省の示すロードマップでは、水電解システムコストを5万円/kWに抑えることを目指すことに加え[44]、**表6.5**に示すようにエネルギー消費量などの目標値が設定されている。

4　**負荷追従性**　再エネなどの電力変動に追従して、水電解による水素の製造量を調整すること。

表6.5 アルカリ形水電解システムと固体高分子形水電解システムのコスト(現状値と目標値)

項目		単位	現状値(2019年度末)※1	ロードマップの目標値		
			メーカー想定値※2	実証値	2020年	2030年
アルカリ形水電解システム	エネルギー消費量※3	kWh/Nm³	4.3(0.15A/cm²時)〜5.0(1.0A/cm²時)	4.3(0.15A/cm²時)〜5.0(1.0A/cm²時)	4.5	4.3
	設備コスト	万円/Nm³/h (万円/kW)	60 (12)	72 (14.4)	34.8 (7.8)	22.3 (5.2)
	メンテナンスコスト	円/(Nm³/h)/年	24,000	29,000	7,200	4,500
項目		単位	現状値(2019年度末)	ロードマップの目標値		
			メーカー想定値※4	実証値(見込み)※5	2020年	2030年
固体高分子形水電解システム	エネルギー消費量	kWh/Nm³	5	4.6〜4.8	4.9	4.5
	設備コスト	万円/Nm³/h (万円/kW)	125 (25)	182 (37.9)	57.5 (11.7)	29.0 (6.5)
	メンテナンスコスト	円/(Nm³/h)/年	2020年目標未達見込	12,000	11,400	5,900

※1　前提条件：水素純度99.9%、水素圧力0.05MPa
※2　水素製造量100,000〜200,000Nm3/hの場合の水電解装置メーカーによる試算値
※3　劣化前
※4　水電解装置メーカーのカタログ値・試算値
※5　本格的な実証開始前であるが、これまでの検証結果から達成見込みの値

出典：経済産業省「水素・燃料電池戦略ロードマップの達成に向けた対応状況」(2020)[44]をもとに作成

グリーン成長戦略では、水素コストを2030年に30円/Nm³、2050年に20円/Nm³まで低減することが目標である。国際エネルギー機関(IEA)の予測では**図6.8**のように再エネや水電解装置のコストが低下することで、CCS[5]を用いた化石燃料からよりも、安価に水素を製造できる可能性が示されている。

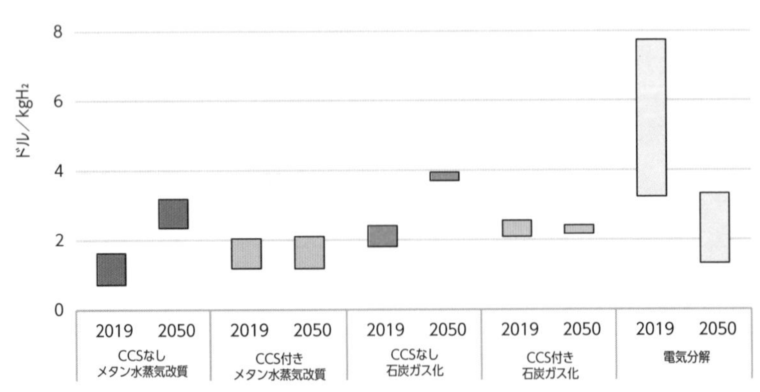

図6.8 持続可能な開発シナリオにおける技術別の水素製造コスト
出典：国際エネルギー機関(IEA)「Energy Technology Perspectives 2020」(2020)[45]をもとに作成

5 **CCS**　Carbon Capture and Storageの略。発電所などから排出されたCO_2を回収して地中に貯留すること。

3 水素による蓄エネルギーの事例

福島県浪江町には、2020年3月に開所した「福島水素エネルギー研究フィールド」(FH2R)がある。これは、世界最大級10MWクラスのアルカリ形水電解での再エネ由来の水素製造施設で、再エネから毎時1,200Nm^3(定格運転時)の水素を製造する能力を持つ。大量の蓄エネルギーが可能な水素を利用し、電力系統に対する需給調整を行うことで、出力変動の大きい再エネの電力を最大限利用するとともに、クリーンで低コストである水素製造技術の確立を目指している。

三菱重工業株式会社ではアメリカのユタ州において、「Advanced Clean Energy Storageプロジェクト」に取り組んでいる。このプロジェクトは、水電解装置による水素製造プラントと、岩塩層を利用した水素貯蔵設備からなる。余剰の再生可能エネルギーを利用して水を電気分解することにより、1日あたり最大100tのグリーン水素を製造し、これをそれぞれ5,500t以上(発電電力量150GWh規模)の貯蔵能力を持つ2つの巨大な岩塩空洞に貯蔵する。このグリーン水素を現地で発電事業を行うIntermountain Power Agency社に供給し、Intermountain Power Agency社は、必要なときに、三菱重工業株式会社が納入する最新の840MW級水素焚きガスタービン・コンバインドサイクル(GTCC)を用いて、グリーン水素で発電を行う予定である[46]。

再エネが大量に導入されれば、貯蔵や転換が必要な大量の余剰電力の発生が予想される。太陽光発電や風力発電のさらなる導入が見込まれているが、浮体式の洋上風力発電の進展の影響は大きいと考えられる。

再エネ大量導入の結果として、電解装置の大量生産による設備コストの低下、余剰電力コストが安くなることで、再エネからできる電力の価格が低下するなどにより、水素利用の普及が進む可能性が考えられる。

6.6 〉水素・アンモニアのクリーン燃料としての用途

1 アンモニア利用で期待される低炭素化

アンモニアは肥料、化学製品の基礎材料、火力発電所が排出する窒素酸化物の還元剤などに用いられる有用な化合物である。**図6.9**に示すようにアンモニアの製造には水素が必要で、その原料には天然ガスなどの化石燃料が利用されてきた。化石燃料を利用した場合に発生するCO_2の回収・貯留に加えて、再エネを用いて水素を製造することにより、アンモニアを製造する際の低炭素化が検討されている。

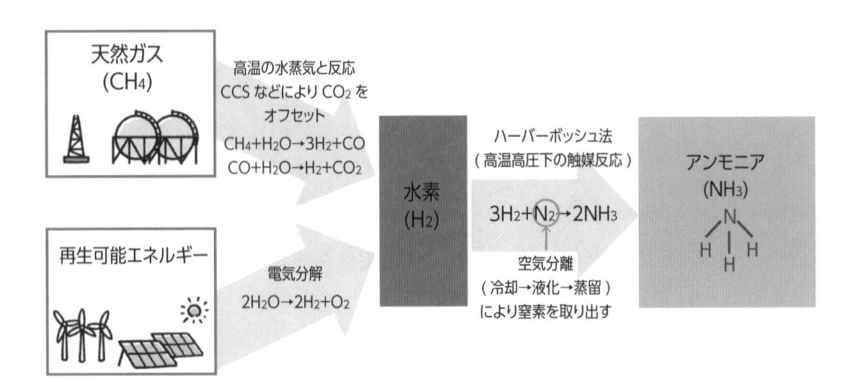

図6.9 天然ガスおよび再エネで合成した水素を用いたアンモニア製造
出典：経済産業省「アンモニアが"燃料"になる?!(前編)」(2021)[47]をもとに作成

2 エネルギーキャリアとCO_2フリー燃料

再エネで合成した水素の輸送には、**表6.6**に示すキャリアへの変換が検討されている。たとえばアンモニアは、沸点が−33℃であるため液化が容易といったメリットがあり、既存インフラを活用することが可能である。キャリアごとに特徴があるため、現時点ではキャリアを絞らずに各課題を克服することが重要と考えられる。

表6.6　代表的な水素キャリアの特徴

キャリア	液化水素	MCH	アンモニア	合成メタン
体積(対常圧水素)	約1/800	約1/500	約1/1300	約1/600
液体となる条件、毒性	−253℃、常圧 毒性無	常温常圧 トルエンは毒性有	−33℃、常圧など 毒性、腐食性有	−162℃、常圧 毒性無
直接利用の可否	N.A.(化学特性変化無)	現状不可	可(石炭火力混焼など)	可(都市ガス代替)
高純度化のための追加設備	不要	必要(脱水素時)		
特性変化などのエネルギーロス	現在：25〜35% 将来：18%	現在：35〜40% 将来：25%	水素化：7〜18% 脱水素：20%以下	現在：32%
既存インフラ活用、活用可否	国際輸送は不可(要新設)。国内配送は可	可(ケミカルタンカーなど)	可(ケミカルタンカーなど)	可(LNGタンカー、都市ガス管など)
技術的課題など	大型海上輸送技術(大型液化器、運搬船など)の開発が必要	エネルギーロスの更なる削減が必要	直接利用先拡大のための技術開発、脱水素設備の技術開発が必要	製造地における競争的な再エネ由来水素、CO_2供給が不可欠

出典：経済産業省「合成燃料研究会中間とりまとめ」(2021)[48]をもとに作成

再エネの大量導入が実現した場合でも、火力発電を需給調整力および慣性力として当面の間は利用する必要がある。再エネから電気分解で製造した、燃焼時にCO_2を排出しない水素(再エネ水素)やアンモニアは、火力発電に導入される化石燃料に替わるCO_2フリー燃料[6]として期待されている。

3　クリーン燃料の合成に関する事例

海外の大量で安価な資源をブルー水素[7]やグリーン水素[8]に変換して、日本に輸送するプロジェクトが進められている。電源開発株式会社(J-POWER)は、日豪水素サプライチェーン構築実証事業において、褐炭ガス化・水素精製設備での水素製造を開始している[49]。また、ノルウェーの肥料製造会社であるYARA International社は、西オーストラリアのPilbara(ピルバラ)の工場において太陽光発電電力を用いて製造した水素をアンモニア合成の原料の一部とするプロジェクトを実施している[50]。

6　**CO_2フリー燃料**　再エネ水素やアンモニアの他に、再エネ水素とCO_2から製造したメタンやメタノールなども含む。
7　**ブルー水素**　CO_2を回収・貯留した化石燃料由来の水素。
8　**グリーン水素**　再エネ電力由来の水素。

6.7 〉電力供給安定化に期待される蓄熱発電

1 電力系統安定化のための蓄熱発電

一般に蓄熱は、熱を熱として使うために用いられる。湯たんぽなどがその典型例である。しかしここでは、電力系統の需要と供給をバランスさせるための蓄熱発電について紹介する。これは古い枯れた技術を使いながら、全く新しい概念で、GWレベルの容量で揚水発電の様に電力系統の安定化に用いられる。新しい概念のためまだ商用機はないが、欧米などで多数のパイロットプラントが建設されている。日本では、中部電力／東芝のグループがパイロットプラントの建設を準備している。太陽熱発電の太陽からの熱入力を、系統からの電力に替えただけであり、日本ではなじみがないが、実績のある技術である。

典型的な構成は**図6.10**のとおりである[51]。系統の余剰電力などを600℃程度の熱に変換して蓄熱し、必要時に熱から発電する。熱電変換には熱機関を利用するため効率は悪いが、蓄熱材が非常に安く、数時間から二週間程度の電力の安定化を経済的に行える。固定費が極めて安く、変動費(充電コスト)が比較的高いシステムである。

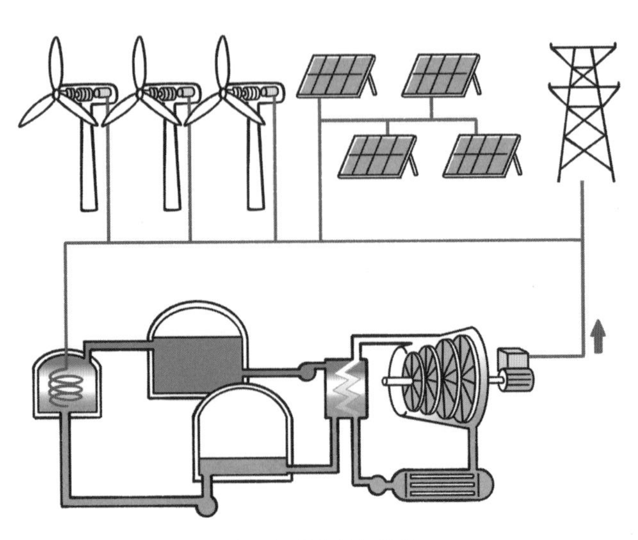

図6.10 蓄熱発電の構成例

たとえば太陽光発電による電力を夜間に利用する場合の経済性を、蓄電池と比較する。この場合、夜間発電の電力単価は次の簡単な式①で表される。

$$\text{夜間発電の電力単価} = \frac{\text{充電の電力単価}}{\text{効率}(\eta)} + \frac{\text{設備費}}{\text{寿命}} \quad ①$$

この式では設備費、寿命は固定値である。設備費・寿命としては、蓄電池は6万円/kWhで3千回、蓄熱発電は2千円/kWhで1万回とした。効率(η)は蓄電池は80%と90%とし、蓄熱発電は38%および熱電併給(いわゆるコジェネ)の60%とし、充電コストを変数としてグラフ化すると**図6.11**のようになる。すると、この充電コストの範囲では、効率は良いが設備費の高い蓄電池より、蓄熱発電の方が経済的であることがわかる。**図6.11**の計算範囲では、式①の第一項よりも第二項の方が大きな影響を持つためである。

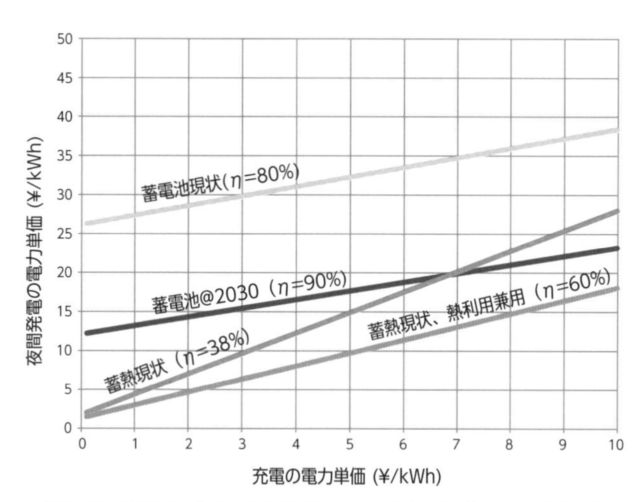

図6.11 太陽光発電電力の夜間利用時における蓄熱発電と蓄電池の経済性比較

2 世界の蓄熱発電の開発

この実情が理解され、徐々に世界での蓄熱発電開発が増えつつある。**表6.7**に把握されている民間開発プロジェクトを示す。類似のシステムを内包する太陽熱発電ではGWhレベルまで建設されているが、純粋な蓄熱発電では100kWhレベルのものまで建設されている。なお、蓄熱材は、肥料にも使われる硝酸塩である。他に**表6.7**とは異なる機器構成となるが、岩石と空気を使うものなど、多種多様である。唯一共通点は、蓄熱材が極めて安価である点である。

表6.7 世界の民間蓄熱発電開発

	研究段階	パイロット段階	技術的に完成
発電専用	マルタ社(MALTA：アメリカ)、デュークエネルギー社(Duke Energy：アメリカ)、エネルギードーム社(EnergyDome：イタリア)注1)LAESに類似、中部電力株式会社／株式会社東芝	シーメンスガメサ(Siemens-Gamesa：ドイツ)、セアス・エヌブイイー社(Seas-nve：デンマーク)、ハイビュー社(High View：イギリス)注1)LAES、エンラサ社(Enlasa：イギリス)、米電力研究所(EPRI：アメリカ)、サウザン社(Southern Co.：アメリカ)、ブレンミラー社(Brenmiller／NYPA：アメリカ)、株式会社神戸製鋼所注2)A-CAES	エルヴェーエー社(RWE:ドイツ)モルテックス社(MOLTEX：カナダ)、テラパワー社(TerraPower：アメリカ)、テレストリアル社(Terrestrial：アメリカ)、株式会社東芝／富士電機株式会社
電熱併給	クラフトブロック社(Kraftblock：ドイツ)	1414デグリース社(1414degrees：オーストラリア)、エネルギーネスト社(EnergyNest：フィンランド)、エコテックセラム社(Eco-Tech-Ceram：フランス)、ソルトエックス社(SaltX：ドイツ)、バッテンフォール社(Vattenfall：ドイツ)、テクセル社(TEXEL：フィンランド)	アゼリオ社(Azelio：フィンランド)、ストラソル社(STORASOL：ドイツ)
詳細確認中	247ソーラー社(247Solar：アメリカ)、オールボーシーエスピー社(aalborgCSP：デンマーク)、アルミナ社(Almina：アメリカ)、ブレイトン社(Brayton：アメリカ)、シーシーティー社(CCT：オーストラリア)、シーソルパワー社(CsolPower：アメリカ)、エコゲン社(Ecogen：アメリカ)、エコバット社(Ecovat)：オランダ、エレメント16社(Element16：アメリカ)、グラファイトエナジー社(Graphite Energy：アメリカ)、ケルビン社(KELVIN：アメリカ)、キョウト社(KYOTO：フィンランド)、ルメニオン社(Lumenion：ドイツ)、バッテンフォール社(Vattenfall:ドイツ)、マン社(MAN:ドイツ)、エービービー社(ABB:ドイツ)、ピンテイル社(Pintail：アメリカ)、クアンタム社(Quantum：アメリカ)、ソリッド社(SOLID：オランダ)、スティースダル社(Stiesdal：ドイツ)		

注1) LAES：液化空気エネルギー貯蔵(Liquid Air Energy Storage)
注2) A-CAES：断熱圧縮空気エネルギー貯蔵　(Adiabatic Compressed Air Energy Storage)

9 **斜体**　蓄熱に加えて圧縮空気あるいは液体空気などを使う技術。

6.8 〉圧縮空気エネルギー貯蔵の技術開発と利用

1 圧縮空気エネルギー貯蔵の開発状況

①圧縮空気エネルギー貯蔵の仕組み

圧縮空気エネルギー貯蔵(CAES：Compressed Air Energy Storage)は、外部電力を受けて圧縮機により空気を圧縮して貯蔵し、必要時にタービンなどの膨張機により動力を回収して発電する電力貯蔵技術である。

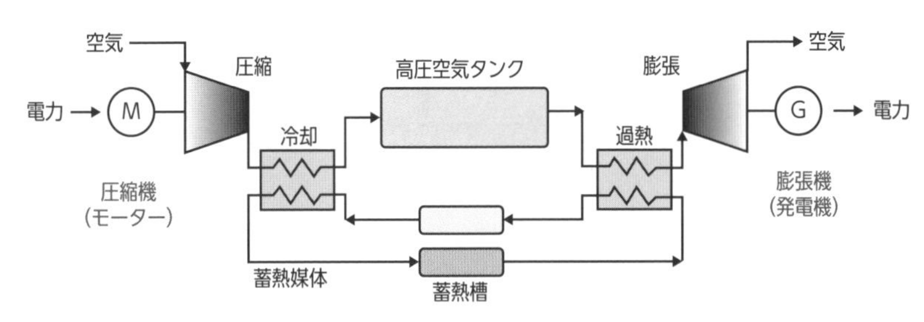

図6.12 圧縮空気エネルギー貯蔵システムの仕組み

出典：国立研究開発法人新エネルギー・産業技術総合開発機構(NEDO)ニュースリリース「圧縮空気エネルギー貯蔵(CAES)システムの実証試験を開始―風力発電を安定利用するために蓄電システム制御技術の確立を目指す―」(2017)[52]をもとに作成

圧縮工程はバッテリーでの充電、膨張工程は放電に相当する。圧縮工程ではエネルギーを受けて空気は昇圧されるとともに昇温され、膨張工程ではエネルギーを放出して降圧・降温する。膨張工程で空気中湿分の氷結を防ぎ、発電出力を増やすために膨張前になるべく高温に予熱しておくことが望ましい。

圧縮空気貯蔵量を増やすことで発電電力量を増やせるので大量の電力貯蔵に適するが、空気の流動を伴うので充放電の応答性がバッテリーなどと比べて劣る。

CAESの主たる構成機器である空気圧縮機と膨張機が従来技術で対応できるので、すでに1978年には世界初の発電出力290MW商用機がドイツで実現されている。

②圧縮空気エネルギー貯蔵の利用

大容量の電力を得ようとすると圧縮空気を大量に貯蔵する設備と、膨張前の空気予熱用熱源が必要である。圧縮空気貯蔵設備として岩塩層(Salt Cavern)、砂礫帯水層(Porous Rock)、岩層(Hard Rock)などが利用されており、蓄圧力はこれらの地下深度によって異なるが4MPa～7MPa程度である。

膨張前空気の予熱用熱源は、初期は化石燃料を投入して加温していたが、2005年頃からはCO_2排出抑制の観点から、圧縮時に発生する熱を蓄熱して再生熱として利用する断熱圧縮空気エネルギー貯蔵方式A-CAES(Adiabatic-CAES)が採用されている。再生熱を利用することで充放電効率が50～60%程度に達している。

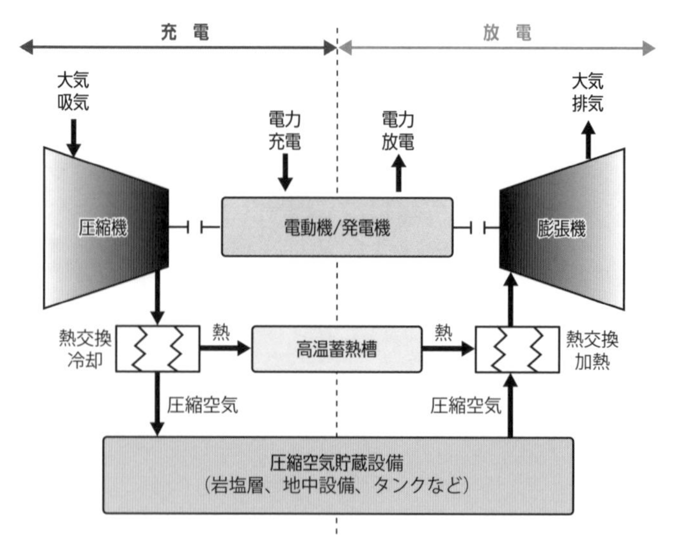

図6.13 A-CAESの概念図
出典：川村太郎 他「圧縮/液化空気によるエネルギー貯蔵技術」(2021)[53]に一部加筆

2 A-CAES実証施設の開発状況

国内では1990～2001年に、通商産業省(現経済産業省)が一般財団法人新エネルギー財団に委託して、北海道上砂川の廃炭鉱跡を圧縮空気貯蔵施設として利用した。この施設では、放電時の膨張工程で化石燃料で加温するガスタービンを使用し、発電出力2MWの実証試験を実施した。2014～2019年に国立研究開発法人・新エネルギー産業技術総合開発機構(NEDO)が発電出力1MW、容量0.5MWhのA-CAES実証試験を静岡県賀茂郡河津町にて実施し、風力発電の出力変動緩和に有効であることが確認された。ここでの圧縮空気貯蔵には鋼製タンクを用いており、その外観を**図6.14**に示す。

図6.14　NEDO事業によるA-CAES実証試験設備
出典：国立研究開発法人新エネルギー・産業技術総合開発機構(NEDO)ニュースリリース「圧縮空気エネルギー貯蔵（CAES）システムの実証試験を開始—風力発電を安定利用するために蓄電システム制御技術の確立を目指す—」(2017) [52]

現在、世界で稼働中もしくは稼働予定の主なA-CAES施設は、**表6.8**に示す通りである。空気貯蔵施設として実証機では地上設置のタンクを使用しているが、商用機では岩塩層や枯渇ガス田などの地下空洞が利用されている。また膨張時の給気圧力と給気温度を一定に維持することで安定した発電出力が得られる静水加圧蓄圧や潜熱蓄熱なども試みられている。

静水加圧蓄圧は、地上に貯水池を設けて地下空洞内圧縮空気を加圧することで空洞内空気保持量にかかわらず膨張時の給気圧力を一定圧力に維持する蓄圧法である。潜熱蓄熱は、溶融塩などの熱媒による太陽熱の集熱・蓄熱に用いられており、熱媒が固体から液体へ相変化する際の融解熱などを利用することで一定温度の熱供給が可能な蓄熱法である。

大容量のエネルギー貯蔵に適したA-CAESは、圧縮空気貯蔵施設の地理的な制約を受けるものの将来的な電力系統安定化に資するエネルギー貯蔵技術の有力な選択肢として普及が期待されている。

表6.8 世界で稼働中または稼働予定の主なA-CAES施設

プロジェクト名	場所	目的	開始年	出力(MW)	容量(MWh)	空気貯蔵	再生熱蓄熱
TICC-500	中国 精華大	実証	2014	0.5	0.5	地上タンク	顕熱
Chinese Academy of Sciences , CAES demonstration plant	中国 Guizhou	実証	2017	2.8(充電) 10(放電)	40	地上タンク	顕熱
Pilot scale demonstration of AA-CAES	スイス Biasca	実証	2017	0.7	—	岩塩層	潜熱、顕熱および ハイブリッド
Zhongyan Jirtan CAES	中国 Jiangsu	商用	2017	50〜60	200〜300	岩塩層	顕熱
Goderich A-CAES facility	カナダ Ontario	商用	2019	22(充電) 1.75(放電)	7	岩塩層 (静水庄)	顕熱
Feicheng A-CAES Centre	中国 Shandong	商用	2019	50〜1,250	7,500	岩塩層	顕熱
Angas A-CAES facility	オーストラリア South Australia	商用	2022 (予定)	5	10	亜鉛層 (静水層)	顕熱

出典：川村太郎 他「多様性を増す蓄エネルギー技術〜再エネ大量導入時代の選択肢〜」(2021)[53]をもとに作成

その他、空気を利用したエネルギー貯蔵システムとして、イギリスのハイビュー社(Highview)は空気を液化して貯蔵する液化空気エネルギー貯蔵LAES(Liquid Air Energy Storage)を提案し、2011〜2018年の2回の実証試験を経て、2020年に発電出力50MW、容量250MWhの商用1号機の建設を開始した。

LAESは、液体空気貯蔵容積がA-CAESの圧縮空気貯蔵の1/10〜1/15にコンパクト化されるので、大きな地下空洞が必要ないなど地理的な制約を受け難いがことが大きな利点となるが、マイナス196℃の極低温となる空気液化プロセスとその運用技術の複雑さを克服することが求められる。

6.9 〉蓄エネルギー技術の課題

蓄エネルギー技術は、2030年以降の再生可能エネルギーが大量導入された世界では必須となるが、蓄エネルギー設備自体は電力を生み出すものではない。したがって、蓄エネルギーの設備コストは電力のコストを押し上げる要因となる。この問題を解決するためには、電力市場や政策などを含めた様々な対策が必要なのは、第5章などで述べた通りである。

技術的な観点からは、蓄エネルギー技術のコストと課題について、以下のように整理される。

1 蓄電池のコストと技術の課題

蓄電池については、定置型が2030年までに2016年比で50%以上コストダウンするという予測もある中[54]、需給調整力のリソースとして十分な競争力を持つよう、引き続きのコストダウンが求められる。**図6.15**および**図6.16**に、2020年時点および2030年時点の、各蓄エネルギー技術のコスト予測を示す[55]。

蓄電池は、出力時間(容量)が大きくなるに従い、kW単価が増加する（**図6.15**と**図6.16**の右側参照)。これは、蓄電池の容量が増加するためである。一方、kWh単価は減少するが(**図6.15**と**図6.16**の左側参照)、これはスケールメリットが働き、工事費や付帯設備に係る割合が減少するためである。しかし、出力時間が2時間から4時間など、小容量の範囲でのでの変化は大きいが、4時間以上の大容量ではスケールメリットの恩恵は少なくなる。これは、もはや工事費や付帯設備の圧縮は限界で、蓄電池そのもののコストに漸近して、頭打ちになっているためである。したがって、蓄電池自体のコストを低減することが重要となるが、そもそも高出力・大容量の用途においては、他の蓄エネルギー方式がコスト的に有利な状況となっている。

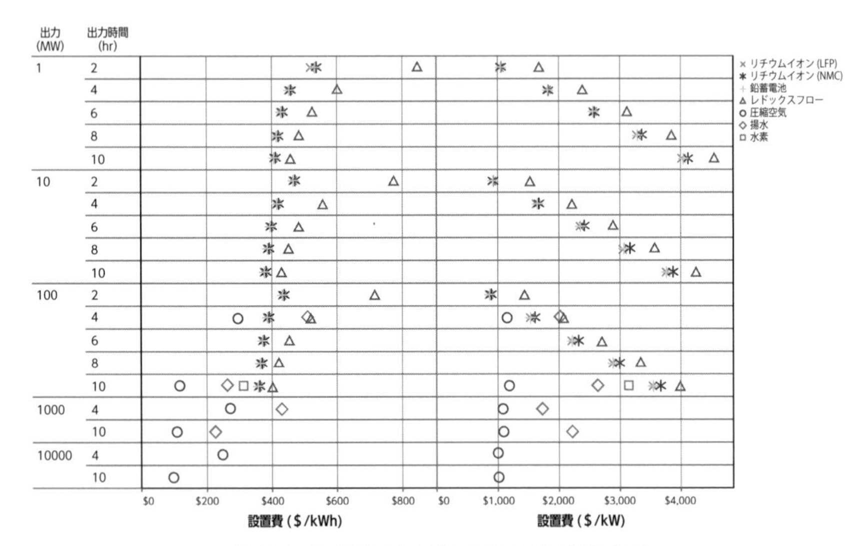

図6.15　各蓄エネルギー技術のコスト予測(2020年時点)

出典：Department of Energy (DOE)「2020 Grid Energy Storage Technology Cost and Performance Assessment」(2020)[55]をもとに作成

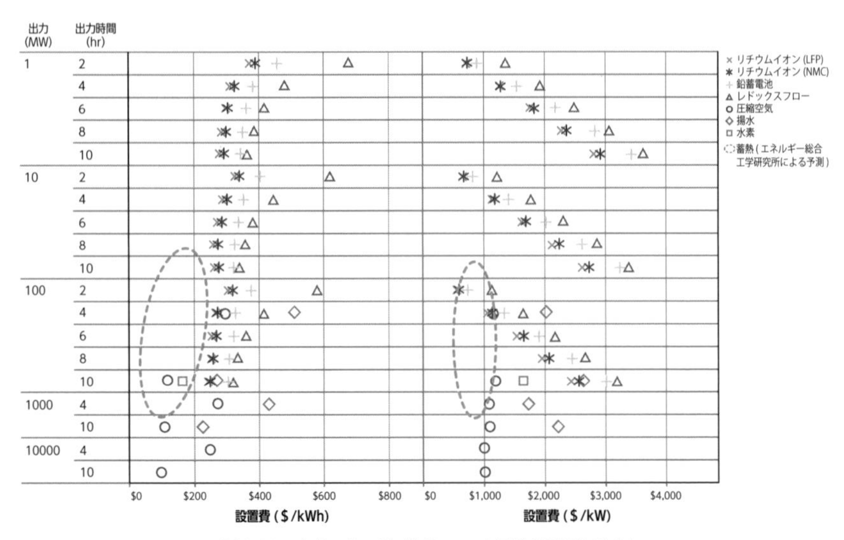

図6.16　各蓄エネルギー技術のコスト予測(2030年時点)

出典：Department of Energy (DOE)「2020 Grid Energy Storage Technology Cost and Performance Assessment」(2020)[55]をもとに作成

2　水素・アンモニアのコストと技術の課題

水素は、2020年時点では、出力100MW、出力時間10時間の使用条件ではリチウムイオン蓄電池よりも若干コスト的に有利となっている。また、2030年時点ではkW単価、kWh単価とも半額程度になると予測されている。水素(アンモニアを含む)の普及拡大のためには、水電解のコストを低減させることを柱としながら、オーストラリアなどの、日射や風況が良く、再生エネ発電設備を設置する土地も十分に確保できる海外に製造拠点を置き、日本に輸入するやり方が最も有効との考えもある。その場合、国内においてはインフラ整備、海外との関係では、安定的な水素・アンモニアのサプライチェーンを構築することが課題となる。

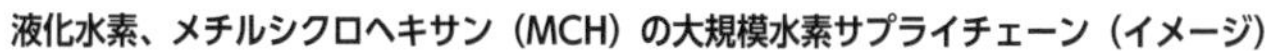

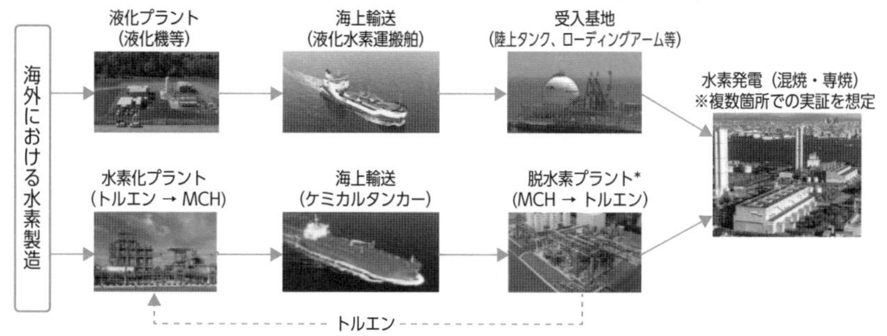

図6.17　水素・アンモニアのサプライチェーン構築のイメージ
出典：経済産業省・資源エネルギー庁「水素・アンモニアサプライチェーン投資促進・要拡大策について」(2022)[56]をもとに作成

3　圧縮・液化空気

圧縮・液化空気は、海外において商用運用が始まりつつある段階である。圧縮空気のコストは、出力100MW以上の条件では、蓄電池よりも低いが、**図6.15**、**図6.16**では、総コストに占める空気貯蔵設備の割合は約40%である。この空気貯蔵設備のコストは、貯蔵方法や場所により、非常に大きく変化するため、方法や場所によって、全体の総コストにも大きく影響する。したがって、事業性が成立するためには、コストが低い空気貯蔵方法を選択する必要があり、それに適した土地を選択することが重要となる。国内で適用する場合には、空気貯蔵に適した土地や施設があるかなどについて、注意深い前検討が必要となろう。液化空気については、コストの面で不確定な要素が多いが、将来的には圧縮空気と同程度になると予想される。液化空気は圧縮空気に比べて、土地の制約は緩いが、国内適用に関しては、技術動向を注視するとともに十分な前検討が必要なのは同様である。

4 蓄熱

蓄熱は、海外においては、集光型太陽熱発電の分野で、商用運用されており、長い実績を有している。しかし、系統安定化技術としての適用はまだ実証段階であり、コストについても不確定である。**図6.16**に、一般財団法人エネルギー総合工学研究所の独自予測によるコストの範囲を示す。将来的に、圧縮空気と同程度のコストレベルとなることが期待されているが、現状の開発状況を鑑みるに、時期は2030年以降と想定される。国内に適用する際の課題としては、商用化を見据えたうえで、技術移転をして、実証試験を実施することであろう。それにより、来るべき再エネ大量導入に向けて、技術と知見を蓄えることが重要と考えられる。

Column 6 リチウムイオン電池と「革新型」蓄電池

橋上 聖

今後の新しい蓄電池材料といえば何を思い浮かべるだろうか。最近ではフッ化物電池やナトリウムイオン電池なども一般紙で目に留まるようになってきた。全固体電池に関しては、数年前に大みそかの午後7時のニュースで放送されたことが筆者の印象に残っている。本コラムでは現在主流の電池としてリチウムイオン電池(LIB)、今後の蓄電池として革新型蓄電池に触れる。

LIBは正極、電解質、負極からなり、リチウムイオンが電解質を介して正極と負極の間を行き来することで充放電が行われる。反応としては、充電時に正極からリチウムイオンが引き抜かれて負極に挿入される、と覚えてしまうとよいかもしれない（放電はその逆)。リチウムイオンが正極材料および負極材料の結晶構造の層間を出入りする考え方をIntercalationと呼び、電気化学的なIntercalation現象を電池に応用したのがウィッティンガム氏である。正極にリチウムイオン含有金属酸化物を用いることを見出したのがグッドイナフ氏、負極にカーボン材料を用いてLIBの原型を完成させたのが吉野氏である。これら正極材料、負極材料および非水系電解液を用いたIntercalationに基づく二次電池がLIBとして定義され、この貢献により上記3名が2019年度にノーベル化学賞を受賞した。筆者は2016～2018年度にLIBの正極材料の劣化要因とその抑制手法に関する研究に取り組んでおり、受賞に関連する成果を肌で感じその後の研究の励みとした。現時点で国外に対抗していくには、LIBの構成で理論限界に近いエネルギー密度を達成することや低コスト化、そして量産化がまずは求められると考える。

一方で、LIBの数倍のエネルギー密度を有する次世代の蓄電池の開発も重要である。冒頭で記載した全固体電池は次世代蓄電池の本命とされており、国立研究開発法人科学技術振興機構（JST)／ALCA-SPRINGプロジェクトや国立研究開発法人新エネルギー・産業技術総合開発機構（NEDO)／SOLiD-EVプロジェクトなどで研究開発が進められている。ナトリウムイオン電池は文部科学省の元素戦略プロジェクト＜研究拠点形成型＞の触媒・電池材料研究拠点(ESICB)で取り組まれた。

さて、革新型蓄電池という言葉を用いると、電池業界では特定の電池系がイメージされることをご存じだろうか。大規模なプロジェクトとしてNEDOの「革新型蓄電池先端科学基礎研究事業(RISING)」(2009～2015年度)と「革新型蓄電池実用化促進基盤技術開発(RISING2)」(2016～2020年度)があったためである。プロジェクトの研究対象は「フッ化物シャトル電池」、「亜鉛空気電池」、「コンバージョン電池」および「硫化物電池」であった。2021～2025年度には「電気自動車用革新型蓄電池開発(RISING3)」が開始した。筆者はRISING2の終了時に電池系が1種に絞り込まれると予想していたところ、「フッ化物電池」が残り、亜鉛空気電池の代わりに「亜鉛負極電池」の開発が始まった。革新型蓄電池の実用化目標はコラム**表6.1**であり、進展に注目している。読者の皆様にもRISING3で対象とされた2種類の電池系を覚えておいていただきたい。

コラム表6.1 革新型蓄電池を用いたバッテリーパックの実用化目標

目標項目	実用化目標(革新型蓄電池)	参考(現行の液系 LIB)
コスト	1万円/kWh以下	2万円/kWh程度
重量エネルギー密度	フッ化物電池：400Wh/kg以上 亜鉛負極電池：200Wh/kg以上	130～160Wh/kg程度
体積エネルギー密度	フッ化物電池：900Wh/L以上 亜鉛負極電池：400Wh/L以上	150～240Wh/L程度
カレンダー寿命	15年以上	7～8年程度
サイクル寿命	2,000回以上	1,000回程度
安全性	内部短絡や過充電など、 異常時の発火リスク無し	リスク有り
原材料調達リスク	無し	有り(Li、Co)
急速充電時間	20分以下	40分程度

出典：国立研究開発法人新エネルギー・産業技術総合開発機構(NEDO)「電気自動車用革新型蓄電池開発, 2022年度実施方針」(2022) [57]をもとに作成

第7章

エネルギーの地産地消

第7章　概要

再エネの普及に向けて、以下の3つの理由からエネルギーの地産地消が重要である。まず、電力の地産地消は空間的ギャップ(生産地と消費地)と時間的ギャップ(需要と供給)を埋めることができる。また、地域の再エネを利用することで電気料金などの地域外への流出の抑制が可能となる。そして、災害時のライフラインの確保が求められる中で、自立分散型のエネルギー供給システムは、重要な設備へのエネルギー供給を継続できるレジリエンスの高い電力システムとなり得る。このように「大規模電源と需要地をつなぐ従来の電力システム」から「分散型エネルギーリソースも柔軟に活用する新たな電力システム」への変化が生まれつつあり、地産地消の機運が高まっている。

7.1 〉地産地消に向けた地域の事業者の取り組み

1 地産地消による地域貢献：新電力の役割

地産地消の主な担い手として新電力がある。4章4節1項で述べたように、2016年の小売全面自由化にあわせて電気事業者の類型が発電事業、送配電事業、小売電気事業に分類され、小売電気事業者のうち旧一般電気事業者を除いたものが「新電力」と呼ばれる。新電力には自治体から出資を受けている小売電気事業者も含まれる。**表7.1**に示すように2021年5月現在、ウェブサイトなどで公表されている情報から、自治体の出資が確認できた新電力は75事業者である。

表7.1　自治体出資の新電力一覧

東京エコサービス株式会社	新電力おおいた株式会社	一般社団法人塩尻市森林公社	株式会社西九州させぼパワーズ
一般財団法人泉佐野電力	公益財団法人東京都環境公社	株式会社ぶんごおおのエナジー	株式会社能勢・豊能まちづくり
北海道瓦斯株式会社	株式会社おおた電力	亀岡ふるさとエナジー株式会社	うべ未来エネルギー株式会社
株式会社中海テレビ放送	株式会社いちき串木野電力	ふかやeパワー株式会社	陸前高田しみんエネルギー株式会社
株式会社ジェイコムウエスト	南部だんだんエナジー株式会社	株式会社ところざわ未来電力	東広島スマートエネルギー株式会社
株式会社ジェイコム埼玉・東日本	こなんウルトラパワー株式会社	秩父新電力株式会社	株式会社岡崎さくら電力
株式会社ジェイコム札幌	株式会社CHIBAむつざわエナジー	みよしエナジー株式会社	株式会社ながさきサステナエナジー
株式会社ジェイコム湘南・神奈川	奥出雲電力株式会社	株式会社karch	葛尾創生電力株式会社
株式会社ジェイコム千葉	株式会社成田香取エネルギー	株式会社かみでん里山公社	高知ニューエナジー株式会社
株式会社ジェイコム東京	ネイチャーエナジー小国株式会社	飯田まちづくり電力株式会社	かけがわ報徳パワー株式会社
土浦ケーブルテレビ株式会社	本庄ガス株式会社	銚子電力株式会社	穂の国とよはし電力株式会社
株式会社北九州パワー	大分ケーブルテレコム株式会社	株式会社美作国電力	株式会社ほくだん
株式会社ケーブルネット下関	横浜ウォーター株式会社	加賀市総合サービス株式会社	
株式会社ジェイコム九州	スマートエナジー磐田株式会社	丸紅伊那みらいでんき株式会社	
みやまスマートエネルギー株式会社	そうまIグリッド合同会社	グリーンシティこばやし株式会社	
株式会社とっとり市民電力	いこま市民パワー株式会社	スマートエナジー熊本株式会社	
ひおき地域エネルギー株式会社	長野都市ガス株式会社	福山未来エナジー株式会社	
ローカルエナジー株式会社	Cocoテラスたがわ株式会社	株式会社ミナサポ	
株式会社中之条パワー	おおすみ半島スマートエネルギー株式会社	気仙沼グリーンエナジー株式会社	
株式会社浜松新電力	久慈地域エネルギー株式会社	新潟スワンエナジー株式会社	
株式会社やまがた新電力	松阪新電力株式会社	株式会社かづのパワー	

出典：経済産業省・資源エネルギー庁「電力・ガス小売全面自由化の進捗状況について」(2021)[1]をもとに作成

図7.1に地域の小売電気事業者に期待される役割のイメージを示す。地域で製造した再エネ電力をその地域で販売して、地域外への資金の流出を減らし、地域に利益を還元することができれば、電力の地産地消による地域貢献が実現できると考えられる。

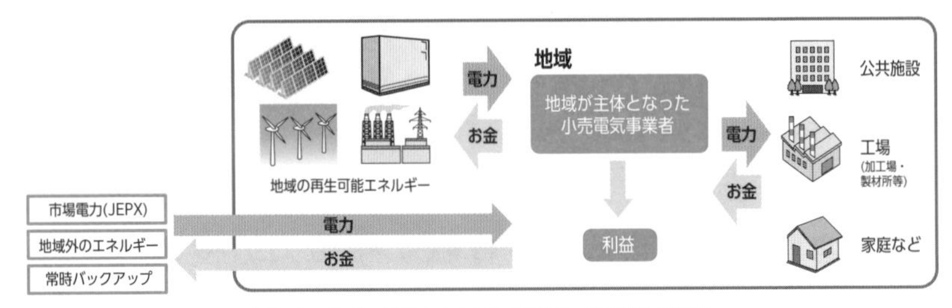

図7.1 地域の新電力小売電気事業者に期待される役割
出典：公益財団法人　地球環境戦略研究機関「自治体による再エネの地産地消の取り組み」(2018)[2]をもとに作成

2 地産地消による地域貢献：地域資源の活用

❶太陽光発電

再エネの大量導入には地域資源の活用が必要である。太陽光発電に関しては、日照時間が安定的に全国トップクラスであること、雪が降らないこと、広大な平地が占める割合が高いことなどの要因が求められる。**図7.2**に示す株式会社浜松新電力での太陽光発電(10kW以上)の設備導入件数と設備導入量は、2019年9月時点で全国一を誇る[3]。地域内で生んだエネルギーを平均約80%の比率で地産地消する成果を生み出した事例として知られる[3]。

図7.2 浜松新電力による浜松市の太陽光発電
資料提供：株式会社浜松新電力／浜松・浜名湖太陽光発電所

❷ 地熱発電・熱電供給

地熱発電と熱電供給に関する事例を**図7.3**に示す。地域への便益をもたらす事例として、**図7.3**の左側は地熱発電事業者が売電せずに自家消費を行っている。地熱発電は安定した発電が可能であり、余剰蒸気を活用している事例である。**図7.3**の右側は発電された電気とあわせて熱を活用する熱電供給の事例であり、地域で産出される木材を活用して発電を行っている。

地域への便益をもたらす事例 ①

- ✓ 霧島国際ホテルの地熱発電(鹿児島県霧島市：出力100kW)は、温泉の余剰蒸気を活用した発電所であり、発電された電気はホテル内で自家消費されている。
- ✓ 温泉の熱水は、浴用だけでなく暖房等へ利用されている。

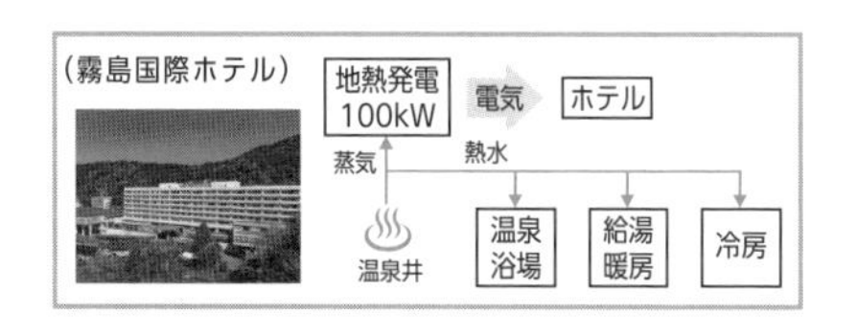

地域への便益をもたらす事例 ②

- ✓ 岐阜県高山市は、ペレット工場や発電設備を新設。
- ✓ 発電設備は熱電併給システムとなっており、生産された電気は中部電力に売電され、熱は市営の温浴施設「しぶきの湯」で活用される。

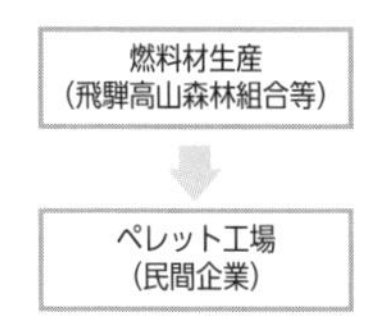

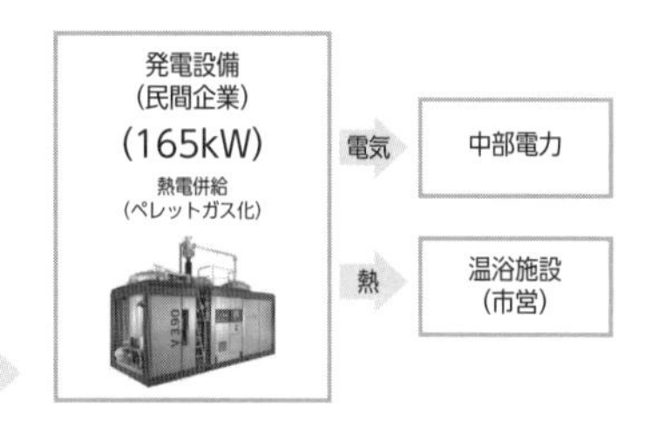

図7.3　地域への便益をもたらす事例
出典：経済産業省・資源エネルギー庁「電源の特性に応じた制度設計(地域活用電源について)」(2019)[4]をもとに作成
資料提供：霧島国際ホテル／三洋貿易株式会社

2030年度の温室効果ガス46%削減(2013年度比)に向けて、地域の脱炭素の実現のために地域脱炭素ロードマップが策定された。地域脱炭素ロードマップでは、環境省の支援のもと、地方自治体や地元企業が中心となり、少なくとも100カ所の「脱炭素先行地域」で、2025年度までに地域特性に応じて脱炭素に向けた取り組みの道筋をつけることになっている。

企業や地方自治体が地域の雇用や資本を活用しつつ、地域資源である再エネポテンシャルを活用すれば、地域の経済収支の改善が期待できる。2022年4月には79件の計画提案の中から第1回の「脱炭素先行地域」が26件選定され、一部の地域は新たに新電力を立ち上げる方針を盛り込んでいる[5]。

3 地産地消による地域貢献：地産地消に向けた課題

地産地消を志向することは重要であるが、再エネの資源に恵まれなければその割合を増やすことは難しい。新電力について、顧客数が急激に増加した際に、即座に相対取引[1]を増やすことが難しく、結果として市場取引の割合が増加する問題がある。加えて、多くの新電力の電源構成に含まれるFIT電気は、需要家が再エネ賦課金として環境価値を負担しており、環境価値を訴求する場合は非化石証書などの証書を利用する必要がある(2章コラム参照)。しかし、顧客のコスト負担を避けるために十分な普及が進んでいない。複雑な制度のもとで地域の再エネを増やす工夫が必要であり、次節では地産地消に向けた取り組みとして地域マイクログリッド、配電事業、シュタットベルケモデルについて解説する。EVの活用については、7章3節で解説する。

1 **相対取引** 小売電気事業者が電力を調達する際に、発電事業者とあらかじめ年間の購入量と価格を決めて取引すること。

7.2 〉地域マイクログリッドの可能性

1 地域マイクログリッドの概要

マイクログリッドの定義は国によりさまざまだが、一般的には「一定の地域において、全ての電力負荷を分散型電源から供給する小規模電力系統」と理解されている[6]。

経済産業省の「地域マイクログリッド構築のてびき」では、マイクログリッドの1つの使い方である地域マイクログリッドは以下のように定義されている[7]。

平常時	地域の再エネ電源を有効活用しつつ、一般送配電事業者などとつながっている送配電ネットワークを通じて電力供給を受ける
非常時	一般送配電事業者の事故復旧の一手段として送配電ネットワークから切り離され、その地域内の再エネ電源をメインに、コージェネレーションシステムなど、ほかの分散型エネルギーリソースと組み合わせて自立的に電力供給可能とする

図7.4のように地域マイクログリッドを構築することで、地域内の電気や熱の地産地消だけでなく、再エネ電源などの分散型電源の利用による災害時のレジリエンス強化にも貢献する。

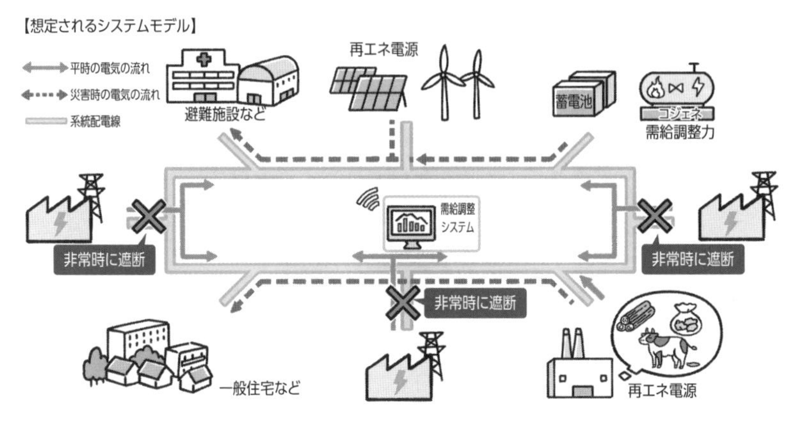

図7.4 地域マイクログリッドのモデル
出典：経済産業省・資源エネルギー庁「地域マイクログリッド構築のてびき」(2021)[7]をもとに作成

地域マイクログリッドは**図7.5**のように非都市部と都市部に分類できる。非都市部は離島(完全独立オフグリッド)と郊外・半島部・山間部などに分類でき、いずれも災害発生時の停電などの被害の長期化を避ける目的で地域マイクログリッドの構築が有効である。

都市部では、一時的な住民の避難を想定した施設への電力供給などを目的とした地域マイクログリッドが構築される場合がある[7]。都市部の事例として、六本木エネルギーサービス株式会社による六本木ヒルズへの電力供給があり、熱電併給を自営線で行っている[8]。

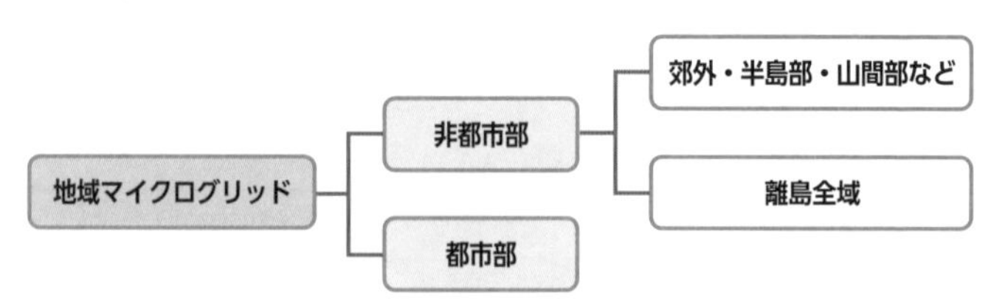

図7.5 地域マイクログリッドの類型
出典：経済産業省・資源エネルギー庁「地域マイクログリッド構築のてびき」(2021)[7]をもとに作成

2 地域マイクログリッドの構築に向けた取り組み

経済産業省は地域マイクログリッド構築支援事業を進めている。2020年度ではマスタープラン作成事業が15件、マイクログリッド構築事業が3件ある[9]。

マスタープラン作成事業の事例として、北海道白老郡白老町での地域マイクログリッドがある。白老町は、2018年に発生した北海道胆振東部地震によるブラックアウトの影響を受けたため、非常時の自立電源の確保が課題である。**図7.6**の点線で囲われた部分が地域マイクログリッド対象区域である。災害などによる大規模停電時に電力が供給される主な施設として、**図7.6**の萩野小学校(指定避難所)と住宅群(住宅群A～F、一般住宅168戸[10])がある。マイクログリッド内には太陽光発電に加え、蓄電池、PCS、EMS機器などの設備が設置されている[10]。

マイクログリッドで構築されたシステムは、長時間の停電時に配電系統を分散型電源と共に分離し、分離した系統を自立運用することで、対象地域に電力を供給することが可能である。

地図出典：Google map

図7.6　北海道白老郡白老町の地域マイクログリッドの範囲

出典：一般社団法人 環境共創イニシアチブ「令和２年度 地域の系統線を活用したエネルギー面的利用事業費補助金成果報告書（要約版）」（2021）[10] をもとに作成

地域マイクログリッドはレジリエンス強化に有効である一方、費用面で課題がある。地域マイクログリッド構築に必要な費用はマイクログリッド事業者（次項で後述する配電事業者などが想定される）が負担し、一般送配電事業者は負担しない[7]。初期投資を回収するにはマイクログリッド事業者が所有する発電設備で発電した電力が、系統から購入した電力より安価であることが重要になる。

また、次項で示す配電事業制度の進展により、地域の配電網の管理が一般送配電事業者から自治体に移行する可能性がある。そのため国からの補助金などが終了したあとに、雇用も含めて将来にわたって地域マイクログリッドを維持するには自治体による収益確保が重要である。たとえば自治体がRE100達成を目指す場合、災害時の地域マイクログリッドシステム構築とあわせて、ふるさと納税の返礼品としてRE100商品の開発に取り組む事例もある[11]。地域マイクログリッドの維持に向けて、地域の特徴を生かした収益の確保が必要と考えられる。

3 配電事業制度の開始

2020年6月に成立・公布された「強靭かつ持続可能な電気供給体制の確立を図るための電気事業法等の一部を改正する法律」により、電気事業法が改正された(2022年4月1日施行)。これにより一般送配電事業者から送配電網の譲渡・貸与を受けることで、新たな事業者が配電事業を実施できる。

前項で述べた地域マイクログリッド事業は、**図7.7**の左に示すように、平常時の系統運用は一般送配電事業者が実施し、災害時の自律的な電力供給については地域マイクログリッド事業者が一般送配電事業者と連携して実施する。配電事業は、**図7.7**の右に示すように、一般送配電事業者に代わりライセンスを取得した配電事業者が地域の配電網を運用する。

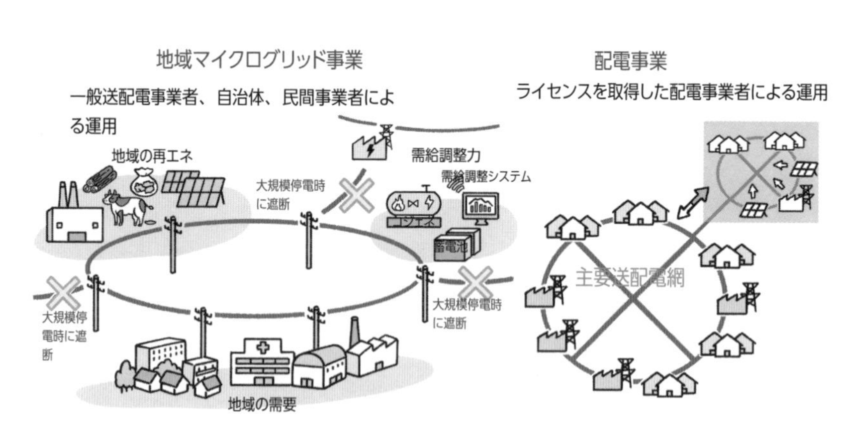

図7.7 地域マイクログリッド事業と配電事業の概念
出典：経済産業省「地域マイクログリッドの構築や配電事業の実施に向けた課題等の意見整理」(2021) [12] をもとに作成

地域に根差した事業者が配電事業に参入することで、託送料金[2]が地域貢献の原資となる可能性がある。一方で、経済産業省の持続可能な電力システム構築小委員会では、新規事業者が配電事業を営むことによる安定供給への影響が議論された。制度開始当初では、配電事業者は需給管理や周波数調整業務などを一般送配電事業者に委託できる。一般送配電事業者による支援が前提で制度設計が進められた点に留意すべきである。

2 **託送料金** 電気を送る際に小売電気事業者が利用する送配電網の利用料金として一般送配電事業者が設定する料金。配電事業における託送料金には配電線の減価償却費や運用保守費用などが含まれる。

配電事業制度ではクリームスキミング[3]を避けるために、収益性の高いエリアと低いエリアの違いが調整され、地方への配電事業の参入も期待される。新規事業者にとって託送料金の単価水準の設定や配電設備の維持運用費用の削減がポイントになり、工夫することでビジネス展開が可能となる。

4 ドイツのシュタットベルケモデル

電気事業の設備投資は高額であり、電力の小売事業のみで安定した経営や地域貢献を実現させることは難しいと考えられる。ドイツでは、地域のオペレーションを一元管理するシュタットベルケと呼ばれる事業者が存在する。シュタットベルケとは**図7.8**のように地方自治体が出資して電気事業、ガス事業、水道事業、熱供給事業、交通などの地域インフラを担うドイツの公的企業である。事業規模はさまざまだが、シュタットベルケの数はドイツ全体で1,000社を超える[13]。シュタットベルケの主な収益源として託送収入と小売販売がある。

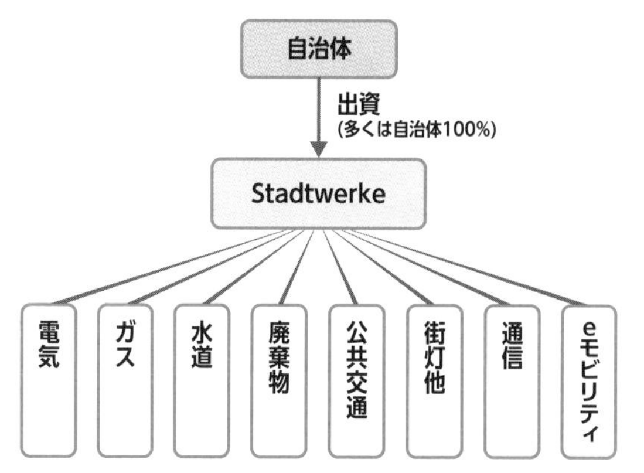

図7.8 シュタットベルケの概要
出典：国土交通省「ドイツ・シュタットベルケの実態とわが国インフラ・公共サービスへの適用に向けた課題を整理」(2021)[14]をもとに作成

ドイツ最大のシュタットベルケはシュタットベルケ・ミュンヘンであるが[15]、ミュンヘンの人口は2020年12月時点で約148万人であり[16]、ドイツ全土を顧客とする4大電力(RWE、E.ON、EnBW、Vattenfall)の規模と比較するとシュタットベルケの規模は小さい。そのためシュタットベルケの電気料金は大手電力や新電力より高く設定される場合がある。しかし、シュタットベルケの収益は地域の

3 **クリームスキミング** ある分野のうち利潤の多い部分にのみ参入すること。配電事業制度では、切り出された地域以外での需要家負担の増加を防ぐ観点から、クリームスキミングが生じない方向で設計がなされている。

インフラに投資されるため地域経済の活性化につながる。最安の小売電気事業者より高価格であっても、地元のシュタットベルケから電気を購入する需要家が一定数存在することがシュタットベルケの強みである。

一方、ドイツ全土での競合激化や地域社会内での関係性は低下などにより、今後シュタットベルケが従来のように安定した収益を得ることが難しくなる可能性がある。そこで近年、託送事業や小売事業以外の収益獲得に向けてNext Kraftwerkeなどのアグリゲータ[4]を活用した需給調整市場への参入が行われている。電力の需給バランスは太陽光発電、蓄電池、EVなどの分散型エネルギーリソース(DSR：Demand Side Resource)を最適に制御することで、電力の需給バランスを調整できる。アグリゲータは、DSRに加えてシュタットベルケが所有する発電設備を統合制御して市場に調整力を提供して収益を獲得する。シュタットベルケはその収益の一部を受け取ることができる仕組みである。

5 エネルギー地産地消の今後の展開

日本での今後の地産地消推進に向けては、電気、ガス、熱、配電事業など地域のエネルギーインフラを担う事業体を設立することが一案である。地域エネルギー供給を持続可能なものとするため、湘南電力株式会社やローカルエナジー株式会社などのように、目の前の地域課題の解決に加えて、将来に向けた新しい街づくりに取り組む動きも見られる。地域インフラは地域の課題解決や街づくりに覚悟を持って取り組む事業者が担うことが重要である。そのような事業者が長期にわたり地域に存在することが将来の地域貢献に結びつくと考える。

4 **アグリゲータ** 需要家側エネルギーリソースや分散型エネルギーリソースを統合制御し、エネルギーサービスを提供する事業者。

7.3 〉電気自動車の活用

1 電気自動車を利用した太陽光電力の自家消費

前節では地域マイクログリッドなど、エネルギーの地産地消に向けた取り組みについて説明した。地域の事業者がこれらの取り組みを実施する場合には、さまざまな設備を組み合わせる必要がある。中でも電気自動車(EV)は、大容量かつ移動可能な蓄電池として、エネルギーの地産地消を推進する上で最も重要な役割を果たすツールといえる。

たとえば蓄電池としてEVを用いることで、卒FITの太陽光(PV)を有効利用できる。V2H(Vehicle to Home)は、電気をEVに貯め、その電気をEVから家庭に供給する仕組みである。**図7.9**に示すように、EVとEV用パワーコンディショナを用いることで、昼間にPVで発電した電気をEVに貯めて、夜間にEVの電気を家庭で用いることができる。

図7.9 EVを用いたPV電力の自家消費
出典：株式会社東光高岳「EV用パワーコンディショナ」[17]をもとに作成

2 電気自動車のレジリエンスとしての価値

図7.10に示すようにEVは、

①静音性などのモビリティとしての価値
②CO_2排出量削減などの環境面の価値

を有するが、

③エネルギーインフラとしての価値

についても認識が進みつつある。具体的にはレジリエンスの向上である。EVを用いることで、PVなどの再エネの有効利用だけでなく、非常時のバックアップ電源として電力を供給することが可能である。

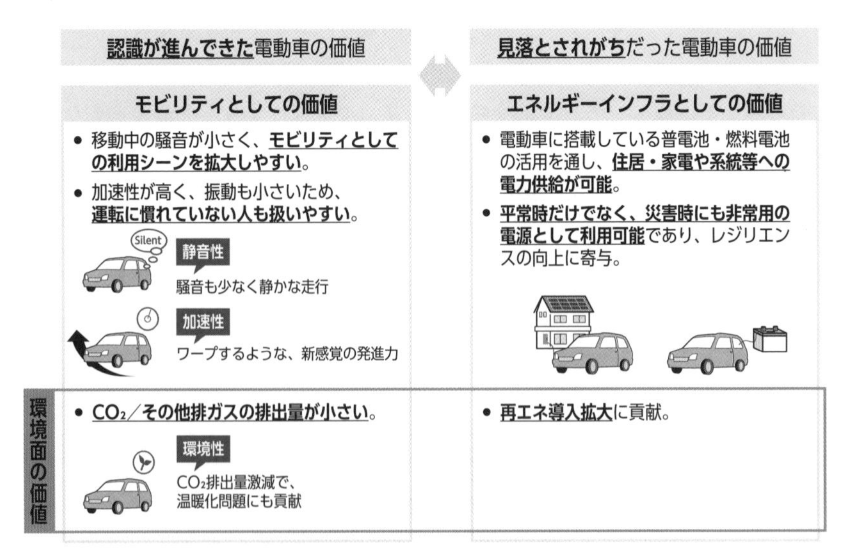

図7.10　EVが生み出す3つの主な価値
出典：経済産業省「電動車活用促進ガイドブック」(2020) [18] をもとに作成

2019年の台風15号の際は、停電が長引く千葉県内の被災地に自動車メーカー各社がEVなどを派遣し、携帯電話の充電をはじめ、エアコン、扇風機、冷蔵庫、洗濯機、夜間照明、地下水汲み上げポンプなどへ電力供給を行った。また、北海道胆振東部地震による停電時に、セイコーマートはEVから電気を供給して営業を継続した[19]。このようにEVは被災生活の負担軽減に大いに役立っている。EVからの給電の様子を**図7.11**に示す。

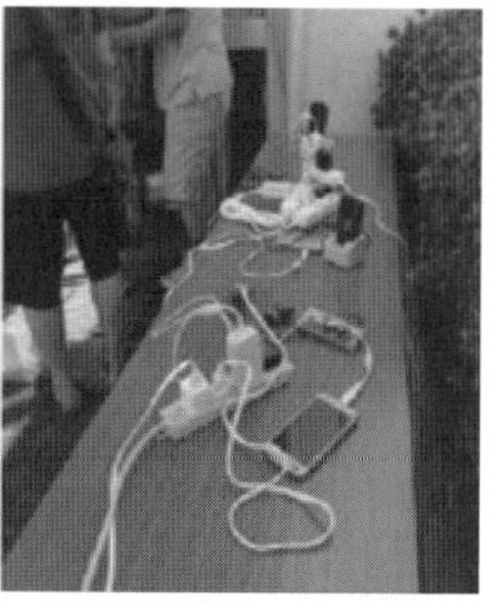

図7.11　EVからの給電の様子
出典：経済産業省「災害時における電動車の活用促進マニュアル」(2020)[20]

電動車[5]からの給電方法の周知のため、経済産業省は国土交通省と連携して「災害時における電動車の活用促進マニュアル」を公表した。このマニュアルには、外部給電に以下の方法があることや、100Vコンセントによる給電方法が記載されている。

給電方法の使用例
① 車内に備えられた100V電源用コンセントを用いて給電する
② 車の給電端子に可搬型給電機を接続して給電する
③ 車の給電端子にV2H(充放電設備)を接続して給電する

経済産業省の総合資源エネルギー調査会では、家庭用から一歩進んだコミュニティレベルで電力融通を行うPV&EVモデルが示されている[19]。従来の時間単位や回数単位での充電による課金ではない、簡易なkWh単位での課金方法の確立や、交換式バッテリーを用いる場合のバッテリー交換システムの標準化が課題である。

5　**電動車**　経済産業省によると電動車には、電気自動車、燃料電池自動車(FCV)、プラグインハイブリッド自動車(PHV)、ハイブリッド自動車(HV)が含まれる。

7.4 〉電気自動車の普及に向けた課題

パリ協定に示された2℃目標を達成するために国際エネルギー機関が行った分析(持続可能な開発シナリオ)によれば、**図7.12**の通り、世界のEV販売台数は2025年には約2,000万台、2030年には約4,500万台と予測されている。

2050年カーボンニュートラルに伴うグリーン成長戦略において乗用車は、2035年までに新車販売で電動車100%を実現する目標がある[21]。一方、2022年における国内の乗用車全体に対するEVの新車販売台数は2.5% (北米5.9%、欧州14.0%、中国21.7%) であり、この数年間で欧州と中国のEV比率は急送に増加した[22]。

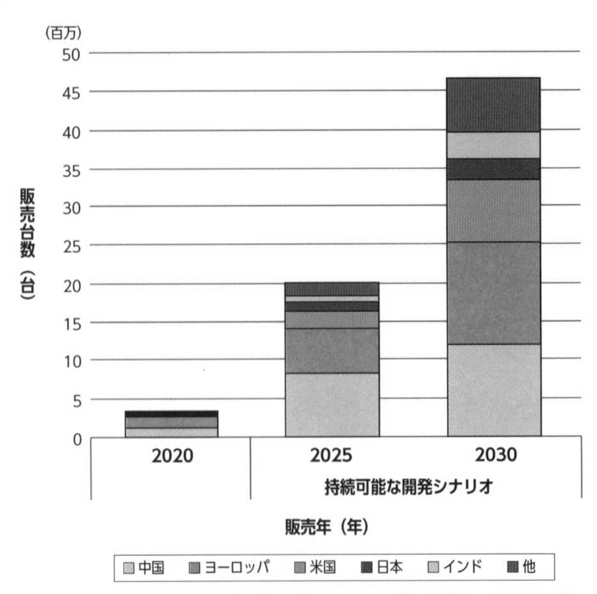

図7.12　2020～2030にかけての持続可能な開発シナリオに基づく世界のEV販売台数の見通し
出典：国際エネルギー機関(IEA)「Global EV Outlook 2021」(2021)[23]をもとに作成

EVの普及に向けた電池の課題にはさまざまなものがあるが、大きく以下の3つがある。

①容量、コスト
②寿命
③リサイクル、リユース

1 容量・コストの課題

経済産業省の総合資源エネルギー調査会では**表7.2**のようにEV、PHV、FCVの航続距離と車両価格が示されている。EVの航続距離は現状の約300～500km、車両価格は約300万円以上であり、容量面およびコスト面の課題である。

容量面では、経済産業省のグリーンイノベーション基金事業で、2030年に蓄電池パックでの出力密度2,000～2,500W/kg以上を目指している。コスト面では、2030年までのできるだけ早期に、電気自動車とガソリン車の経済性が同等となる車載用の蓄電池パック価格1万円/kWh以下を目指している[21]。

表7.2 現時点におけるEV・PHV・CVの航続距離と車両価格

		EV	PHV	FCV
運用性	航続距離	約300～500km	EV走行距離：約65～95km +ガソリン走行距離	約650～850km
経済性	車両価格	約300万円～	約300万円～	約700万円～

出典：経済産業省「2050年カーボンニュートラルの実現に向けた検討」(2021)[24]をもとに作成

コストはEV充電器の課題でもある。2023年3月の日本における充電器数は、普通充電用が20,974基、急速充電用が8,995基、現在合計29,969基である[25]。急速充電器は一般的に導入費用が100万円以上[26]となる。「2050年カーボンニュートラルに伴うグリーン成長戦略」では、2030年までに急速充電器3万基を含む充電インフラ15万基を設置し、ガソリン車並みの利便性を実現することを目指している[21]。なお、国内の給油所(ガソリンスタンド)の数は、2020年度末時点で29,005カ所である[27]。

一方、電池の容量とコストは、車の使い方の変革により今後大きな問題とならなくなる可能性がある。新しいEVの使い方として自動運転やシェアリング機能を備えたEVが提案されている。車の値段が高額となっても、シェアすることによって個人の費用負担が増加せず、必要な時だけ運転することで電池の容量も現状でカバーできる考え方である。

2 寿命の課題

EVの電池には、主にリチウムイオン電池(LIB)が使用される。LIBは充放電を繰り返すと電極や電解液の劣化などにより、内部抵抗の上昇や充放電容量の減少が生じる。そこでEVを市販するメーカーは、バッテリーの保証期間を設定している。日本国内で市販されるEVの多くは、「8年または160,000km」まで「70%以上」のバッテリー容量を保証している[28]。

寿命延伸に向けては、フル充電を避けるなど使い方の工夫が求められる。また、バッテリー交換が簡単になれば、電池の寿命が大きな問題とならなくなる可能性がある。環境省は「バッテリー交換式EVとバッテリーステーション活用による地域貢献型脱炭素物流等構築事業」(2020～2024年度)を進めている[29]。

3 リサイクル・リユースの課題

LIBにはリチウム、ニッケル、コバルトなどのレアメタル[6]が使用される。EVの車体価格は、その3分の1がバッテリーで占められ、原材料のレアメタル価格が車体価格に大きく影響する[30]。レアメタルは埋蔵量が偏在しており、供給リスクの問題もある。EVの普及に伴い、レアメタルを含む電池が大量に流通するため、リサイクル・リユースのニーズが高まっている。

リサイクルは電池の解体、中間処理、レアメタル回収の工程にわけられる。Umicore社は**図7.13**に示すように、車載用電池パックも含めたLIB専用リサイクル工場を実証試験設備として稼働させている。一方、リチウムが回収できていないこと、ニッケルとコバルトの回収率は90%程度であり、正極材としてそのまま利用できる品質ではないことが課題である。

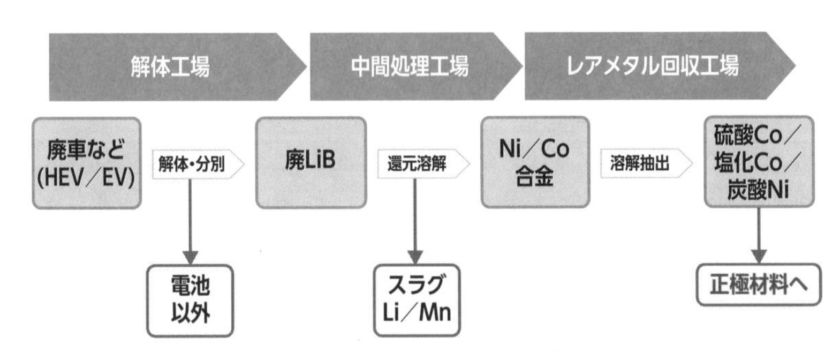

図7.13 LIBからのレアメタル回収の例

出典：経済産業省「次世代蓄電池・次世代モータの開発プロジェクトに関する研究開発・社会実装の方向性」(2021)[30]をもとに作成

6 **レアメタル** 地球上の存在量が稀であるか、技術的・経済的な理由で抽出困難な金属のうち安定供給の確保が政策的に重要な非鉄金属を指す。

リユースは電池回収後に、電池の残存価値に応じて用途が変わることが想定される。経済産業省は車載用電池リユース促進WGを設置して、車載用電池の適正評価や二次利用促進の環境整備を進めた[31]。国内外でリユースバッテリーを需給バランスの調整や、バックアップ電源などに活用する取り組みが始まっている。

7.5 〉電気自動車の普及に向けた今後の方向性

再エネ電力が大量に導入される際に、系統安定化のために定置用蓄電池を新たに設置することは、現時点ではコストが高く、用途が限定される。EVには電源として活用できる以下の2つの特徴がある。

1 蓄電池容量・出力

EV1台の蓄電池容量を50kWh[7]とし、日本の乗用車の半分がEVに置き換わると仮定する。2021年の日本の乗用車(普通車、小型四輪車、軽四輪車)は約6,000万台[33]であり、日本全体のEVの蓄電池容量は15億kWhと膨大な量になる。

2030年度での日本の年間電力需要は、8,640億kWh[34]と見込まれており、平均すると1日あたり24億kWhである。出力(kW)の観点でも、ある時刻に系統への逆潮流[8]連系が可能なEVが半分あると仮定して、EV1台あたりの出力を6kW[35]とすると、発電所(VPP)としてのEV全体の出力は9,000万kWとなる。なお、2031年度での日本の火力発電の出力は、15,408万kW[36]と見込まれている。

2 需要地系統での需給調整

EVは電力系統全体での需給調整に加えて、需要地系統での需給調整に有効な手段として期待される。動く蓄電池として災害時の非常電源確保といったレジリエンスの向上に有効な役割を果たす。これはEVの大規模な普及を待たずに享受できるメリットである。

EVのさらなる普及に向けては、充放電可能な急速充電器を用いてEV所有者が需給調整市場から収益を得る仕組みが重要である。前述した日本の需給調整市場の状況（6章4節2項参照）に加え、調整力の最低入札量が5MWであることから[37]、EVのみで対応する場合は最低でも1,000台の規模によるアグリゲーションが必要である。駐車中のEVを系統に接続することは、停電時のバックアップ

7 **EV1台の蓄電池容量**　日本において最も販売台数の多いEVは日産リーフであり、蓄電池容量は40kWhと62kWhの二種類である[32]。

8 **逆潮流**　発電設備から電力系統側へ向かう電気の流れのこと

や電力需要のピークカットのみならず、高コストな蓄電池を有効活用する意味でもメリットは大きい。EVが普及することで、再エネの変動吸収やレジリエンスの向上が一層進展することが期待される。

Column 7

EV充電の電気料金

橋上 聖

EVの購入を検討する際は、やはり電気料金が高くなることが気になるだろう。車の月間の走行距離を500kmとした場合、EVの電費を6.7km/kWh[38]、電気料金を25円/kWhと仮定すると[39]、電気代は1,866円となる(ちなみにガソリン車の燃費を15km/Lと仮定すると、2017年2月～2022年2月の平均ガソリン価格の145円/Lから[40]、燃料代は4,833円となる)。

基本的にオール電化住宅であれば、オール電化のプランを選択することが電気代を安くすることに繋がる。オール電化のプランは深夜の料金が安くなるため[41]、EVの充電を深夜にすることで電気代を抑えることが可能である。

一方、オール電化でない場合はさまざまな料金プランが候補になるだろう。その一つの選択肢として、EVユーザー向けの料金プランをご存じだろうか。国内では出光興産株式会社や[42]、株式会社Looopなどが提供しており[43]、旧一般電気事業者にもEV所有者にポイントを与える制度などがある[44]。以下に海外事例として、イギリスのOctopus Energy社とOVO社のEVユーザー向け料金プランを紹介する。

Octopus Energy社のOctopus Goという料金プランは、深夜0：30～4：30に安価な単価が設定されている。これにより充電コストが3p/mile以下(1pence=1.5円とすると2.8円/km以下)に抑えられるとのことである。また、EV向けではないがAgile Octopusという料金プランでは30分ごとの市場の卸電力価格を把握で

コラム図7.1 EV充電のイメージ

きるため、電力利用をピーク時間外にシフトできれば電気料金が低減できる。

Octopus Energy社は2020年12月に東京ガス株式会社から出資を受け、TGオクトパスエナジー株式会社を設立した。同社は日本における小売電気事業者として登録されている[45]。2021年11月には、契約容量などに応じた基本料金と、電気使用量によらず従量料金単価が一定となる料金プランの提供開始を発表している[46]。

OVO社はDrive + Anytimeという料金プランを設定している。家庭用と異なるEV充電用の電気料金として、10p/kWh(15円/kWh)の単価を設定している[47]。標準の電気料金を30p/kWh(45円/kWh)とすると、差額の20p/kWh(30円/kWh)がEV充電量に応じて返金される仕組みとなっている。ピーク時間外に充電するために利用時間が限定される時間帯別料金と異なり、Drive + Anytimeはどの時間帯でも充電が可能である。これはKaluza社のAI技術を活用して、電力需要が少なく価格が安い時間帯に自動的に充電できるためである。

OVO社は2019年2月に三菱商事株式会社から出資を受けた。2020年6月にはNTTアノードエナジー株式会社とともにKaluza社の技術を活用して、EVや蓄電池を組み合わせたエネルギーマネジメント事業に取り組むことを発表している。

EVの充電だけを考えて電気料金プランを選択するべきではなく、実際に今回示した料金プランは従量料金をアピールしているが、電気料金は基本料金を含め複雑であり、単純に従量料金だけで比較出来ない点には留意する必要がある。EV充電ビジネスは海外においても現状は試行錯誤の段階と考えられる一方で、今後日本でEV所有者を対象とした新たな料金プラン・サービスが展開される可能性があるため、海外企業の取組は引き続き注視したい。

注：当コラムは、2022年6月断面の情報をもとに執筆した。

おわりに

本書は、「2050年にカーボンニュートラル、脱炭素社会の実現を目指す」という宣言を単にお題目で終わらせないためには何が必要なのか、研究所内の専門家の知見を持ち寄って再エネ大量導入とグリッド側について検討した結果をまとめたものである。

1章では、再エネの特徴を踏まえた上で、日本のエネルギー政策、特に日本での再エネの歴史を振り返り、カーボンニュートラル達成に向けた再エネ導入拡大の意義を確認した。

2章では、日本における再エネ導入実績とこれからの計画を確認するとともに、国内外の再エネ導入拡大施策を確認した。

3章では、個別の再エネについて、定義や利用形態、導入状況、ポテンシャル、現状や課題、政策動向、海外の状況などビジネス的な観点も加えて記載した。

4章では、再エネ大量導入の受け入れ側として、日本の電力システムについて、その概要と特徴をまとめ、電力自由化・電力システム改革を経た現在の電気事業体制と、再エネを系統接続するためのルール、電力取引市場、連系手続きについてまとめた。

5章では、なぜ簡単に再エネを大量導入できないのか、課題を列挙して、現在すでに判明している対応策をまとめるとともに、2050年に向けてのマスタープランの検討状況を示した。

更に2050年のカーボンニュートラル・脱炭素社会実現に向けた多くの事例を検証するため、6章では再エネと蓄エネルギーの組合せシステム事例、7章ではエネルギーの地産地消、地域マイクログリッド事例を収集・紹介した。

現在、日本は1次エネルギーとしてCO_2の排出を伴う化石エネルギーに大きく依存しており、その脱炭素化が急務とされている。この1次エネルギーは、**図1**に示す通り、発電のほか、産業・運輸・民生の各部門で電力または熱として消費されCO_2を排出するが、今後、それらの部門でも電化が進むと目されているので、CO_2排出削減において、電力の脱炭素化がキーとなる。

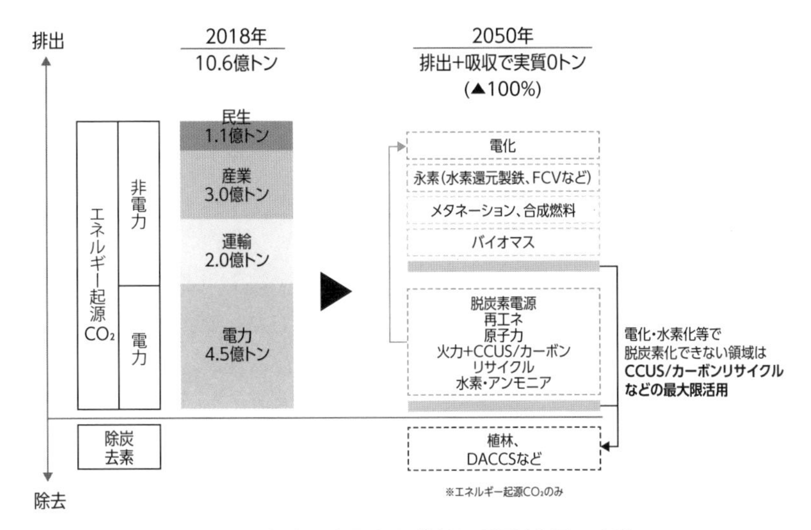

図1　2018年断面の部門別CO_2排出量と2050年断面での予想
出典：経済産業省・資源エネルギー庁「カーボンニュートラルって何ですか？」(2021)[1]をもとに作成

さまざまな観点から「2050年にカーボンニュートラル、脱炭素社会の実現を目指す」上での課題と、考えうる対策や、今は実現していなくとも、将来課題解決につながると目される技術や仕組みを紹介した。しかし、目標を確実に達成できるという明快な解決策は見いだせていない。

ここまで触れてこなかったものとして、**図1**で「脱炭素電源」として示されている「原子力」がある。一次エネルギーの自給率が低い資源小国の日本が今後、火力発電にCCSやカーボンリサイクルを導入しつつも縮小していく中で、カーボンニュートラルを本気で目指すなら、供給セキュリティの面から原子力は重要なオプションである。ただし、エネルギーや電力供給は、各国の利害や政治情勢にも大きく左右されるので、長期的な視野で、国益を確保しつつS+3Eを確実に達成できるように備える必要がある。

また、本書の主題では無いが、経済の面でも脱炭素化は重要である。世界数十兆円もの化石燃料の市場が、脱炭素電源に置き換えられる。ここに、最適な技術を適用することが、豊かな将来を得るために必須である。

いわゆる産業革命が始まって以来、人類は、大量生産・大量消費・大量廃棄型の社会経済システムを作り上げ、生活の利便性と引き換えに地球環境を破壊し続けてきた。世界気象機関(WMO)によると、2019年の世界の平均気温は産業革命前よりもすでに1度上昇しており、近年は、毎年のように世界各地で異常気象による河川の氾濫や土砂災害、海面上昇、海の酸性化などが問題となっている。

2050年にカーボンニュートラルの脱炭素社会が実現しなくても、本書を手に取っていただいた方々、すなわち私たちの世代の生活には、まだそれほど大きな影響がないかもしれない。しかし、私たちの子どもたちや、そのまた子どもたちにとって甚大な影響を及ぼすであろうことは明白であり、地球環境破壊を食い止めるのは、今、我々大人が果たすべき責任である。

最後に、カーボンニュートラルを実現するというのは、最終目標ではなく、カーボンフリー社会への一里塚として、政府や産業界だけでなく、私たち1人ひとりが自分の問題として、日本の未来に何が残せるのか、それぞれの立場で真剣に考えなければならない。

[参考文献]

第1章

[1] 気候変動枠組条約(UNFCCC:United Nations Framework Convention on Climate Change)," Global Climate Action Portal", (2023)2023, https://climateaction.unfccc.int/Actors

[2] Energy and Climate Intelligence Unit, "NET ZERO EMISSIONS RACE", (2023), 2023, https://eciu.net/netzerotracker

[3] 経済産業省・資源エネルギー庁,「日本のエネルギー 2021年度版「エネルギーの今を知る10の質問」」, 2023, https://www.enecho.meti.go.jp/about/pamphlet/energy2021/005/

[4] 経済産業省・資源エネルギー庁,「エネルギー供給事業者による非化石エネルギー源の利用及び化石エネルギー原料の有効な利用の促進に関する法律の制定の背景及び概要」, (2010), 2022, https://www.enecho.meti.go.jp/category/resources_and_fuel/koudokahou/

[5] 千葉大学倉阪研究室/NPO法人環境エネルギー政策研究所,「永続地帯2022年度版報告書」, (2023), 2023, https://www.isep.or.jp/archives/library/13960

[6] 稚内市,「稚内市における風力発電施設の現状」, 2021, https://www.city.wakkanai.hokkaido.jp/kankyo/energy/huryokugenjo.html

[7] 経済産業省,「電気保安統計」, (2023), 2023, https://www.meti.go.jp/policy/safety_security/industrial_safety/sangyo/electric/detail/denkihoantoukei.html

[8] 経済産業省・資源エネルギー庁,「第8回 発電コスト検証ワーキンググループ」, (2021), 2022, https://www.enecho.meti.go.jp/committee/council/basic_policy_subcommittee/mitoshi/cost_wg/2021/008.html

[9] 経済産業省・資源エネルギー庁,「なっとく!再生可能エネルギー」, 2023, https://www.enecho.meti.go.jp/category/saving_and_new/saiene/

[10] ギャクー株式会社,「みんなの自然エネルギー」, 2023, https://ore30.com/smartgrid/shuchu.html

[11] 株式会社CHIBAむつざわエナジー, プレスリリース, (2019), 2022, https://mutsuzawa.de-power.co.jp/wordpress/871

[12] 一般財団法人エネルギー総合工学研究所,「中長期ビジョン」, (2019), 2022, http://www.iae.or.jp/wp/wp-content/uploads/2019/03/vision-sr.pdf

[13] 経済産業省・資源エネルギー庁,「エネルギー白書2020」, (2020).

[14] 経済産業省・資源エネルギー庁,「エネルギー白書2018」, (2018).

[15] 経済産業省・資源エネルギー庁,「エネルギー白書2013」, (2013).

[16] 経済産業省,「第6次エネルギー基本計画」, (2021).

[17] 経済産業省,「2050年カーボンニュートラルに伴うグリーン成長戦略」(2021), 2022, https://www.meti.go.jp/policy/energy_environment/global_warming/ggs/index.html

[18] 内閣官房,「国・地方脱炭素実現会議」, 2023, https://www.cas.go.jp/jp/seisaku/datsutanso/index.html

[19] 環境省, 脱炭素地域づくり支援サイト「脱炭素地域づくりに取り組む方へ」, 2023, https://policies.env.go.jp/policy/roadmap/

[20] 国立研究開発法人新エネルギー・産業技術総合開発機構(NEDO),「グリーンイノベーション基金事業」, (2022), 2022, https://www.nedo.go.jp/activities/green-innovation.html

[21] 経済産業省,「GXリーグ基本構想」, (2022), 2022, https://www.meti.go.jp/policy/energy_environment/global_warming/GX-league/gx-league.html

[22] 経済産業省・資源エネルギー庁,「エネルギー白書2022」, (2022).

[23] 経済産業省・資源エネルギー庁,「日本のエネルギー、150年の歴史②」, (2018), 2022, https://www.enecho.meti.go.jp/about/special/johoteikyo/history2taisho.html

[24] 一般社団法人電気学会, パワーアカデミー,「水主火従」, 2022, https://www.power-academy.jp/learn/glossary/id/916

[25] 松島潤, 株式会社一色出版「エネルギー資源の世界史—第8章 水 力」, (2019), 2023, https://www.isshikipub.co.jp/onlinebook/onlinebook-energie/web-book-energy-chap08/

[26] 経済産業省・資源エネルギー庁,「日本のエネルギー、150年の歴史④」, (2018), 2022, https://www.enecho.meti.go.jp/about/special/johoteikyo/history4shouwa2.html

[27] 経済産業省・資源エネルギー庁,「再生可能エネルギーの歴史と未来」, (2018), 2022, https://www.enecho.meti.go.jp/about/special/tokushu/saiene/saienerekishi.html

[28] 国立研究開発法人新エネルギー・産業技術総合開発機構(NEDO), フォーカス・ネド特別号「サンシャイン計画40周年」, (2000), 2022, https://www.nedo.go.jp/content/100574164.pdf

[29] 経済産業省・資源エネルギー庁,「日本のエネルギー、150年の歴史⑤」, (2018), 2021, https://www.enecho.meti.go.jp/about/special/johoteikyo/history5heisei.html

[30] 株式会社デジタルアドバンテージ, 太陽生活ドットコム「太陽生活用語集—系統連系」, (2009) , 2022 , https://taiyoseikatsu.com/words/tyg000105.html

[31] 株式会社京セラ,「太陽光発電・蓄電池」, 2022, https://www.kyocera.co.jp/solar/advantage/features/

[32] 飯野光政 他,「日本における大規模風力発電導入の歴史」, 技術史教育学会誌 vol 21 (2), (2020), 2022, https://researchmap.jp/mitsumasa-iino/published_papers/30128133

[33] 一般社団法人日本風力エネルギー学会,「我が国における風力発電の歴史(1869 年~2008 年)」, 2022, http://www.jwea.or.jp/document/rekishi.pdf

[34] 独立行政法人 新エネルギー・産業技術総合開発機構,「日本型風力発電ガイドライン　落雷対策編」, (2008), 2022, https://www.nedo.go.jp/content/100107252.pdf

[35] 経済産業省・資源エネルギー庁,「資料1　国内外の再生可能エネルギーの現状と今年度の調達価格等算定委員会の論点案」(2019), 2022, https://www.meti.go.jp/shingikai/santeii/pdf/046_01_00.pdf

[36] 経済産業省・資源エネルギー庁, 第1回 再生可能エネルギー長期電源化・地域共生ワーキンググループ「資料3　再生可能エネルギーの長期電源化及び 地域共生に向けて」, (2022), 2022, https://www.meti.go.jp/shingikai/enecho/denryoku_gas/saisei_kano/kyosei_wg/pdf/001_03_00.pdf

[37] 国立研究開発法人 新エネルギー・産業技術総合開発機構(NEDO), 国際エネルギー機関・太陽光発電システム研究協力プログラム(IEA PVPS), 報告 IEA-PVPS T1-41: 2021,「太陽光発電応用の動向報告書 2021(翻訳版)」, (2021), 2022, https://www.nedo.go.jp/content/100904841.pdf

[38] 経済産業省・資源エネルギー庁, 再生可能エネルギー発電設備の適正な導入及び管理のあり方に関する検討会 提言, (2022), 2022, https://www.meti.go.jp/shingikai/energy_environment/saisei_kano_energy/20221007_report.html

[39] 経済産業省・資源エネルギー庁,「参考資料1　再生可能エネルギー発電設備の適正な導入及び管理のあり方に関する検討会について」, (2022), 2022, https://www.meti.go.jp/shingikai/enecho/denryoku_gas/saisei_kano/pdf/041_s01_00.pdf

[40] 経済産業省, 第1回 再生可能エネルギー発電設備の適正な導入及び管理のあり方に関する検討会,「経済産業省　説明資料」, (2022), 2022, https://www.meti.go.jp/shingikai/energy_environment/saisei_kano_energy/001.html

[41] Apple,「Apple、2030年までにサプライチェーンの 100%カーボンニュートラル達成を約束」, (2020), 2022, https://www.apple.com/jp/newsroom/2020/07/apple-commits-to-be-100-percent-carbon-neutral-for-its-supply-chain-and-products-by-2030/

[42] Apple," Environmental Progress Report", (2020), 2022, https://www.apple.com/jp/environment/pdf/Apple_Environmental_Progress_Report_2021.pdf

[43] マイクロソフト,「2030 年までにカーボンネガティブを実現」, (2020), 2022, https://news.microsoft.com/ja-jp/2020/01/21/200121-microsoft-will-be-carbon-negative-by-2030/

第2章

[1] 国際エネルギー機関(IEA),"Sankey Diagram",2021,https://www.iea.org/sankey/
[2] 経済産業省・資源エネルギー庁,「エネルギー白書2023」,(2023),2023,https://www.enecho.meti.go.jp/about/whitepaper/2023/pdf/
[3] 経済産業省・資源エネルギー庁,「2030年度におけるエネルギー需給の見通し(関連資料)」,(2021).
[4] 経済産業省・資源エネルギー庁,「今後の再生可能エネルギー政策について」,(2022),https://www.meti.go.jp/shingikai/enecho/denryoku_gas/saisei_kano/pdf/040_01_00.pdf
[5] 日本原子力文化財団,「エネ百科　原子力・エネルギー図面集」,(2017),https://www.ene100.jp/zumen/2-1-9
[6] 電気事業低炭素社会協議会,「低炭素社会への取組み,フォローアップ実績」,2023,https://e-lcs.jp/followup.html
[7] 経済産業省・資源エネルギー庁,「長期エネルギー需給見通し」,(2015).
[8] 環境省,「地球温暖化対策計画」,(2021),2021,http://www.env.go.jp/press/110060/117010.pdf
[9] 経済産業省・資源エネルギー庁,「国内外の再生可能エネルギーの現状と 今年度の調達価格等算定委員会の論点案」,(2022),2022,https://www.meti.go.jp/shingikai/santeii/pdf/078_01_00.pdf
[10] 経済産業省・資源エネルギー庁,「FIT制度の抜本見直しと再生可能エネルギー政策の再構築」,(2019),2021,https://www.meti.go.jp/shingikai/enecho/denryoku_gas/saisei_kano/pdf/013_01_00.pdf
[11] 経済産業省・資源エネルギー庁,「再生可能エネルギー固定価格買取制度ガイドブック2021年度版」,(2021),2021,https://www.enecho.meti.go.jp/category/saving_and_new/saiene/data/kaitori/2021_fit.pdf
[12] 一般財団法人日本原子力文化財団,原子力・エネルギー図面集「3-1-4 日本の太陽光発電導入量の推移」,(2022),2022,https://www.ene100.jp/zumen/3-1-4
[13] 経済産業省・資源エネルギー庁,「第5次エネルギー基本計画」,P40,(2018),2021,https://www.enecho.meti.go.jp/category/others/basic_plan/pdf/180703.pdf
[14] 一般財団法人日本原子力文化財団,原子力・エネルギー図面集「3-1-5 日本の風力発電導入量の推移」,(2022),2022,https://www.ene100.jp/zumen/3-1-5
[15] 日本地熱協会,「2030年地熱発電の導入見込み」,第30回再生可能エネルギー大量導入・次世代電力ネットワーク小委員会,(2021),2021,https://www.meti.go.jp/shingikai/enecho/denryoku_gas/saisei_kano/pdf/030_04_00.pdf
[16] 公営電気事業経営者会議・大口自家発電施設者懇話会水力発電委員会・全国小水力利用推進協議会・水力発電事業懇話会,「中小水力発電4団体ご説明資料」,第71回 調達価格等算定委員会,(2021),2021,https://www.meti.go.jp/shingikai/santeii/pdf/071_04_00.pdf
[17] NPO法人 バイオマス産業社会ネットワーク,バイオマス白書2023「トピックス　1　2022年のバイオマス発電の動向」,「図3:再生可能エネルギー固定価格買取制度におけるバイオマス発電の稼働・認定状況」,(2023),https://www.npobin.net/hakusho/2023/topix_01.html
[18] 経済産業省・資源エネルギー庁・新エネルギー課,「2030年に向けた今後の再エネ政策」,(2021),2021,https://www.enecho.meti.go.jp/category/saving_and_new/saiene/community/dl/05_01.pdf
[19] 経済産業省・資源エネルギー庁,「2050年カーボンニュートラルの実現に向けた検討」,(2021),2021,https://www.enecho.meti.go.jp/committee/council/basic_policy_subcommittee/2021/043/043_004.pdf
[20] 公益財団法人地球環境産業技術研究機構(RITE),「2050年カーボンニュートラルのシナリオ分析(中間報告)」,総合資源エネルギー調査会 基本政策分科会,(2021),2021,https://www.enecho.meti.go.jp/committee/council/basic_policy_subcommittee/2021/043/043_005.pdf
[21] 法令検索,「電気事業者による再生可能エネルギー電気の調達に関する特別措置法,賦課金の請求,第三十六条」,(2011),2021,https://elaws.e-gov.go.jp/document?lawid=423ac0000000108
[22] 経済産業省・資源エネルギー庁,「今後の再生可能エネルギー政策について」,(2021),2021,https://www.meti.go.jp/shingikai/enecho/denryoku_gas/saisei_kano/pdf/025_01_00.pdf
[23] 経済産業省・資源エネルギー庁,「北海道胆振東部地震等における電力需給の状況について」,(2018),2021,https://www.meti.go.jp/shingikai/enecho/shoene_shinene/shin_energy/keito_wg/pdf/017_06_00.pdf
[24] 株式会社安川電機,売電から自家消費へ!パワーコンディショナ選びの外せないポイント,(2020),https://www.e-mechatronics.com/mailmgzn/backnumber/202001/mame.html
[25] 経済産業省・資源エネルギー庁,「再エネを日本の主力エネルギーに!「FIP制度」が2022年4月スタート」,(2021),2022,https://www.enecho.meti.go.jp/about/special/johoteikyo/fip.html
[26] 経済産業省・資源エネルギー庁,「電源投資の確保」,(2020) https://www.enecho.meti.go.jp/committee/council/basic_policy_subcommittee/system_kouchiku/007/007_08.pdf
[27] 東京電力ホールディング株式会社,「「日本自然エネルギー株式会社」の設立について」,(2000),2021,https://www.tepco.co.jp/cc/press/00101201-j.html
[28] 日本自然エネルギー株式会社,「グリーン電力証書システムとは?」,2022,http://www.natural-e.co.jp/green/about.html
[29] みずほリサーチ&テクノロジーズ株式会社　サステナビリティコンサルティング第1部　J-クレジット制度事務局,「J-クレジット制度について」,(2021),2021,https://japancredit.go.jp/data/pdf/credit_001.pdf
[30] 日本気候リーダーズ・パートナーシップJCLP事務,「国際企業イニシアチブについて」,2023,https://japan-clp.jp/climate/reoh
[31] 環境省,「公的機関のための再エネ調達実践ガイド」,(2020),2021,http://www.env.go.jp/press/files/jp/114066.pdf
[32] 経済産業省・資源エネルギー庁,「エネルギー供給構造高度化法の中間目標の策定について」,(2019),2021,https://www.meti.go.jp/shingikai/enecho/denryoku_gas/denryoku_gas/seido_kento/pdf/032_04_03.pdf
[33] 経済産業省・資源エネルギー庁,「再エネ価値取引市場とは」,(2021),2022,https://www.jimga.or.jp/files/news/jimga/210714_saiene-market.pdf
[34] 経済産業省・資源エネルギー庁,「非化石価値取引市場について」,(2021),2021,https://www.meti.go.jp/shingikai/enecho/denryoku_gas/denryoku_gas/seido_kento/pdf/054_04_00.pdf
[35] 経済産業省・資源エネルギー庁,「地域分散リソースの導入拡大に向けた事業環境整備について」,(2021),2021,https://www.meti.go.jp/shingikai/enecho/denryoku_gas/denryoku_gas/pdf/041_05_00.pdf
[36] 国際再生可能エネルギー機関(IRENA),"Data & Statistics",(2021),2021,https://www.irena.org/Statistics/
[37] BP,"Statistical Review of World Energy",(2021),2021,https://www.bp.com/en/global/corporate/energy-economics/statistical-review-of-world-energy.html
[38] 国際エネルギー機関(IEA),"Data and statistics",(2021),2021,https://www.iea.org/data-and-statistics
[39] 経済産業省・資源エネルギー庁,「エネルギー白書2011」,(2011).
[40] 欧州委員会(EU),"2010/787/EU,Council Decision of 10 December 2010 on State aid to facilitate the closure of uncompetitive coal mines",(2010),2021,https://op.europa.eu/en/publication-detail/-/publication/4f3d0f78-e096-4902-aaf4-c5d0fa9854ac
[41] 欧州委員会(EU),"A Clean Planet for all",(2018),2021,https://eur-lex.europa.eu/legal-content/EN/TXT/HTML/?uri=CELEX:52018DC0773&from=EN
[42] 欧州委員会(EU),"COMMUNICATION FROM THE COMMISSION TO THE EUROPEAN PARLIAMENT,THE COUNCIL,THE EUROPEAN ECONOMIC AND SOCIAL COMMITTEE AND THE COMMITTEE OF THE REGIONS",(2021),2021,https://ec.europa.eu/info/sites/default/files/chapeau_communication.pdf
[43] 経済産業省資源エネルギー庁,「エネルギー白書2022」,(2022).
[44] ドイツ連邦共和国,National targets and contributions foreseen in the draft National Energy and Climate Plan,2021,https://energy.ec.europa.eu/system/files/2019-06/necp_factsheet_de_final_0.pdf
[45] フランスエコロジー・持続可能開発・エネルギー省"FRENCH

STRATEGY FOR ENERGY AND CLIMATE－MULTI ANNUAL ENERGY PLAN－2019-2023 2024-2028",https://www.ecologie.gouv.fr/sites/default/files/PPE-Executive%20summary.pdf
[46] アメリカ合衆国エネルギー省・エネルギー情報局(EIA), "Renewable energy explained",(2021),2021,https://www.eia.gov/energyexplained/renewable-sources/portfolio-standards.php
[47] 経済産業省・資源エネルギー庁,「エネルギー白書2021」,(2021),2023,https://www.enecho.meti.go.jp/about/whitepaper/2021/pdf/
[48] 経済産業省・資源エネルギー庁,「非化石価値取引市場について」,(2020),2022,https://www.meti.go.jp/shingikai/enecho/denryoku_gas/denryoku_gas/seido_kento/pdf/038_04_00.pdf
[49] 経済産業省・資源エネルギー庁,「非化石価値取引について－再エネ価値取引市場を中 心に－」,(2023),2023,https://www.renewable-ei.org/pdfdownload/activities/01_ANRE_230209_RE-Users.pdf

第3章

[1] 経済産業省・資源エネルギー庁,「総合エネルギー統計」,2022,https://www.enecho.meti.go.jp/statistics/total_energy/index.html
[2] 吉田一雄ほか,「太陽熱発電・燃料化技術」,日本エネルギー学会編,コロナ社,(2012).
[3] 国立研究開発法人新エネルギー・産業技術総合開発機構(NEDO),「再生可能エネルギー白書第2版,第2章　太陽光発電」,(2014).
[4] 国立研究開発法人産業技術総合研究所,「太陽光発電技術－太陽電池の分類－材料・構造・性能,どれも多種多様　図1 主な太陽電池の材料による分類」,2023,https://unit.aist.go.jp/rpd-envene/PV/ja/about_pv/types/groups2.html
[5] 国立研究開発法人新エネルギー・産業技術総合開発機構(NEDO),「太陽光発電開発戦略2020(NEDO PV Challenges 2020)」,(2020).
[6] 株式会社 日経BP,メガソーラービジネス「特集　現地レポート アメリカ太陽光発電の最前線－2020年の世界太陽電池市場、シェアトップ5社は?」,(2021),2022,https://project.nikkeibp.co.jp/ms/atcl/19/feature/00003/052100062/?ST=msb&P=2
[7] 太陽光発電のススメ,太陽光発電の仕組み　太陽電池の基礎知識「太陽電池の発電原理－光起電力効果」(2021),2022,http://www.solartech.jp/knowledge/mechanism.html
[8] 株式会社日刊工業新聞社,ニュースイッチ「次世代太陽電池『ペロブスカイト』、抗マラリア薬で変換効率が実用化レベルに向上－桐蔭横浜大学が改良に成功」,(2021),2023,https://newswitch.jp/p/27778
[9] 国立研究開発法人新エネルギー・産業技術総合開発機構(NEDO),「CIS系薄膜太陽電池セルで世界最高変換効率23.35%を達成」,(2019),2021,https://www.nedo.go.jp/news/press/AA5_101055.html
[10] 国立研究開発法人産業技術総合研究所,「高効率な軽量フレキシブルCIS系太陽電池ミニモジュールを開発」,(2021),2021,https://www.aist.go.jp/aist_j/press_release/pr2021/pr20210531/pr20210531.html
[11] 太陽光発電のススメ,太陽光発電の仕組み　太陽電池の基礎知識「太陽電池の発電原理－光起電力効果」(2021),2022,http://www.solartech.jp/knowledge/mechanism.html
[12] 国立研究開発法人新エネルギー・産業技術総合開発機構(NEDO),NEDO Web Magazine　実用化ドキュメント「世界一のモジュール変換効率40%超を目指す、太陽電池開発中」図2,(2012),2023,https://webmagazine.nedo.go.jp/practical-realization/articles/201111sharp/
[13] 国際エネルギー機関 (IEA),"Trends in Photovoltaic Applications 2021",(2021) ,2022, https://iea-pvps.org/wp-content/uploads/2022/01/IEA-PVPS-Trends-report-2021-4.pdf
[14] 国立研究開発法人新エネルギー・産業技術総合開発機構(NEDO) ,「太陽光発電応用の動向報告書 2021(翻訳版)」,(2021),2023,https://www.nedo.go.jp/content/100904841.pdf
[15] キャピタル アセットマネジメント株式会社,「再生可能エネルギー大国ベトナム」,(2021),2021,http://www.capital-am.co.jp/asean/vnm_news/20210721.html
[16] 国際再生可能エネルギー機関(IRENA), "Future of Solar Photovoltaic",(2019).
[17] 一般財団法人エネルギー総合工学研究所,「図解でわかるカーボンニュートラル」,(2021).
[18] 経済産業省,「第6次エネルギー基本計画」,(2021).
[19] 国立研究開発法人新エネルギー・産業技術総合開発機構(NEDO),太陽光発電開発戦略 2020(NEDO PV Challenges 2020)「図 2-4 規模別累積導入量内訳推移」,(2020),2022,https://www.nedo.go.jp/content/100926249.pdf
[20] 経済産業省・資源エネルギー庁,「再エネの大量導入に向けて～「系統制約」問題と対策」,(2017),2021,https://www.enecho.meti.go.jp/about/special/tokushu/saiene/keitouseiyaku.html
[21] 経済産業省・資源エネルギー庁,「需給バランス制約による出力制御のシミュレーションに必要な情報」,2022,https://www.enecho.meti.go.jp/category/saving_and_new/saiene/grid/04_01.html#koukai04
[22] 株式会社NTTスマイルエナジー,エコめがね「太陽光発電パネルの過積載とは?」,(2017),2021,https://blog.eco-megane.jp/太陽光発電パネルの過積載とは? /
[23] 国際再生可能エネルギー機関(IRENA), "Renewable Power Generation Costs in 2020",(2021).
[24] 経済産業省・資源エネルギー庁,「カーボンニュートラルに向けた産業政策"グリーン成長戦略"とは?」,(2021),2021,https://www.enecho.meti.go.jp/about/special/johoteikyo/green_growth_strategy.html
[25] 京都大学イノベーションキャピタル株式会社,「#06　次世代エネルギーの主軸となるか?新たな太陽電池への挑戦」,(2020),2021,https://www.kyoto-unicap.co.jp/embark/enecoat/
[26] 農林水産省,「営農型太陽光発電について」,2021,https://www.maff.go.jp/j/shokusan/renewable/energy/einou.html
[27] 経済産業省,第8回再生可能エネルギー大量導入・次世代電力ネットワーク小委員会,「住宅用太陽光発電設備のFIT買取期間終了に向けた対応」,(2018),2021,https://www.meti.go.jp/shingikai/enecho/denryoku_gas/saisei_kano/pdf/008_03_00.pdf
[28] 経済産業省,「逆潮流に関する検討状況」,(2018),2022,https://www.meti.go.jp/committee/kenkyukai/energy_environment/energy_resource/pdf/007_10_00.pdf
[29] 関西電力株式会社,「託送供給等約款の変更届出について」,(2019),2022,https://www.kepco.co.jp/corporate/pr/souhaiden/2019/0821_1j.html
[30] 佐藤 義久(著)／嶋田 隆一(監修),丸善出版,「電気のしくみ 発電・送電・電力システム」p75,(2013).
[31] 一般社団法人日本風力発電協会,「2022年末日本の風力発電の累積導入量:480.2万kW、2,622基」(2023),2023,https://jwpa.jp/information/6788/
[32] Lazard, "Lazard's Levelized Cost of Energy Analysis version 14.0",(2020),2021,https://www.lazards.com/media/451419/lazards-levelized-cost-of-energy-version-140.pdf
[33] Bloomberg New Energy Finance, "London summit 2017",(2017),2021,https://data.bloomberglp.com/bnef/sites/14/2017/09/BNEF-Summit-London-2017-Michael-Liebreich-State-of-the-Industry.pdf
[34] 国際再生可能エネルギー機関(IRENA),"FUTURE OF WIND Deployment,investment,technology,grid integration and socio-economic aspects",(2019).
[35] Cuong Dao,Behzad Kazemtabrizi,& Christopher Crabtree, "Wind turbine reliability data review and impacts on levelized cost of energy,DOI:10.1002/we 2404",Wind Energy,22, 1848–1871 (2019).
[36] 国立研究開発法人科学技術振興機構 (JST)・低炭素社会戦略センター (LCS),「低炭素社会の実現に向けた技術および経済・社会の定量的シナリオに基づく　イノベーション政策立案のための提案書,技術開発編　風力発電システム(Vol.1)－陸上風力発電システムの経済性評価－」,LCS-FY2017-PP-01,(2018) ,2022,https://www.jst.go.jp/lcs/pdf/fy2017-pp-01.pdf
[37] 産業競争力懇談会,「2020年度　研究会　最終報告【革新的洋上風力発電システム】,(2021),2021,http://www.cocn.jp/report/c109fcf6c75b459f2ebeba9e9bad223927a70855.pdf
[38] Huguette Tiegna, "Yacine Amara,Georges Barakat and Brayima Dakyo,Overview of High Power Wind Turbine Generators, Conference Paper November 2012,DOI: 10.1109/ICRERA.2012.6477341",(2012).
[39] 国立研究開発法人新エネルギー・産業技術研究総合開発機構

(NEDO),「浮体式洋上風力発電技術ガイドブック　表3.2-1」(2018),2021,https://www.nedo.go.jp/content/100891410.pdf
[40] 公益財団法人自然エネルギー財団,「自然エネルギー活用レポート No.10」,(2017),2021,https://www.renewable-ei.org/activities/column/img/pdf/20180111/column_REapplication10_20180111.pdf
[41] 一般社団法人日本風力発電協会,「日本の風力発電導入量(2022年末時点:1月26日改訂版)」,(2023),2023,http://jwpa.jp/pdf/dounyuujisseki2022graph_hp.pdf
[42] 一般社団法人日本風力発電協会,「2022年の風車メーカの世界シェア(GWEC発表)」(2023),2023,https://jwpa.jp/information/7548/
[43] Tyler Stehly and Philipp Beiter, "2018 Cost of Wind Energy Review", (2019), https://www.nrel.gov/docs/fy20osti/74598.pdf
[44] Tyler Stehly and Patric Duffy, "2020 Cost of Wind Energy Review", (2022) , 2022, https://www.nrel.gov/docs/fy22osti/81209.pdf
[45] 株式会社 日経BP,メガソーラービジネス「「衝撃の「11.99円」,洋上風力3海域で、三菱商事系が落札」,2022,https://project.nikkeibp.co.jp/ms/atcl/19/news/00001/02242/?ST=msb
[46] 経済産業省・資源エネルギー庁,第6回 長距離海底直流送電の整備に向けた検討会,資料3「海底直流送電の導入に向けて－検討の進捗と机上FS調査の報告について」,(2022),2022,https://www.meti.go.jp/shingikai/energy_environment/chokyori_kaitei/pdf/006_03_00.pdf
[47] Goncalo Calado and RuiCastro, "Hydrogen Production from Offshore Wind Parks: Current Situation and Future Perspectives", Applied science, 2021, 11, 5561.
[48] 経済産業省・資源エネルギー庁／一般社団法人 日本風力発電協会,総合資源エネルギー調査会「2050年カーボンニュートラルの実現に向けた2030年の風力発電導入量のあり方」,(2021),2021,https://www.enecho.meti.go.jp/committee/council/basic_policy_subcommittee/039/039_008.pdf
[49] 環境省,「令和元年度再生可能エネルギーに関するゾーニング基礎情報等の整備・公開等に関する委託業務報告書」,令和3年1月修正 (2021),2021,https://www.renewable-energy-potential.env.go.jp/RenewableEnergy/dat/report/r01/r01_chpt3-5.pdf
[50] 経済産業省・資源エネルギー庁,洋上風力の産業競争力強化に向けた官民協議会「洋上風力産業ビジョン(第1次)(案)概要」,(2020),2021,https://www.meti.go.jp/shingikai/energy_environment/yojo_furyoku/pdf/002_02_01.pdf
[51] Ariel Cohen, "Post COP26: Kazakhstan Proposes An Emerging Market Model For The Green Energy Transition", 2021, https://www.forbes.com/sites/arielcohen/2021/11/29/post-cop26-kazakhstan-proposes-an-emerging-market-model-for-the-green-energy-transition/?sh=22c15e804330
[52] 国際再生可能エネルギー機関(IRENA) (International Renewable Energy Agency), "Future of Wind", October, (2019), 2021, https://www.irena.org/publications/2019/Oct/Future-of-wind
[53] Fraunhofer IEE, "Windenergie Report Deutschland 2018", (2018), 2021, https://windmonitor.iee.fraunhofer.de/opencms/export/sites/windmonitor/img/Windmonitor-2018/WERD_2018.pdf
[54] 一般社団法人日本原子力産業協会,「原子力発電と短期限界費用」,(2014),2021,https://www.jaif.or.jp/cms_admin/wp-ontent/uploads/2015/12/sp_necg_1208-2.pdf
[55] アイティメディア株式会社,ITmediaビジネス「なぜ起こる?　欧州、電力マイナス価格の謎に迫る」,(2020),2021,https://www.itmedia.co.jp/business/articles/2005/11/news028.html
[56] 関西電力株式会社,「蹴上発電所の歩み」,(2021),2022,https://www.kepco.co.jp/energy_supply/energy/newenergy/water/plant/tour_keage/pdf/keage_ayumi.pdf
[57] 経済産業省・資源エネルギー庁,「日本の水力エネルギー量」,(2020),2022,https://www.enecho.meti.go.jp/category/electricity_and_gas/electric/hydroelectric/database/energy_japan001/
[58] 一般社団法人電気学会,「水力発電」,(1980).
[59] 電気事業連合会,「流れ込み式(自流式)水力発電」,(2021),2022,https://www.fepc.or.jp/enterprise/hatsuden/water/nagarekomishiki/index.html
[60] 経済産業省・資源エネルギー庁,「水力発電について」,(2021),2022,https://www.enecho.meti.go.jp/category/electricity_and_gas/electric/hydroelectric/mechanism/use/
[61] 日本電力調査委員会,「日本電力調査報告書における電力需要想定および電力供給計画算定方式の解説」,(2007).
[62] 経済産業省・資源エネルギー庁,「日本の水力エネルギー量」,(2020),2022,https://www.enecho.meti.go.jp/category/electricity_and_gas/electric/hydroelectric/database/energy_japan006/
[63] 電気事業連合会,発電のしくみ「揚水式発電」,2023,https://www.fepc.or.jp/enterprise/hatsuden/water/yousuishiki/index.html
[64] 千葉幸,「水力発電所」,電気書院,(1982).
[65] 世界省エネルギー等ビジネス推進協議会,「国際展開技術集,可変速揚水発電システム」,(2018),2022,https://www.jase-w.eccj.or.jp/technologies-j/pdf/electricity/E-34.pdf
[66] EPRI(電力研究所), "Energy Storage Technologies",(2021),2022,https://storagewiki.epri.com/index.php/Energy_Storage_101/Technologies
[67] 経済産業省・資源エネルギー庁,「今後の電力システムの主な課題について」,(2021),2022,https://www.meti.go.jp/shingikai/enecho/denryoku_gas/043.html
[68] 経済産業省・資源エネルギー庁「なっとく!再生可能エネルギー」,2022 https://www.enecho.meti.go.jp/category/saving_and_new/saiene/kaitori/
[69] 全国小水力利用推進協議会,「どんなところで出来るか」,(2021) ,2022,http://j-water.org/about/
[70] 経済産業省・資源エネルギー庁,「ハイドロバレー計画ガイドブック」,(2005),2022,https://warp.da.ndl.go.jp/info:ndljp/pid/8556468/www.enecho.meti.go.jp/hydraulic/data/dl/G02.pdf
[71] 国土交通省,「小水力発電設置のための手引きVer. 3」,(2016),2022,https://www.mlit.go.jp/river/shinngikai_blog/shigenkentou/pdf/tebiki_suiryoku_1602.pdf
[72] 経済産業省・資源エネルギー庁,「地域活用要件に関する残された論点」,(2019),2022,https://www.meti.go.jp/shingikai/santeii/pdf/053_01_00.pdf
[73] 経済産業省,第65回 調達価格等算定委員会「資料1　地域活用要件について」(2020),2022,https://www.meti.go.jp/shingikai/santeii/pdf/065_01_00.pdf
[74] 経済産業省・資源エネルギー庁,「地域活用要件について」,(2020),2022,https://www.meti.go.jp/shingikai/santeii/pdf/065_01_00.pdf
[75] 経済産業省,「水力発電設備における保安管理業務のスマート化技術導入ガイドライン第一版 －導入フェーズ－」,(2021),2022,https://www.meti.go.jp/shingikai/sankoshin/hoan_shohi/denryoku_anzen/hoan_seido/pdf/005_06_02.pdf
[76] 国立研究開発法人科学技術振興機構,低炭素社会の実現に向けた技術および経済・社会の定量的シナリオに基づくイノベーション政策立案のための提案書「日本における蓄電池システムとしての揚水発電のポテンシャルとコスト(Vol.2)」,(2020),2022,https://www.jst.go.jp/lcs/pdf/fy2019-pp-03.pdf
[77] 中小水力発電4団体,「2030年　中小水力発電の導入見込みについて」,(2021),2022,https://www.meti.go.jp/shingikai/enecho/denryoku_gas/saisei_kano/pdf/030_05_00.pdf
[78] 経済産業省・資源エネルギー庁,「事業計画策定ガイドライン(水力発電)」,(2021),2022,https://www.enecho.meti.go.jp/category/saving_and_new/saiene/kaitori/dl/fit_2017/legal/guideline_water.pdf
[79] 経済産業省・資源エネルギー庁,「発電コスト検証に関するこれまでの議論について」,(2021),2022,https://www.enecho.meti.go.jp/committee/council/basic_policy_subcommittee/mitoshi/cost_wg/2021/data/07_05.pdf
[80] 小水力利用推進協議会(編),「小水力エネルギー読本」,オーム社,(2006).
[81] 福島水力発電促進会議(編),竹村 公太郎 (監修),「水力発電が日本を救う　ふくしまチャレンジ編」,東洋経済新報社,(2018).
[82] 農林水産省,「バイオマスの活用をめぐる状況」,(2023).　2023,https://www.maff.go.jp/j/shokusan/biomass/attach/pdf/index-34.pdf
[83] 経済産業省・資源エネルギー庁,なっとく!再生可能エネルギー「再生エネルギーとは－バイオマス発電」バイオマスの分類,(2021),2021,https://www.enecho.meti.go.jp/category/saving_and_new/saiene/renewable/biomass/index.html
[84] 農林水産省・林野庁,「森林・林業基本計画」,(2021),2021,

https://www.rinya.maff.go.jp/j/kikaku/plan/

[85] 経済産業省・資源エネルギー庁,「調達価格等に関する報告」,(2022),2022,https://www.shugiin.go.jp/internet/itdb_gian.nsf/html/gian/gian_hokoku/20220408chotatsu.pdf/$File/20220408chotatsu.pdf

[86] 経済産業省・資源エネルギー庁,資料1「国内外の再生可能エネルギーの現状と今年度の調達価格等算定委員会の論点案」,(2022),2022,https://www.meti.go.jp/shingikai/santeii/pdf/078_01_00.pdf

[87] 経済産業省・資源エネルギー庁,「第6次エネルギー基本計画」,(2021),2021,https://www.meti.go.jp/press/2021/10/20211022005/20211022005-1.pdf

[88] 国立研究開発法人新エネルギー・産業技術総合開発機構(NEDO),「バイオマス分野に係る脱炭素社会を見据えたエネルギー活用に向けた調査/バイオマス利活用俯瞰的調査」成果報告書のP5,図I-4「バイオマス原料とそれらの関連法規制」,https://seika.nedo.go.jp/pmg/PMG01C/PMG01CG01

[89] 経済産業省・資源エネルギー庁,「持続可能な木質バイオマス発電について」,第1回林業・木質バイオマス発電の成長産業化に向けた研究会,(2020),2021,https://www.meti.go.jp/shingikai/energy_environment/biomass_hatsuden/pdf/001_02_00.pdf

[90] NNPO法人 バイオマス産業社会ネットワーク,バイオマス白書2023,「トピックス 1 2022年のバイオマス発電の動向」,(2023),https://www.npobin.net/hakusho/2023/topix_01.html

[91] 経済産業省・資源エネルギー庁,「林業・木質バイオマス発電の成長産業化に向けた研究会」報告書(2020),2021,https://www.meti.go.jp/shingikai/energy_environment/biomass_hatsuden/pdf/20201016_1.pdf

[92] 経済産業省・資源エネルギー庁,「持続可能な木質バイオマス発電について」,第1回林業・木質バイオマス発電の成長産業化に向けた研究会,(2020),2021,https://www.meti.go.jp/shingikai/energy_environment/biomass_hatsuden/pdf/001_02_00.pdf

[93] 環境省,「第五次環境基本計画の概要」,(2018),2021,https://www.env.go.jp/seisaku/list/kyoseiken/pdf/kyoseiken_01.pdf

[94] 川上紳一・大野照文,株式会社集英社,imidas時事用語辞典,「核-マントル境界」(2008),2023,https://imidas.jp/genre/detail/K-121-0011.html

[95] 経済産業省・資源エネルギー庁,「知っておきたいエネルギーの基礎用語 ~地方創生にも役立つ再エネ『地熱発電』」,(2017),2021,https://www.enecho.meti.go.jp/about/special/johoteikyo/chinetsuhatsuden.html

[96] 国立研究開発法人新エネルギー・産業技術総合開発機構(NEDO)/技術戦略研究センター(TSC),技術戦略研究センターレポート・TSC Foresight Vol.12「地熱発電分野の技術戦略策定に向けて」,(2016),2022,https://www.nedo.go.jp/content/100788676.pdf

[97] 独立行政法人エネルギー・金属鉱物資源機構(JOGMEC),地熱を知る・学ぶ「世界の地熱発電」,2022,https://geothermal.jogmec.go.jp/information/plant_foreign/

[98] International Energy Agency, "Technology Roadmap Geothermal Heat and Power",(2011),2021,https://www.iea.org/reports/technology-roadmap-geothermal-heat-and-power

[99] 国際再生可能エネルギー機関(IRENA), "Renewable Capacity Statistics 2021",(2021),2022,https://www.irena.org/Statistics/View-Data-by-Topic/Capacity-and-Generation/Statistics-Time-Series

[100] 独立行政法人石油天然ガス・金属鉱物資源機構,「地熱 地域・自然と共生するエネルギー」,(2020),2021,https://geothermal.jogmec.go.jp/library/pamphlet/file/jogmec_geothermal.pdf

[101] 独立行政法人エネルギー・金属鉱物資源機構(JOGMEC),地熱を知る・学ぶ「地熱発電のあゆみ-これまでの歴史」,2023,https://geothermal.jogmec.go.jp/information/history/history.html

[102] 日本地熱協会,2020年度地熱発電・熱水活用研究会第5回「地熱発電の現況と課題」,(2021),2021,https://www.enaa.or.jp/?fname=gec_2021_1_14.pdf

[103] 経済産業省・資源エネルギー庁,「再生可能エネルギー大量導入・次世代電力ネットワーク小委員会(第25回) 資料1 今後の再生可能エネルギー政策について」,総合エネルギー調査会 省エネルギー・新エネルギー分科会/電力ガス事業分科会,(2021),2021,https://www.meti.go.jp/shingikai/enecho/denryoku_gas/saisei_kano/025.html

[104] Solargis, "Solar resource maps of Australia",(2020),2023,https://solargis.com/maps-and-gis-data/download/australia

[105] World Bank, "Global Solar Atlas",2022,https://globalsolaratlas.info/map

第4章

[1] 東京電力パワーグリッド株式会社,「電気の流れ 電気をお客さまのもとへお届けするまで」,2022,https://www.tepco.co.jp/pg/electricity-supply/operation/flow.html

[2] 三井恒夫,「電気技術史研究への誘い」,電気学会誌,Vol.118,No.1,p38,(1998).

[3] 経済産業省・資源エネルギー庁,「日本のエネルギー、150年の歴史②」,(2018),2022,https://www.enecho.meti.go.jp/about/special/johoteikyo/history2taisho.html

[4] 経済産業省・資源エネルギー庁,「平成29年度エネルギーに関する年次報告」,(2018),2022,https://www.enecho.meti.go.jp/about/whitepaper/2018pdf/whitepaper2018pdf_1_1.pdf

[5] 関西電力株式会社,「蹴上発電所の歩み」(2020),2022,https://www.kepco.co.jp/energy_supply/energy/newenergy/water/plant/tour_keage/pdf/keage_ayumi.pdf

[6] 東京電力ホールディングス株式会社,電気学会公開シンポジウム「『電気を送る~電気の品質と送る技術~』電力輸送、電気の品質(周波数、電圧)」,(2014),2022,https://www.iee.jp/wp-content/uploads/honbu/03-conference/data-31/symp_140203/doc02.pdf

[7] 経済産業省・資源エネルギー庁「電力ネットワークの次世代化 系統制約の克服に向けた送電線設備の増強・利用ルールの高度化」(2020),2023, https://www.meti.go.jp/shingikai/enecho/denryoku_gas/saisei_kano/pdf/019_02_00.pdf

[8] 東京電力ホールディングス株式会社,「電力会社における周波数調整と会社間連系について」,(2003),2022,http://www.re-policy.jp/keito/2/030912_09.pdf

[9] 電力広域的運用推進機関,「かいせつ電力ネットワーク-「電力ネットワークの仕組み-電力系統の構成と運用の仕組み」,2023,https://www.occto.or.jp/grid/public/shikumi.html

[10] 原口芳徳,「~東京電力~「電気事業の始まりと電化の歴史」」,川崎市川崎区産業ミュージアム講座,(2006),2022,https://www.city.kawasaki.jp/kawasaki/cmsfiles/contents/0000026/26446/06haraguchi.pdf

[11] 一般社団法人海外電力調査会編,「海外諸国の電気事業 第2編 2020年版」,海外電力調査会,(2020).

[12] 経済産業省・資源エネルギー庁,「系統制約の緩和に向けた対応」,経済産業省 再生可能エネルギー大量導入・次世代電力ネットワーク小委員会,(2018),2022,https://www.meti.go.jp/shingikai/enecho/denryoku_gas/saisei_kano/pdf/002_02_00.pdf

[13] 経済産業省,「『洋上風力発電の低コスト化』プロジェクトの研究開発・社会実装計画(案)の概要」,グリーン電力の普及促進分野ワーキンググループ,(2021),2022,https://www.meti.go.jp/shingikai/sankoshin/green_innovation/green_power/pdf/001_04_00.pdf

[14] 国際再生可能エネルギー機関(IRENA), "Data & Statistics",2022,https://www.irena.org/Statistics

[15] Sustainable Japan,「【エネルギー】世界各国の発電供給量割合[2019年版]」,(2020),2022,https://sustainablejapan.jp/2020/04/03/world-electricity-production/14138

[16] エネルギー・文化研究所/大阪ガスネットワーク株式会社「世界のエネルギー事情 我が道を突きすすむフランス」(2022),2023,https://note.com/ognwcel/n/ne4045835349b

[17] 古澤 健,岡田 健司,「再生可能エネルギー電源大量導入下の欧州における国際連系線を活用した需給調整メカニズムの動向と課題」,電力経済研究,No.64,p.59-77,(2017),2022,https://criepi.denken.or.jp/jp/serc/periodicals/pdf/periodicals64_05.pdf

[18] 小笠原潤一(一般財団法人日本エネルギー経済研究所)/経済産業省,「欧州における再生可能エネルギー発電導入拡大に伴う動き」,再生可能エネルギーの大量導入時代における政策課題に関する研究会(第2回),(2017),2022,https://www.meti.go.jp/committee/kenkyukai/energy_environment/saisei_dounyu/pdf/002_02_00.pdf

[19] 送配電網協議会,「送配電網協議会について」,(2023) ,2023, https://www.tdgc.jp/asset/download/about/about_tdgc_01.pdf
[20] 経済産業省・資源エネルギー庁,「電力供給の仕組み(2016年4月以降)」,(2017),2022,https://www.enecho.meti.go.jp/category/electricity_and_gas/electric/summary/pdf/kyokyu_shikumi.pdf
[21] 経済産業省・資源エネルギー庁,「登録小売電気事業者一覧」,(2023),2023,https://www.enecho.meti.go.jp/category/electricity_and_gas/electric/summary/retailers_list/
[22] 経済産業省・資源エネルギー庁,「送配電事業者一覧(一般送配電事業者、送電事業者、特定送配電事業者)」,(2023),2023, https://www.enecho.meti.go.jp/category/electricity_and_gas/electric/summary/electric_transmission_list/
[23] 経済産業省・資源エネルギー庁,「発電事業者一覧」,(2023), 2023,https://www.enecho.meti.go.jp/category/electricity_and_gas/electricity_measures/004/list/
[24] 電力広域的運営推進機関,「パンフレット」,(2021),2022,https://www.occto.or.jp/occto/files/202104occto_pamphlet.pdf
[25] 送配電網協議会,「送配電網協議会の概要」,2022,https://www.tdgc.jp/about/tdgc.html
[26] 電気事業連合会,「組織概要」,2022,https://www.fepc.or.jp/about_us/outline/soshiki/index.html
[27] 電力・ガス取引監視等委員会,「委員会の概要」,(2020),2022, https://www.emsc.meti.go.jp/committee/overview.html
[28] 矢島正之,「電力市場自由化—規制緩和の世界的潮流とその背景を読む」,日工フォーラム社,(1994).
[29] 一般財団法人電力中央研究所,研究資料「電気料金の国際比較－2016年までのアップデート－」NO.Y17504,(2018),2022,https://criepi.denken.or.jp/jp/serc/source/pdf/Y17504.pdf
[30] 西村陽,戸田直樹,穴山悌三,「未来のための電力自由化史」,一般社団法人日本電気協会新聞部,(2021).
[31] 電力新報社編,「電力構造改革 供給システム編」,電力新報社,(1999).
[32] 経済産業省・資源エネルギー庁,「電力の小売全面自由化って何?－電力の小売自由化の歴史」,2022,https://www.enecho.meti.go.jp/category/electricity_and_gas/electric/electricity_liberalization/what/
[33] 経済産業省・資源エネルギー庁,「総合資源エネルギー調査会電気事業分科会報告」,(2003),2022,https://www.enecho.meti.go.jp/category/electricity_and_gas/electric/summary/pdf/tousin.pdf
[34] 経済産業省,「電力システム改革の概要」,(2014),2022,https://www.mhlw.go.jp/file/05-Shingikai-12602000-Seisakutoukatsukan-Sanjikanshitsu_Roudouseisakutantou/0000094529.pdf
[35] 経済産業省・資源エネルギー庁,「電力システムに関する改革方針」,(2013),2022,https://warp.da.ndl.go.jp/info:ndljp/pid/11445532/www.enecho.meti.go.jp/category/electricity_and_gas/electric/system_reform002/pdf/20130515-2-2.pdf
[36] 経済産業省・資源エネルギー庁,「電力システム改革専門委員会報　告　書」,(2013),2022,https://warp.da.ndl.go.jp/info:ndljp/pid/11445532/www.enecho.meti.go.jp/category/electricity_and_gas/electric/system_reform001/pdf/20130515-1-1.pdf
[37] 経済産業省・資源エネルギー庁,「電力・ガス小売全面自由化の進捗と最近の動向について」,(2023),2023,https://www.meti.go.jp/shingikai/enecho/denryoku_gas/denryoku_gas/pdf/058_03_00.pdf
[38] 電気事業連合会,「電気事業について 電力システム改革 発送電分離」,2022,https://www.fepc.or.jp/enterprise/kaikaku/bunri2/index.html
[39] 経済産業省・資源エネルギー庁,「法的分離(2020年4月1日)以降の各社の事業形態」,(2020).
[40] 一般社団法人海外電力調査会,「海外諸国の電気事業 第1編(上巻)」,(2019).
[41] 中国電力株式会社　エネルギア総合研究所,「エネルギア地域経済レポート No.468」(2013),2022,https://www.energia.co.jp/eneso/kankoubutsu/keirepo/pdf/MR1307-1.pdf
[42] 石黒正康,「電力自由化「公益事業」から「電力産業」へ」,日刊工業新聞社,(1999).
[43] Bond Associates 業界動向,「海外の電力自由化から学ぶ」,2022, https://bondassociates.co.jp/bondnews/139.html
[44] 英国ガス・電力市場局(OFGEM),「Retail market indicators」, 2023,https://www.ofgem.gov.uk/retail-market-indicators
[45] 国土交通省,「ドイツ・シュタットベルケの実態とわが国インフラ・公共サービスへの 適用に向けた課題を整理」,(2021),2022,https://www.mlit.go.jp/pri/shiryou/press/pdf/shiryou210330.pdf
[46] 経済産業省,「諸外国の卸電力市場における時間前市場及び先渡市場・先物市場に係る調査報告書」(2021),2022,https://www.meti.go.jp/meti_lib/report/2020FY/000345.pdf
[47] 奈良宏一,「電力自由化と系統技術」,一般社団法人電気学会,(2008).
[48] エネルギーフォーラム,「米国における電力自由化の評価」(2021), 2022,https://energy-forum.co.jp/online-content/4430/
[49] 一般財団法人日本エネルギー経済研究所,「カリフォルニア州電力危機について」,(2001),2022,https://eneken.ieej.or.jp/data/old/pdf/califo.pdf
[50] 一般財団法人電力中央研究所,「米国における発送電分離が電気事業に与えた影響」(2012),2022,https://criepi.denken.or.jp/hokokusho/pb/reportDownload?reportNoUkCode=Y11036&tenpuTypeCode=30&seqNo=1&reportId=8094
[51] 電気事業連合会,情報ライブラリー「海外諸国の電気事業—8.電力供給体制図」,(2018),2022,https://www.fepc.or.jp/library/kaigai/kaigai_jigyo/usa/detail/1231554_4803.html
[52] 一般財団法人電力中央研究所 電気新聞ゼミナール,「発送電分離後の欧州の電力経営に生じた変化から何を読み取るべきか?」(2018),2022,https://criepi.denken.or.jp/jp/serc/denki/2018/180404.html
[53] 電気事業連合会,情報ライブラリー「海外諸国の電気事業—欧米諸国における発送電分離の動向と評価」,(2012),2022,https://www.fepc.or.jp/library/kaigai/kaigai_kaisetsu/1214967_4141.html
[54] 経済産業省・資源エネルギー庁,電力・ガス基本政策小委員会,第29回資料5「将来の電力・ガス産業の在り方について　～カーボンニュートラルに向けて～」,(2021),2022,https://www.meti.go.jp/shingikai/enecho/denryoku_gas/denryoku_gas/pdf/029_05_00.pdf
[55] 電力広域的運営推進機関,第18回需給調整市場検討小委員会,資料4「需給調整市場(一次調整力から二次調整力②)の開設に向けた論点整理および今後の進め方について」,(2020),2022, https://www.occto.or.jp/iinkai/chouseiryoku/jukyuchousei/2020/files/jukyu_shijyo_18_04.pdf
[56] 一般社団法人日本卸電力取引所,「電力取引—取引概要—取引規程」,2023,https://www.jepx.jp/electricpower/outline/
[57] 一般社団法人日本卸電力取引所,「2022年度スポット市場取引結果」,「時間前市場取引結果」,2023,http://www.jepx.org/market/
[58] 経済産業省,電力・ガス取引監視等委員会,第77回 制度設計専門会合,資料6「～自主的取組・競争状態のモニタリング報告～(令和4年4月～令和4年6月期)」,(2022),2022,https://www.emsc.meti.go.jp/activity/emsc_system/pdf/077_06_00.pdf
[59] 欧州エネルギー取引所(EEX)グループ,ウェビナー資料「EEX日本電力先物の立ち上がり100日間の総括」,(2020),2022,https://www.eex.com/fileadmin/EEX/Downloads/Products/EEX_Japanese_Power/jpn/20200903_EEX_Group_Webinar_Japan_Power__Japanese_.pdf
[60] CMEグループ(CME Group),「よくある質問:日本の電力先物」, 2022,https://www.cmegroup.com/ja/education/articles-and-reports/frequently-asked-questions-japanese-power-futures.html
[61] 株式会社産業経済新聞社,「電力先物取引が17日に試験上場、価格変動リスク回避へ」,(2019),2022,https://www.sankei.com/article/20190914-QGWAN2XHKNJI7GQBV3ZE2RBXVQ/
[62] 電力広域的運営推進機関,「容量市場・発電設備等の情報掲示板／容量市場／説明会資料」,(2022),2022,https://www.occto.or.jp/market-board/market/youryou_setsumeikai.html
[63] 電力広域的運営推進機関,「容量市場かいせつスペシャルサイト－落札電源の決まり方」,2022,https://www.occto.or.jp/capacity-market/youryouteikyou/rakusatsu.html
[64] 送配電網協議会,「需給調整市場とは—需給調整市場の概要」, 2022,https://www.tdgc.jp/jukyuchoseishijo/outline/outline.html
[65] 経済産業省,第64回制度検討作業部会,資料5-1「需給調整市場における 三次調整力①、②の取引状況について」,2022,https://www.meti.go.jp/shingikai/enecho/denryoku_gas/denryoku_gas/seido_kento/pdf/064_05_01.pdf
[66] 送配電網協議会,「需給調整市場の概要・商品要件」(第3版),

(2022), 2022, https://www.tdgc.jp/jukyuchoseishijo/outline/docs/gaiyoushouhin_ver.3_20220401.pdf
[67] 一般社団法人日本卸電力取引所, 先渡市場取引結果, 「2020年度取引結果」, 2022, http://www.jepx.org/market/forward.html
[68] 一般社団法人日本卸電力取引所, 「分散型・グリーン売電市場掲示結果」, 2022, http://www.jepx.org/market/green.html
[69] 日本卸電力取引所, 「ベースロード市場掲示結果」, 2023, http://www.jepx.org/market/baseload.html
[70] 経済産業省・資源エネルギー庁, 「登録小売電気事業者一覧」, 2023, https://www.enecho.meti.go.jp/category/electricity_and_gas/electric/summary/retailers_list/
[71] 経済産業省, 第34回電力・ガス基本政策小委員会, 資料3「電力・ガス小売全面自由化の進捗状況について」, (2021), 2022, https://www.meti.go.jp/shingikai/enecho/denryoku_gas/denryoku_gas/pdf/034_03_00.pdf
[72] 経済産業省, ニュースリリース「インバランス料金に2段階の上限価格を導入するための改正省令等が施行されました」の参考資料, 2022, https://www.meti.go.jp/press/2021/07/20210701007/20210701007.html
[73] 経済産業省, 第2回 あるべき卸電力市場、需給調整市場及び需給運用の実現に向けた実務検討作業部会資料4, 「あるべき市場の仕組みについて」2022, https://www.meti.go.jp/shingikai/energy_environment/oroshi_jukyu_kento/pdf/002_04_00.pdf
[75] 一般社団法人 太陽光発電協会, 「電力会社との一般的な太陽光の系統連系区分について」, 2023, https://www.jpea.gr.jp/wp-content/themes/jpea/pdf/001.pdf
[76] 経済産業省・資源エネルギー庁, 「グリッドコードの整備について」, 経済産業省系統ワーキンググループ(資料5), (2018), 2022, https://www.meti.go.jp/shingikai/enecho/shoene_shinene/shin_energy/keito_wg/pdf/019_05_00.pdf
[77] 電力広域的運営推進機関, 「第1回検討会での議論、今後の進め方」, 電力広域的運営推進企画　グリッドコード検討会　第2回検討会(資料3), (2020), 2022, https://www.occto.or.jp/iinkai/gridcode/2020/files/gridcode_02_03.pdf
[78] 電力広域的運営推進機関, 「送配電業務指針」, (2017), 2022, https://www.occto.or.jp/article/files/shishin170401.pdf
[79] 経済産業省・資源エネルギー庁, 「グリッドコード(系統連系に係る技術要件)について」, 経済産業省産業サイバーセキュリティ研究会電力サブワーキンググループ(資料5-2), (2020), 2022, https://www.meti.go.jp/shingikai/mono_info_service/sangyo_cyber/wg_seido/wg_denryoku/pdf/007_05_02.pdf5)
[80] 経済産業省・資源エネルギー庁, 「電力品質確保に係る系統連系技術要件ガイドライン」, (2022), 2022, https://www.enecho.meti.go.jp/category/electricity_and_gas/electric/summary/regulations/pdf/keito_renkei_20220401.pdf
[81] 一般社団法人日本電気協会 系統連系専門部会, 「系統連系規程(JEAC　9701」, (2019), 2022.
[82] 経済産業省・資源エネルギー庁, なるほど!グリッド「系統接続について」, 2022, https://www.enecho.meti.go.jp/category/saving_and_new/saiene/grid/01_setsuzoku.html#setsuzoku01
[83] 電力広域的運営推進機関, 「かいせつ電力ネットワーク　具体的な系統アクセス手続き等について」, 2022, https://www.occto.or.jp/grid/business/access.html
[84] 経済産業省・資源エネルギー庁, 「発電設備の設置に伴う電力系統の増強及び事業者の費用負担等の在り方に関する指針」, (2020), 2022, https://www.enecho.meti.go.jp/category/electricity_and_gas/electric/summary/regulations/pdf/h27hiyoufutangl.pdf
[85] 経済産業省, 「くわしく知りたい! 4年後の未来の電力を取引する「容量市場」」, (2021), 2022, https://www.enecho.meti.go.jp/about/special/johoteikyo/youryou.html
[86] 電力広域的運営推進機関, 「容量市場メインオークション約定結果(対象実需給年度: 2026年度)」, 2023, https://www.occto.or.jp/market-board/market/oshirase/2022/files/230222_mainauction_youryouyakujokekka_saikouhyou_jitsujukyu2026.pdf

第5章

[1] 竹内純子, 「2050年のエネルギー産業－日本のエネルギー大転換－」, 経済産業省　次世代技術を活用した新たな電力プラットフォームの在り方研究会資料2, (2018), 2022, https://www.meti.go.jp/shingikai/energy_environment/denryoku_platform/pdf/002_02_00.pdf
[2] 東京電力ホールディングス株式会社, 「電気の特性」, 2022, https://www.tepco.co.jp/setsuden/winter/points/index-j.html
[3] 九州電力株式会社, 「太陽光・風力発電の出力変動」, 2022, http://www.kyuden.co.jp/trust_contents_detail_transparent_energy_2013.html
[4] 一般社団法人電気学会, 「周波数について」, (2021), 2022, http://www2.iee.or.jp/ver2/honbu/16-committee/epress/index11.html
[5] 経済産業省・資源エネルギー庁「再生可能エネルギーを巡る現状と課題」(2014), 2022, https://www.meti.go.jp/shingikai/enecho/shoene_shinene/shin_energy/pdf/001_03_00.pdf
[6] 経済産業省, 「長期エネルギー需給見通し」, (2015), 2022, https://www.enecho.meti.go.jp/committee/council/basic_policy_subcommittee/mitoshi/pdf/report_01.pdf
[7] 経済産業省, 「エネルギー基本計画」, (2021), 2022, https://www.meti.go.jp/press/2021/10/20211022005/20211022005-1.pdf
[8] 経済産業省, 「2050年カーボンニュートラルに伴うグリーン成長戦略」, (2020), 2022, https://www.meti.go.jp/press/2020/12/20201225012/20201225012-1.pdf
[9] 経済産業省, 「今後の再生可能エネルギー政策について」, (2021), 2022, https://www.meti.go.jp/shingikai/enecho/denryoku_gas/saisei_kano/pdf/025_01_00.pdf
[10] 株式会社タワーラインソリューション, 「架空送電線の話」, 2021, https://www.k-tls.co.jp/overhead-tml/shurui.html
[11] 経済産業省・資源エネルギー庁, 「送電線「空き容量ゼロ」は本当に「ゼロ」なのか?～再エネ大量導入に向けた取り組み」, (2017), 2022, https://www.enecho.meti.go.jp/about/special/johoteikyo/akiyouryou.html
[12] 経済産業省・資源エネルギー庁, 「再エネをもっと増やすため、「系統」へのつなぎ方を変える」, (2021), 2022, https://www.enecho.meti.go.jp/about/special/johoteikyo/non_firm.html
[13] 電力広域的運営推進機関, 「広域機関における『日本版コネクト&マネージ』の検討について」, 経済産業省再生可能エネルギー大量導入・次世代電力ネットワーク小委員会, (2018), 2022, https://www.meti.go.jp/shingikai/enecho/denryoku_gas/saisei_kano/pdf/011_02_00.pdf
[14] 経済産業省・資源エネルギー庁, 「コネクト&マネージにおけるノンファーム型接続の取組」, (2023), 2022, https://www.meti.go.jp/shingikai/enecho/shoene_shinene/shin_energy/keito_wg/pdf/046_04_00.pdf
[15] 経済産業省総合資源エネルギー調査会　省エネルギー・新エネルギー分科会／電力・ガス事業分科会　再生可能エネルギー大量導入・次世代型電力ネットワーク小委員会, 「電力ネットワークの次世代化に向けた中間とりまとめ」, (2021), 2022, https://www.meti.go.jp/shingikai/enecho/denryoku_gas/saisei_kano/pdf/20210903_2.pdf
[16] 電力広域的運営推進機関かいせつ電力ネットワーク, 「電力ネットワーク利用の改革」, 2022, https://www.occto.or.jp/grid/public/riyoukaikaku.html
[17] 経済産業省・資源エネルギー庁, 「これまでの議論における論点」, (2015.4), 2022, https://www.enecho.meti.go.jp/committee/council/basic_policy_subcommittee/mitoshi/007/pdf/007_07.pdf
[18] 東京電力パワーグリッド株式会社, 「空き容量の無い基幹系統へのノンファーム型接続の展開について」, (2021), 2022, https://www.tepco.co.jp/pg/consignment/fit/pdf/0112nonfarm.pdf
[19] 電力広域的運営推進機関, 「一般送配電事業者の系統連系制約マッピング情報リンク集」, 2022, https://www.occto.or.jp/access/link/mapping.html
[20] 電力広域的運営推進機関・広域連系系統のマスタープラン及び系統利用ルールの在り方等に関する検討委員会事務局, 「「系統混雑を前提とした系統利用の在り方」について～地内系統の混雑管理に関する勉強会(中間報告)～」, (2020), 2022, https://www.occto.or.jp/iinkai/masutapuran/2020/files/masuta_3_02_01.pdf

[21] 経済産業省・資源エネルギー庁,「電力ネットワークの次世代化 増強・接続・利用ルールの高度化」,(2020),2022,https://www.meti.go.jp/shingikai/enecho/denryoku_gas/saisei_kano/pdf/022_01_00.pdf
[22] 電力広域的運営推進機関・広域系統整備委員会事務局,「系統混雑を前提とした系統利用ルールについて(報告)～再給電方式～」,(2021),2022,https://www.occto.or.jp/iinkai/kouikikeitouseibi/2020/files/seibi_52_03_01.pdf
[23] 電力広域的運営推進機関,「2023年12月再給電方式(一定の順序)の導入について ～2050年カーボンニュートラル実現に向けた系統利用ルールの見直し～」,2022年7月29日 系統アクセス・系統利用ルールに関するお知らせ,(2023),2023,https://www.occto.or.jp/access/oshirase/files/220729_saikyuden_donyu.pdf
[24] 経済産業省・資源エネルギー庁,「電力ネットワークの次世代化に向けた中間とりまとめ」,(2021),2022,https://www.meti.go.jp/shingikai/enecho/denryoku_gas/saisei_kano/pdf/20210903_1.pdf
[25] 経済産業省・資源エネルギー庁,「電力ネットワークの次世代化 系統制約の克服に向けた送電線設備の増強・利用ルールの高度化」,経済産業省再生可能エネルギー大量導入・次世代電力ネットワーク小委員会,(2020.8.31),2022,https://www.meti.go.jp/shingikai/enecho/denryoku_gas/saisei_kano/pdf/019_02_00.pdf
[26] 北海道電力ネットワーク,「新北本連系設備の特徴」,2022,https://www.hepco.co.jp/network/stable_supply/efforts/north_reinforcement/new_equipment_peculiarity.html
[27] 電力広域的運営推進機関,「北本連系線等の増強について)」,経済産業省総合資源エネルギー調査会電力・ガス事業分科会脱炭素化社会に向けた電力レジリエンス小委員会,(2019),2022,https://www.meti.go.jp/shingikai/enecho/denryoku_gas/datsu_tansoka/pdf/003_01_00.pdf
[28] 東京電力パワーグリッド株式会社他プレスリリース,「飛騨信濃周波数変換設備の運用開始について」,(2021),2022,https://www.tepco.co.jp/pg/company/press-information/press/2021/1591426_8616.html
[29] 電力広域的運営推進機関,「基幹系統の設備形成の在り方について(電力系統に関するマスタープランの基本的考え方について)」,(2020),2022,http://www.occto.or.jp/iinkai/kouikikeitouseibi/2020/files/seibi_48_02_01.pdf
[30] 経済産業省・資源エネルギー庁,「2月13日、なぜ東京エリアで停電が起こったのか?～震源地からはなれたエリアが停電したワケ」,(2021),2022,https://www.enecho.meti.go.jp/about/special/johoteikyo/why_teiden.html?ui_medium=enecho_mailmag
[31] 電力広域的運営推進機関,「GFおよびLFC運用の現状について」,需給調整市場検討小委員会,(2020),2021,https://www.occto.or.jp/iinkai/chouseiryoku/jukyuchousei/2020/files/jukyu_shijyo_19_02_02.pdf
[32] 国立研究開発法人新エネルギー・産業技術総合開発機構(NEDO),「再生可能エネルギー技術白書(第2版)第9章 系統サポート技術」,P12,(2014),2022,https://www.nedo.go.jp/content/100544824.pdf
[33] 加藤政一,「詳解電力系統工学」,東京電機大学出版局,(2017).
[34] 一般社団法人電気学会,「用語解説 第30回テーマ:負荷周波数制御(LFC)」,2022,https://www.iee.jp/pes/termb_030/
[35] 経済産業省・資源エネルギー庁,「グリッドコードの体系及び検討の進め方について」,経済産業省総合資源エネルギー調査会 省エネルギー・新エネルギー分科会 新エネルギー小委員会/電力・ガス事業分科会電力・ガス基本政策小委員会 系統ワーキンググループ,(2019),2022,https://www.meti.go.jp/shingikai/enecho/shoene_shinene/shin_energy/keito_wg/pdf/020_01_00.pdf
[36] 経済産業省・資源エネルギー庁,「需給調整市場について」,(2020),2022,https://www.meti.go.jp/shingikai/enecho/denryoku_gas/denryoku_gas/seido_kento/pdf/043_04_01.pdf
[37] 九州電力株式会社,「再エネ出力制御に向けた対応状況について」,経済産業省 系統ワーキンググループ(2018),2022,https://www.meti.go.jp/shingikai/enecho/shoene_shinene/shin_energy/keito_wg/pdf/017_02_00.pdf
[38] 九州電力送配電株式会社,「九州本土の再生可能エネルギーの接続状況 他」,2022,https://www.kyuden.co.jp/td_renewable-energy_application_index
[39] 九州電力株式会社,「九州本土における再生可能エネルギーの出力制御について」,経済産業省 系統ワーキンググループ(2018),2022,https://www.meti.go.jp/shingikai/enecho/shoene_shinene/shin_energy/keito_wg/pdf/017_s01_00.pdf
[40] 経済産業省・資源エネルギー庁,「系統情報の公表の考え方」,(2021改 定),2022,https://www.enecho.meti.go.jp/category/electricity_and_gas/electric/summary/regulations/pdf/keitou_kangaekata_20210924.pdf
[41] 九州電力株式会社,経済産業省 第17回系統ワーキンググループ「九州本土における再生可能エネルギーの出力制御について」,(2018) ,2023, https://www.meti.go.jp/shingikai/enecho/shoene_shinene/shin_energy/keito_wg/pdf/017_02_00.pdf
[42] 九州電力株式会社,「九州本土における再エネ出力制御の実施状況について」,(2019),2022,https://www.meti.go.jp/shingikai/enecho/shoene_shinene/shin_energy/keito_wg/pdf/021_01_00.pdf
[43] 電力広域的運営推進機関,「九州本土の再生可能エネルギー発電設備の出力抑制における公平性の検証結果～2019年度実施分 九州電力送配電～」,(2020),2022,https://www.occto.or.jp/oshirase/shutsuryokuyokusei/2020/files/200624_sankoshiryo_kihon_kyusyu.pdf
[44] 電力広域的運営推進機関,「II.系統側・発電側それぞれの解決策検 討【論 点1】,(2020),2022,https://www.occto.or.jp/iinkai/gridcode/2020/files/gridcode_02_04.pdf
[45] 経済産業省・資源エネルギー庁,第46回系統ワーキンググループ「再エネ出力制御の低減に向けた取組について」,(2023),2023,https://www.meti.go.jp/shingikai/enecho/shoene_shinene/shin_energy/keito_wg/pdf/046_01_00.pdf
[46] 関西電力送配電株式会社,プレスリリース「関西エリアにおける「再生可能エネルギーの出力制御」指示の実施について」,(2023),2023,tps://www.kansai-td.co.jp/corporate/press-release/2023/pdf/0603_10.pdf
[47] 経済産業省・資源エネルギー庁,「出力制御の公平性の確保に係る指 針」,(2017制 定、2022改 定),2022,https://www.enecho.meti.go.jp/category/saving_and_new/saiene/kaitori/dl/fit_2017/legal/guideline_denki.pdf
[48] 経済産業省・資源エネルギー庁,「出力制御について」,2022,https://www.enecho.meti.go.jp/category/saving_and_new/saiene/grid/08_syuturyokuseigyo.html
[49] 経済産業省・資源エネルギー庁,「火力政策をめぐる議論の動向について」,(2021),2022,https://www.meti.go.jp/shingikai/enecho/denryoku_gas/denryoku_gas/pdf/042_04_00.pdf
[50] 経済産業省・資源エネルギー庁,第46回系統ワーキンググループ「再エネ出力制御の低減に向けた取組について」,(2023),2023,https://www.meti.go.jp/shingikai/enecho/shoene_shinene/shin_energy/keito_wg/pdf/046_01_00.pdf
[51] 経済産業省・資源エネルギー庁,「ポテンシャル評価及び普及・広報の進め方について」,(2021),2022,https://www.meti.go.jp/shingikai/energy_environment/energy_resource/pdf/016_07_00.pdf
[52] 経済産業省・資源エネルギー庁,「VPP・DRに関する用語一覧」,2022,https://www.enecho.meti.go.jp/category/saving_and_new/advanced_systems/vpp_dr/term.html
[53] 経済産業省・資源エネルギー庁,「バーチャルパワープラント(VPP)・ディマンドリスポンス(DR)とは」,2022,https://www.enecho.meti.go.jp/category/saving_and_new/advanced_systems/vpp_dr/about.html
[54] 経済産業省・資源エネルギー庁,「エネルギー・リソース・アグリゲーション・ビジネスに関するガイドライン」,(2015制定,2020.6.1改定),2022,https://www.meti.go.jp/press/2020/06/20200601001/20200601001-1.pdf
[55] 経済産業省・資源エネルギー庁,「アグリゲーター制度の詳細の設計」,(2021),2022,https://www.enecho.meti.go.jp/committee/council/basic_policy_subcommittee/system_kouchiku/009/009_04.pdf
[56] 経済産業省・資源エネルギー庁,「特定卸供給事業の届出に係る事業者説明会」,(2022),2023,https://www.enecho.meti.go.jp/category/electricity_and_gas/electricity_measures/009/shiryou/06_shiryou1.pdf
[57] 長谷川淳,「基礎解析技術の拡充」,電気学会雑誌,104,(11),(1984),2022,https://www.jstage.jst.go.jp/article/ieejjournal1888/104/11/104_11_1009/_pdf
[58] 一般財団法人電力中央研究所,電中研公式YouTubeチャンネル,「電気を安定して届けるために～電力系統と安定供給～【電中

研】」,(2023), https://youtu.be/O6buzIeaYpU
[59] 送配電網協議会,「同期電源の減少に起因する技術的課題」,(2021), 2022, https://www.tdgc.jp/information/docs/5bc445f2c046a78e881ec2d4dd13a619fb1285fe.pdf
[60] 経済産業省・資源エネルギー庁,「2030年における再生可能エネルギーについて」,(2021), 2022, https://www.meti.go.jp/shingikai/enecho/denryoku_gas/saisei_kano/pdf/031_02_00.pdf
[61] 電力広域的運営推進機関,「「再エネ主力電源化」に向けた技術的課題及びその対応策の検討状況について」,(2021), 2022, https://www.occto.or.jp/iinkai/chouseiryoku/2020/files/chousei_57_03.pdf
[62] 東京電力ホールディングス株式会社,「再生可能エネルギー大量導入に向けた系統慣性低下対策の研究」, 2022, https://www.tepco.co.jp/technology/research/gridinnovation/re-sys-counter.html
[63] 電力広域的運営推進機関,「再エネ大量導入のために必要となるグリッドコードの検討(第1回検討会)」,(2020), 2022, https://www.occto.or.jp/iinkai/gridcode/2020/files/gridcode_01_03.pdf
[64] 電力広域的運営推進機関,「再エネ大量導入のために必要となるグリッドコードの検討」,(2022), 2022, https://www.meti.go.jp/shingikai/enecho/shoene_shinene/shin_energy/keito_wg/pdf/036_05_00.pdf
[65] 電力50編集委員会,「電力・エネルギー産業を変革する50の技術」, オーム社, (2021).
[66] 電力広域的運営推進機関, 平成30年北海道胆振東部地震に伴う大規模停電に関する検証委員会,「平成30年北海道胆振東部地震に伴う大規模停電に関する検証委員会最終報告(概要)」,(2018), 2022, https://www.occto.or.jp/iinkai/hokkaido_kensho/files/181219_hokkaido_saishu_gaiyou.pdf
[67] 電力広域的運営推進機関, 平成30年北海道胆振東部地震に伴う大規模停電に関する検証委員会,「平成30年北海道胆振東部地震に伴う大規模停電に関する検証委員会最終報告(本文)」,(2018), 2022, https://www.occto.or.jp/iinkai/hokkaido_kensho/files/181219_hokkaido_saishu_honbun.pdf
[68] 経済産業省・資源エネルギー庁,「エネルギー白書2012」,(2022), 2022, https://www.enecho.meti.go.jp/about/whitepaper/2012html/1-4-1.html
[69] 北海道電力株式会社,「電力広域的運営推進機関の検証委員会での中間報告を踏まえた当社の設備対応に関する方針」,(2018), 2022, https://wwwc.hepco.co.jp/hepcowwwsite/info/info2018/__icsFiles/afieldfile/2018/11/01/181101c_1.pdf
[70] 電力広域的運営推進機関,「ブラックアウトとはどういう現象か～北海道ではどのような事象が発生したのか～」, 電気学会全国大会公開シンポジウム, (2019), 2022, http://www.iee.jp/wp-content/uploads/honbu/03-conference/19-taikai/symp/h1-1.pdf
[71] 経済産業省・資源エネルギー庁,「日本初の"ブラックアウト"、その時一体何が起きたのか」,(2018), 2022, https://www.enecho.meti.go.jp/about/special/johoteikyo/blackout.html
[72] 北海道電力株式会社, プレスリリース「石狩湾新港発電所1号機の営業運転開始について」,(2019), 2022, https://www.hepco.co.jp/info/2018/1237072_1753.html
[73] 北海道電力ネットワーク株式会社,「新北本連系設備」, 2022, https://www.hepco.co.jp/network/stable_supply/efforts/north_reinforcement/index.html
[74] 北海道電力株式会社,「泊発電所の概要」, 2022, https://www.hepco.co.jp/energy/atomic/about/index.html
[75] 経済産業省・資源エネルギー庁,「令和元年台風15号における鉄塔及び電柱の損壊事故調査検討ワーキンググループ<中間報告書 >」,(2020), 2022, https://www.meti.go.jp/shingikai/sankoshin/hoan_shohi/denryoku_anzen/tettou/pdf/20200121_report_01.pdf
[76] 炭谷一朗,「令和元年台風第15号による千葉の停電事象および地域エネルギー活用について」, 季報 エネルギー総合工学, 第43巻(1), 1-12, (2020), 2022, https://www.iae.or.jp/download/202004_vol43_no1/?wpdmdl=15909%27;return%20false
[77] 電気事業連合会,「電気事業のデータベース2020」, 2022, https://www.fepc.or.jp/library/data/infobase/pdf/2020_b.pdf
[78] 経済産業省・資源エネルギー庁,「2020年度冬期の電力需給ひっ迫・市場価格高騰に係る検証中間取りまとめ」,(2021), 2022, https://www.meti.go.jp/press/2021/07/20210701007/20210701007-3.pdf
[79] 経済産業省・資源エネルギー庁,「今冬の電力スポット市場価格高騰に係る検証について」,(2021), 2022, https://www.meti.go.jp/shingikai/enecho/denryoku_gas/denryoku_gas/pdf/030_08_00.pdf
[80] 電力広域的運営推進機関, 調整力及び需給バランス評価等に関する委員会 事務局,「電力需給検証報告書(案)について」,(2021), 2022, https://www.occto.or.jp/iinkai/chouseiryoku/2021/files/chousei_60_02.pdf
[81] 経済産業省・資源エネルギー庁,「2021年度夏季及び冬季の電力需給の見通しと対策について」,(2021), 2022, https://www.meti.go.jp/shingikai/enecho/denryoku_gas/denryoku_gas/pdf/035_03_01.pdf
[82] 経済産業省・資源エネルギー庁,「今後の小売政策について(燃料価格の情勢を踏まえた対応)」,(2022), 2022, https://www.meti.go.jp/shingikai/enecho/denryoku_gas/denryoku_gas/pdf/047_05_00.pdf
[83] 東京電力エナジーパートナー株式会社,「燃料費調整のお知らせ」, 2022https://www.tepco.co.jp/ep/private/fuelcost2/pdf/list_202207.pdf
[84] 経済産業省・資源エネルギー庁,「2022年3月の東日本における電力需給ひっ迫に係る検証について」,(2022), 2022, https://www.meti.go.jp/shingikai/enecho/denryoku_gas/denryoku_gas/pdf/046_03_01.pdf
[85] 東京電力パワーグリッド株式会社,「エリア需給実績データについて」, 2022, https://www.tepco.co.jp/forecast/html/area_data-j.html
[86] 経済産業省・資源エネルギー庁,「2022年度の電力需給見通しと対策について」,(2022), 2022, https://www.meti.go.jp/shingikai/enecho/denryoku_gas/denryoku_gas/pdf/050_04_04.pdf
[87] 経済産業省,「2022年度の電力需給に関する総合対策(概要)」,(2022), 2022, https://www.meti.go.jp/press/2022/06/20220607003/20220607003-2.pdf
[88] 経済産業省, ニュースリリース「2022年度の電力需給に関する総合対策を決定しました」,(2022), 2022, https://www.meti.go.jp/press/2022/06/20220607003/20220607003.html?ui_medium=enecho_mailmag
[89] 株式会社帝国データバンク,「特別企画「新電力会社」倒産動向調 査」,(2022), 2022, https://www.tdb.co.jp/report/watching/press/pdf/p220310.pdf
[90] 経済産業省,「萩生田経済産業大臣の閣議後記者会見の概要」,(2022), 2022, https://www.meti.go.jp/speeches/kaiken/2022/20220415001.html
[91] 経済産業省 電力・ガス取引等監視委員会,「最終保障供給料金の在り方について」,(2022), 2022, https://www.emsc.meti.go.jp/activity/emsc_system/pdf/073_07_00.pdf
[92] 経済産業省 電力・ガス取引等監視委員会,「最終保障供給料金の在り方について」,(2022), 2022, https://www.emsc.meti.go.jp/activity/emsc_system/pdf/072_10_00.pdf
[93] 経済産業省・資源エネルギー庁,「系統形成の在り方について」,(2019), 2022, https://www.meti.go.jp/shingikai/enecho/denryoku_gas/datsu_tansoka/pdf/004_02_00.pdf
[94] 経済産業省, ニュースリリース「「強靱かつ持続可能な電気供給体制の確立を図るための電気事業法等の一部を改正する法律案」が閣議決定されました」,(2020), 2022, https://www.meti.go.jp/press/2019/02/20200225001/20200225001.html
[95] 経済産業省・総合資源エネルギー調査会 省エネルギー・新エネルギー分科会／電力・ガス事業分科会 再生可能エネルギー大量導入・次世代型電力ネットワーク小委員会,「電力ネットワークの次世代化に向けた中間とりまとめ」,(2021), 2022, https://www.meti.go.jp/shingikai/enecho/denryoku_gas/saisei_kano/pdf/20210903_2.pdf
[96] 電力広域的運営推進機関・広域系統整備委員会事務局,「基幹系統の設備形成の在り方について(電力系統に関するマスタープランの基本的考え方について)」,(2020), 2022, https://www.occto.or.jp/iinkai/kouikikeitouseibi/2020/files/seibi_48_02_01.pdf
[97] 経済産業省・電力安全課,「エネルギー供給強靭化法案について」,(2020), 2022, https://www.meti.go.jp/shingikai/sankoshin/hoan_shohi/denryoku_anzen/pdf/022_02_00.pdf
[98] 経済産業省・資源エネルギー庁,「電力システムのレジリエンス強化に向けた論点」,(2019), 2022, https://www.enecho.meti.go.jp/committee/council/basic_policy_subcommittee/system_kouchiku/001/pdf/001_008.pdf

[99] 経済産業省・資源エネルギー庁,「持続可能な電力システム構築に向けた詳細設計」,(2020),2022,https://www.enecho.meti.go.jp/committee/council/basic_policy_subcommittee/system_kouchiku/005/pdf/005_004.pdf
[100] 電力広域的運営推進機関・広域系統整備委員会事務局,「マスタープラン検討に係る中間整理」,(2021),2022,https://www.occto.or.jp/iinkai/masutapuran/2021/files/masuta_chukan.pdf
[101] 経済産業省・資源エネルギー庁,「2030年に向けたエネルギー政策の在り方」,(2021),2022,https://www.enecho.meti.go.jp/committee/council/basic_policy_subcommittee/2021/045/045_006.pdf
[102] 電力広域的運営推進機関,「マスタープラン検討に係る中間整理について」,(2021),2022,https://www.meti.go.jp/shingikai/enecho/denryoku_gas/saisei_kano/pdf/033_02_00.pdf
[103] 経済産業省・資源エネルギー庁,「海底直流送電の導入に向けて検討の進捗と机上FS調査の報告について」,(2022),2022,https://www.meti.go.jp/shingikai/energy_environment/chokyori_kaitei/pdf/006_03_00.pdf
[104] 電力広域的運営推進機関,「広域系統長期方針(広域連系系統のマスタープラン)」,(2023),2023,https://www.occto.or.jp/kouikikeitou/chokihoushin/files/chokihoushin_23_01_01.pdf
[105] 電力広域的運営推進機関,「広域系統長期方針(広域連系系統のマスタープラン)＜別冊(資料編)＞」,(2023),2023,https://www.occto.or.jp/kouikikeitou/chokihoushin/files/chokihoushin_23_01_02.pdf
[106] 経済産業省・資源エネルギー庁,「電力ネットワークの次世代化(2050年カーボンニュートラルに向けた送配電網のバージョンアップ)」,(2022),2022,https://www.meti.go.jp/shingikai/enecho/denryoku_gas/saisei_kano/pdf/039_03_00.pdf
[107] 送配電網協議会,「2050年カーボンニュートラルに向けて ～電力ネットワークの次世代化へのロードマップ～」,(2021),2022,https://www.tdgc.jp/information/docs/press_210521_02.pdf
[108] 経済産業省・資源エネルギー庁,「2022年3月の東日本における電力需給ひっ迫に係る検証について」,(2022),2022,https://www.meti.go.jp/shingikai/enecho/denryoku_gas/denryoku_gas/pdf/050_04_02.pdf
[109] 経済産業省・資源エネルギー庁,「第6次エネルギー基本計画」,(2021),2022,https://www.enecho.meti.go.jp/category/others/basic_plan/pdf/20211022_01.pdf
[110] 経済産業省・資源エネルギー庁,「今冬の電力需給・卸電力市場動向の検証について(個別論点の更なる検討)」,(2021),2022,https://www.meti.go.jp/shingikai/enecho/denryoku_gas/denryoku_gas/pdf/032_06_00.pdf
[111] 経済産業省・資源エネルギー庁,「2021年度冬季に向けた供給力確保策について」,(2021),2022,https://www.meti.go.jp/shingikai/enecho/denryoku_gas/denryoku_gas/pdf/036_05_00.pdf
[112] 経済産業省・資源エネルギー庁,「2021年度冬季の需給対策について」,(2021),2022,https://www.meti.go.jp/shingikai/enecho/denryoku_gas/denryoku_gas/pdf/040_04_02.pdf
[113] 経済産業省・資源エネルギー庁,「電力需給対策について」,(2023),2023,https://www.meti.go.jp/shingikai/enecho/denryoku_gas/denryoku_gas/pdf/060_03_00.pdf

第6章

[1] 経済産業省・資源エネルギー庁,「第6次エネルギー基本計画」,(2021),2022,https://www.meti.go.jp/press/2021/10/20211022005/20211022005-1.pdf
[2] 一般財団法人エネルギー総合工学研究所,「図解でわかるカーボンニュートラル」,(2021).
[3] David Sprake,Yuriy Vagapov,and Sergey Lupin,"Housing Estate Energy Storage Feasibility for a 2050 Scenario",7th International Conference on Internet Technologies and Applications,September,(2017).
[4] 川村太郎 他,「多様性を増す蓄エネルギー技術～再エネ時代の選択肢～」,季報エネルギー総合工学,第44巻,(3),47-56,(2021).
[5] 国立研究開発法人新エネルギー・産業技術総合開発機構(NEDO),「再生可能エネルギー技術白書(第2版)第9章 系統サポート技術」,P12,(2014),2022,https://www.nedo.go.jp/content/100544824.pdf
[6] 加藤政一,「日本の電力系統」,電気設備学会誌,(2015),2023,https://www.jstage.jst.go.jp/article/ieiej/35/12/35_835/_pdf/-char/ja
[7] 電力広域的運営推進機関,「GFおよびLFC運用の現状について」,需給調整市場検討小委員会,(2020),2023,https://www.occto.or.jp/iinkai/chouseiryoku/jukyuchousei/2020/files/jukyu_shijyo_19_02_02.pdf
[8] 電力広域的運営推進機関,「需給調整市場の概要」,(2018),2023,https://www.occto.or.jp/iinkai/chouseiryoku/jukyuchousei/2018/files/jukyu_shijo_03_05_02_02.pdf
[9] 国際エネルギー機関(IEA),「Status of Power System Transformation 2019」,(2019),2023,https://iea.blob.core.windows.net/assets/00dd2818-65f1-426c-8756-9cc0409d89a8/Status_of_Power_System_Transformation_2019.pdf
[10] 経済産業省,「エネルギー基本計画の概要」,(2021),2023,https://www.enecho.meti.go.jp/category/others/basic_plan/pdf/20211022_02.pdf
[11] 経済産業省,「グリーン成長戦略(概要)」,(2021),2023,https://www.meti.go.jp/policy/energy_environment/global_warming/ggs/pdf/green_koho_r2.pdf
[12] 経済産業省,第3回定置用蓄電システム普及拡大検討会「定置用蓄電システムの普及拡大に関する取組」,(2021),2023,https://www.meti.go.jp/shingikai/energy_environment/storage_system/pdf/003_05_00.pdf
[13] 国立研究開発法人新エネルギー・産業技術総合開発機構(NEDO),「2020年度「二次電池技術開発ロードマップに関する検討」に係る実施体制の決定について」,(2020),2023,https://www.nedo.go.jp/koubo/HY3_00031.html
[14] 経済産業省,第4回定置用蓄電システム普及拡大検討会「定置用蓄電システム普及拡大検討会の結果とりまとめ」,(2021),2023,https://www.meti.go.jp/shingikai/energy_environment/storage_system/pdf/004_04_00.pdf
[15] 国際再生可能エネルギー機関(IRENA),「電力貯蔵技術と再生可能エネルギー」,(2017),2023,https://www.irena.org/-/media/Files/IRENA/Agency/Publication/2017/Oct/IRENA_Electricity_Storage_Costs_2017_Summary_JP.pdf?la=en&hash=3561FC10B3AC98DED73BA888770D20D9D99E880B
[16] 経済産業省,第31回総合資源エネルギー調査会 電力・ガス事業分科会 電力・ガス基本政策小委員会,「再エネ導入拡大に向けた事業環境整備について」,(2021),2023,https://www.meti.go.jp/shingikai/enecho/denryoku_gas/denryoku_gas/pdf/031_04_00.pdf
[17] 送配電網協議会,「同期電源の減少に起因する技術的課題」,(2021),2023,https://www.tdgc.jp/information/docs/2785aa13a30ecb96df84519f3c93308a03b20f9c.pdf
[18] 電力中央研究所,電力流通テクニカルカンファレンス「カーボンニュートラルの実現に向けた二次電池の期待と課題」,(2021).
[19] 電力中央研究所,「活用が期待される二次電池とは」,(2020),2023,https://criepi.denken.or.jp/press/journal/techtrend/200918.html
[20] 株式会社東芝,「東芝の二次電池」,2023,https://www.global.toshiba/jp/products-solutions/battery/scib/application/power-system.html
[21] 日本ガイシ株式会社,「世界最大級のNAS電池が運転開始」,(2016),2023,https://www.ngk.co.jp/news/20160303_7739.html
[22] 住友電工株式会社,「南早来変電所大型蓄電システムの実証試験開始について」,(2015),2023,https://sei.co.jp/company/press/2015/12/prs098.html
[23] 経済産業省,「アグリゲーションビジネス及び系統用蓄電池に関する取組について」,(2022),2023,https://www.meti.go.jp/shingikai/energy_environment/energy_resource/pdf/017_03_00.pdf
[24] 北海道北部風力送電株式会社,「竣工のお知らせ」,(2023),2023,https://www.hokubusouden.com/news/998/#contents
[25] 北海道電力ネットワーク株式会社,「南早来変電所大型蓄電システムの実証試験開始について」,(2015),2023,https://www.hepco.co.jp/info/2015/1197871_1643.html
[26] 東北電力ネットワーク株式会社,「西仙台変電所の大型蓄電池システムの営業運転開始について」,(2015),2023,https://www.tohoku-epco.co.jp/pastnews/normal/1189166_1049.html

[27] 東北電力ネットワーク株式会社,「南相馬変電所の大容量蓄電池システムの営業運転開始について」,(2016),2023,https://www.tohoku-epco.co.jp/pastnews/normal/1191223_1049.html
[28] 九州電力株式会社,「豊前蓄電池変電所の運用開始について」,(2016),2023,http://www.kyuden.co.jp/press_h160303-1_smt.html
[29] 中国電力ネットワーク株式会社,「隠岐ハイブリッドプロジェクト」,2023,https://www.energia.co.jp/nw/safety/facility/okihybrid/project/
[30] 沖縄電力株式会社,「宮古島メガソーラー実証研究設備」,2023,https://www.okiden.co.jp/active/r_and_d/miyako/
[31] 経済産業省,第45回 総合資源エネルギー調査会 省エネルギー・新エネルギー分科会 新エネルギー小委員会/電力・ガス事業分科会電力・ガス基本政策小委員会 系統ワーキンググループ「北海道における再エネ導入拡大に向けた 調整力制約への対応」,2023,https://www.meti.go.jp/shingikai/enecho/shoene_shinene/shin_energy/keito_wg/pdf/045_03_01.pdf
[32] 北海道電力ネットワーク株式会社,「太陽光発電設備および風力発電設備を当社系統へ接続する際の出力変動緩和対策に関する技術要件の撤廃について」,2023,https://www.hepco.co.jp/network/info/info2023/1252089_1969.html
[33] 株式会社GSユアサ,「釧路町トリトウシ原野太陽光発電所に蓄電池容量6,750kWhのリチウムイオン電池システムを納入」,(2017),2023,https://www.gs-yuasa.com/jp/newsrelease/article.php?ucode=gs170513050929_374
[34] 日本ガイシ株式会社,「北海道初の蓄電池併設型風力発電所向けNAS電池が運用を開始」,(2019),2023,https://www.ngk.co.jp/news/20190521_10514.html
[35] 日新電機株式会社,「蓄電池システム」,2023,https://nissin.jp/product/newenergy/stb/index.html
[36] インターテックリサーチ株式会社,「PJMのRegDルール変更」,(2019),2023,https://www.itrco.jp/wordpress/2019/01/pjmのregdルール変更-その2/
[37] Flexitricity,「UK's largest battery set to help keep the nation's lights on」,2023,https://www.flexitricity.com/resources/press-release/uks-largest-battery-set-help-keep-nations-lights/
[38] 電力広域的運営推進機関,第3回需給調整市場検討小委員会,(2018),2023,https://www.occto.or.jp/iinkai/chouseiryoku/jukyuchousei/2018/files/jukyu_shijo_03_05_02_02.pdf
[39] 経済産業省,第11回電力・ガス基本政策小委員会 制度検討作業部会,需給調整市場について,(2017),2023,https://www.meti.go.jp/shingikai/enecho/denryoku_gas/denryoku_gas/seido_kento/pdf/011_04_00.pdf
[40] National grid ESO,「New contract sees domestic solar panels and batteries helping to balance the grid」,(2020),2023,https://www.nationalgrideso.com/news/new-contract-sees-domestic-solar-panels-and-batteries-helping-balance-grid
[41] 経済産業省,「エネルギーの今を知る10の質問」,(2018).
[42] 経済産業省,「第1回CO2フリー水素WG」,(2016),2023,https://www.meti.go.jp/committee/kenkyukai/energy/suiso_nenryodenchi/co2free/pdf/001_02_00.pdf
[43] 国際エネルギー機関(IEA),「The Future of Hydrogen」,(2019),2023,https://iea.blob.core.windows.net/assets/9e3a3493-b9a6-4b7d-b499-7ca48e357561/The_Future_of_Hydrogen.pdf
[44] 経済産業省,「水素・燃料電池戦略ロードマップの達成に向けた対応状況」,(2020),2023,https://www.meti.go.jp/shingikai/energy_environment/suiso_nenryo/roadmap_hyoka_wg/pdf/002_01_00.pdf
[45] 国際エネルギー機関(IEA),「Energy Technology Perspectives 2020」,(2020),2023,https://iea.blob.core.windows.net/assets/7f8aed40-89af-4348-be19-c8a67df0b9ea/Energy_Technology_Perspectives_2020_PDF.pdf
[46] 三菱重工業株式会社,ニュースリリース「Advanced Clean Energy Storageプロジェクトが米国エネルギー省から5億ドルの融資保証を獲得 -- ユタ州に世界最大のグリーン水素ハブを開発するため、米国エネルギー省 融資プログラム局が10年ぶりとなる融資保証を実施 --」,(2022),2023,https://www.mhi.com/jp/news/220614.html
[47] 経済産業省,「アンモニアが"燃料"になる?!(前編)」,(2021),2023,https://www.enecho.meti.go.jp/about/special/johoteikyo/ammonia_01.html
[48] 経済産業省,「合成燃料研究会中間とりまとめ」,(2021),2023,https://www.meti.go.jp/shingikai/energy_environment/gosei_nenryo/pdf/20210422_1.pdf
[49] 電源開発株式会社,「日豪水素サプライチェーン褐炭ガス化・水素精製実証設備における水素製造開始について」,(2021),2023,https://www.jpower.co.jp/news_release/2021/02/news210201.html
[50] Yara International,「Renewable hydrogen and ammonia production」,(2021),2023,https://www.yara.com/news-and-media/news/archive/2020/renewable-hydrogen-and-ammonia-production-yara-and-engie-welcome-a-a$42.5-million-arena-grant/
[51] 岡崎 徹(Toru Okazaki),"Electric thermal energy storage and advantage of rotating heater having synchronous inertia",Renewable Energy,(2019),2022,https://doi.org/10.1016/j.renene.2019.11.051
[52] 国立研究開発法人新エネルギー・産業技術総合開発機構(NEDO),ニュースリリース「圧縮空気エネルギー貯蔵(CAES)システムの実証試験を開始―風力発電を安定利用するために蓄電システム制御技術の確立を目指す―」,(2017),2023,https://www.nedo.go.jp/news/press/AA5_100756.html
[53] 川村太郎 他,「多様性を増す蓄エネルギー技術~再エネ大量導入時代の選択肢~」,季報エネルギー総合工学研究所,Vol.44,No.3,47-56,(2021).
[54] 国際再生可能エネルギー機関(IRENA),「電力貯蔵技術と再生可能エネルギー」,(2017),2021,https://www.irena.org/-/media/Files/IRENA/Agency/Publication/2017/Oct/IRENA_Electricity_Storage_Costs_2017_Summary_JP.pdf?la=en&hash=3561FC10B3AC98DED73BA888770D20D9D99E880B
[55] Department of Energy (DOE),"2020 Grid Energy Storage Technology Cost and Performance Assessment",(2020),2021,https://www.pnnl.gov/sites/default/files/media/file/Final%20-%20ESGC%20Cost%20Performance%20Report%2012-11-2020.pdf
[56] 経済産業省・資源エネルギー庁/省エネルギー・新エネルギー部/資源・燃料部,「水素・アンモニアサプライチェーン投資促進・要拡大策について」,(2022),2023,https://www.meti.go.jp/shingikai/enecho/shoene_shinene/suiso_seisaku/pdf/002_01_00.pdf
[57] 国立研究開発法人新エネルギー・産業技術総合開発機構(NEDO),「電気自動車用革新型蓄電池開発 2022年度実施方針」,(2022),2022,https://www.nedo.go.jp/content/100943931.pdf

第7章

[1] 経済産業省・資源エネルギー庁,第37回電力・ガス基本政策小委員会,「電力・ガス小売全面自由化」,(2021),2023,https://www.meti.go.jp/shingikai/enecho/denryoku_gas/denryoku_gas/pdf/037_03_00.pdf
[2] 公益財団法人地球環境戦略研究機関,「自治体による再エネの地産地消の取り組み」,(2018),2023,https://www.iges.or.jp/jp/publication_documents/pub/issue/jp/6623/自治体による再エネの地産地消の取組_2018_web02.pdf
[3] 経済産業省・資源エネルギー庁,「電力の地産地消率80%!全国一の太陽光の街」,(2020),2023,https://www.enecho.meti.go.jp/category/saving_and_new/saiene/solar-2019after/regional/regional01.html#:~:text=静岡県浜松市では,成果を生み出している。
[4] 経済産業省・資源エネルギー庁,第3回再生可能エネルギー主力電源化制度改革小委員会,「電源の特性に応じた制度設計(地域活用電源について)」(2019),2023,https://www.enecho.meti.go.jp/committee/council/basic_policy_subcommittee/saiene_shuryoku/003/pdf/003_005.pdf
[5] 環境省,「第1回脱炭素先行地域の概要」,(2022),2023,https://www.env.go.jp/press/110988/117963.pdf
[6] 株式会社明電舎,「マイクログリッドシステム」,2023,https://www.meidensha.co.jp/products/energy/prod_09/prod_09_03/index.html
[7] 経済産業省・資源エネルギー庁,「地域マイクログリッド構築のてびき」,(2021),2023,https://www.meti.go.jp/shingikai/energy_environment/energy_resource/pdf/015_s01_00.pdf

[8] 経済産業省・資源エネルギー庁, 第6回持続可能な電力システム構築小委員会, 「電力システムの分散化と電源投資」, (2020), 2023, https://www.enecho.meti.go.jp/committee/council/basic_policy_subcommittee/system_kouchiku/006/006_05.pdf

[9] 経済産業省・資源エネルギー庁, 2021年度夏季及び冬季の電力需給見通しを踏まえた地域新電力向け勉強会, 「地域新電力の更なる発展に向けて」, (2021), 2023, https://www.enecho.meti.go.jp/category/electricity_and_gas/electric/shiryo_joho/data/20210625_3_1.pdf

[10] 一般社団法人環境共創イニシアチブ, 「令和2年度地域の系統線を活用したエネルギー面的利用事業費補助金」, (2021), 2023, https://sii.or.jp/microgrid02/uploads/seikahoukokusyoyouyakuban_2020_2.pdf

[11] 鹿児島県・屋久島町, 「屋久島町の電力100%再エネ化を活用した地域活性化事業」, 2023, https://www.env.go.jp/policy/local_re/r2houkokukai/05_yakushima.pdf

[12] 経済産業省・資源エネルギー庁/省エネルギー・新エネルギー部新エネルギーシステム課, 第15回 エネルギー・リソース・アグリゲーション・ビジネス検討会, 「地域マイクログリッドの構築や配電事業の実施に向けた課題等の意見整理」, (2021), 2023, https://www.meti.go.jp/shingikai/energy_environment/energy_resource/pdf/015_04_00.pdf

[13] 国土交通省, 「インフラ・公共サービスの効率的な地域管理に関する研究」, (2021), 2023, https://www.mlit.go.jp/pri/houkoku/gaiyou/pdf/kkk159.pdf

[14] 国土交通省, 「ドイツ・シュタットベルケの実態とわが国インフラ・公共サービスへの適用に向けた課題を整理」, (2021), 2023, https://www.mlit.go.jp/pri/shiryou/press/pdf/shiryou210330.pdf

[15] ラウパッハ・スミヤヨーク, 「ドイツ シュタットベルケの変化するヨーロッパエネルギー市場への対応戦略」, (2017), 2023, https://repository.kulib.kyoto-u.ac.jp/dspace/bitstream/2433/232788/1/kronso_190_4_13.pdf

[16] Die Datenbank des Bayerischen Landesamtes für Statistik, "Bevölkerung: Gemeinden, Geschlecht, Stichtage", 2023, https://www.statistikdaten.bayern.de/genesis/online?operation=result&code=12411-003r&deep=true#abreadcrumb

[17] 株式会社東光高岳, 「EV用パワーコンディショナ(V2H)」, 2023, https://www.tktk.co.jp/product/ev/conditioner-ev/

[18] 経済産業省・自動車課, 電動車活用社会推進協議会「電動車活用促進ガイドブック」, (2020), 2023, http://www.cev-pc.or.jp/xev_kyougikai/xev_pdf/xev_kyougikai_xEV_katsuyou_sokushin_guidebook.pdf

[19] 経済産業省・資源エネルギー庁, 「更なる再エネ拡大を実現するためのエネルギー需給革新の推進」, (2019), 2023, https://www.meti.go.jp/shingikai/enecho/denryoku_gas/saisei_kano/pdf/016_02_00.pdf

[20] 経済産業省・自動車課/国土交通省 安全・環境基準課, 電動車活用社会推進協議会「災害時における電動車の活用促進マニュアル」, (2020), 2023, https://www.meti.go.jp/press/2020/07/20200710006/20200710006-1.pdf

[21] 経済産業省, 「2050年カーボンニュートラルに伴うグリーン成長戦略」, (2021), 2023, https://www.meti.go.jp/policy/energy_environment/global_warming/ggs/pdf/green_honbun.pdf

[22] 経済産業省, 資料4「『トランジション・ファイナンス』に関する自動車分野における技術ロードマップ(案)」, (2022), 2023, https://www.meti.go.jp/shingikai/energy_environment/transition_finance_suishin/pdf/009_04_00.pdf

[23] 国際エネルギー機関(IEA), 「Global EV Outlook 2021」, (2021), 2023, https://www.iea.org/reports/global-ev-outlook-2021

[24] 経済産業省, 「2050年カーボンニュートラルの実現に向けた検討」, (2021), 2022, https://www.enecho.meti.go.jp/committee/council/basic_policy_subcommittee/036/036_005.pdf

[25] 経済産業省, 「充電インフラ整備促進に関する検討会　事務局資料」, (2023), 2023, https://www.meti.go.jp/shingikai/mono_info_service/charging_infrastructure/pdf/001_04_00.pdf

[26] 川崎市, 「既存のマンションへの電気自動車充電設備導入の手引き」, 2023, https://www.meti.go.jp/policy/automobile/evphv/what/charge/index.html

[27] 経済産業省・資源エネルギー庁, 「揮発油販売業者数及び給油所数の推移(登録ベース)」, (2021), 2023, https://www.enecho.meti.go.jp/category/resources_and_fuel/distribution/hinnkakuhou/data/2021_07_30_01.pdf

[28] 東京電力エナジーパートナー株式会社, 「電気自動車用バッテリーの寿命はいつ? 交換や値段、仕組みについて解説」, 2023, https://evdays.tepco.co.jp/entry/2021/09/09/000018

[29] 環境省, 「バッテリー交換式EVとバッテリーステーション活用による地域貢献型脱炭素物流等構築事業」, 2023, https://www.env.go.jp/guide/budget/r04/r04juten-sesakushu/1-1_06.pdf

[30] 経済産業省・製造産業局, 「「次世代蓄電池・次世代モータの開発」プロジェクトに関する研究開発・社会実装の方向性」, (2021), 2023, https://www.meti.go.jp/shingikai/sankoshin/green_innovation/industrial_restructuring/pdf/003_02_00.pdf

[31] 経済産業省・電動車活用社会推進協議会事務局, 「電動車活用社会推進協議会 車載用電池リユース促進WG の設置趣旨について」, (2019), 2023, http://www.cev-pc.or.jp/xev_kyougikai/xev_pdf/xev_kyougikai_wg02-1_about_WG.pdf

[32] 日産自動車株式会社, 「価格・グレード」, 2023, https://www3.nissan.co.jp/vehicles/new/leaf/specifications.html

[33] 日本自動車工業会, 「2021年末現在の車種別保有台数と構成比」, 2023, https://www.jama.or.jp/statistics/facts/four_wheeled/index.html

[34] 経済産業省・資源エネルギー庁, 「2030年度におけるエネルギー需給の見通し」, (2021), 2023, https://www.enecho.meti.go.jp/committee/council/basic_policy_subcommittee/opinion/data/03.pdf

[35] 東京電力エナジーパートナー株式会社, 「2019年度V2Gビジネス実証事業の実施内容」, (2019), 2023, https://www.tepco.co.jp/press/release/2020/pdf3/200806j0102.pdf

[36] 電力広域的運営推進機関, 「2022年度供給計画の取りまとめ」, (2022), 2023, https://www.occto.or.jp/kyoukei/torimatome/files/220331_kyokei_torimatome_2.pdf

[37] 送配電網協議会, 「需給調整市場の概要・商品要件 2022年4月1日 第3版」, 2022, https://www.tdgc.jp/jukyuchoseishijo/outline/docs/gaiyoushouhin_ver.3_20220401r.pdf

[38] 日産自動車株式会社, 「電気自動車　日産リーフ e+ 実電費(燃費)例」, (2020), 2022, https://ev2.nissan.co.jp/BLOG/582/

[39] 東京電力エナジーパートナー株式会社, 「電気自動車(EV)は燃費(電費)が良い?確認方法や走行距離をチェック」, (2021), 2022, https://evdays.tepco.co.jp/entry/2021/04/27/000008

[40] 経済産業省・資源エネルギー庁, 「給油所小売価格調査(ガソリン、軽油、灯油)」, 2022, https://www.enecho.meti.go.jp/statistics/petroleum_and_lpgas/pl007/results.html

[41] 中部電力ミライズ株式会社, 「料金プラン」, 2022, https://miraiz.chuden.co.jp/home/electrify/cost/index.html

[42] 出光興産株式会社, 「家庭向け電力供給サービスで日産自動車と協業 EVユーザー向けの特典で、利便性の高いEV充電の普及を後押し」, (2019), 2022, https://www.idemitsu.com/jp/news/2019/190618_1.html

[43] 株式会社Looop, 「電気自動車向け電気料金割引プランの販売について」, (2020), 2022, https://looop-denki.com/low-v/news_detail/165/

[44] 東京電力エナジーパートナー株式会社, 「eチャージポイント」, 2022, https://www.service.tepco.co.jp/s/Ev_basic/

[45] 経済産業省・資源エネルギー庁, 「登録小売電気事業者一覧」, (2022), 2022, https://www.enecho.meti.go.jp/category/electricity_and_gas/electric/summary/retailers_list/

[46] 東京ガス株式会社, 「TGオクトパスエナジー株式会社からのお知らせについて」, (2021), 2022, https://www.tokyo-gas.co.jp/news/topics/20211115-02.html

[47] OVO, "Introducing OVO Drive Anytime: a unique EV energy plan that saves you money", (2021), 2022, https://www.ovoenergy.com/blog/technology-and-innovation/ovo-drive-anytime-the-ev-energy-plan-to-help-you-save-costs

おわりに

[1] 経済産業省・資源エネルギー庁, 「カーボンニュートラルって何ですか?」, (2021), 2022, https://www.enecho.meti.go.jp/about/special/johoteikyo/carbon_neutral_02.html

[索引]

英数字

あ

か

さ

た

な・は

ま・や・ら

[編集委員・著者略歴]

●編集委員

飯田 重樹（イイダ シゲキ）
【現職】一般財団法人エネルギー総合工学研究所 理事、プロジェクト試験研究部長
小野﨑 正樹（オノザキ マサキ）
【現職】一般財団法人エネルギー総合工学研究所 アドバイザリーフェロー、博士（工学）、米国PE
黒沢 厚志（クロサワ アツシ）
【現職】一般財団法人エネルギー総合工学研究所 研究理事、博士（工学）
炭谷 一朗（スミタニ イチロウ）
【現職】一般財団法人エネルギー総合工学研究所 参事・部長、第二種電気主任技術者、エネルギー管理士
茶木 雅夫（チャキ マサオ）
【現職】一般財団法人エネルギー総合工学研究所 副主席研究員・部長、博士（工学）
森山 亮（モリヤマ リョウ）
【現職】一般財団法人エネルギー総合工学研究所 副主席研究員・部長、博士（工学）、米国PE、PMP

●著 者

岡崎 徹（オカザキ トオル） 執筆：3章2節・6章4節
【現職】一般財団法人エネルギー総合工学研究所 主管研究員、Ph.D.（工学）
【経歴】1987年、京都大学大学院工学研究科修士課程修了後、住友電気工業株式会社に入社。超電導マグネットの開発等に従事。1998年、社内留学制度にて英・バーミンガム大学Ph.D.取得。2009年国際超電導産業技術研究所に出向。2012年より現研究所へ出向。蓄熱発電の研究に従事。
川村 太郎（カワムラ タロウ） 執筆：3章・6章・7章
【現職】一般財団法人エネルギー総合工学研究所 主管研究員、博士（工学）
【経歴】2003年、北海道大学大学院工学研究科博士後期課程修了。産業技術総合研究所、中外テクノス株式会社にて、ガスハイドレートやCCSに関する研究開発に従事。2015年より現研究所にて、未利用熱の有効利用技術、蓄エネルギー技術に関する研究に従事。
北川 譲（キタガワ ユズル） 執筆：1章5節・4章
【現職】中部電力パワーグリッド株式会社 長野支社 副長
【経歴】2013年、東京工業大学大学院理工学研究科修士課程修了後、中部電力株式会社に入社。配電設備の設計業務、電柱共架・電柱支障に係る渉外業務などに従事。2019年から2021年まで一般財団法人エネルギー総合工学研究所へ出向し、次世代電力ネットワークシステムの検討に従事。
新谷 隆之（シンタニ タカユキ） 執筆：4章7～9節・おわりに
【現職】一般財団法人エネルギー総合工学研究所 特任参事
【経歴】1974年、大阪大学工学部産業機械工学科卒業後、日本ユニバック（現 BIPROGY）入社。通信／OS／ミドルソフトの開発・保守を経て、2011年より、現研究所にて主にスマートグリッド系の海外調査、経産省のDR実証事業等に従事。

炭谷 一朗（スミタニ イチロウ） 執筆：1章5節・4章・5章

【現職】一般財団法人エネルギー総合工学研究所 参事・部長、第二種電気主任技術者、エネルギー管理士

【経歴】1986年、東京工業大学大学院理工学研究科修士課程修了後、東京電力株式会社に入社。配電の雷対策・保護制御システムの技術開発、スマートグリッド・EVの海外事業などに従事。2018年に現研究所に転籍し、次世代電力ネットワークシステム、再エネの系統連系技術などの検討に従事。

徳永 貴道（トクナガ タカミチ） 執筆：2章

【現職】旭化成株式会社 主査

【経歴】2013年、東北大学大学院工学研究科修士課程修了後、中国電力株式会社に入社。石油火力発電所の運転業務、石炭火力発電所の保守業務などに従事。2019年度から2021年度まで一般財団法人エネルギー総合工学研究所へ出向。新エネルギーグループにて、蓄熱発電などの研究に従事。

橋上 聖（ハシガミ サトシ） 執筆：6・7章

【現職】関西電力株式会社 イノベーション推進本部 リーダー、博士（工学）

【経歴】2010年、京都大学大学院工学研究科修士課程修了後、関西電力株式会社に入社。燃料電池や蓄電池の材料合成、特性評価に関する研究に従事。2018年同志社大学大学院理工学研究科博士後期課程修了。2020年から2022年まで一般財団法人エネルギー総合工学研究所へ出向し、次世代電力ネットワークシステムの検討に従事。

濱田 利幸（ハマダ トシユキ） 執筆：3章4節

【現職】一般財団法人エネルギー総合工学研究所 参事

【経歴】1976年東京工業大学工学部機械工学科卒業、日本鋼管株式会社入社。主にエネルギープラントに携わる。2009年NEDO出向、2013年よりNEDO職員、この間バイオマスエネルギープロジェクトに携わる。2018年より現研究所にて、バイオマス等の再生可能エネルギーに関する研究に従事。

福場 伸哉（フクバ シンヤ） 執筆：4章

【現職】東京電力ホールディングス株式会社 経営技術戦略研究所 主幹研究員、博士（工学）

【経歴】2006年、東京工業大学大学院総合理工学研究科修士課程修了後、東京電力株式会社に入社。2013年3月同大学院同研究科博士後期課程修了。配電線の保守・線路運用・予算業務・研究開発などに従事。2021年から2023年まで一般財団法人エネルギー総合工学研究所へ出向し、次世代電力ネットワークシステムの検討に従事。

森山 亮（モリヤマ リョウ） 執筆：1章・2章

【現職】一般財団法人エネルギー総合工学研究所 副主席研究員・部長、博士（工学）、米国PE、PMP

【経歴】2001年、北海道大学博士号取得。エネルギー総合工学研究所にて石炭ガス化PJの嘱託研究員、2005年から株式会社KRI、大阪ガスケミカル株式会社にて、炭素材料に関する研究開発に従事。2010年より現研究所にて、バイオマス等の再生可能エネルギーに関する研究に従事。

山中 俊幸（ヤマナカ トシユキ） 執筆：1章6節・3章8節、9節

【現職】一般財団法人エネルギー総合工学研究所 元参事

【経歴】1981年、東京大学工学部電気工学科卒、同年、東京電力株式会社入社。主に電源計画、電源別経済性分析、電力研究国際協力等に従事、2015年、現研究所に入所し、経済産業省の次世代双方向通信出力制御緊急実証事業、バーチャルパワープラント構築実証事業に従事。2022年退職。

渡邉 健次（ワタナベ ケンジ） 執筆：3章5節・6章5節

【現職】NAYUTAテクノロジー 代表取締役

【経歴】1970年早稲田大学理工学研究科修士課程修了後。石川島播磨重工業株式会社に入社、1978年東京工業大学　工学博士号取得、1990年東京電力株式会社、2012年から2023年まで一般財団法人エネルギー総合工学研究所に勤務、高温ガス冷却炉、航空機用燃焼器、燃料電池、NAS電池、デシカント空調などに関する研究開発に従事。

■本書へのご意見、ご感想について

本書に関するご質問については、下記の宛先にFAXもしくは書面、小社ウェブサイトの本書の「お問い合わせ」よりお送りください。
電話によるご質問および本書の内容と関係のないご質問につきましては、お答えできかねます。あらかじめ以上のことをご了承の上、お問い合わせください。
ご質問の際に記載いただいた個人情報は質問の返答以外の目的には使用いたしません。また、質問の返答後は速やかに削除させていただきます。

〒162-0846　東京都新宿区市谷左内町21-13
株式会社技術評論社　書籍編集部
「図解でわかる再生可能エネルギー×電力システム」質問係

FAX番号：03-3267-2271

本書ウェブページ：https://gihyo.jp/book/2023/978-4-297-13667-3

カバー・本文デザイン	武田 厚志 (SOUVENIR DESIGN INC.)
カバーイラスト	加納 徳博
本文イラスト	小野﨑 理香
本文図版・レイアウト	株式会社トップスタジオ
編　集	最上谷 栄美子

未来エコ実践テクノロジー
図解でわかる再生可能エネルギー×電力システム
～脱炭素を実現するクリーンな電力需給技術～

2023年　10月 7日　初版　第1刷発行
2024年　 9月21日　初版　第3刷発行

編著者　一般財団法人　エネルギー総合工学研究所
発行者　片岡 巌
発行所　株式会社技術評論社
　　　　東京都新宿区市谷左内町21-13
　　　　電話　03-3513-6150 販売促進部
　　　　　　　03-3267-2270 書籍編集部
印刷／製本　日経印刷株式会社

ISBN 978-4-297-13667-3 C3060
Printed in Japan